Ring (Hrsg)

Praxishandbuch Mietvertrag

Praxishandbuch Mietvertrag

herausgegeben von

Dr. Julian Ring
Rechtsanwalt

Linde

Zitiervorschlag: *Ring* (Hrsg), Praxishandbuch Mietvertrag (2025) Seite

Bibliografische Information der Deutschen Nationalbibliothek

Die Deutsche Nationalbibliothek verzeichnet diese Publikation in der Deutschen Nationalbibliografie; detaillierte bibliografische Daten sind im Internet über http://dnb.d-nb.de abrufbar.

Hinweis: Wenn aus Gründen der leichteren Lesbarkeit auf eine geschlechtsspezifische Differenzierung verzichtet wird, gelten entsprechende Begriffe im Sinne der Gleichbehandlung für alle Geschlechter.

ISBN 978-3-7073-5046-3

1210 Wien, Scheydgasse 24, Tel.: 01/24 630
www.lindeverlag.at

Druck: Druckwerkstatt Handels GmbH
1220 Wien, Hosnedlgasse 16b
1

Vorwort

Dieses Praxishandbuch gibt Einblicke in die Grundzüge des österreichischen Mietrechts. Die inhaltliche Gewichtung orientiert sich vorrangig an den Bedürfnissen der Praxis. Die herangezogenen Beispiele wurden zum überwiegenden Teil der Judikatur entnommen. Sie sollen die oft sehr komplexe Gesetzesmaterie einprägsam veranschaulichen und gleichzeitig einen Überblick über die einschlägige Rechtsprechung vermitteln. Durch die beigefügten Mustermietverträge soll dem Leser eine – im Einklang mit aktuellen Klauselentscheidungen – fundierte Grundlage für die eigene Vertragsgestaltung geschaffen werden.

Wir hoffen, dass Ihnen das Praxishandbuch bei sämtlichen mietrechtlichen Angelegenheiten nützlich zur Seite steht und freuen uns über Ihr Feedback unter julian.ring@kwr.at.

Hinweis

Dieses Buch samt den darin enthaltenen Musterverträgen soll einen Überblick über die Rechtsfragen im Zusammenhang mit Mietverträgen darstellen, Bewusstsein für allfällige „Fallstricke" beim Vertragsabschluss schaffen und einen Ausgangspunkt für Formulierungen von Verträgen bieten.

Eine fundierte, auf den jeweiligen Einzelfall „zugeschnittene" rechtliche Beratung durch einen Rechtsanwalt kann und will dieses Buch hingegen nicht ersetzen. Das ergibt sich schon daraus, dass sich die einschlägige Judikatur und Literatur stetig fortentwickeln und die Besonderheiten eines Mietverhältnisses nur in einem zweiseitigen Beratungsgespräch herausgearbeitet werden können.

Vor Abschluss eines Mietvertrags und sonstigen rechtlichen Schritten empfehlen wir daher ausdrücklich die Beiziehung eines Rechtsanwalts und können daher auch keine Haftung für die Richtigkeit und Vollständigkeit der Ausführung und Muster in diesem Buch übernehmen.

Autorenverzeichnis

Mag. Marie Bugingo-Lutz ist Rechtsanwältin in Wien und auf Liegenschafts- und Immobilienrecht und allgemeines Zivilrecht spezialisiert. Ihre Beratungsschwerpunkte liegen im Miet- und Wohnrecht, Wohnungseigentumsrecht, Bauträgerrecht und in der Abwicklung von Bauträgerprojekten. Sie verfügt über umfassende Erfahrung in der Vertragsgestaltung und -prüfung sowie in der Prozessführung und hat weiters Praxiserfahrung in Rechtsabteilungen eines Versicherungs- und Immobilienunternehmens gesammelt.

Mag. Daniel Haidacher ist Rechtsanwaltsanwärter und auf Immobilien-, Miet- und Baurecht spezialisiert. Er sammelte mehrjährige Praxiserfahrung als Senior Consultant bei einer renommierten Immobiliensachverständigenkanzlei und ist seit über 10 Jahren in der Immobilienverwaltung und -bewertung tätig. Weiters konnte Auslandserfahrung er bei der Gründung einer Immobilienkanzlei in Deutschland Auslandserfahrung sammeln und begleitet die Entwicklung von Immobilien in Wien und Niederösterreich. Er kennt alle Facetten der Immobilienwirtschaft und ist ausgewiesener Experte in miet- und wohnungseigentumsrechtlichen Angelegenheiten.

Dr. Julian Ring ist Rechtsanwalt in Wien und auf ziviles Bau-, Architekten- und Wohnrecht spezialisiert – Rechtsbereiche, mit denen er sich bereits aus der Perspektive universitärer Lehrtätigkeit, mehrjähriger anwaltlicher Beratungspraxis und als Mitarbeiter des Evidenzbüros des OGH sowie der Rechtsabteilung eines renommierten Bauunternehmens auseinandersetzen konnte. Er hat sich auch akademisch mit höchst praxisrelevanten Fragestellungen – etwa zum Gewährleistungs-, Bau- und Mietrecht – befasst und publiziert weiterhin regelmäßig.

Inhaltsverzeichnis

Vorwort V
Hinweis VII
Autorenverzeichnis IX

Teil I. Allgemeiner Teil

1. Die Miete in Abgrenzung zu anderen Rechtsformen 1
1.1. Miete 1
1.2. Eigentum 1
1.3. Leihe 1
1.4. Prekaristische Gebrauchsüberlassung 2
1.5. Aus dem Familienverhältnis entspringendes Wohnverhältnis ... 2
1.6. Wohngebrauchs- oder Fruchtgenussrecht 3
1.7. Pacht 4

2. Rechtsgrundlagen 5
2.1. Einleitung 5
2.2. Das MRG und seine (Teil-)Ausnahmen 6
2.2.1. Systematik des MRG 6
2.2.2. ABGB-Bereich (Vollausnahme vom MRG) 6
2.2.3. Teilanwendung des MRG 9
2.2.4. Vollanwendung des MRG 11
2.2.5. Das KSchG 11

3. Vertraglicher Gestaltungsspielraum und dessen Grenzen 13

4. Vertragsabschluss 15
4.1. Der Vertragsschlussmechanismus 15
4.2. Formpflichten 16
4.3. Exkurs: Beauftragung eines Maklers 17
4.4. Exkurs: Pflichten nach EAVG 2012 19

5. Zentrale mietvertragliche Rechte und Pflichten 20
5.1. Mietzins 20
5.2. Bewirtschaftungskosten 20
5.3. Erhaltungspflichten 21
5.4. Das Gebrauchsrecht des Mieters 22

6. Personenmehrheiten auf Mieterseite 22

7. Rechtsnachfolge unter Lebenden 24

8. Rechtsnachfolge im Todesfall 25

9. Kaution 25

10. Wichtige Rechtsbehelfe des Vermieters 27
10.1. Rechtsbehelfe bei Mietzinsrückstand 27
10.1.1. Mietzinsklage 27
10.1.2. Außerordentliche Kündigung nach § 1118 Fall 2 ABGB 27
10.1.3. Mietzinsrückstand als Kündigungsgrund 29
10.2. Sonstiges rechtswidriges Verhalten des Mieters 30
10.2.1. Außerordentliche Kündigung nach § 1118 Fall 1 ABGB 30
10.2.2. Kündigungsgründe 31
10.2.3. Unterlassungsklage 31
10.2.4. Schadenersatz 32

11. Wichtige Rechtsbehelfe des Mieters 32
11.1. Mietzinsminderung 32
11.2. Die außerordentliche Kündigung 34
11.3. Investitionsersatz 35
11.4. Die Rechtsbehelfe des § 37 MRG 35

12. Verfahrensrechtliche Aspekte 35
12.1. Überblick 35
12.2. Das streitige Verfahren 36
12.2.1. Grundsätze 36
12.2.2. Gerichtszuständigkeit 37
12.2.3. Vertretungspflicht 37
12.2.4. Gebühren und Kostenersatz 38
12.2.5. Sonderfall Kündigungsverfahren 39
12.3. Das Außerstreitverfahren 40
12.3.1. Grundsätze 40
12.3.2. Gerichtszuständigkeit 42
12.3.3. Vertretungspflicht 42
12.3.4. Gebühren und Kostenersatz 43
12.4. Das „vorgeschaltete“ Schlichtungsverfahren 43
12.4.1. Grundsätze 43
12.4.2. Vertretungspflicht 45
12.4.3. Gebühren und Kostenersatz 45
12.5. Schiedsverfahren 45

Teil II. ABGB-Bereich (Vollausnahme vom MRG)

1. Überblick 47

2. Mietzins 47
2.1. Hauptmietzins 47
2.2. Bewirtschaftungskosten 47

3. Erhaltungspflichten 49

4. Mieterseitige Änderungen des Mietobjekts 51

5. Investitionsersatz 52

6. Kaution 53

7. Vertragsbeendigung 54
7.1. Befristung 54
7.2. Die außerordentliche Kündigung 55
7.3. Die ordentliche Kündigung 56
7.3.1. Einleitung und Überblick 56
7.3.2. Kündigungsfristen und -termine 56
7.3.3. Form und Verfahren 57

8. Rechtsnachfolge unter Lebenden 57
8.1. Rechtsnachfolge auf Mieterseite 57
8.2. Rechtsnachfolge auf Vermieterseite 58

9. Rechtsnachfolge im Todesfall 59
9.1. Tod des Mieters 59
9.2. Tod des Vermieters 60

10. Verfahrensrechtliche Aspekte 61

Mustervertrag ABGB-Bereich Geschäftsraum 62

Teil III. MRG-Teilanwendungsbereich

1. Allgemeines zum MRG-Teilanwendungsbereich 93

2. Mietzins 93

3. Erhaltungspflichten 93

4. Mieterseitige Änderungen des Mietobjekts 94

5. Investitionsersatz 94

6. Kaution 94

7. Vertragsbeendigung 95
7.1. Befristung 95
7.1.1. Wesen und Überblick 95
7.1.2. Schutz des Mieters vor (zu kurzen) Befristungen 96
7.1.3. Sonderfall: Stillschweigende Verlängerung 97
7.1.4. Schutz des Mieters vor überlanger Bindung 98
7.2. Die außerordentliche Kündigung 99
7.3. Die ordentliche Kündigung 99
7.3.1. Überblick aus Sicht des Vermieters 99

7.3.2. Überblick aus Sicht des Mieters ... 100
7.3.3. Kündigungsfristen und -termine ... 100
7.3.4. Form und Verfahren ... 101
7.3.5. Die Generalklausel des § 30 Abs 1 MRG ... 102
7.3.6. Verzug mit der Zinszahlung trotz Fälligkeit und Mahnung (Z 1) ... 103
7.3.7. Verweigerung des (teilweise) in Dienstleistungen bestehenden Mietzinses (Z 2) ... 104
7.3.8. Erheblich nachteiliger Gebrauch (Z 3) ... 104
7.3.9. Weitergabe des Mietobjektes (Z 4) ... 107
7.3.10. Tod des Mieters (Z 5) ... 108
7.3.11. Nichtbenützung der Wohnung (Z 6) ... 108
7.3.12. Nichtbenützung von Geschäftsräumen (Z 7) ... 109
7.3.13. Eigenbedarf an der Wohnung ohne Ersatzbeschaffung (Z 8) ... 109
7.3.14. Eigenbedarf mit Ersatzbeschaffung (Z 9) ... 110
7.3.15. Bedarf für Betriebsangehörige (Z 10) ... 111
7.3.16. Bedarf einer Gebietskörperschaft (Z 11) ... 111
7.3.17. Kündigung eines Untermietvertrags (Z 12) ... 111
7.3.18. Vereinbarter Kündigungsgrund (Z 13) ... 112
7.3.19. Wirtschaftliche Abbruchreife (Z 14) ... 113
7.3.20. Interessenbescheid (Z 15) ... 114
7.3.21. Verweigerung einer erforderlichen Standardanhebung (Z 16) ... 114

8. Rechtsnachfolge unter Lebenden ... 114
8.1. Rechtsnachfolge auf Mieterseite ... 114
8.2. Rechtsnachfolge auf Vermieterseite ... 115

9. Rechtsnachfolge im Todesfall ... 116
9.1. Tod des Mieters ... 116
9.1.1. Sonderrechtsnachfolge (§ 14 MRG) ... 116
9.1.2. Anhebung des Mietzinses ... 117
9.1.3. Subsidiär: Übergang auf Erben und Sonderkündigungsrecht ... 117
9.2. Tod des Vermieters ... 118

10. Verfahrensrechtliche Aspekte ... 118
10.1. Außerstreitverfahren ... 118
10.2. Streitiges Verfahren ... 119

Mustervertrag Teilanwendungsbereich ... 120

Teil IV. MRG-Vollanwendungsbereich

1. Überblick ... 151

2. Verbotene Vereinbarungen ... 151

3. Untermietverbot ... 152

4. Klauselentscheidungen ... 153
- 4.1. Überblick ... 153
- 4.2. Unzulässige Klauseln ... 153
- 4.3. Zulässige Klauseln ... 155

5. Mietzins ... 157
- 5.1. Überblick ... 157
- 5.2. Pauschalmietzins ... 157
- 5.3. Umsatzsteuer ... 159
- 5.4. Fälligkeit und Zahlungsform ... 160
- 5.5. Hauptmietzins ... 161
- 5.6. Angemessener Hauptmietzins ... 161
  - 5.6.1. Anwendungsbereich ... 161
  - 5.6.2. Höhe des angemessenen Hauptmietzinses ... 163
- 5.7. Richtwertmietzins ... 165
  - 5.7.1. Anwendungsbereich ... 165
  - 5.7.2. Höhe des Richtwertmietzinses ... 165
  - 5.7.3. Zu- und Abschläge zum Richtwertmietzins: Allgemeines ... 166
  - 5.7.4. Kategorieabschlag ... 167
  - 5.7.5. Lagezuschlag ... 168
- 5.8. Kategoriemietzins ... 170
  - 5.8.1. Anwendungsbereich ... 170
  - 5.8.2. Grundsätze zur Ermittlung der Ausstattungskategorie ... 171
  - 5.8.3. Kategorie A (§ 15a Abs 1 Z 1 MRG) ... 172
  - 5.8.4. Kategorie B (§ 15a Abs 1 Z 2 MRG) ... 173
  - 5.8.5. Kategorie C (§ 15a Abs 1 Z 3 MRG) ... 173
  - 5.8.6. Kategorie D (§ 15a Abs 1 Z 4 MRG) ... 174
  - 5.8.7. Höhe des Kategoriemietzinses ... 174
- 5.9. Befristungsabschlag ... 174
- 5.10. Höchstgrenzen bei Untermiete ... 175
- 5.11. Wertsicherung ... 176
- 5.12. Überprüfung des Hauptmietzinses ... 177
- 5.13. Bewirtschaftungskosten ... 179
  - 5.13.1. Überblick ... 179
  - 5.13.2. Betriebskosten ... 179
  - 5.13.3. Öffentliche Abgaben ... 180

5.13.4. Besondere Aufwendungen ... 180
5.13.5. Aufteilung und Abrechnung ... 181
5.13.6. Exkurs: Mietzinsbildung beim Wohnhauswiederaufbau ... 181

6. Erhaltungs-, Verbesserungs- und Instandhaltungspflichten ... 183
6.1. Überblick ... 183
6.2. Erhaltungspflichten des Vermieters ... 183
6.2.1. Allgemeines ... 183
6.2.2. Erhaltung der allgemeinen Teile und Gemeinschaftsanlagen ... 186
6.2.3. Erhaltung des Mietgegenstands („Innenraum“) ... 188
6.2.3.1. Grundsatz: Eingeschränkte Erhaltungspflicht ... 188
6.2.3.2. Substanzgefährdung ... 188
6.2.3.3. Erhebliche Gesundheitsgefährdung ... 188
6.2.3.4. Brauchbarmachung ... 190
6.2.3.5. Wärmebereitungsgeräte ... 191
6.2.4. „Fiktive Erhaltungsarbeiten“ ... 191
6.2.4.1. Neueinführungen/Umgestaltungen aufgrund öffentlich-rechtlicher Verpflichtungen ... 191
6.2.4.2. Maßnahmen zur Senkung des Energieverbrauchs ... 192
6.2.4.3. Installation von Messvorrichtungen zur Verbrauchsermittlung ... 192
6.2.5. Finanzierung ... 192
6.2.6. Verhältnis zu § 1096 ABGB ... 193
6.2.7. „Graubereich“ ... 193
6.2.8. Überwälzung von Erhaltungspflichten ... 194
6.3. Verbesserungspflichten des Vermieters ... 195
6.3.1. Allgemein ... 195
6.3.2. Errichtung/Umgestaltung von Leitungs-, Kanalisations- und Sanitäranlagen ... 196
6.3.3. Errichtung/Ausgestaltung von Anlagen im Haus ... 196
6.3.4. Erhöhung der Schalldämmung ... 196
6.3.5. Anschluss an Fernwärmeversorgung ... 197
6.3.6. Installation einer Wasserentnahmestelle bzw eines WC im Mietobjekt ... 197
6.3.7. Bautechnische „Aufwertung“ von Mietgegenständen ... 197
6.3.8. Errichtung eines Behindertenaufzuges ... 197
6.3.9. Finanzierung ... 198
6.3.10. Überwälzung von Verbesserungspflichten ... 198
6.4. Wartungs- und Instandhaltungspflichten des Mieters ... 198
6.4.1. Überblick ... 198
6.4.2. Wartungspflicht des Mieters ... 198
6.4.3. Instandhaltungspflicht des Mieters ... 199

7. Mieterseitige Änderungen des Mietobjekts 200

8. Investitionskostenersatz 202

9. Kaution 205

10. Vertragsbeendigung 205

11. Rechtsnachfolge unter Lebenden 205
11.1. Rechtsnachfolge auf Mieterseite 205
11.1.1. Abtretung gemäß § 12 MRG 205
11.1.2. Unternehmensveräußerung/-verpachtung gemäß § 12a MRG 206
11.2. Rechtsnachfolge auf Vermieterseite 208

12. Rechtsnachfolge im Todesfall 208

13. Verfahrensrechtliche Aspekte 208
13.1. Außerstreitverfahren 208
13.2. Streitiges Verfahren 211

Mustermietvertrag MRG-Vollanwendungsbereich 212

Stichwortverzeichnis 245

Teil I. Allgemeiner Teil

Julian Ring, Daniel Haidacher

1. Die Miete in Abgrenzung zu anderen Rechtsformen

1.1. Miete

Die Miete ist die häufigste Form vertraglicher Gebrauchsüberlassungen. Wer mietet, hat kein eigenes Recht „an" der Bestandsache, sondern bloß ein Recht „auf" Benützung derselben. Maßgeblich für die Rechtsstellung des Mieters ist primär der Mietvertrag. In diesem verpflichtet sich der Vermieter, den Mietgegenstand im Gegenzug zur Bezahlung des Mietzinses zu überlassen.

1.2. Eigentum

Dass sich die Rechtsstellung eines Eigentümers von jener eines Mieters stark unterscheidet, ist im gesellschaftlichen Bewusstsein tief verankert und erscheint selbstverständlich: Der Eigentümer hat das dingliche Vollrecht an der Sache und kann mit dieser grundsätzlich nach Belieben umgehen – sie also etwa selbst benützen, vermieten oder verkaufen. Benützt der Eigentümer seine Sache selbst, besteht der wohl augenfälligste Unterschied zur Miete darin, dass dieser kein laufendes Benützungsentgelt zu entrichten hat.

Wiederkehrende Zahlungspflichten ergeben sich beispielsweise für Wohnungseigentümer, die gemäß § 32 WEG die „Aufwendungen für die Liegenschaft" nach dem Verhältnis ihrer Miteigentumsanteile zu tragen haben. Solche Aufwendungen umfassen etwa die für die allgemeinen Teile der Liegenschaft anfallenden Bewirtschaftungs-, Erhaltungs- und Verbesserungskosten. Wird die Notwendigkeit größerer Sanierungsarbeiten absehbar, kann dies zu einer empfindlichen Kostenbelastung für die Wohnungseigentümer führen. Die gemeinsame Bildung von Rücklagen für ebendiese Fälle ist dabei gemäß § 28 Abs 1 Z 2 WEG Sache der Eigentümergemeinschaft, die ihre Beschlüsse mit einfacher Mehrheit – das heißt auch gegen den Willen einzelner Miteigentümer – fasst.

1.3. Leihe

Werden Räumlichkeiten unentgeltlich überlassen, liegt kein Miet-, sondern ein Leihvertrag vor. Von einem solchen unentgeltlichen Rechtsgeschäft ist auch dann noch auszugehen, wenn für die überlassene Sache ein Entgelt geleistet wird, das gegenüber dem Nutzungswert nicht ins Gewicht fällt, wobei in der Rechtsprechung hier eine Grenze von etwa 10 % des ortsüblichen Entgelts angenommen wird.[1]

1 OGH 16.9.2008, 1 Ob 132/08f; vgl auch RIS-Justiz RS0020541.

Auch die Übernahme der gebrauchsabhängigen (!) Kosten durch den Leihnehmer ist nicht als Entgelt anzusehen.[2]

Naturgemäß werden derartige Vereinbarungen in der Regel aus Freigiebigkeit des Leihgebers geschlossen. Es ist daher nachvollziehbar, dass der besondere mietrechtliche Schutz des MRG hier keine Anwendung findet. Die Grenzziehung ist in Einzelfällen bisweilen schwierig. Um Umgehungskonstruktionen zu vermeiden, legt die Rechtsprechung dabei einen strengen Prüfungsmaßstab an.[3] Daher ist bei der Vertragsgestaltung besondere Vorsicht geboten. Ansonsten droht die Gefahr, dass die Parteien ungewollt ein dem MRG unterliegendes Vertragsverhältnis begründen.

Beispiel

A überlässt B seine Neubau-Innenstadtwohnung für ein Jahr. Da die beiden seit Jahren befreundet sind, soll keine „Miete" vereinbart werden. B soll lediglich einen „Anerkennungsbeitrag" in Höhe von monatlich € 200 (das sind 20 % des ortsüblichen Entgelts) und die vollen Betriebskosten zahlen.

Auch wenn sich A der Tragweite dieser Vereinbarung nicht bewusst ist, haben die Parteien tatsächlich einen Mietvertrag abgeschlossen. B genießt daher den Schutz des MRG, wie insbesondere den Kündigungsschutz (siehe hierzu Teil III. Punkt 7.3.).

1.4. Prekaristische Gebrauchsüberlassung

Ein Prekarium (Bittleihe) weicht in zweierlei Hinsicht von Mietverträgen ab: Zunächst wird der Mietgegenstand – wie auch bei einer Leihe – unentgeltlich überlassen.[4] Darüber hinaus erfolgt die Überlassung der Sache auf jederzeitigen Widerruf. Wie auch im Zusammenhang mit Leihverträgen ist bei Abschluss solcher Verträge besondere Vorsicht geboten, um nicht ungewollterweise die Anwendbarkeit des MRG zu begründen.

Beispiel

A überlässt B, der aufgrund privater Umstände dringend eine Wohnung sucht, seine Innenstadtwohnung auf jederzeitigen Widerruf. Den B sollen dabei keine Zahlungspflichten treffen.

Hier liegt eine prekaristische Gebrauchsüberlassung (auch Prekarium) vor. Die Schutzmechanismen des MRG gelten für B daher nicht. A wird für seine Freizügigkeit insofern nicht „bestraft".

1.5. Aus dem Familienverhältnis entspringendes Wohnverhältnis

In familiären Beziehungen sind unentgeltliche Gebrauchsüberlassungen typisch. Den Beteiligten geht es dabei üblicherweise nicht darum, bestimmte Rechtsfolgen

2 OGH 30.3.2006, 8 Ob 25/06v.
3 OGH 10.6.2015, 7 Ob 218/14f.
4 Vgl zur Vertragsgestaltung *Cerha*, immolex 2015, 302.

eintreten zu lassen. Nicht rechtliche Bindungen aneinander, sondern das faktische Zusammenleben steht im Vordergrund. Daraus folgt, dass solche Wohnverhältnisse – wie auch prekaristische Gebrauchsüberlassungen – jederzeit ohne Angabe von Gründen beendet werden können, sofern nicht besondere (familienrechtliche) Regelungen anderes vorsehen.[5]

Beispiel

A lebt seit Jahren bei seiner Großmutter G. Aufgrund von Meinungsverschiedenheiten ersucht G ihren Enkel, auszuziehen. A argumentiert, dass hier tatsächlich ein Mietvertrag vorliege, weshalb er Kündigungsschutz genieße. Schließlich habe er Mietzins in Form von Arbeitsleistungen geleistet, da er diverse Renovierungsarbeiten in den von ihm bewohnten Räumlichkeiten vornahm und überdies einige Löcher in der Außenfassade des Hauses verspachtelt und Rasen gemäht habe.

Der Oberste Gerichtshof geht davon aus, dass die geleisteten Arbeiten sowie die Gebrauchsüberlassung aus familiären Gründen und daher unentgeltlich erfolgten. Einen „Mietzins" leistete A daher nicht, sodass auch kein Mietvertrag vorlag.[6]

1.6. Wohngebrauchs- oder Fruchtgenussrecht

Ein **Wohngebrauchsrecht** (§§ 521, 504 ABGB) erlaubt es dem Berechtigten, die Sache entsprechend seiner eigenen Bedürfnisse zu gebrauchen. Maßgebend sind daher die konkreten Bedürfnisse des Berechtigten. Eine Aufnahme Dritter ist nur eingeschränkt möglich, aber etwa hinsichtlich Ehegatten erlaubt.[7] Den Parteien steht es frei, das Wohnrecht gegen ein einmaliges Entgelt, laufendes Entgelt oder unentgeltlich einzuräumen.[8]

Das **Fruchtgenussrecht** (§§ 521, 509 ABGB) gestattet den Fruchtgenussberechtigten („Fruchtnießer") hingegen, die Sache unter Schonung Ihrer Substanz ohne Einschränkungen zu benützen. Der Fruchtnießer ist daher insbesondere berechtigt, die Sache selbst zu nutzen oder auch zu vermieten.[9]

Sowohl Wohngebrauchs- als auch Fruchtgenussrechte sind als dingliche, sohin gegenüber jedermann wirkende, „absolute" Rechte konzipiert. Sie sind im Grundbuch einzuverleiben, wodurch sich Dritte Kenntnis von der Belastung der Liegenschaft verschaffen können.

Beispiel

A räumt ihrem Gatten G ein lebenslanges Wohnrecht in einer Wohnung auf einer ihrer Liegenschaften ein, welches auch im Grundbuch einverleibt wird. Der Investor I erwirbt

5 RIS-Justiz RS0020503.
6 OGH 8.4.2020, 3 Ob 32/20g.
7 *Zach/Spath* in *Schwimann/Kodek* (Hrsg), ABGB Praxiskommentar[5] (2019) § 521 ABGB Rz 9.
8 RIS-Justiz RS0011831.
9 Hat der Vermieter ein Fruchtgenussrecht an der gesamten Liegenschaft, handelt es sich dabei um Hauptmiete; andernfalls (wenn sich der Fruchtgenuss etwa bloß auf eine Wohnung erstreckt) liegt Untermiete vor, siehe OGH 13.12.2018, 5 Ob 221/18p.

die Liegenschaft, übersieht das Wohnrecht im Grundbuch und fällt aus allen Wolken, als sich G weigert, auszuziehen. I argumentiert, dass er selbst dem G niemals das Wohnrecht eingeräumt habe und er sich daher daran nicht gebunden fühle.

Nachdem das Wohnrecht des G im Grundbuch einverleibt ist und daher dinglich konzipiert ist, wirkt es gegenüber jedermann. I wird mit seiner Argumentation daher nicht durchdringen.

Allerdings erlaubt es die Privatautonomie, derartige Rechte auch schuldrechtlich („obligatorisch") auszugestalten, ohne dass es zu einer Eintragung im Grundbuch kommt. Die Rechtsstellung des Berechtigten wirkt in einem solchen Fall daher nicht „absolut", also gegenüber jedermann. Verkauft der Eigentümer seine Sache, kommt es daher regelmäßig zu Streitigkeiten darüber, ob der Erwerber ein solches Recht auch gegen sich gelten lassen muss.[10]

Beispiel

A räumt ihrem Gatten G ein lebenslanges Wohnrecht in einer Wohnung auf einer ihrer Liegenschaften ein. Auf eine Einverleibung im Grundbuch verzichten die beiden, denn das Wohnrecht soll rein schuldrechtlich konzipiert sein. Der Investor I erwirbt die Liegenschaft und argumentiert, dass er selbst dem G niemals das Wohnrecht eingeräumt habe und er sich daher daran nicht gebunden fühle.

Mangels „absoluter" Wirkung des Wohnrechts muss I dieses nicht gegen sich gelten lassen.

Wird ein Wohngebrauchsrecht rein obligatorisch und entgeltlich vereinbart, ist die Abgrenzung zur Miete mitunter besonders schwierig.[11]

1.7. Pacht

Das ABGB fasst Miete und Pacht unter der gemeinsamen Überschrift „Bestandverträge" zusammen. § 1091 Satz 1 ABGB grenzt die beiden Formen des Bestandvertrags wie folgt voneinander ab: „*Der Bestandvertrag wird, wenn sich die in Bestand gegebene Sache ohne weitere Bearbeitung gebrauchen lässt, ein Mietvertrag; wenn sie aber nur durch Fleiß und Mühe benützt werden kann, ein Pachtvertrag genannt.*" Diese Formulierung lässt sich als Kernelement eines Pachtvertrages erkennen: Es geht um das Ziehen von „Früchten" – also sachtypischen Nutzungen, wie etwa Feldfrüchte oder auch Einnahmen aus Warenverkäufen.

Die Abgrenzung zu Mietverhältnissen ist insofern höchst praxisrelevant, als nur auf Mietverträge die besonderen Schutzvorschriften des MRG anwendbar sind, nicht hingegen auf Pachtverträge. Die Bezeichnung des Vertrags durch die Parteien spielt dabei keine Rolle.[12] Vielmehr kommt es darauf an, welche Zweck-

10 Überblick zur Judikatur bieten etwa *Zach/Spath* in *Schwimann/Kodek* (Hrsg), ABGB Praxiskommentar[5] § 481 ABGB Rz 8.

11 *Hausmann* in *Hausmann/Vonkilch* (Hrsg), MRG[3] § 1 MRG Rz 22; *Zach/Spath* in *Schwimann/Kodek* (Hrsg), ABGB Praxiskommentar[5] (2019) § 521 ABGB Rz 5m mwN.

12 RIS-Justiz RS0020514.

bestimmung der Bestandsache sich aus dem Vertrag ableiten lässt.[13] Oft fällt die Qualifikation eines Bestandvertrags schwer. In der Judikatur haben sich folgende Beurteilungskriterien herausgebildet, die für das Vorliegen von Pacht sprechen:

- Die Bereitstellung eines lebenden Unternehmens, worauf insbesondere die Bereitstellung von Einrichtung und Warenlager, Kundenstock und Gewerbeberechtigung[14] sowie die Zurverfügungstellung von Kundenparkplätzen und die Infrastruktur eines Einkaufszentrums[15] hindeuten können;
- für den Fall, dass ein Unternehmen erst aufgebaut werden soll: die Beistellung aller wesentlichen Grundlagen des künftigen Unternehmens sowie die Verpflichtung des Bestandnehmers zur Rückstellung eines lebenden Unternehmens;[16]
- die Vereinbarung einer Betriebspflicht;[17]
- die Vereinbarung eines umsatzabhängigen Bestandzinses, da sich hieraus implizit eine Betriebspflicht ergibt;[18]
- die Beibehaltung des bisherigen Unternehmensgegenstandes.[19]

Beispiel

A betreibt erfolgreich ein Sandwich-Lokal, möchte aber in Zukunft weniger arbeiten und beschließt daher, das Lokal dem B gegen ein monatlich fälliges fixes Entgelt zu überlassen. Um den Fortbestand seines „Werks" nicht zu gefährden, vereinbaren die beiden, dass B verpflichtet sein soll, das Lokal weiterzuführen.

Hier liegt ein Pachtvertrag vor, da ein „lebendes Unternehmen" samt Kundenstock überlassen und darüber hinaus eine Betriebspflicht vereinbart wird. Dass nicht alle oben genannten Kriterien erfüllt sind (etwa ein umsatzabhängiges Entgelt), schadet nicht. Vielmehr genügt es, wenn die überwiegenden Merkmale für eine Pacht sprechen.

2. Rechtsgrundlagen

2.1. Einleitung

Das **Allgemeine bürgerliche Gesetzbuch (ABGB)** regelt den Kern und die Grundlagen des österreichischen Zivilrechts. Es enthält in den §§ 1090 ff grundsätzliche Regelungen zur Miete, die jedoch größtenteils durch Parteienvereinbarung abbedungen werden können (also nicht zwingend sind). Das ABGB regelt das Zivilrecht jedoch nicht abschließend. Vielmehr existieren zahlreiche sogenannte Nebengesetze, die meist besondere Rechtsverhältnisse zum Inhalt haben. Dabei geht es oft darum, eine typischerweise „schwächere" Partei gegenüber ihrem Vertragspartner zu schützen, indem ihr gewisse Rechte eingeräumt werden,

13 RIS-Justiz RS0020261.
14 RIS-Justiz RS0020398.
15 OGH 12.3.2008, 7 Ob 260/07x.
16 RIS-Justiz RS0029483.
17 RIS-Justiz RS0020451.
18 OGH 15.12.2004, 6 Ob 182/04i.
19 OGH 10.6.1999, 6 Ob 106/99b.

die vertraglich nicht abbedungen werden können (also einseitig zwingend sind). Anschauliche Beispiele sind etwa das Konsumentenschutzgesetz, das Fern- und Auswärtsgeschäfte-Gesetz, das Verbrauchergewährleistungsgesetz, das Pauschalreisegesetz oder das Mietrechtsgesetz (MRG).

2.2. Das MRG und seine (Teil-)Ausnahmen

2.2.1. Systematik des MRG

Das Mietrechtsgesetz (MRG) ist ein solches Nebengesetz des ABGB und enthält Sonderregelungen für die Raummiete, welche zugunsten des Mieters relativ zwingend wirken, also nicht zu seinen Lasten abbedungen, sondern vertraglich nur durch noch mieterfreundlichere Regelungen ersetzt werden können. Es enthält insbesondere zwei wesentliche Schutzmechanismen für Mieter:

Der sog „**Preisschutz**" schützt den Mieter vor überhöhten Mieten (durch Mietzinsdeckelung, Einschränkungen bei Betriebskosten etc; siehe im Überblick Punkt 5.1. und 5.2. sowie im Detail Teil IV, Punkt 5.).

Der „**Bestandschutz**" soll gewährleisten, dass sich der Mieter auf ein Fortbestehen des Mietverhältnisses verlassen kann. Er schützt den Mieter vor allem vor grundlosen Kündigungen durch den Vermieter (Kündigungsschutz, siehe Teil III, Punkt 7.2.), sowie vor zu kurzen Befristungen (siehe im Abschnitt „MRG-Teilanwendungsbereich" Teil III, Punkt 7.1.2.).

In seinem Anwendungsbereich verdrängt das MRG das ABGB. Wo das MRG keine Regelung vorsieht, ist daher das ABGB von Relevanz.

Die mietrechtlichen Regelungen in ABGB und MRG unterscheiden sich deutlich voneinander. Die Regelungen des ABGB erlauben den Vertragsparteien mehr Flexibilität durch die Möglichkeit anderweitiger Vereinbarungen und sehen vergleichsweise wenig Mieterschutz vor. Umgekehrt schafft das MRG weitgehend starre Regelungen, die überwiegend mieterfreundlich sind. Es ist daher im Einzelfall höchst bedeutsam, ob ein Mietverhältnis in den Anwendungsbereich des ABGB oder des MRG fällt.

Innerhalb des MRG wird zwischen dessen Vollanwendung (= Anwendung sämtlicher Teile; siehe Punkt 2.2.4.) und dessen Teilanwendung (= Anwendung bloß einzelner Bestimmungen, siehe Punkt 2.2.3. unterschieden. Sofern ein Mietverhältnis vom MRG vollständig ausgenommen ist, unterliegt es typischerweise dem Regime des ABGB (siehe Punkt 2.2.2.).

2.2.2. ABGB-Bereich (Vollausnahme vom MRG)

Vollständig ausgenommen von der Anwendung des MRG und damit dem Regime des ABGB unterworfen sind insbesondere die folgenden Mietverhältnisse:

- über **beweglich Sachen**;
- **Reine Flächenmiete**, es sei denn, der Vertrag sieht die Errichtung eines Gebäudes (mit mehr als zwei Einheiten) vor und ein solches wird auch errichtet;[20]

Beispiel

A mietet einen großen Garten samt einer Gerätehütte von B. Nach einem Streit mit B stellt sich A die Frage, ob er den Kündigungsschutz des MRG genießt.

Nachdem der Gerätehütte im Verhältnis zum Garten keine überwiegende Bedeutung zukommt, ist hier von einer reinen Flächenmiete auszugehen. Das MRG ist daher nicht anwendbar.[21]

- über Mietgegenstände, die im Rahmen des Betriebes eines **Beherbergungs-, Garagierungs-, Verkehrs-, Flughafenbetriebs-, Speditions- oder Lagerhausunternehmens** vermietet werden;
- über Mietgegenstände, die im Rahmen des Betriebes eines **Heimes** für ledige oder betagte Menschen, Lehrlinge, jugendliche Arbeitnehmer, Schüler oder Studenten vermietet werden;
- über Wohnungen bzw Wohnräume im Rahmen von **sozialpädagogisch betreutem Wohnen**;
- über **Dienstwohnungen**;

Beispiel

A mietet von seinem Arbeitgeber B eine Dienstwohnung in bester Lage. Als A eines Tages sein Dienstverhältnis kündigt, sorgt sich B, wie es mit der Wohnung weitergehen soll: Greift hier der Kündigungsschutz des MRG oder kann B den Mietvertrag ohne Vorliegen besonderer Gründe kündigen?

B kann erleichtert sein: Der Gesetzgeber schützt das Interesse von Arbeitgebern, über Dienstwohnungen weitgehend frei verfügen zu können, ohne an den Kündigungsschutz des MRG gebunden zu sein. B kann den Mietvertrag daher kündigen, ohne prüfen zu müssen, ob ein besonderer Kündigungsgrund vorliegt.

- Mietverhältnisse über **Geschäftsräumlichkeiten**, welche die **Dauer eines halben Jahres** nicht übersteigen;
- Mietverhältnisse, welche die **Dauer eines halben Jahres** nicht übersteigen, über eine Wohnung der Ausstattungskategorie A oder B (siehe dazu Teil IV, Punkt 5.8.3.) sofern der Mieter diese nur zum schriftlich vereinbarten Zweck der Nutzung als Zweitwohnung aufgrund eines berufsbedingten vorübergehenden Ortswechsels mietet (sog „Philharmoniker-Paragraf“);

Beispiel

Der Wiener A ist als Hornist bei den Bregenzer Festspielen engagiert und mietet von B eine Altbau-Wohnung als Zweitwohnung für vier Monate. Im Vertrag ist nirgends ausdrücklich vorgesehen, dass die Wohnung aufgrund eines berufsbedingten vorüber-

20 RIS-Justiz RS0069605 (T9).
21 Siehe auch RS0069423.

gehenden Ortswechsels benötigt wird. Nachdem A der Mietzins überhöht erscheint, überlegt er, dessen Höhe gerichtlich überprüfen zu lassen. B argumentiert, dass das MRG und der dort vorgesehene Preisschutz aufgrund des „Philharmoniker-Paragrafs“ nicht anwendbar seien.

Nachdem die Vermietung als Zweitwohnung wegen eines durch Erwerbstätigkeit verursachten vorübergehenden Ortswechsels erfolgen soll, käme die Anwendung des „Philharmoniker-Paragrafen“ grundsätzlich in Frage. Allerdings verlangt das Gesetz, dass die Parteien diesen Vertragszweck auch schriftlich festhalten. Nachdem B offenbar hierauf vergessen hat, ist die Ausnahmebestimmung nicht anwendbar. Auf dieser Grundlage wird B daher nicht gegen den Preisschutz des MRG argumentieren können.

- über Wohnungen bzw Wohnräume, die vom Mieter nur als **Zweitwohnung** zu Zwecken der **Erholung** oder der Freizeitgestaltung gemietet werden;

Beispiel

A mietet eine Wohnung in der Nähe des Wörthersees von B. Seinen gewöhnlichen Aufenthalt hat A in Linz, weshalb beiden Parteien klar ist, dass die Vermietung als Zweitwohnsitz zu Erholungszwecken erfolgen soll. Ein Jahr später kündigt A seine Wohnung in Linz und zieht permanent in die von B gemietete Wohnung, ohne dass B dies merkt. A ist der Überzeugung, dass diese Wohnung in den Anwendungsbereich des MRG falle. Er ist daher entspannt, als B ihn eines Tages grundlos kündigen möchte.

Tatsächlich ist die entspannte Haltung von A unberechtigt. Zwar handelt es sich bei der von A zuletzt bewohnten Wohnung *de facto* nicht mehr um dessen Zweitwohnung, allerdings kommt es für die Ausnahme nur darauf an, dass die Mietwohnung zur Nutzung als Zweitwohnung zur Freizeitgestaltung vermietet wurde. Kurz gesagt: Der Vertragszweck, nicht aber die faktische Benützung ist relevant. Die Kündigung der Wohnung ist somit möglich.

- über Mietgegenstände in einem Gebäude mit nicht mehr als zwei selbständigen Wohn- oder Geschäftseinheiten (**Ein- und Zweiobjekthäuser**);
- Aufgrund der Bindung an einen Wohn- oder Geschäftszweck fällt auch die **„neutrale“ Vermietung** weder zu Wohn- noch zu Geschäftszwecken nicht in den Anwendungsbereich des MRG.[22] Bei Vermietung zu neutralen Zwecken (zB Hobbyraum, Garage, Dachboden) trifft den Mieter die Beweislast dafür, dass das Objekt doch als Wohnung oder Geschäftsraum vermietet wurde und damit in den Anwendungsbereich des MRG fällt.[23]

Beispiel

A mietet von B ein Innenstadt-Atelier, um dort seine Modelleisenbahn aufbauen zu können. Eines Tages erreicht ihn die Kündigung des B, die A nicht hinnehmen möchte. A argumentiert, dass ihm das MRG vor grundlosen Kündigungen schütze.

A wird mit seiner Argumentation wenig Erfolg haben: Es läge an ihm, zu beweisen, dass das Atelier nicht für sein Hobby, sondern für Wohn- oder Geschäftszwecke gemietet wurde. Hat er damit keinen Erfolg, kann er sich nicht auf den Bestandsschutz des MRG berufen.

---

22 RIS-Justiz RS0069390; *H. Böhm/Prader* in GeKo Wohnrecht I § 1 MRG Rz 51, 59.

23 RIS-Justiz RS0069390 (T2); OGH 28.2.1995, 5 Ob 561/94; *Illedits-Lohr* in *Illedits/Reich-Rohrwig* (Hrsg), Wohnrecht[3] (2018) § 1 MRG Rz 21 mwN zur Rsp.

Liegt eine der genannten Ausnahmen oder eine „neutrale“ Vermietung vor, gilt für den Mieter weder der Preis- noch der Bestandsschutz des MRG. Dennoch sollte auch in solchen Fällen Abstand davon genommen werden, den Mieter krass zu „übervorteilen“, da die jeweilige Klausel aus anderen Gründen unwirksam sein könnte (siehe Punkt 3.).

Welche Regeln im Detail gelten, wenn ein Mietverhältnis dem ABGB-Bereich unterfällt, ist im Teil II, Punkt 1. ff dargestellt.

2.2.3. Teilanwendung des MRG

Besteht keine Vollausnahme vom MRG, unterliegt das Mietverhältnis dem MRG. Wie erwähnt, ist hierbei zwischen dem Teil- und dem Vollanwendungsbereich zu unterscheiden. Mit anderen Worten gelten für bestimmte Mietverhältnisse nur einzelne Regelungen des MRG (vgl § 1 Abs 4 und 5 MRG). Insbesondere ist im sogenannten „Teilanwendungsbereich“ zwar der **Bestandsschutz, nicht jedoch der Preisschutz** des MRG anwendbar. Das bedeutet: Im Teilanwendungsbereich kann auch ein Mietzins vereinbart werden, der höher liegt als die Mietzinsobergrenzen des MRG. Der Bestandsschutz des MRG gilt jedoch auch hier: Eine grundlose Kündigungsmöglichkeit durch den Vermieter kann daher nicht wirksam vereinbart werden.

In den Teilanwendungsbereich fallen insbesondere Mietverhältnisse

- über Mietgegenstände im **Wohnungseigentum**, sofern sich der Mietgegenstand in einem Gebäude befindet, das aufgrund einer **ab dem 9.5.1945** erteilten Baubewilligung neu errichtet wurde;

  Beispiel

  A mietet eine Wohnung in einem 1949 errichteten Wohngebäude mit fünf Einheiten von B. Wohnungseigentum ist daran nicht begründet. Angesichts von Uneinigkeiten über die Mietzinshöhe stellt A sich die Frage, ob das Objekt in den MRG-Vollanwendungsbereich fällt.

  Zunächst ist festzuhalten, dass es keine Anhaltspunkte für eine Vollausnahme vom MRG gibt (zB Ein- oder Zweiobjekthaus, Hobbyraum, Altenheim). Weiters fällt das Objekt auch nicht in den MRG-Teilanwendungsbereich: Das Objekt ist zwar nach 1945 erbaut, allerdings befindet es sich nicht im Wohnungseigentum. Das MRG ist daher zur Gänze auf den Mietgegenstand anwendbar.

- über Mietgegenstände, die in Gebäuden gelegen sind, die **ohne Zuhilfenahme öffentlicher Mittel** auf Grund einer nach dem **30. Juni 1953** erteilten Baubewilligung neu errichtet worden sind (hier muss kein Wohnungseigentum vorliegen);

  Beispiel

  A mietet eine Wohnung in einem **1954** errichteten Wohngebäude mit fünf Einheiten von B. Wohnungseigentum ist daran nicht begründet. Angesichts von Uneinigkeiten über die Mietzinshöhe, stellt A sich die Frage, ob das Objekt in den MRG-Vollanwendungsbereich fällt.

Wie auch im vorherigen Beispiel liegt hier kein Grund für eine Vollausnahme vor. Allerdings kann das Mietobjekt in den MRG-Teilanwendungsbereich fallen, sofern es ohne Zuhilfenahme öffentlicher Mittel errichtet wurde. Dass es hier kein Wohnungseigentum gibt, schadet nicht.

- über Mietgegenstände, die durch einen **Dachbodenausbau** oder einen **Aufbau** aufgrund einer **ab 2002** erteilten Baubewilligung neu errichtet wurden;

Beispiel

Der Mietgegenstand befindet sich im Dachgeschoß eines 1922 errichteten Objekts. Im Jahr 2005 werden diese Räumlichkeiten so ausgebaut, dass sich die Nutzfläche um 30 % erhöht. Der Vermieter B stellt sich auf den Standpunkt, dass das Objekt infolge des Ausbaus in den MRG-Teilanwendungsbereich fällt und der Mieter des Objektes A daher zwar Kündigungs-, aber keinen Preisschutz genieße.

B hat unrecht: Das Gesetz stellt darauf ab, dass der Mietgegenstand durch einen Dachbodenausbau neu geschaffen wurde.[24] Dies ist bei einer bloßen Erweiterung nicht der Fall. Das Objekt fällt daher in den Vollanwendungsbereich des MRG, sodass A nicht nur Kündigungs-, sondern auch Preisschutz genießt.

- über **unausgebaute Dachbodenräumlichkeiten**, sofern vereinbart wird, dass darin oder in einem stattdessen durchgeführten Aufbau eine Wohnung oder Geschäftsräumlichkeit errichtet werden wird;
- über **Zubauten**, die aufgrund einer **ab dem 1.10.2006** erteilten Baubewilligung neu errichtet wurden;
- Ebenfalls bloß teilweise anwendbar (allerdings in noch geringerem Umfang) ist das MRG auf Mietgegenstände in einem **Wirtschaftspark.**[25]

Der eingangs erwähnte Fall („**Wohnungseigentum nach ’45**“) ist praktisch besonders bedeutsam. Diese Teilausnahmeregelung sollte nach dem zweiten Weltkrieg einen Anreiz für Eigentümer bieten, neuen Wohnraum zu schaffen. Als „Belohnung“ soll der Vermieter sein Objekt vermieten können, ohne dabei an die Mietzinsobergrenzen des MRG (damals noch Mietengesetz MG[26]) gebunden zu sein.[27] Trotz dieses historischen Hintergrundes erscheinen die oben genannten Stichtage heute willkürlich. Der Verfassungsgerichthof hat einzelne Tatbestände des Teilanwendungsbereichs jedoch bereits geprüft und für verfassungskonform befunden.[28]

---

24 Nach dem OGH ist der Ausnahmetatbestand nicht einmal erfüllt, wenn die neu geschaffene Fläche die bisherige übersteigt; vgl RS0070741 (T6).

25 Dh in einer wirtschaftlichen Einheit von ausschließlich zu Geschäftszwecken genutzten Gebäuden und Liegenschaften, auf denen jedoch nicht überwiegend Handelsgewerbe im Sinne der Gewerbeordnung (GewO) betrieben werden. Ein Wirtschaftspark in diesem Sinne muss laut OGH nicht zwingend aus mehreren Gebäuden bestehen; RIS-Justiz RS0111792.

26 Mietengesetz, BGBl 1929/210 (MG).

27 *H. Böhm/Prader* in GeKo Wohnrecht I § 1 MRG Rz 45.

28 VfGH G 34-35/2017; V 26/2017.

Bedauerlicherweise sind zudem nicht alle Teilausnahmen im MRG geregelt: Aus förderungsrechtlichen Bestimmungen können sich weitere Ausnahmen vom Preisschutz ergeben. So „belohnte" der Gesetzgeber etwa die **Rückzahlung von staatlichen Darlehen**, die nach dem zweiten Weltkrieg zur Instandsetzung und dem Wiederaufbau des Mietobjekts verwendet wurden, teilweise ebenfalls mit dem Entfall der Mietzinsobergrenzen. Ist unklar, ob ein solches Darlehen aufgenommen wurde, empfiehlt sich eine Anfrage an das Bundesministerium für Digitalisierung und Wirtschaftsstandort (Sektion V Kulturelles Erbe). Die rechtliche Prüfung solcher Ausnahmen ist (auch aufgrund zahlreicher zeitlicher „Rechtsschichten") im Detail kompliziert (siehe für einen Überblick Teil IV, Punkt 5.13.6.).

2.2.4. Vollanwendung des MRG

Ist keiner der oben dargestellten Ausnahmetatbestände erfüllt, fallen Verträge über die Miete von **Wohnungen, Wohnungsteilen und Geschäftsräumlichkeiten** aller Art samt allenfalls mitgemieteten Haus- oder Grundflächen (zB Gärten, Parkflächen) in den Vollanwendungsbereich des MRG. Sowohl der Preis- als auch der Bestandsschutz (siehe dazu oben Punkt 2.2.1.) kommen hier zur Anwendung.

Wie oben dargestellt, ist der Teilausnahmetatbestand „Wohnungseigentum nach '45" praktisch besonders bedeutsam. Ein „klassischer" Anwendungsfall für den Vollanwendungsbereich des MRG sind daher umgekehrt **Altbauwohnungen**. Dort genießt der Mieter daher typischerweise Preis- und Bestandsschutz.

2.2.5. Das KSchG

Mietverträge unterliegen häufig auch dem Konsumentenschutzgesetz (KSchG). Dieses Gesetz ist auf Verträge anwendbar, die zwischen einem Unternehmer und einem Verbraucher abgeschlossen werden. Typischerweise wird dies bei der **Wohnraummiete** der Fall sein, und zwar dann, wenn der Vermieter kein „Privater", sondern ein unternehmerisch tätiger Vermieter ist.[29]

Seltener ist das KSchG bei der **Geschäftsraummiete** anzuwenden. Schließlich ist der Mieter einer Geschäftsfläche typischerweise selbst Unternehmer. Im Falle von sogenannten Gründungsgeschäften – also Mietverträgen, die vor Aufnahme des Unternehmensbetriebs zur Schaffung der Voraussetzungen für diesen Betrieb abgeschlossen wurden, – ist jedoch auch der Mieter einer Geschäftsraummiete als Verbraucher anzusehen. Ist der Vermieter ein Unternehmer, findet daher das KSchG auch auf solche Verträge Anwendung.[30]

29 Neben anderen Kriterien zieht die Judikatur in diesem Zusammenhang die Anzahl der vermieteten Objekte heran: Gerade noch als Verbraucher anzusehen, ist eine Person, die nicht mehr als fünf Objekte vermietet; vgl RIS-Justiz RS0065317 (T1).

30 RIS-Justiz RS0109568.

Im Kontext von Mietverträgen sind unter anderem zwei Regelungen des KSchG zu beachten:

- § 6 Abs 3 KSchG schreibt vor, dass eine in AGB oder Vertragsformblättern enthaltene Vertragsbestimmung unwirksam ist, wenn sie unklar oder unverständlich formuliert ist. Gerade bei Verbrauchergeschäften ist daher besonders darauf zu achten, dass der Vertrag hinreichend **transparent** gestaltet ist („Transparenzgebot").

  Beispiel

  In den AGB eines Mietvertrags heißt es: „*1. Der Mieter stimmt dem Abschluss, der Erneuerung oder der Änderung von Verträgen über die angemessene Versicherung des Hauses gegen Glasbruch-, Sturmschäden … zu bzw tritt den bestehenden Vereinbarungen bei*".

  Der OGH bejahte die Intransparenz (und damit die Unwirksamkeit) einer solchen Klausel, weil der Vermieter aus ihr ableiten wollte, dass der Mieter verpflichtet sei, die Versicherungsprämien in Form von Betriebskosten zu übernehmen. Der OGH hielt hierzu fest: „*Selbst wenn man davon ausgeht, dass einem mit durchschnittlichem Verstand ausgestatteten Mieter nicht verborgen bleiben dürfte, dass die Zustimmungserklärung zur Klausel 1 für den Mieter eine Kostenbelastung mit sich bringen kann bzw bringt, so unterbleibt jede Information und Aufklärung darüber, dass die Klausel darauf abzielt, dem Mieter Versicherungsprämien als Betriebskosten in Rechnung zu stellen, was ohne seine Zustimmungserklärung nicht möglich wäre.*"[31]

- Gemäß § 9 Abs 1 KSchG können die **Gewährleistungsrechte** des Verbrauchers nicht eingeschränkt werden. Das zentrale Gewährleistungsrecht eines Mieters ist das Recht auf Mietzinsminderung, das zur Anwendung kommt, wenn der vereinbarte Gebrauch des Mietobjekts nicht möglich ist (siehe unten Punkt 11.1.). Nach der Judikatur sind nicht nur Klauseln unwirksam, die dieses Recht unmittelbar einschränken, sondern auch solche, die das Mietzinsminderungsrecht „indirekt" einschränken.[32]

  Beispiel

  In einem Mietvertrag heißt es: „*Der Mieter hat den Mietgegenstand und die für den Mietgegenstand bestimmten Einrichtungen und Geräte umfassend zu warten sowie in Stand zu halten.*"

  In einem vergleichbaren Fall bejahte der OGH einen Verstoß gegen § 9 Abs 1 KSchG, weil die Überwälzung der Erhaltungspflicht auf den Mieter dazu führen würde, dass der Mieter keine Mietzinsminderung geltend machen kann, wenn Teile des Mietgegenstands unbrauchbar werden, die er selbst zu erhalten hat. Der OGH hielt fest: „*Wird die Pflicht zur Erhaltung des Mietobjekts generell auf den Mieter überwälzt, dann kann er sich auch nicht auf die Unbrauchbarkeit des Mietgegenstandes berufen, was aber Voraussetzung für einen Zinsminderungsanspruch wäre […]. Durch die positive Festlegung der generellen Erhaltungspflicht des Mieters werden implizit dessen Gewährleistungsrechte*

---

31 OGH 27.3.2007, 1 Ob 241/06g (2. Klausel-E).

32 Vgl iZm der Überwälzung von Erhaltungspflichten OGH 13.11.2008, 7 Ob 78/06f (1. Klausel-E); OGH 27.3.2007, 1 Ob 241/06g (2. Klausel-E).

ausgeschlossen. Da einem Verbraucher gegenüber Gewährleistungsrechte (beim Bestandvertrag die Zinsminderung) im Voraus nicht ausgeschlossen werden können, widerspricht die Klausel § 9 Abs 1 KSchG und ist schon deshalb unwirksam."[33]

3. Vertraglicher Gestaltungsspielraum und dessen Grenzen

Ist weder das MRG noch das KSchG, sondern bloß das **ABGB** anwendbar, haben die Parteien einen verhältnismäßig großen Spielraum, was den Inhalt ihrer Vereinbarung betrifft.

Am anderen Ende des Spektrums liegen Mietverhältnisse, die dem KSchG und vor allem auch dem **Vollanwendungsbereich des MRG** unterliegen: In diesem Fall können insbesondere keine wirksamen Vereinbarungen getroffen werden, die den Preis- und den Bestandsschutz des Mieters umgehen sollen. Auch dort gibt es jedoch hinsichtlich einiger Themen einen gewissen vertraglichen Gestaltungsspielraum. Nicht immer zieht das Gesetz nämlich klare Grenzen, aus denen sich ergibt, was (gerade noch) wirksam vereinbart werden kann und was nicht. Beispielhaft genannt werden kann etwa die Vereinbarung von Kündigungsfristen und -terminen: Hier gibt es zwar Regelungen, die mangels abweichender Vereinbarung gelten; einen umfassenden und ausdrücklich geregelten Mindestschutz für Mieter findet man jedoch weder im MRG noch einer anderen Rechtsgrundlage.

Möchten Vertragsparteien zu einem bestimmten Thema etwas vereinbaren und gibt es keine eindeutigen gesetzlichen Schranken, anhand derer die Zulässigkeit dieser Vereinbarung beurteilt werden kann, besteht oft eine gewisse Rechtsunsicherheit. Denn Verträge, die eine Seite krass übervorteilen, können auch ohne spezifische gesetzliche Regelungen unwirksam sein und daher vor Gericht nicht „halten". Das ABGB sieht in diesem Zusammenhang drei allgemeine Fallgruppen vor, die unabhängig von speziellen (miet- oder verbraucherrechtlichen) Regeln gelten:

- Eine äußere Zulässigkeitsgrenze ist die **Sittenwidrigkeit** (§ 879 Abs 1 ABGB), die nur bei besonders verwerflichen Vereinbarungen angenommen wird.

  Beispiel

  In einem Mietvertrag ist folgende Klausel vorgesehen: *„Für den Fall des Zahlungsverzuges verpflichtet sich der Mieter zur Bezahlung von Verzugszinsen in der Höhe von 5 % pro Monat."*

  Der OGH bejahte in einem vergleichbaren Fall die Unwirksamkeit der Klausel und hielt hierzu fest: *„Bei auffallendem Missverhältnis der beiderseitigen Leistungen liegt Sittenwidrigkeit im Sinne des § 879 Abs 1 ABGB vor, was bei einer Zinsenbelastung von über 60 % pro Jahr wohl nicht ernsthaft bezweifelt werden kann."*[34]

---

33 OGH 27.3.2007, 1 Ob 241/06g (2. Klausel-E).

34 OGH 11.10.2006, 7 Ob 78/06f (1. Klausel-E).

- Einen etwas engeren Rahmen zieht § 879 Abs 3 ABGB, wonach eine Klausel bereits unwirksam ist, wenn diese **gröblich benachteiligend** ist. Hierzu ist aber weiters vorausgesetzt, dass die Klausel in Allgemeinen Geschäftsbedingungen (AGB) oder sonstigen Vertragsformblättern enthalten ist, also nicht im Einzelfall ausverhandelt wurde.[35]

Beispiel

In den AGB zu einem Mietvertrag ist folgende Klausel vorgesehen: „*Festgestellte Mängel, die eine Nutzung der Wohnung zulassen, stehen der Übernahme und dem Bezug des Mietgegenstandes bzw. dem Mietbeginn nicht entgegen.*"

Nach dem OGH werde der Mieter durch diese AGB-Klausel auch bei Mängeln, „*die der vertragsgemäßen oder ordnungsgemäßen Nutzung entgegenstehen, verpflichtet, die Wohnung zu übernehmen. Damit wird dem Mieter die Möglichkeit genommen, bei Verzug des Vermieters gemäß § 918 ABGB vom Vertrag zurückzutreten, wodurch er unangemessen in seinen Rechten gegenüber dem Vermieter beschränkt wird, ohne dass dafür ein Ausgleich geschaffen wird. Die Klausel ist daher gröblich benachteiligend im Sinn des § 879 Abs 3 ABGB.*"[36]

- § 864a ABGB stellt überhaupt nur darauf ob, ob eine Klausel eine Seite in irgendeiner Form benachteiligt. Eine gröbliche Benachteiligung ist also nicht erforderlich. Allerdings kommt es nur dann zur Unwirksamkeit, wenn die Klausel in Allgemeinen Geschäftsbedingungen (AGB) oder sonstigen Vertragsformblättern enthalten ist und darüber hinaus einen ungewöhnlichen Inhalt hat und (auch nach dem Erscheinungsbild des Vertragstextes) überraschend ist.

Beispiel

A mietet von B eine Wohnung in einem dicht bebauten Bezirk Wiens. Über die Art der Benützung der Wohnung sprechen die beiden bei Vertragsabschluss nicht. Als A eines Tages die Höhe des Mietzinses überprüfen lassen möchte, fällt er aus allen Wolken, als B behauptet, dass für die Wohnung eine Vollausnahme vom MRG gelte. Schließlich sei diese nach einer Klausel in den AGB bloß „als Zweitwohnung zu Zwecken der Erholung oder der Freizeitgestaltung gemietet" worden (siehe oben Punkt 2.2.2.).

Der OGH hielt zu einem vergleichbaren Fall fest: „*Es handelt sich auch um eine Vertragsbestimmung ungewöhnlichen Inhaltes, weil bei der gerichtsbekannter Maßen gegebenen großen Nachfrage nach Wohnungen in den dicht verbauten inneren Bezirken Wiens, vor allem nach wegen ihres Ausstattungszustandes billigen Wohnungen, und wegen des in solchen Gegenden kaum gegebenen ‚Freizeitwertes' einer Wohnung eine Anmietung bloß zu Zwecken der Erholung oder Freizeitgestaltung kaum vorkommt.*"[37]

Wie oben (siehe Punkt 2.2.5.) aufgezeigt, gibt es neben den eben aufgezeigten Regeln des ABGB auch Vorgaben im **KSchG**, die stets dann zu beachten sind,

35 Zusätzlich fordert § 879 Abs 3 ABGB, dass die entsprechende Klausel keine Hauptleistungspflicht regelt. Dieses Kriterium wird in der Rechtsprechung jedoch tendenziell vernachlässigt.

36 OGH 11.10.2006, 7 Ob 78/06f (1. Klausel-E).

37 OGH 13.7.1993, 5 Ob 49/93.

wenn der Mieter ein Verbraucher und der Vermieter ein Unternehmer ist. So sind intransparente Klauseln und Klauseln, mit denen die Gewährleistungsrechte des Verbrauchers eingeschränkt werden, im Anwendungsbereich des KSchG untersagt.

Zusammengefasst gelten bei der Prüfung der Wirksamkeit von Klauseln folgende „Faustregeln":

- Je weiter sich eine Klausel vom **gesetzlichen Konzept** entfernt, umso eher besteht die Gefahr, dass diese unwirksam ist;
- Ist der durch die konkrete Klausel belastete Vertragspartner ein **Verbraucher**, ist das Risiko einer Unwirksamkeit der Klausel höher als bei einem Vertragsabschluss mit einem Unternehmer;
- **Explizit besprochene** Klauseln „halten" vor Gericht eher. Findet sich eine Klausel indes ausschließlich in AGB oder ist sie an einer ungewöhnlichen Stelle im Vertragstext „versteckt", ist das Risiko der Unwirksamkeit der Klausel höher.

4. Vertragsabschluss

4.1. Der Vertragsschlussmechanismus

Verträge werden im österreichischen Recht grundsätzlich durch **Angebot** (auch „Anbot") **und Annahme** geschlossen. Die beiden Erklärungen müssen dabei übereinstimmen. Um einen Mietvertrag wirksam zu schließen, muss auf diese Weise eine Einigung über den **Mietgegenstand** und den **Mietzins** getroffen werden (§ 1094 ABGB).

Beispiel

Vermieter V bietet Mieter M eine bestimmte Wohnung um monatlich € 500 zur Miete an. Stimmt M diesem Angebot vorbehaltlos zu, kommt ein Vertrag zustande.

Entgegnet M, er möchte die Wohnung nur um monatlich € 450 mieten, so kommt mangels Übereinstimmung von Angebot und Annahme kein Vertrag zustande. Allenfalls kann im „Gegenvorschlag" des M ein neuerliches Anbot zur Anmietung der Wohnung gesehen werden, welches V wiederum annehmen könnte.

Freilich enthält ein Mietvertrag üblicherweise mehr als nur die Regelung der Mietsache und des Mietzinses. Aber auch ein Vertrag, der nur diese beiden Punkte regelt, ist wirksam. In Bezug auf die nicht geregelten Punkte – man denke etwa an eine Kautionsregelung, Kündigungsmöglichkeiten, Erhaltungspflichten und Haftungsfragen – gilt Gesetzesrecht, also insbesondere das ABGB und (insoweit anwendbar) das MRG.

Vor allem in Zusammenhang mit der gewerblichen Immobilienvermittlung durch **Makler**[38] kommt es häufig zur Abgabe von **Mietanboten** durch Mieter.

38 Siehe hierzu gleich unten Punkt 4.3.

Dabei handelt es sich idR um vom Makler vorgefertigte Formulare, in denen die wesentlichsten Eckpunkte eines Mietvertrages festgehalten werden und mit denen der Mieter sein Interesse an der Anmietung einer bestimmten Immobilie bekundet. Dem Vermieter steht es in der Folge frei, das Anbot – meist innerhalb einer im Anbot bezeichneten Frist – anzunehmen.

Hier ist jedoch Vorsicht geboten: Im Einklang mit den Ausführungen oben kommt ein Vertrag nämlich bereits in jenem Zeitpunkt zustande, indem ein Vermieter gegenüber dem Mieter erklärt, ein solches Mietanbot anzunehmen. Inhaltlich ist der Vertrag damit abschließend determiniert: Es gelten die Regelungen laut Mietanbot, sämtliche nicht geregelten Punkte richten sich nach **dispositivem Recht**. Dieses Ergebnis kann im Einzelfall tatsächlich unerwünscht sein.

Beispiel

M hat von einem Makler erfahren, dass V eine bestimmte Wohnung vermieten möchte. Er übermittelt V daher ein unterfertigtes Mietanbot. Das Mietanbot enthält Angaben zur Wohnung, zur Mietdauer und zum angebotenen Mietzins samt Nebenkosten. V schickt M ein E-Mail, in dem er bekannt gibt, sein Mietanbot anzunehmen.

Themen wie beispielsweise ein Gewährleistungsverzicht oder eine Wertsicherung des Mietzinses wurden im Mietanbot nicht angesprochen. Ebenso hat V es unterlassen, dem M ein um diese Punkte ergänztes Angebot vorzulegen. Aus diesem Grund richten sich diese Themen nach dispositivem Recht: V trifft die vollumfängliche gesetzliche Erhaltungspflicht nach ABGB bzw MRG und er ist nicht berechtigt, den Mietzins im Falle einer Indexänderung anzupassen.

In der Praxis steht nach Abgabe und Annahme eines Mietanbots üblicherweise die beidseitige Unterfertigung einer schriftlichen „Vertragsurkunde" im Raum. Nicht selten finden sich darin weitere Regelungen, die im Mietanbot (und in der korrespondierenden Annahme) gerade nicht angesprochen waren. Achtung: Der Mieter kann sich in diesem Fall mit Recht weigern, eine derartige Urkunde zu unterfertigen und stattdessen auf Zuhaltung des ursprünglichen – in der Regel für ihn vorteilhafteren – Vertrages bestehen.

Auf Vermieterseite ist daher vor Annahme eines Mietanbots entweder sicherzustellen, dass dieses von vornherein einen bestimmten gewünschten Inhalt aufweist oder aber ist das Mietanbot ausdrücklich nur unter der Bedingung anzunehmen, dass der Mieter ein ergänzendes Gegenangebot des Vermieters, das die gewünschten Regelungen enthält, annimmt.

4.2. Formpflichten

Mangels ausdrücklicher gesetzlicher Anordnung im Einzelfall sind Verträge **formfrei**. Das heißt, sie können beliebig, also insbesondere auch mündlich oder gar schlüssig geschlossen werden.

Das gilt grundsätzlich auch für das Mietrecht, sodass einem mündlich geschlossenen Mietvertrag nicht weniger Wirksamkeit zukommt als einem schriftlichen. Selbstverständlich ist aber ein schriftlicher Vertragsschluss oder zumindest die Verschriftlichung eines mündlichen Vertrages zu **Beweiszwecken** dringend empfohlen.

An einigen Stellen wird im Mietrecht jedoch auch Schriftlichkeit gefordert, wie vor allem in den folgenden Fällen:

- § 29 MRG (der im Voll- und Teilanwendungsbereich des MRG gilt) sieht vor, dass **Befristungen** schriftlich vereinbart werden müssen.
- § 1 Abs 2 Z 3 lit b MRG sieht vor, dass das MRG nicht anzuwenden ist, wenn eine Wohnung mit zumindest der Ausstattungskategorie B als Zweitwohnung wegen eines durch Erwerbstätigkeit verursachten vorübergehenden Ortswechsels vermietet wird („**Philharmoniker-Paragraph**“ siehe Punkt 2.2.2.). Diese Ausnahme „greift“ aber nur, wenn dieser spezifische Zweck auch schriftlich festgehalten wird.
- § 16 MRG (der nur im Vollanwendungsbereich des MRG gilt) sieht zum Schutz des Mieters Beschränkungen hinsichtlich des zulässigen Mietzinses vor („Preisschutz“). Nur bei Vorliegen bestimmter Gründe darf der Vermieter auch einen „**Lagezuschlag**“ verrechnen. Dies setzt jedoch voraus, dass die hierfür maßgebenden Umstände dem Mieter spätestens bei Vertragsabschluss schriftlich bekanntgegeben werden (siehe zum Lagezuschlag Teil IV, Punkt 5.7.5.).
- § 17 MRG (der nur im Vollanwendungsbereich des MRG gilt) sieht vor, dass die „Gesamtkosten des Hauses“ (vor allem die Betriebskosten gemäß § 21 MRG, die laufenden öffentlichen Abgaben und die Aufwendungen gemäß § 24 MRG) auch anteilhaft vom Mieter zu bezahlen sind. Dabei bestimmt sich der Anteil eines Mietgegenstandes grundsätzlich nach dem Verhältnis der Nutzfläche des Mietgegenstandes zur Nutzfläche aller Mietgegenstände. Ein **abweichender Aufteilungsschlüssel** kann nur mit allen Mietern schriftlich vereinbart werden.
- § 30 MRG (der im Voll- und Teilanwendungsbereich des MRG gilt) sieht einen abschließenden Katalog von **Kündigungsgründen** vor. Ist § 30 MRG anwendbar, kann der Vermieter einen Mietvertrag aus anderen Gründen grundsätzlich nicht kündigen. § 30 Abs 2 Z 13 MRG sieht jedoch eine (beschränkte) Erweiterungsmöglichkeit dieses Katalogs an Kündigungsgründen vor: Demgemäß können die Parteien einen Umstand als Kündigungsgrund festlegen, der für den Vermieter als wichtig und bedeutsam anzusehen ist. Eine solche Vereinbarung hat schriftlich zu erfolgen (siehe dazu Teil III, Punkt 7.3.18.).

4.3. Exkurs: Beauftragung eines Maklers

Bei der Suche nach einem geeigneten Mieter behelfen sich Vermieter gerne mit der Beauftragung eines Immobilienmaklers. Zur in diesem Zusammenhang besonderen Thematik von Vertragsschlüssen durch Mietanbote siehe Punkt 4.1.

Sowohl Zweck als auch Umfang dieses Buchs erlauben keine detaillierte Darstellung des Maklerrechts. Es sei diesbezüglich daher an dieser Stelle nur auf bestimmte wesentliche Aspekte eingegangen:

- Die Beauftragung eines Maklers erfolgt durch Abschluss eines **Maklervertrags**; hier besteht kein Formzwang. Der Maklervertrag kann daher auch mündlich oder konkludent zB dadurch geschlossen werden, dass der Auftraggeber das Tätigwerden des Maklers in Kenntnis des Umstandes, eine provisionspflichtige Tätigkeit in Anspruch zu nehmen, duldet.[39]
- Der **Provisionsanspruch** entsteht dann, wenn der Makler für den Auftraggeber **verdienstlich** geworden ist. Das ist für einen Immobilienmakler dann der Fall, wenn er seinem Auftraggeber eine Geschäftsgelegenheit **namhaft macht**, die dieser zuvor nicht kannte und der Auftraggeber in der Folge den vermittelten **Vertrag** (oder einen diesem Vertrag zweckgleichen Vertrag, zB Miete statt Kauf[40]) abschließt (§ 6 Abs 2 und 3 MaklerG). Eine darüberhinausgehende Tätigkeit des Maklers ist für das Entstehen des Provisionsanspruchs mangels entsprechender Vereinbarung grundsätzlich nicht erforderlich.
- Mit der Rechtswirksamkeit des vermittelten Geschäfts, also zB mit mündlichem Zustandekommen oder mit Unterfertigung des vermittelten Mietvertrags, wird der Provisionsanspruch grundsätzlich **fällig** (§ 10 MaklerG).
- Die **Höhe des Provisionsanspruchs** bestimmt sich primär nach der Vereinbarung im Maklervertrag. Dabei sind aber nicht nur die üblichen zivilrechtlichen Grenzen, wie jene der Sittenwidrigkeit, sondern insbesondere auch die **Höchstprovisionssätze** der Immobilienmaklerverordnung (IMV) zu beachten. Mangels Vereinbarung ist eine ortsübliche Provision geschuldet. Lässt sich diese nicht feststellen, so ist eine angemessene Provision geschuldet (§ 8 Abs 1 MaklerG).
- Zu einem nachträglichen **Entfall des Provisionsanspruchs** kommt es dann, wenn der vermittelte **Vertrag** zwischen dem Auftraggeber und dem Dritten aus Gründen, die der Auftraggeber nicht zu vertreten hat, **nicht ausgeführt** wird (§ 7 Abs 2 MaklerG).
- Bei zwar vorhandener, aber verminderter Verdienstlichkeit ist auch eine gerichtliche **Minderung des Provisionsanspruchs** im Einzelfall möglich (§ 3 Abs 4 MaklerG).
- In Fällen, in denen **mehrere Makler** einen Provisionsanspruch aufgrund desselben Geschäfts geltend machen, schützt das Gesetz den Auftraggeber: Er schuldet die Provision jedenfalls nur einmal. Die betroffenen Makler haben diesfalls untereinander zu klären, wessen Verdienstlichkeit überwiegt (§ 6 Abs 5 MaklerG).

39 RIS-Justiz RS0062685 noch zum HVG; MietSlg 39.706 mwN; 5 Ob 2175/96f zum Maklervertrag.
40 RIS-Justiz RS0106605.

4.4. Exkurs: Pflichten nach EAVG 2012

Das Energieausweis-Vorlage-Gesetz (EAVG) 2012 verpflichtet Vermieter[41] dazu, ihren Mietern einen Energieausweis, also eine Darstellung der Energieeffizienz des Mietgegenstandes, vorzulegen und entweder im Original oder in Kopie zu übergeben. Die **Vorlage** des Energieausweises muss noch vor Abgabe der Vertragserklärung des Mieters erfolgen, die **Übergabe** binnen 14 Tagen ab Vertragsschluss (§ 4 Abs 1 EAVG 2012). Der Energieausweis darf im Zeitpunkt der Vorlage maximal 10 Jahre alt sein. Ausgenommen von der Verpflichtung sind Vermieter bestimmter Objekte (siehe § 5 EAVG 2012). Ein Ausschluss der Verpflichtungen nach EAVG 2012 ist unwirksam (§ 8 EAVG 2012).

Je nachdem, ob ein gesamtes Gebäude oder aber nur ein Nutzungsobjekt in Bestand gegeben wird, ist Unterschiedliches vorzulegen: Wird ein Gebäude in Bestand gegeben, so wird ein Energieausweis betreffend das gesamte Gebäude verlangt (§ 4 Abs 1 EAVG 2012). Ist Gegenstand der Vermietung jedoch nur ein Nutzobjekt, so genügt die Vorlage und Aushändigung eines Energieausweises entweder über die Gesamtenergieeffizienz dieses Nutzungsobjekts, eines vergleichbaren Nutzungsobjekts im selben Gebäude oder über die Gesamtenergieeffizienz des gesamten Gebäudes (§ 4 Abs 2 EAVG 2012).

Eine Verletzung der **Vorlagepflicht** hat zur Folge, dass der Vermieter gegenüber dem Mieter für eine dem Alter und der Art des Gebäudes entsprechende Gesamtenergieeffizienz des Objektes einzustehen hat (§ 7 Abs 1 EAVG 2012).

Verletzt der Vermieter nicht die Vorlagepflicht, sondern die **Aushändigungspflicht** trotz Aufforderung, so kann der Vermieter sein Recht gerichtlich geltend machen oder aber auf Kosten des Vermieters selbst einen Energieausweis einholen (§ 7 Abs 2 EAVG 2012).

Im Übrigen stellt die Verletzung der Vorlage- bzw Aushändigungspflicht eine **Verwaltungsübertretung** dar und ist mit Strafen bis € 1.450 zu ahnden.

Die ordnungsgemäße Vorlage des Energieausweises hat zur Folge, dass die im Ausweis enthaltenen Kennzahlen als bedungene Eigenschaft im Sinne der Gewährleistungsbestimmungen des ABGB (vgl § 922 Abs 1 und § 1096 ABGB) gelten, der Vermieter also für deren Zutreffen verschuldensunabhängig einzustehen hat.

Bei der Schaltung von **Inseraten** über einen Mietgegenstand sowohl in analoger (Druck-) als auch in elektronischer Form, sind der Heizwärmebedarf und der Gesamtenergieeffizienz-Faktor des Objektes anzugeben (§ 3 EAVG 2012). Die Missachtung dieser Verpflichtung stellt ebenfalls eine mit Strafen bis € 1.450 zu ahndende Verwaltungsübertretung dar (§ 9 Abs 1 EAVG 2012).

Eine Liste der zugelassenen Energieausweis-Aussteller findet sich auf www.energieausweis.at.

41 Das EAVG verpflichtet auch Verkäufer von Immobilien zur Vorlage und Aushändigung eines Energieausweises. Im Rahmen dieses Werks wird naturgemäß jedoch nur die Vermietersicht beleuchtet.

5. Zentrale mietvertragliche Rechte und Pflichten

5.1. Mietzins

Wie bereits erwähnt, stellt der sogenannte „Preisschutz" einen der wesentlichen Mieterschutzbereiche des MRG-Vollanwendungsbereichs dar. In diesem Rahmen wird zwischen dem Richtwert- und dem Kategoriemietzins sowie dem angemessenen Mietzins unterschieden:

Grundsätzlich kommt es innerhalb des MRG-Vollanwendungsbereichs zur Anwendung des sogenannten „**Richtwertmietzinses**". Dieser basiert auf dem für jedes Bundesland vom BMJ festgesetzten Richtwert. Der jeweilige Richtwert wird jährlich valorisiert; außerdem ändert sich der im Ergebnis anwendbare Mietzins durch allenfalls anwendbare **Zu- und/oder Abschläge** bzw einen Lagezuschlag (§ 16 Abs 2 MRG). Siehe zum Richtwertmietzins Teil IV, Punkt 5.7.

Verwandt mit dem Richtwertmietzins ist der sogenannte „**Kategoriemietzins**", der heutzutage nur noch einen eingeschränkten Anwendungsbereich hat: Er gilt aktuell nur noch für Wohnungen der Kategorie D, also solche, die über keine (brauchbare) Wasserentnahmestelle oder über kein (brauchbares) WC im Inneren verfügen. Ansonsten hat die Einteilung von Wohnungen in Kategorien von A bis D nur mehr Bedeutung im Rahmen eines möglichen Kategorieabschlags innerhalb des Richtwertmietzinses (siehe dazu Teil IV, Punkt 5.8.).

In bestimmten Fällen, wie zB der Geschäftsraummiete sowie der Miete von bestimmten denkmalgeschützten Objekten, ist im MRG-Vollanwendungsbereich anstelle des Richtwert- bzw Kategoriemietzinses die Vereinbarung eines sogenannte „**angemessenen Mietzinses**" möglich, der sich nach bestimmten Eigenschaften des Mietobjekts richtet (zB Lage, Ausstattung; siehe zum angemessenen Mietzins im Detail Teil IV, Punkt 5.6.).

Übersteigt eine Mietzinsvereinbarung im Vollanwendungsbereich des MRG den gesetzlich zulässigen Richtwert-, Kategorie- oder angemessenen Mietzins, so ist diese Vereinbarung teilnichtig, also insoweit unwirksam, als sie den zulässigen Höchstbetrag übersteigt.

Im MRG-Teilanwendungsbereich sowie im reinen ABGB-Bereich ist die Vereinbarung des sogenannten „**freien Mietzinses**" zulässig. Die Parteien unterliegen hier nur den allgemeinen zivilrechtlichen Schranken, wie insbesondere jener der Sittenwidrigkeit. Im Ergebnis gibt hier der Markt die Mietpreise vor.

5.2. Bewirtschaftungskosten

Im **MRG-Vollanwendungsbereich** enthalten die §§ 21–24 MRG einen zwingenden sowie abschließenden Katalog der zulässigerweise verrechenbaren Betriebskosten. Darüber hinausgehende Kosten können dem Mieter nicht wirksam unter dem Titel der Betriebskosten vorgeschrieben werden.[42] Siehe dazu Teil IV, Punkt 5.13.

Außerhalb des MRG-Vollanwendungsbereichs bestehen keine ausdrücklichen zwingenden gesetzlichen Regelungen, sodass es den Parteien freisteht, diese Thematik einvernehmlich zu behandeln. Nach § 1099 ABGB hat der Vermieter die gesamten Betriebskosten selbst zu tragen. Für diesen Bereich geht der Gesetzgeber also davon aus, dass der Vermieter die Bewirtschaftungskosten in den Mietzins einkalkuliert. Die Regelung ist jedoch dispositiv, sodass davon abgewichen werden kann. Zu beachten sind dabei selbstverständlich die allgemeinen zivilrechtlichen, hier insbesondere durch die Judikatur geschaffenen, Zulässigkeitsgrenzen.[43] Siehe dazu Teil II, Punkt 2.2.

5.3. Erhaltungspflichten

Im Rahmen eines Mietverhältnisses stellt sich unter anderem die Frage, wen die Verpflichtung trifft, den Mietgegenstand in brauchbarem Zustand zu erhalten. Diese Frage wird je nach (Un-)Anwendbarkeit des MRG unterschiedlich beantwortet:

Im **MRG-Vollanwendungsbereich** gilt eine bloß **eingeschränkte Erhaltungspflicht des Vermieters** (§ 3 MRG). Der Vermieter hat im Gesetz bestimmt aufgezählte Erhaltungsmaßnahmen wahrzunehmen. Im Sinne eines „dynamischen Erhaltungsbegriffs" hat er dabei auch auf die Entwicklung der Bautechnik und die zeitgemäße Wohnkultur Rücksicht zu nehmen.[44] Siehe dazu Teil IV, Punkt 6.

Außerhalb des MRG-Vollanwendungsbereichs, somit im Teilanwendungsbereich und im reinen ABGB-Bereich, sieht § 1096 Abs 1 Satz 1 ABGB eine **umfassende Erhaltungspflicht des Vermieters** vor. Diese Regelung ist aber nicht zwingend und kann daher durch abweichende Vereinbarung bis zur Grenze der Sittenwidrigkeit in alle Richtungen abbedungen werden.[45] Häufig wird daher in der Praxis versucht, umfassende Erhaltungspflichten auf den Mieter zu überwälzen. Zu beachten ist in diesem Zusammenhang insbesondere, dass im Einzelfall der Anwendungsbereich des KSchG eröffnet sein könnte, nämlich dann, wenn sich im Mietverhältnis ein Unternehmer und ein Verbraucher gegenüberstehen. Diesfalls ist eine Überwälzung der Erhaltungspflicht vom Vermieter auf den Mieter unzulässig.[46] Vereinbarungen zur ganzen oder teilweisen Überwälzung der Erhaltungspflicht auf den Mieter können aber auch aus weiteren Gründen unwirksam sein (zB bei vollständiger Überwälzung der Erhaltungspflicht ohne Gegenleistung in AGB oder anderen Vertragsformblättern[47]). Siehe Teil II, Punkt 3.

42 MietSlg 21.286/19, MietSlg 31.331 ua.
43 Vgl RIS-Justiz RS0018019.
44 ZB OGH 2.10.2007, 5 Ob 203/07z mwN.
45 OGH 11.10.2012, 1 Ob 176/12g; *Iro/Rassi* in KBB^6 (2020) zu § 1096 ABGB Rz 4.
46 *Iro/Rassi* in KBB^6 § 1096 ABGB Rz 4.
47 *Iro/Rassi* in KBB^6 § 1096 ABGB Rz 4.

5.4. Das Gebrauchsrecht des Mieters

Das Recht des Mieters, das Mietobjekt zu gebrauchen, ist für den **MRG-Vollanwendungsbereich** in § 8 Abs 1 Satz 1 MRG normiert. Die korrespondierende Regelung für Objekte **außerhalb des MRG-Vollanwendungsbereichs** findet sich in § 1098 ABGB.

Grundsätzlich unterscheiden sich die beiden Konzepte nicht voneinander.[48] In beiden Fällen richtet sich das Gebrauchsrecht des Mieters primär nach dem geschlossenen Mietvertrag, sekundär nach dem Zweck des Bestandverhältnisses und schließlich – in Ermangelung ausdrücklicher anderer Vereinbarungen – nach Ortsgebrauch und Verkehrssitte; auch eine langjährige unwidersprochene Übung kann das Benützungsrecht des Mieters determinieren und den Mietvertrag insofern konkludent erweitern.[49]

In erster Linie bezieht sich das Gebrauchsrecht des Mieters auf das konkrete **Mietobjekt samt Zubehör** (zB mitgemietete Flächen). Es handelt sich dabei um ein alleiniges Gebrauchsrecht. Daneben ist der Mieter im Rahmen eines gemeinsamen Gebrauchsrechtes auch zur Nutzung der bestehenden **Allgemeinflächen** berechtigt. Selbstverständlich ist der Gebrauch dieser Flächen jedoch durch den Gebrauch der übrigen insoweit berechtigten Personen beschränkt.

Das gemeinsame Nutzungsrecht an den allgemeinen Hausteilen wird weiters sowohl im MRG- als auch im ABGB-Bereich durch **Hausordnungen** determiniert und beschränkt, die auch allgemeine Regeln für das Zusammenleben im Miethaus enthalten. Um Rechtswirksamkeit gegenüber dem Mieter zu entfalten, muss die Hausordnung in den Mietvertrag einbezogen werden. Es empfiehlt sich, dies durch Aufnahme eines ausdrücklichen Passus in den Vertrag vorzunehmen und die Hausordnung zusätzlich dem Vertrag beizulegen. Ein dem Vermieter im Mietvertrag vorab eingeräumter genereller **Änderungsvorbehalt** betreffend die Hausordnung wurde vom OGH für unwirksam erklärt.[50] Ein Recht des Vermieters zur einseitigen Änderung der Hausordnung und des Hausbrauches besteht aber dann, wenn die ändernden Maßnahmen die Ausübung des Mietrechtes nicht wesentlich erschweren oder gefährden.[51]

6. Personenmehrheiten auf Mieterseite

Stehen einem Vermieter mehrere Personen gegenüber, so ist fraglich, wie das bzw die jeweiligen Rechtsverhältnisse sich im Einzelfall gestalten:

Denkbar ist der Abschluss eines Mietvertrags mit **einem einzigen Hauptmieter**, der in der Folge als Untervermieter für die übrigen Personen auftritt. In dieser

48 Vgl *Lovrek* in *Rummel/Lukas*, ABGB^4 § 1098 Rz 4.
49 *Pesek* in *Schwimann/Neumayr* (Hrsg), ABGB Taschenkommentar^5 (2020) zu § 1098 ABGB Rz 1 mwN; *H. Böhm/Pletzer* in GeKo Wohnrecht I § 8 MRG Rz 6.
50 OGH 13.11.2008, 7 Ob 78/06f (1. Klausel-E); RIS-Justiz RS0020982.
51 RIS-Justiz RS0020982 (T2).

Konstellation steht dem Vermieter eine einzige Person gegenüber, die für die Einhaltung des Mietvertrags inklusive der Bezahlung des Mietzinses haftet. Für den Haupt- und die Untermieter können sich hieraus im Einzelfall freilich Schwierigkeiten ergeben (zB Zahlungsprobleme des Hauptmieters bei Auszug eines Untermieters; relative Schutzlosigkeit der Untermieter im Falle einer Kündigung des Hauptmietvertrags).[52]

Beispiel

V vermietet seine Wohnung an M, der wiederum einen Teil der Wohnung an U als Untermieterin vermietet. Nachdem M seinen Mietzins über mehrere Monate nicht bezahlt, bringt V eine Mietzins- und Räumungsklage gegen M ein. U ist entsetzt. Schließlich habe sie ihren Untermietzins stets rechtzeitig bezahlt. Sie möchte das Mietobjekt daher nicht räumen.

Die Reaktion von U ist zwar nachvollziehbar. Allerdings wird sie sich gegen einen wirksamen Räumungstitel von V gegen M nicht wehren können. U hat mit ihrem Untermietvertrag lediglich M verpflichtet, während V an diesen nicht gebunden ist. Aus diesen allgemeinen Prinzipien folgt, dass Untermieter vergleichsweise wenig Schutz genießen.[53]

Auch der Abschluss eines Mietvertrags mit **mehreren Personen als Hauptmieter** ist denkbar und für den Vermieter potenziell vorteilhaft, beispielsweise im Hinblick auf die sogenannte solidarische Haftung sämtlicher Mieter für den Mietzins.[54] Das bedeutet, dass der Vermieter zur Hereinbringung des Mietzinses jeden Hauptmieter einzeln – auch für die gesamte Summe – in Anspruch nehmen kann; den Ausgleich können die Mieter dann untereinander in Form eines Regresses herstellen (§ 896 ABGB). Darüber hinaus sind Änderungen des Mietvertrags und damit der Ein- und/oder Auszug eines Mieters hier nur mit Zustimmung sämtlicher Parteien, also insbesondere des Vermieters, möglich.

Beispiel

V vermietet seine Wohnung an drei Mitglieder einer Wohngemeinschaft A, B und C als Hauptmieter. Eines Tages muss V feststellen, dass ein Drittel des vereinbarten Mietzinses nicht auf seinem Bankkonto eingelangt ist. V fällt aus allen Wolken, als er die Ursache hierfür erfährt: Offenbar ist C kürzlich ausgezogen und wurde durch den (weniger verlässlichen) D ersetzt. V hat Sorge, von D nichts zu bekommen und auf dem Mietzins „sitzen zu bleiben".

Die Sorgen des V sind insofern unberechtigt, als er sich den Mieterwechsel nicht gefallen lassen muss. Vielmehr muss C weiterhin für den Mietzins einstehen. Darüber hinaus haften A, B und C solidarisch, das heißt jeder der drei kann für den gesamten Mietzins in Anspruch genommen werden.

Zuletzt ist auch der Abschluss separater Mietverträge mit mehreren Personen **über einzelne Räume** möglich. Mietgegenstand im Sinne eines Alleinnutzungsrechts

52 Vgl hierzu auch *Markl* in *Kainc/Reiber* (Hrsg), Mietrecht – das Casebook, Rz 2.11 ff.
53 Siehe jüngst OGH 20.5.2021, 3 Ob 71/21v mwN.
54 *Höllwerth* in GeKo Wohnrecht I § 1094 ABGB Rz 13 mwN.

ist dann der jeweils vermietete Wohnungsteil, gemeinsam mit einem Mitbenützungsrecht an allgemeinen Flächen, wie zB Wohnzimmer, Badezimmer und WC. Besonders bei gemeinsamer Nutzung von Wasserentnahmestellen und WC ist als Vermieter jedoch Vorsicht geboten, da derartige Konstellationen im MRG-Vollanwendungsbereich zur Anwendbarkeit des Kategoriemietzinses auf die einzelnen Verträge führen können (zum Kategoriemietzins siehe Teil IV, Punkt 5.8.).[55]

Beispiel

V vermietet einzelne Räume in seiner Wohnung an die Mitglieder einer Wohngemeinschaft, wobei jedes Mitglied einen separaten Vertrag über „seinen" Raum abschließt. Bad und WC sollen von allen benützt werden dürfen.

Der OGH ging in einem vergleichbaren Fall davon aus, dass die einzelnen vermieteten Objekte aufgrund des gemeinsam zu nutzenden WCs nur unter die Ausstattungskategorie D fallen und daher nur der Kategoriemietzins verlangt werden kann.[56]

7. Rechtsnachfolge unter Lebenden

Mietverhältnisse beruhen auf einer vertraglichen Vereinbarung (dem Mietvertrag). Verträge binden grundsätzlich nur die Vertragsparteien. Daraus folgt: Es benötigt die Zustimmung beider Parteien, wenn ein vorher unbeteiligter Dritter ein Teil des Vertragsverhältnisses werden soll. Schließlich haben sich die Parteien auch ausgesucht, mit wem sie in ein Vertragsverhältnis eintreten möchten. Einer Vertragspartei soll daher auch nicht ohne weiteres ein anderer Vertragspartner „aufgedrängt" werden.

Beispiel

V vermietet seine Wohnung an die Studentin A. Es wird eine dreijährige Befristung vereinbart. Ein halbes Jahr nach Vertragsabschluss teil A mit, dass sie das Studium wechseln und in andere Stadt ziehen werde, weshalb sie die Wohnung nicht mehr benötige. Allerdings werde ihr alter Schulfreund B das Mietverhältnis „übernehmen" und nunmehr Hauptmieter sein. V möchte das nicht hinnehmen.

V ist im Recht: Er hat sich A als Vertragspartnerin ausgesucht und muss sich grundsätzlich keinen Dritten als Vertragspartner „aufdrängen" lassen.

In gewissen Konstellationen sieht das Gesetz jedoch Ausnahmen von diesem Grundsatz vor und gibt den Vertragspartnern die Möglichkeit, den Mietvertrag auch ohne Zustimmung des Gegenübers auf eine dritte Person zu übertragen. Die Rechtslage unterscheidet sich in diesen Konstellationen je nachdem, ob ein Mietverhältnis dem ABGB-Bereich, dem MRG-Teilanwendungsbereich oder dem Vollanwendungsbereich des MRG unterliegt (siehe in Teil II, Punkt 8., Teil III, Punkt 8. und Teil IV, Punkt 11.).

55 RIS-Justiz RS0069307; im Detail zu derartigen Konstellationen *Markl*, Rechtsprobleme des studentischen Wohnens bei Vorliegen einer Wohngemeinschaft, immolex 2016, 170.

56 OGH 18.12.2001, 5 Ob 302/01z.

8. Rechtsnachfolge im Todesfall

Der Tod eines Menschen führt zu einer Gesamtrechtsnachfolge: In einem ersten Schritt wird der sogenannte „ruhende Nachlass" Träger der Rechte und Pflichten des Verstorbenen, bis das Verlassenschaftsverfahren formal beendet ist. Die Idee des ruhenden Nachlasses ist notwendig, weil die Rechte und Pflichten des Verstorbenen während des Verlassenschaftsverfahrens ansonsten herrenlos wären und keine Verwaltung über sie möglich wäre. Der ruhende Nachlass wird im Wesentlichen wie eine juristische Person (also etwa eine GmbH) behandelt.

Erst in einem zweiten Schritt – und zwar der sogenannten Einantwortung durch das Verlassenschaftsgericht – werden den Erben alle vererbbaren Rechte und Pflichten übertragen. Zu den vererbbaren Rechten und Pflichten gehören auch solche, die einem Vertragsverhältnis (also etwa auch einem Mietvertrag) entspringen. Nicht vererbbar sind lediglich höchstpersönliche Rechte des Verstorbenen, wie etwa aktive Unterhaltsansprüche, Berufstitel, persönliche Familienrechte etc.

Schon aus diesen erbrechtlichen Grundsätzen ergibt sich sohin das Prinzip, dass Mietverträge durch den Tod einer Vertragspartei nicht erlöschen, sondern auf den ruhenden Nachlass und später auf die Erben übergehen. Das Mietverhältnis wird daher mit den Erben grundsätzlich **unverändert fortgesetzt**. Lediglich zur Klarstellung hat der Gesetzgeber dieses Prinzip auch in § 1116a Satz 1 ABGB und § 14 Abs 1 MRG festgehalten.[57]

Im Gesetz finden sich jedoch auch **Ausnahmen** von diesem Grundsatz: So sieht der Gesetzgeber für gewisse Fälle besondere Möglichkeiten vor, sich von einem Mietvertrag zu lösen, der infolge eines Erbfalls an eine vormals unbeteiligte Person übertragen wurde (Sonderkündigungsrecht). Die Rechtslage unterscheidet sich in diesen Konstellationen je nachdem, ob ein Mietverhältnis dem ABGB-Bereich oder dem Teil- bzw Vollanwendungsbereich des MRG unterliegt (siehe in Teil II, Punkt 9., Teil III, Punkt 9. und Teil IV, Punkt 12.).

9. Kaution

Die Vermietung einer Bestandsache zieht gewisse wirtschaftliche Risiken nach sich: So kommt es vor, dass der Mieter das Bestandobjekt beschädigt oder den Mietzins nicht bezahlt. Zwar kann der Vermieter in solchen Fällen seine Ansprüche auf Schadenersatz bzw Bezahlung des Mietzinses natürlich gerichtlich geltend machen. Allerdings trägt der Vermieter dabei das Risiko, dass seine Ansprüche auch einbringlich sind und der Mieter nicht insolvent ist oder „untertaucht". Der Vermieter hat daher typischerweise ein Interesse an einer Sicherstellung für derartige Fälle.

In der Praxis hat sich daher etabliert, dass der Mieter zu Beginn des Mietverhältnisses eine Kaution erlegt. Als **Formen der Kaution** kommen beispielsweise die

57 *Höllwerth* in GeKo Wohnrecht I § 1116a ABGB Rz 2.

Überweisung eines Geldbetrags oder die Übergabe eines Sparbuchs oder einer Bankgarantie in Frage.

Aus dem Sicherstellungszweck der Kaution folgt, dass der Vermieter zwar berechtigt, jedoch **nicht verpflichtet** ist, allfällige Mietzinsrückstände aus der Kaution abzudecken. Mit anderen Worten kannder säumige Mieter den Vermieter nicht auf die Kaution verweisen. Ansonsten hätte es der Mieter in der Hand, durch Nichtbezahlung des Zinses die Sicherung des Bestandgebers für Schäden am Objekt hinfällig zu machen.[58]

Nimmt der Vermieter die Kaution während eines aufrechten Mietverhältnisses (teilweise) in Anspruch, herrscht mitunter Unklarheit darüber, ob der Mieter zur „**Wiederauffüllung**" der Kaution verpflichtet ist. Nach der Judikatur gelten dabei folgende Grundsätze: Gibt es diesbezüglich keine Vereinbarung, besteht auch keine solche Pflicht; allerdings kann eine Pflicht zur Wiederauffüllung der Kaution wirksam vereinbart werden.[59]

Kommt es zu einer **Rechtsnachfolge auf Vermieterseite,** stellt sich die Frage, ob der vormalige Vermieter, der die Kaution entgegengenommen hat, oder aber der aktuelle Vermieter zur Rückzahlung der Kaution verpflichtet ist. Nach der Rechtsprechung gilt Zweiteres: Im Streitfall kann der Mieter seinen Anspruch auf Rückzahlung gegen den aktuellen Vermieter durchsetzen.[60]

Entsprechendes gilt im Falle einer **Rechtsnachfolge auf Mieterseite**: Alleine der zum Zeitpunkt der Beendigung des Mietverhältnisses aktuelle Mieter ist berechtigt, die Kaution zurückzufordern. Dies kann naturgemäß dazu führen, dass sich der vormalige Mieter – der die Kaution schließlich geleistet hat – übervorteilt fühlt. Folglich hat der alte Mieter einen Ausgleichsanspruch gegen den neuen Mieter.[61]

Das ABGB sieht keine eigenen Regelungen zur Kaution vor. Im Teil- und Vollanwendungsbereich des MRG gilt hingegen § 16b MRG, der einige Vorgaben zu gewissen Aspekten der Kaution enthält. Je nachdem, ob ein Mietvertrag dem ABGB oder dem Teil- bzw Vollanwendungsbereich des MRG unterliegt, bestehen daher **Unterschiede** insbesondere für folgende Fragen:

- Die zulässige Höhe der Kaution;
- Die Pflicht zur gewinnbringenden Veranlagung der Kaution;
- prozessrechtliche Besonderheiten bei der Zurückforderung der Kaution.

Auf diese Themen wird daher in den jeweiligen Abschnitten einzugehen sein (siehe in Teil II, Punkt 6., Teil III, Punkt 6. und Teil IV, Punkt 9.).

---

58 RIS-Justiz RS0020626.

59 OGH 26.4.2011, 8 Ob 126/10b.

60 RIS-Justiz RS0105724; zum Sonderfall eines Sparbuches siehe *Schinnagl* in GeKo Wohnrecht I § 16b MRG Rz 58.

61 *Schinnagl* in GeKo Wohnrecht I § 16b MRG Rz 54; vgl zu ähnlichen Konstellationen OGH 20.1.2016, 3 Ob 149/15f.

10. Wichtige Rechtsbehelfe des Vermieters

10.1. Rechtsbehelfe bei Mietzinsrückstand

10.1.1. Mietzinsklage

Es versteht sich von selbst, dass der Vermieter einen Rückstand mit Mietzinsen nicht hinnehmen muss, sondern die aushaftenden Mietzinse klagsweise geltend machen kann.

Beispiel

M mietet eine Altbauwohnung (MRG-Vollanwendungsbereich) von V. M zahlt seit mehreren Monaten bloß 70 % des im Mietvertrag festgehaltenen Mietzinses, weil er der Ansicht ist, dass der darüberhinausgehende Betrag gegen die Mietzinsobergrenzen verstoße und daher nichtig sei. V möchte sich das nicht gefallen lassen und bringt eine Mietzinsklage ein.

Das angerufene Gericht wird als Vorfrage lösen müssen, ob der von V begehrte Mietzins gegen die zwingenden Regelungen des MRG verstößt.[62] Ist der Mietzins gesetzeskonform, ist der Mietzinsklage stattzugeben.

Neben einer solchen Mietzinsklage kann der Vermieter den Rückstand uU auch zum Anlass nehmen, das Mietverhältnis zu beenden:

10.1.2. Außerordentliche Kündigung nach § 1118 Fall 2 ABGB

Unabhängig davon, ob das Mietverhältnis dem MRG-Vollanwendungsbereich, dem MRG-Teilanwendungsbereich oder alleine dem ABGB unterfällt, kann der Vermieter bei qualifiziertem Mietzinsrückstand unter den Voraussetzungen des § 1118 ABGB eine sofortige Vertragsauflösung erklären. Hierfür ist erforderlich, dass sich der Mieter im Zeitpunkt der Vertragsauflösungserklärung

- trotz Mahnung nach Fälligkeit und
- Gewährung einer angemessenen Nachfrist
- im qualifizierten Zinsrückstand befindet.

Für den qualifizierten Zinsrückstand ist zunächst erforderlich, dass der Mietzins trotz Mahnung auch bis zum **nächsten Zinsfälligkeitstermin** nicht vollständig entrichtet wurde. Mit anderen Worten: Nach der Mahnung muss bereits der nächste Mietzins fällig sein, ohne dass die vorhergehende Periode vollständig bezahlt wurde.

Mit der **Mahnung** soll der Mieter ausdrücklich auf die Fälligkeit des Mietzinses hingewiesen und die Möglichkeit gegeben werden, durch rechtzeitige Bezahlung innerhalb einer angemessenen Nachfrist (siehe gleich unten) eine Vertragsauflösung noch abzuwenden. Der offene Mietzins ist hinreichend konkret zu beziffern. Die

62 RIS-Justiz RS0070570.

Mahnung muss dergestalt in den Machtbereich des Mieters eingehen, dass mit einer Kenntnisnahme durch diesen zu rechnen ist. Eine bestimmte Form ist hierfür nicht vorgesehen, wobei schon aus Beweiszwecken eine schriftliche Mahnung dringend empfohlen ist.

Um von einem qualifizierten Zinsrückstand sprechen zu können, ist weiters das Verstreichen einer **Nachfrist** erforderlich: Die mit der Mahnung ausgelöste Nachfrist muss angemessen sein, wobei in diesem Zusammenhang zumindest eine Frist von acht Tagen vertreten wird.[63] Wird die Mahnung erst wenige Tage vor dem nächsten Zinsfälligkeitstermin erklärt, reicht dies für eine Auflösung zu diesem Termin nicht aus. Der Vertrag kann in einem solchen Fall erst zum übernächsten Zinsfälligkeitstermin aufgelöst werden.[64]

Liegen die oben genannten Voraussetzungen vor, kann der Vertrag durch eine einseitige Erklärung des Vermieters aufgelöst werden. Hierfür kommen in Betracht:

- eine **formfreie Erklärung**, wobei sich wiederum die Schriftform unbedingt empfiehlt, oder
- die Einbringung einer Räumungsklage.

Bereits mit dem Zugang der Erklärung (bzw Räumungsklage) ist das Vertragsverhältnis aufgelöst.

Beispiel

M mietet ein Ferienhaus (MRG-Vollausnahme) von V. Der Mietzins ist stets am fünften jedes Monats im Voraus zu leisten. Normalerweise kommt M seinen Zahlungspflichten rechtzeitig nach. Den Mietzins für Jänner bleibt M jedoch schuldig. V ist erzürnt und erklärt am 1. Februar gegenüber M, dass der ausständige Mietzins hiermit letztmalig eingemahnt wird. V überlegt, wann er M frühestens ganz „loswerden" könnte, wenn er weiter nicht bezahlt.

Die Zeitspanne zwischen der Mahnung am 1. Februar und dem nächsten Fälligkeitstermin am 5. Februar kann nicht als angemessene Nachfrist angesehen werden. Am 5. Februar liegt daher noch kein qualifizierter Mietzinsrückstand vor. Eine Vertragsauflösung käme allenfalls ab dem nächsten Fälligkeitstermin (5. März) in Frage.

Bringt der Vermieter jedoch eine Räumungsklage ein, bevor die obengenannten Voraussetzungen (qualifizierter Zinsrückstand trotz Mahnung und Nachfrist) erfüllt sind, kann die Räumungsklage mitunter dennoch Erfolg haben – und zwar, wenn die Voraussetzungen wenigstens zu irgendeinem Zeitpunkt des erstinstanzlichen Verfahrens vorliegen.[65]

---

63 *Höllwerth* in GeKo Wohnrecht I § 1118 ABGB Rz 81.
64 LGZ Wien 10.2.2010, 38 R 204/09w.
65 RIS-Justiz RS0021072.

Beispiel

M mietet ein Ferienhaus und bleibt den Mietzins für Jänner schuldig wie im Beispiel gleich oben. Wieder mahnt V den Mietzins am 1. Februar ein. Mitte Februar bringt V eine Mietzins- und Räumungsklage ein.

Zum Zeitpunkt der Klagseinbringung lagen die Voraussetzungen für eine Vertragsauflösung noch nicht vor. Sollte M den Mietzins weiterhin nicht bezahlen, wird er jedoch nach Klagseinbringung, und zwar am 5. März, in qualifizierten Verzug geraten. Die Räumungsklage wird diesfalls Erfolg haben.

Wenn eine Räumungsklage erst mit Vorliegen der oben genannten Voraussetzungen eingebracht wird – und das Mietverhältnis daher eigentlich schon aufgelöst ist –, hat der Mieter im MRG-Teil- und Vollanwendungsbereich die Möglichkeit, die Vertragsauflösung **rückgängig zu machen**: Diesfalls hat das Gericht zunächst mit Beschluss oder Teilurteil[66] zu entscheiden, ob tatsächlich ein Mietzinsrückstand vorliegt. Ist dies der Fall, kann der Mieter das Mietverhältnis „retten“, wenn der Rückstand nicht grob schuldhaft angefallen ist und der Mieter den Rückstand begleicht. Solange der Mieter diese Möglichkeit nicht hatte, besteht ein „Schwebezustand“, innerhalb dessen beide Parteien ihre vertraglichen Pflichten weiterhin zu erfüllen haben.[67]

Beispiel

M mietet ein Ferienhaus von V wie oben. Die beiden sind sich uneinig darüber, ob der Baulärm in unmittelbarer Nähe zu einer Mietzinsminderung berechtigt. Nachdem M einen kleinen Teil des Mietzinses zurückhält, kommt es zu einem Mietzins- und Räumungsverfahren.

Geht das Gericht (naheliegenderweise) nicht von einem groben Verschulden des M aus, hat es ein Teilurteil darüber zu fällen, ob überhaupt ein Mietzins aushaftet (oder aber die vorgenommenen Abzüge durch M berechtigt waren). In weiterer Folge hat M die Möglichkeit, einen allfällig aushaftenden Mietzins zu bezahlen und das Vertragsverhältnis so zu retten.

10.1.3. Mietzinsrückstand als Kündigungsgrund

Wie bereits ausgeführt, gilt im **MRG-Teil- und Vollanwendungsbereich** der sogenannte Bestandsschutz, der es dem Vermieter verbietet, das Bestandverhältnis grundlos zu kündigen. Gerät der Mieter mit der Bezahlung des Mietzinses in Verzug, ist jedoch ein Kündigungsgrund verwirklicht (§ 30 Abs 2 Z 1 MRG). Dem Vermieter steht es daher frei, den Mietvertrag gerichtlich zu kündigen. Hierfür ist erforderlich, dass der Mieter im Zeitpunkt der Zustellung der Kündigung

- im Zinsrückstand ist, und zwar
- trotz Mahnung nach Fälligkeit und
- Gewährung einer zumindest achttägigen Nachfrist.

---

66 Mit Teilurteil ist zu entscheiden, wenn gleichzeitig wegen Räumung und Zahlung des Mietzinsrückstandes geklagt wird, siehe RIS-Justiz RS0111942.

67 *Binder/Pesek* in *Schwimann/Kodek*[4] § 1118 ABGB Rz 36.

Damit ähneln die Voraussetzungen dieses Kündigungsgrundes jenen des § 1118 ABGB. Nicht erforderlich ist jedoch eine Säumnis bis zum nächsten Zinsfälligkeitstermin. Vielmehr reicht die Überschreitung einer mindestens achttägigen Nachfrist.

Bei Vorliegen der jeweiligen entsprechenden Voraussetzungen kann sich der Vermieter aussuchen, ob er eine Kündigung gemäß § 30 Abs 2 Z 1 MRG oder eine Vertragsauflösung gemäß § 1118 ABGB erklärt. Ein Vorteil einer Auflösung samt Räumungsklage gemäß § 1118 Fall 2 ABGB kann für den Vermieter darin liegen, dass die Auflösungsvoraussetzungen nicht unbedingt im Zeitpunkt der Klagszustellung vorliegen müssen; auch während des Prozesses fällig gewordene Mietzinsen können den Aufhebungstatbestand des § 1118 Fall 2 ABGB erfüllen.[68]

10.2. Sonstiges rechtswidriges Verhalten des Mieters

10.2.1. Außerordentliche Kündigung nach § 1118 Fall 1 ABGB

Eine sofortige Auflösung des Mietvertrags durch einseitige Erklärung ist nicht bloß bei qualifiziertem Mietzinsrückstand des Mieters, sondern auch dann möglich, wenn der Mieter des Mietobjekts „*einen erheblichen nachtheiligen Gebrauch davon macht*" (§ 1118 Fall 1 ABGB). Erforderlich ist hierfür stets ein Verhalten des Mieters, das mit einer gewissen Erheblichkeit gegen das Gesetz oder den Vertrag verstößt. Zu einer Auflösung kann etwa berechtigen, wenn

- der Mieter das Mietobjekt in seiner Substanz schädigt;[69]
- der Mieter ein Verhalten setzt, das geeignet ist, den Ruf oder wichtige wirtschaftliche oder sonstige Interessen des Vermieters oder der Mitmieter zu schädigen oder zu gefährden. Hierzu zählen auch grobe Verstöße gegen gewerbebehördliche Vorschriften oder unangebrachte Werbemethoden, die eine Belästigung anderer Mieter sowie eine Schädigung ihres Unternehmens zur Folge haben.[70]

Beispiel

V hat als Vermieter von Eigentumswohnungen mit seinen Mietern A, B und C kein Glück: A lüftet das Bad trotz außergewöhnlich ausgiebigen Duschgängen nicht, sodass es zu starker Schimmelbildung kommt.[71] B hat Aggressionsprobleme und beschimpft die anderen Hausbewohner.[72] C betreibt im Mietobjekt ein Bordell.[73]

V muss sich das Verhalten seiner Mieter nicht gefallen lassen und könnte mit einer sofortigen Auflösung gemäß § 1118 Fall 1 ABGB reagieren.

68 RIS-Justiz RS0021072.
69 RIS-Justiz RS0102020.
70 RIS-Justiz RS0020940.
71 Vgl OGH 19.5.2015, 5 Ob 45/15a.
72 Vgl RIS-Justiz RS0042984 (T10).
73 Vgl OGH 11.11.1981, 3 Ob 668/80.

10.2.2. Kündigungsgründe

Ähnlich zur sofortigen Vertragsauflösungsmöglichkeit nach § 1118 Fall 1 ABGB setzt auch der Kündigungsgrund gemäß § 30 Abs 2 Z 3 MRG voraus, dass der Mieter „*vom Mietgegenstand einen* erheblich *nachteiligen Gebrauch macht*“. Der Vermieter hat in derartigen Fällen daher die Wahl, ob er den Vertrag nach § 1118 Fall 1 sofort auflöst oder eine gerichtliche Kündigung nach § 30 Abs 2 Z 3 MRG geltend macht.[74]

Daneben bestehen einige weitere Kündigungsgründe, die auf ein (nicht unbedingt rechtswidriges) Verhalten des Mieters abstellen, wie etwa die **vollständige Weitergabe** des Mietobjekts (§ 30 Abs 2 Z 4 Fall 1 MRG), die Weitergabe zu einem **erhöhten Untermietzins** (§ 30 Abs 2 Z 4 Fall 2 MRG), die **Nicht-Benützung der Wohnung** (§ 30 Abs 2 Z 6 MRG) die Nicht-Benützung oder **widmungswidrige Benützung des Geschäftslokals** (§ 30 Abs 2 Z 7 MRG). Siehe zu den Kündigungsgründen in Teil III, Punkt 7.3.

10.2.3. Unterlassungsklage

Verhält sich der Mieter vertrags- oder gesetzwidrig, kann er häufig mittels einer Unterlassungsklage dazu angehalten werden, zukünftige Verstöße zu unterlassen. Erforderlich ist dabei stets, dass eine Wiederholungsgefahr besteht, wobei die Judikatur hier nicht allzu streng ist und es ausreichen lässt, dass der Mieter behauptet, zur streitgegenständlichen Handlung berechtigt zu sein.[75] Anschauliche Beispiele für Verhaltensweisen des Mieters, die zu einer Unterlassungsklage berechtigen, sind etwa:

- Der Mieter verstößt gegen ein (wirksam vereinbartes) **Untermietverbot**.[76]
- Der Mieter benützt den Mietgegenstand **widmungswidrig**, also auf eine andere Art und Weise als sich aus dem Vertrag ergibt, zB zu Wohn-, statt zu Geschäftszwecken oder umgekehrt.[77] Dabei ist es nicht erforderlich, dass der Mieter vom Mietobjekt einen „erheblich nachteiligen Gebrauch“ iSd § 1118 ABGB[78] oder § 30 Abs 2 Z 3 MRG macht[79] und der Vermieter den Mietvertrag daher auch auflösen bzw kündigen könnte.
- Der Mieter **überschreitet** auf sonstige Art die Grenzen seines Gebrauchsrechts (zB: Ausdehnung des Betriebs von Sportwetten auf ein Casino mit Roulettetisch und Spielautomaten[80]).

74 *Binder/Pesek* in *Schwimann/Kodek*[4] § 1118 ABGB Rz 140.
75 RIS-Justiz RS0013933.
76 RIS-Justiz RS0010377.
77 RIS-Justiz RS0020838.
78 OGH 4.8.2010, 3 Ob 87/10f.
79 OGH 30.5.2000, 1 Ob 117/00p.
80 OGH 30.8.2012, 2 Ob 72/12w.

10.2.4. Schadenersatz

Ganz allgemein gilt: Verursacht eine Person rechtswidrig und schuldhaft (also vorwerfbar) einen Schaden, hat sie dem Geschädigten Ersatz zu leisten. Eine Schadenersatzpflicht des Mieters kommt etwa in Betracht, wenn

- der Mieter eine **Beschädigung** oder **übermäßige Abnutzung** des Mietobjekts zu vertreten hat;
- der Mieter seinen eigenen **Erhaltungspflichten** nicht nachkommt;[81]
- der Mieter seine Pflicht zur **Anzeige** vom Ausbesserungen, die der Vermieter vorzunehmen hat, verletzt (§ 1097 ABGB, § 8 MRG);
- der Mieter die Bestandsache nicht in jenem Zustand zurückgibt, in welchem er sie erhalten hat (§ 1109 ABGB);
- der Mieter die Bestandsache nicht **rechtzeitig zurückgibt** (§ 1109 ABGB).

Begehrt der Vermieter vom Mieter Schadenersatz, ist in den meisten Fällen § 1111 ABGB zu beachten, der vorsieht, dass solche Ansprüche binnen **einem Jahr ab Rückstellung** des Mietobjekts einzuklagen sind, andernfalls sie erlöschen. Nicht von § 1111 ABGB erfasst sind jedoch etwa Ansprüche auf Zahlung einer Vertragsstrafe oder Ansprüche wegen verspäteter Rückgabe des Mietobjekts.[82]

Beispiel

V vermietet dem M eine Innenstadtwohnung. Nach Rückgabe der Wohnung muss V feststellen, dass am Wohnzimmerboden massive Wasserschäden erkennbar sind, da M offenbar Schwierigkeiten mit seinem Aquarium hatte.

Da es sich bei den Wasserschäden um keine gewöhnliche Abnützung handelt, wird V den Schaden nicht hinnehmen müssen. Nachdem M den Schaden rechtswidrig und schuldhaft verursacht hat, kann V Schadenersatz begehren. Wenn sich M weigert zu zahlen, sollte V mit einer Klage nicht allzu lange zuwarten, da ansonsten die Präklusion seiner Ansprüche binnen einem Jahr nach Rückstellung der Wohnung droht.

11. Wichtige Rechtsbehelfe des Mieters

11.1. Mietzinsminderung

Unabhängig davon, ob das Mietobjekt dem MRG-Vollanwendungsbereich, dem Teilanwendungsbereich oder nur dem ABGB unterliegt, gewährt § 1096 ABGB Mietern das Recht zur Mietzinsminderung, wenn das Mietobjekt nicht mehr wie vereinbart genutzt werden kann. Der Vermieter trägt also grundsätzlich die Gefahr der **geminderten Brauchbarkeit bzw Unbrauchbarkeit** des Mietobjekts. Ob den Vermieter im Einzelfall ein Verschulden daran trifft, ist dabei unerheblich.

Das Ausmaß der Mietzinsminderung richtet sich nach dem „Maße der Unbrauchbarkeit“, also nach der Dauer und dem Grad derselben. Rechtsfolge der Unbrauch-

81 *Würth* in *Rummel* ABGB[3] § 8 MRG Rz 2; *H. Böhm/Pletzer* in GeKo Wohnrecht I § 8 MRG Rz 31.
82 *Lovrek* in *Rummel/Lukas*[4] § 1111 Rz 3.

barkeit bzw eingeschränkten Brauchbarkeit der Mietsache ist die entsprechende **Verringerung bzw der Entfall der Zahlungspflicht des Mieters**. Dies geschieht **ex lege** (also „automatisch") mit Beginn der Beeinträchtigung. Der Mieter ist unmittelbar berechtigt, den entsprechenden Teil bzw die ganze Miete einzubehalten. Es ist also insbesondere keine gerichtliche Geltendmachung erforderlich. Häufig wird sich jedoch erst im Rahmen eines Gerichtsprozesses (beispielsweise eine Mietzinsklage) herausstellen, ob der Mieter seine Mietzinszahlungen berechtigterweise reduziert hat.

Die schlichte Einbehaltung eines Teils des Mietzinses birgt für den Mieter freilich eine Gefahr: Da es ihm trotz einer Vielzahl an Judikaten an einer Möglichkeit fehlt, den gesetzmäßig einzubehaltenden Betrag für seinen Fall exakt zu berechnen, setzt er sich mit einem „freihändigen" Vorgehen möglicherweise dem Vorwurf der zu weit gehenden Mietzinsminderung und damit einer **Mietzins- und Räumungsklage** aus.

Alternativ zur Bezahlung eines geminderten Mietzinses steht es dem Mieter offen, die gesamte Miete **unter Vorbehalt** einer folgenden (gerichtlichen) Klärung zu bezahlen. Möchte sich der Vermieter eine Zahlung unter Vorbehalt nicht gefallen lassen, steht es ihm wiederum offen, eine Klage auf Feststellung der Höhe des Mietzinses einzubringen.[83]

Beispiel

Der Mieter M fühlt sich durch den Baulärm einer benachbarten Baustelle unzumutbar in der Nutzung seiner Mietwohnung beeinträchtigt. Daher beschließt er, die Miete zwar vorerst vollständig zu bezahlen, er lässt seinen Vermieter jedoch für jede betroffene Zahlung wissen, dass diese nur unter Vorbehalt einer weiteren (gerichtlichen) Klärung der Mietzinsminderung erfolgt.

Der Vermieter V ist hingegen der Ansicht, dass derartige Baustellen ortsüblich und daher von M hinzunehmen sind. Eine Zahlung unter Vorbehalt möchte V nicht hinnehmen. V erwägt daher eine Klage auf Feststellung der (ungeminderten) Höhe des Mietzinses.

Ein **Verzicht auf die Mietzinsminderung** ist **im Voraus** bei unbeweglichen Sachen, also insbesondere **auch** bei Wohnungen und Liegenschaften, unwirksam. Auch ohne ausdrückliche Vereinbarung wird ein derartiger Verzicht auf das Mietzinsminderungsrecht beispielsweise dann angenommen, wenn der Mieter den gesamten Zins in Kenntnis der geminderten Brauchbarkeit des Mietobjekts, also ohne Irrtum,[84] sowie ohne erklärten Vorbehalt, leistet.

83 Vgl OGH 16.12.2008, 8 Ob 123/08h.

84 Bezahlt der Mieter den Mietzins versehentlich vollständig, weil er (noch) keine Kenntnis von der Beeinträchtigung hat, kann er diesen irrtümlich zu viel bezahlten Betrag freilich via § 1431 ABGB (Irrtümliche Zahlung einer Nichtschuld; *condictio indebiti*) zurückfordern.

11.2. Die außerordentliche Kündigung

Es kommt vor, dass der Vermieter den Bestandvertrag nicht wie vereinbart erfüllt, sondern das Bestandobjekt beispielsweise Mängel aufweist. Liegen bloß behebbare Mängel vor, ist dies noch kein ausreichender Grund für den Mieter, sich sofort vom Vertrag zu lösen. Vielmehr hat der Mieter dem Vermieter zunächst die Möglichkeit zu geben, die Mängel zu beheben („zweite Chance“) und kann den Mietzins je nach Grad der Benutzungseinschränkung mindern. In gewissen Fällen wäre eine weitere Bindung des Mieters an den Vertrag jedoch unsachgemäß – etwa, wenn

- sich der Vermieter weigert, die Mängel zu beheben;
- die Mängel gravierend und unbehebbar sind oder
- sonstige Gründe bestehen, die eine vertragliche Bindung an den Vermieter unzumutbar machen.

Der Gesetzgeber eröffnet dem Mieter für solche Fälle die Möglichkeit, sich vorzeitig vom Vertrag zu lösen, und zwar – anders als bei der ordentlichen Kündigung – ohne dabei Kündigungsfristen und -termine einhalte zu müssen und ganz unabhängig davon, ob der Mietvertrag befristet oder unbefristet ist. Auch ist es unerheblich, ob dem Vermieter ein Vorwurf für das Bestehen der Mängel gemacht werden kann oder nicht. Die außerordentliche Kündigung ist somit nicht der „Normalfall“, sondern ein sehr starkes Mittel gegen eine sehr missliche Lage. Die Judikatur spricht anschaulich von einem „äußersten Notventil“.[85]

Der zentrale Fall, den der Gesetzgeber bei der außerordentlichen Kündigung vor Augen hatte, ist die **Unbrauchbarkeit des Bestandobjekts** für den bedungenen Gebrauch.

Beispiel

A mietet von seinem Arbeitgeber B eine Dienstwohnung. Eines Tages stellt A fest, dass eine Wand in der Wohnung von einem Schimmelpilz befallen ist. Trotz zahlreicher Urgenzen saniert B den Mangel nicht. Als A daraufhin die außerordentliche Kündigung des Mietvertrags erklärt, argumentiert B, dass er den Schimmelpilz nicht verschuldet habe. Schließlich sei die Wohnung in einwandfreiem Zustand gewesen als er sie gekauft habe. A könne daher keine außerordentliche Kündigung erklären, sondern habe sich an die vereinbarten Kündigungsfristen und -termine zu halten.

B irrt: Eine außerordentliche Kündigung setzt nicht voraus, dass der Anlass für die Kündigung vom Vermieter verschuldet wurde. Nachdem B den Aufforderungen, den Mangel zu beheben, nicht nachgekommen ist, kann A mit sofortiger Wirkung die außerordentliche Kündigung erklären.

Wie erwähnt, kann die außerordentliche Kündigung jedoch nicht nur bei der Unbrauchbarkeit des Bestandobjekts erklärt werden, sondern auch in anderen Fällen, in denen eine weitere **Bindung an den Vertrag unzumutbar** wäre.

---

85 RIS-Justiz RS0020907 (T2).

Beispiel

A mietet vom B-Konzern ein Gebäude, in dem er einen Lebensmittelhandel betreiben möchte. Es wird eine Befristung von fünf Jahren vereinbart. Eines Tages traut A seinen Augen nicht, als er feststellen muss, dass B im unmittelbar benachbarten Gebäude ebenfalls ein Lebensmittelgeschäft eröffnet und dabei noch dazu besonders günstige Sonderangebote im Sortiment hat, die A aufgrund seiner geringeren Marktmacht nicht anbieten kann. Als A die sofortige Kündigung vom Vertrag erklärt, stellt sich B auf den Standpunkt, dass A bis zum Ablauf der Vertragsdauer weiterhin verpflichtet sei, Miete zu zahlen.

Der OGH hat in einem ähnlichen Fall eine sofortige Kündigungsmöglichkeit des Bestandnehmers bejaht.[86] Der OGH hielt dabei fest, dass Konkurrenzsituationen zwar nicht grundsätzlich zu einem außerordentlichen Kündigungsrecht führen. Es müsse aber nicht damit gerechnet werden, dass der Bestandgeber selbst in unmittelbarer Nähe des Bestandobjekts mit preisaggressiven Geschäftspraktiken in Konkurrenz zum Bestandnehmer trete.

11.3. Investitionsersatz

Tätigt ein Mieter Investitionen in das Mietobjekt, kommen diese – spätestens nach Beendigung des Mietverhältnisses – typischerweise dem Vermieter zugute. Die Rechtsordnung sieht daher unter gewissen Voraussetzungen einen finanziellen Anspruch des Mieters gegen den Vermieter vor. Die vom Gesetz vorgesehenen Anspruchsgrundlagen unterscheiden sich je nachdem, ob ein Mietverhältnis dem ABGB-Anwendungsbereich bzw dem MRG-Teilanwendungsbereich oder aber dem MRG-Vollanwendungsbereich unterliegt (siehe in den Abschnitten Teil II, Punkt 5., Teil III, Punkt 5. und Teil IV, Punkt 8.).

11.4. Die Rechtsbehelfe des § 37 MRG

Der ausschließlich im MRG-Vollanwendungsbereich anwendbare § 37 Abs 1 MRG sieht einige Antragsmöglichkeiten vor, die es insbesondere dem Mieter ermöglichen sollen, seine Rechte im sogenannten mietrechtlichen Außerstreitverfahren geltend zu machen. Dieses Verfahren ist gegenüber dem „klassischen" Zivilprozess (streitiges Verfahren) weniger formalistisch. § 37 Abs 1 MRG zählt dabei unterschiedliche Angelegenheiten auf, wie etwa die Überprüfung der Höhe des Mietzinses oder die Feststellung des rückforderbaren Kautionsbetrags. Im Detail siehe hierzu im Abschnitt Teil IV, Punkt 13.1.

12. Verfahrensrechtliche Aspekte

12.1. Überblick

In mietrechtlichen Angelegenheiten kann es mitunter schwierig sein, den richtigen Weg zu finden, um seine Rechte durchzusetzen, da es unterschiedliche Verfahrensarten gibt. Im Folgenden soll ein kurzer Überblick über die Verfahrens-

86 Vgl OGH 23.3.1999, 1 Ob 340/98a.

arten gegeben werden. In den Abschnitten zum ABGB-Bereich (Teil II, Punkt 10.), dem MRG-Teilanwendungsbereich(Teil III, Punkt 10.) und dem MRG-Vollanwendungsbereich (Teil IV, Punkt 13.) wird darauf eingegangen, welche Verfahrensarten dort einschlägig sind.

Beispiel

M ist Mieter von V. Als M merkt, dass V seinen Erhaltungspflichten nicht nachkommt und das Mietobjekt der Verwahrlosung preisgibt, möchte er gegen ihn vorgehen. Als sich V uneinsichtig zeigt, fragt sich M, wie er sein Anliegen durchsetzen könnte. Hat er dazu

a) einen Antrag bei der Schlichtungsstelle einzubringen,
b) einen Antrag im Außerstreitverfahren bei Gericht einzubringen,
c) eine Klage bei Gericht einzubringen oder
d) ein Schiedsverfahren einzuleiten?

Die etwas unbefriedigende Antwort lautet: Es kommt darauf an – und zwar primär darauf, ob das Vertragsverhältnis dem Vollanwendungsbereich des MRG unterliegt oder nicht. Ist dies der Fall, ist das Anliegen von M im Außerstreitverfahren zu regeln. In jenen zehn Gemeinden, in denen eine Schlichtungsstelle eingerichtet ist,[87] ist diese zuerst zuständig. Richtig wäre demnach Antwort a).

Gibt es keine Schlichtungsstelle in der Gemeinde oder wurde bereits ein Verfahren vor der Schlichtungsstelle geführt, mit dessen Ergebnis eine Seite unzufrieden ist, ist das Außerstreitverfahren vor dem Bezirksgericht zu führen. Richtig wäre demnach Antwort b).

Unterliegt das Mietverhältnis bloß dem MRG-Teilanwendungsbereich oder überhaupt dem ABGB-Anwendungsbereich, ist das Anliegen von A im streitigen Zivilprozess zu regeln. A müsste daher eine Klage einbringen. Zuständig ist wiederum das Bezirksgericht, in dessen Sprengel das Mietobjekt liegt. Richtig wäre demnach Antwort c).

Solange das Mietverhältnis nicht dem MRG-Vollanwendungsbereich unterliegt, wäre auch denkbar, dass die Parteien wirksam eine Schiedsvereinbarung getroffen haben. Zuständig wären dann nicht die ordentlichen Gerichte, sondern ein Schiedsgericht, dessen Zusammensetzung, Prozessregeln etc von den Parteien bestimmt werden. Richtig wäre dann Antwort d).

12.2. Das streitige Verfahren

12.2.1. Grundsätze

Das streitige Verfahren ist der „typische" Zivilprozess, der durch eine Klage eingeleitet wird. Das streitige Verfahren ist in der Zivilprozessordnung (ZPO) geregelt und ist immer dann einschlägig, wenn es keine besonderen Vorschriften gibt, die Abweichendes vorsehen. Es stehen sich Kläger und Beklagter gegenüber, die beide sämtliche für ihren Standpunkt erforderlichen Behauptungen aufstellen und Beweise anbieten müssen. Das Gericht kann den Parteien daher nicht „unter die Arme greifen" und von sich aus Beweise aufnehmen oder Argumentationslinien vorzeichnen.

87 Klagenfurt, Neunkirchen, St. Pölten, Stockerau, Linz, Salzburg, Graz, Leoben, Innsbruck und Wien.

12.2.2. Gerichtszuständigkeit

Für sogenannte bestandrechtliche Streitigkeiten (§ 49 Abs 2 Z 5 JN) ist das **Bezirksgericht** zuständig, in dessen Sprengel das Bestandobjekt liegt. Darunter versteht man Streitigkeiten, bei denen die Klagsforderung aus einem (vormals) bestehenden Bestandvertrag abgeleitet wird, inklusive Streitigkeiten über den Abschluss, das Bestehen, die Auflösung und die Nachwirkungen eines solchen Vertrages. Handelt es sich hingegen um einen Rechtsstreit, der nicht mit einem Bestandvertrag zusammenhängt, gilt der allgemeinere Grundsatz, dass eine Klage bei dem Gericht einzubringen ist, in dessen Sprengel der Beklagte seinen Wohnsitz hat.

Beispiel

A überlässt ihrem Bruder B eine Garage in Wien Favoriten, damit er dort an seinem Auto basteln kann. Beiden ist klar, dass A diese Gefälligkeit jederzeit wiederrufen kann und B auch nichts dafür zahlen muss. Eines Tages kommt es zum Streit zwischen den Geschwistern, woraufhin A ihrem Bruder erklärt, dass er die Garage räumen muss. B weigert sich jedoch. A möchte sich gerichtlich zur Wehr setzen.

A könnte B auf Räumung der Garage klagen. A leitet ihr Klagebegehren dabei nicht aus einem Bestandvertrag ab. Es geht auch nicht um die Beendigung eines Bestandvertrags.[88] Hier gab es lediglich eine (prekaristische) Benützungsüberlassung unter Familienangehörigen, wobei B infolge des Widerrufs kein Recht auf Benützung der Garage hat und diese daher unberechtigt (titellos) benützt. Kurzgefasst ergibt sich aus dem Klagebegehren keine bestandrechtliche Streitigkeit. Zuständig ist daher nicht automatisch das Bezirksgericht Favoriten, sondern jenes Gericht, in dessen Sprengel B seinen Wohnsitz hat.[89]

12.2.3. Vertretungspflicht

Ob sich Parteien im streitigen Verfahren durch einen Anwalt **vertreten lassen** müssen, hängt vom Streitwert ab:

- Liegt der Streitwert bis € 5.000, gibt es bei bestandrechtlichen Streitigkeiten in erster Instanz keine Vertretungspflicht (§ 27 Abs 2 ZPO). Eine Partei kann ein solches Verfahren daher theoretisch auch ohne Rechtsanwalt führen.
- Liegt der Streitwert über € 5.000, besteht in erster Instanz relative Anwaltspflicht (§ 29 Abs 1 ZPO). Das bedeutet: Wenn sich eine Partei dazu entschließt, sich vertreten zu lassen, kann sie keine beliebige Person auswählen, sondern muss einen Rechtsanwalt heranziehen.
- Wird die erstinstanzliche Entscheidung bekämpft, besteht im Verfahren zweiter Instanz absolute Anwaltspflicht (§ 463 Abs 2, § 513 ZPO). Das heißt, es ist zwingend die Vertretung durch einen Rechtsanwalt vorgesehen.

88 Auch Räumungsklagen, die aus der Beendigung eines Bestandverhältnisses resultieren, sind „Bestandsachen" iSd § 49 Abs 2 Z 5 JN, siehe RIS-Justiz RS0122891; das Gleiche gilt für den Sonderfall, dass der Räumungsanspruch nach dem Klagevorbringen auf die Rechtsunwirksamkeit eines Mietvertrags gestützt wird, siehe OGH 29.5.2001, 1 Ob 115/01w.

89 RIS-Justiz RS0046865.

Beispiel

V vermietet dem M seine Ferienwohnung in Gmunden. Eines Tages weigert sich M, den Mietzins zu bezahlen, sodass sich über mehrere Monate Rückstände in Höhe von € 3.000 anhäufen. V möchte sich zur Wehr setzen und fragt sich, ob er zwingend einen Rechtsanwalt benötigt.

V könnte M auf Bezahlung des Mietzinses klagen. Bei einer Mietzinsklage handelt es sich um eine typische bestandrechtliche Sache. Zuständig ist daher das Bezirksgericht, in dessen Sprengel die Ferienwohnung liegt (das Bezirksgericht Gmunden). Bei bestandrechtlichen Streitigkeiten mit einem Streitwert bis maximal € 5.000 besteht keine Vertretungspflicht. V könnte daher am Amtstag am Bezirksgericht Gmunden selbst eine Klage zu Protokoll bringen lassen.

12.2.4. Gebühren und Kostenersatz

Bei Einleitung eines streitigen Verfahrens wird eine **Pauschalgebühr** fällig. Damit sollen die Kosten für das Tätigwerden des Gerichts gedeckt werden. Die Grundlage für die Bemessung der Pauschalgebühr ist der Streitwert. Wird ein hoher Geldbetrag eingeklagt, ist daher auch eine entsprechend hohe Pauschalgebühr zu entrichten. Das ist insofern sinnvoll, als Prozesse mit hohen Streitwerten typischerweise auch mehr Aufwand für das Gericht bedeuten. Bei niedrigeren Streitwerten gibt das Gesetz fixe Pauschalgebühren vor (zB eine Pauschalgebühr von € 114[90] bei Streitwerten über € 700 bis € 2.000). Bei höheren Streitwerten (über € 350.000) sind bei Klagseinbringung 1,2 % des jeweiligen Streitwerts zuzüglich € 4.203 zu entrichten.

Für Streitigkeiten, bei denen es nicht um die Zahlung eines Geldbetrags geht, sieht das Gesetz fixe Bemessungsgrundlagen vor. So sind etwa gerichtliche **Kündigungen** oder **Räumungsklagen** immer mit € 750 zu bewerten – unabhängig davon, ob es sich um eine kleine Wohnung oder etwa einen großen Hotelkomplex handelt. Die Pauschalgebühr für solche Streitigkeiten ist aufgrund dieser niedrigen Bemessungsgrundlage daher relativ gering (aktuell € 114).

Beispiel

V vermietet der M ein Gebäude, in welchem die M ein größeres Hotel betreibt. Der Mietzins beträgt monatlich € 50.000. Eines Tages stellt M die Zahlungen ein, sodass sich – trotz zahlreicher Mahnungen, Urgenzen und Vergleichsgespräche – ein Rückstand über € 400.000 aufbaut. V hat genug, erklärt die außerordentliche Kündigung gemäß § 1118 Satz 2 ABGB und bringt eine Klage auf Räumung sowie Bezahlung des ausständigen Mietzinses ein. V fragt sich, ob die Pauschalgebühr hoch ausfallen wird.

Das Räumungsbegehren ist mit € 750 zu bewerten, weshalb die Pauschalgebühr € 114 beträgt. Für das Klagebegehren auf Bezahlung des ausständigen Mietzinses fällt eine Gebühr von € 10.203 an (1,2 % des Streitwerts plus € 4.203). Insgesamt hat V bei Klagseinbringung daher € 10.317 an das Gericht zu überweisen.

Im streitigen Verfahren sieht das Gesetz **Kostenersatz** nach dem Obsiegensprinzip vor (§§ 41 ff ZPO). Das heißt, dass die obsiegende Partei von der unterliegen-

90 Stand: 1/2024.

den Partei die Bezahlung der Verfahrenskosten begehren kann. Dabei spielt es keine Rolle, ob sich die obsiegende Partei eine kostengünstige oder hochpreisige Rechtsvertretung ausgesucht hat, denn die Höhe des Ersatzes bemisst sich nach standardisierten Tarifsätzen, die im Gesetz (RATG) festgelegt sind. Für das Einbringen einer ausführlichen Klage sieht das Gesetz bei einem Streitwert von € 10.000 etwa netto € 639,46 vor; für eine Verhandlungsstunde netto € 566,18.

Bei **teilweisem Obsiegen** kommt es zu einem anteilhaften Kostenersatz. Jede Partei kann daher im Ausmaß ihrer Obsiegensquote Kostenersatz vom Gegner begehren. Dieser Grundgedanke verwirklicht sich unterschiedlich, je nachdem, um welche Kosten es geht:

- Für die Vertretungskosten geht das Gesetz davon aus, dass diese auf beiden Seiten annähernd gleich hoch sind. Bei teilweisem Obsiegen wird daher der Einfachheit halber wie folgt aufgerechnet: Wenn eine Partei etwa zu 60 % obsiegt (und zu 40 % unterliegt), würde das Obsiegensprinzip eigentlich dazu führen, sie nicht nur 60 % ihrer Kosten ersetzt bekommt, sondern ihrem Gegner umgekehrt auch 40 % von dessen Verfahrenskosten ersetzen müsste. Um ein „Hin-und-Herschieben" von Geld zu vermeiden, sieht das Gesetz vor, dass der überwiegend Obsiegende Ersatz auf 20 % seiner Verfahrenskosten hat („Quotenkompensation").
- Diese „Quotenkompensation" kann nicht funktionieren, wenn eine Partei gewisse Kosten alleine zu tragen hatte. Dies gilt insbesondere für die Pauschalgebühr, die schließlich nur für den Kläger anfällt. Für solche Kosten gilt daher ganz einfach: Insoweit eine Partei obsiegt, hat sie Anspruch auf Ersatz dieser Kosten.

Beispiel

V klagt M, weil dieser den Mietzins nicht mehr vollständig bezahlt, sodass sich ein Ausstand in Höhe von € 10.000 angehäuft hat. M argumentiert, dass Mängel am Mietobjekt bestehen, weshalb er zur Mietzinsminderung berechtigt war. V ist anderer Meinung, bringt eine Klage über € 10.000 ein und bezahlt die anfallende Pauschalgebühr (€ 792). Das Gericht urteilt, dass eine geringfügige Mietzinsminderung tatsächlich gerechtfertigt war. Der überwiegende Anteil der Klagssumme (€ 7.000) bestehe aber zu Recht.

Nachdem V überwiegend obsiegt, kann er wie folgt Kostenersatz verlangen: V kann 70 % der bezahlten Pauschalgebühr (also € 554,4) verlangen. Für die Anwaltskosten gilt: Maßgeblich sind nicht die tatsächlichen Kosten, sondern die standardisierten Tarife. V kann Ersatz für 40 % dieser Kosten verlangen (Quotenkompensation).

12.2.5. Sonderfall Kündigungsverfahren

Eine besondere Ausprägung des streitigen Verfahrens stellt das **Kündigungsverfahren** (§§ 560 ZPO ff) dar. Der Vermieter kann im Teil- und Vollanwendungsbereich des MRG nur gerichtlich kündigen (siehe in Teil III, Punkt 7.3.4.). Eine solche Kündigung gleicht im Wesentlichen einer Klage und löst ebenfalls eine

Pauschalgebühr aus. Eine prozessuale Besonderheit ist jedoch besonders zu beachten: Bereits in der Kündigung muss der Vermieter die Kündigungsgründe, auf die er sich stützen möchte, explizit anführen. Ein späteres „Nachschieben" von Kündigungsgründen ist im Prozess nicht möglich.

Beispiel

V vermietet dem M eine Wiener Altbauwohnung (MRG-Vollanwendungsbereich). Eines Tages stellt V fest, dass die Wohnung von M nicht mehr benützt wird, da dieser aufs Land gezogen ist. V bringt eine Kündigung ein und stützt sich auf den Kündigungsgrund des § 30 Abs 2 Z 6 MRG (Nichtbenützung der Wohnung). Im Prozess stellt sich heraus, dass M tatsächlich nicht mehr in Wien wohnt, die Wohnung jedoch ohne Erlaubnis gänzlich an Untermieter vermietet. V muss sich eingestehen, dass der ursprünglich genannte Kündigungsgrund nicht erfüllt ist und stützt sich nunmehr auf § 30 Abs 2 Z 4 MRG (gänzliche Weitergabe).

V wird keinen Erfolg haben. Er hätte die einschlägigen Gründe bereits in der Kündigung angeben müssen. Eine Korrektur ist in diesem Verfahren nicht möglich.

12.3. Das Außerstreitverfahren

12.3.1. Grundsätze

Das Außerstreitverfahren ist im AußStrG geregelt und sieht besondere, auf den jeweiligen Gegenstand zugeschnittene, Regeln vor. In Wahrheit bezeichnet der Begriff „Außerstreitverfahren" daher unterschiedliche Verfahrensarten, die vom typischen Zivilprozess abweichen. Ein Außerstreitverfahren wird nicht durch eine Klage, sondern einen Antrag eingebracht. Anders als im Zivilverfahren liegt es nicht allein an den Parteien, sämtliche für ihren Standpunkt erforderlichen Vorbringen zu erstatten und Beweise anzubieten; vielmehr hat das Gericht auch von sich aus den wesentlichen Sachverhalt zu ermitteln (Untersuchungsgrundsatz).[91]

Einschlägig ist das Außerstreitverfahren dort, wo die Regeln der ZPO nicht „passen". So sind etwa Adoptionen, die Unterbringung psychisch kranker Personen oder Verlassenschaftsverfahren nach dem Außerstreitverfahren zu behandeln. Das leuchtet schon insofern ein, als die ZPO von einer Konfrontation zwischen einem Kläger und einem Beklagten ausgeht – was in den eben aufgezählten Beispielen wenig Sinn ergäbe.

Allerdings ist das AußStrG auch in einigen Fällen anwendbar, in denen durchaus Streitigkeiten zwischen zwei einander gegenüberstehenden Parteien zu regeln sind. Zum Teil ist in solchen Fällen von „streitigen Außerstreitsachen" die Rede. Ein typisches Beispiel hierfür bietet das Mietrecht: **§ 37 MRG** sieht einen Katalog

91 Gerade im mietrechtlichen Außerstreitverfahren gilt der Untersuchungsgrundsatz jedoch nicht unbeschränkt; die Parteien sollten die relevanten Tatsachen daher in jedem Fall vorbringen und zur Aufklärung beitragen, *Kulhanek* in GeKo Wohnrecht I § 37 MRG Rz 121.

an Angelegenheiten vor, die zwingend im Außerstreitverfahren zu regeln sind. Praktisch wichtige Beispiele sind etwa

- die Durchsetzung der Erhaltungs- oder Verbesserungspflichten des Vermieters;
- der Antrag eines Mieters auf Überprüfung der Angemessenheit des Mietzinses (§ 37 Abs 1 Z 8 MRG);
- Streitigkeiten über das gesetzliche Recht des Mieters gemäß § 9 MRG, den Mietgegenstand zu verändern (§ 37 Abs 1 Z 6 Fall 1 MRG);
- die Feststellung des rückforderbaren Kautionsbetrags (§ 37 Abs 1 Z 8b MRG).

§ 37 MRG ist grundsätzlich nur im **MRG-Vollanwendungsbereich** anzuwenden, weshalb das Außerstreitverfahren grundsätzlich nur im MRG-Vollanwendungsbereich zum Tragen kommt. Nur für die Feststellung des rückforderbaren Kautionsbetrags (§ 37 Abs 1 Z 8b MRG) ist auch im MRG-Teilanwendungsbereich das Außerstreitverfahren einschlägig.

Beispiel

M mietet von V eine Neubauwohnung in Krems (MRG-Teilanwendungsbereich). Eines Tages beschließt M, einen offenen Kamin in der Wohnung zu installieren. Als V davon erfährt, möchte er M davon abhalten. M bleibt jedoch stur. V bringt daher einen Antrag gemäß § 37 Abs 1 Z 6 Fall 1 MRG im Außerstreitverfahren ein.

Der Antrag ist nicht das richtige Mittel der Wahl, weil § 37 MRG grundsätzlich nur im MRG-Vollanwendungsbereich gilt.

§ 37 MRG ist insofern **zwingend**, als die dort aufgezählten Angelegenheiten grundsätzlich nur im Außerstreitverfahren geregelt werden können. Eine Klage (die der Einleitung eines streitigen Verfahrens dient) ist daher nicht das richtige Mittel der Wahl.

Beispiel

M mietet von V eine Altbauwohnung in Wien (MRG-Vollanwendungsbereich). Nach einem Gespräch mit seinem Nachbarn hegt M Zweifel darüber, ob der Mietzins den gesetzlichen Vorschriften entspricht. Nachdem sich V wenig einsichtig zeigt und Gespräche verweigert, bringt M eine Klage auf Feststellung ein.

M wird mit seiner Klage wenig Erfolg haben, weil die Überprüfung der Angemessenheit des Mietzinses ausdrücklich in § 37 Abs 1 Z 8 MRG genannt ist.[92]

Teilweise kann es auch vorkommen, dass zu einem Themenkomplex sowohl ein Außerstreitverfahren als auch ein streitiges Verfahren geführt werden kann bzw muss:

Ein Beispiel bieten etwa die **Erhaltungspflichten** des Vermieters: Im MRG-Vollanwendungsbereich sind die Erhaltungspflichten zwingend zugunsten des Mie-

92 Nachdem in Wien eine Schlichtungsstelle eingerichtet ist, hätte M dort einen Antrag einbringen müssen (siehe gleich unten); die Klage kann daher nicht einmal als Antrag im Außerstreitverfahren „umgedeutet" werden, weil diese Umdeutung (§ 44 JN) nur zwischen zwei Gerichten möglich ist, siehe RIS-Justiz RS0105601.

ters geregelt, sodass ein Mieter im Vorhinein nicht wirksam auf die Durchführung von Erhaltungspflichten verzichten kann. Möglich ist allerdings ein nachträglicher Verzicht. Ob ein solcher **nachträglicher Verzicht** vorliegt, wird im Außerstreitverfahren vorerst ausgeblendet und kann nur in einem separaten streitigen Verfahren geklärt werden.[93]

Ebenfalls ausgeblendet wird etwa die Frage, ob der Mieter die Schadhaftigkeit des Mietobjekts mitunter **selbst verursacht** hat. Effektiv kann sich der Vermieter in einem Außerstreitverfahren, in welchem er zur Leistung von Erhaltungsarbeiten verpflichtet werden soll, nicht einwenden, dass der Mieter für die Schadhaftigkeit des Mietobjekts selbst verantwortlich ist. Der Vermieter müsste in einem solchen Fall daher ein separates „streitiges" Verfahren gegen die Mieter einleiten, in welchem er Schadenersatz vom Mieter begehrt (siehe auch Teil IV, Punkt 6.2.1.).[94]

Ein anderes Beispiel bietet die **Kaution**: Die Höhe der rückforderbaren Kaution kann der Mieter im Außerstreitverfahren feststellen lassen. Es stünde dem Mieter aber auch frei, die Kaution gleich in einem streitigen Verfahren zurückzufordern.[95]

12.3.2. Gerichtszuständigkeit

Zuständig für mietrechtliche Außerstreitverfahren ist das **Bezirksgericht** (§ 104a JN) – und zwar jenes, in dessen Sprengel das Mietobjekt liegt (§ 37 Abs 1 Satz 1 MRG). Wie unten dargestellt, ist jedoch darauf zu achten, dass in einigen Gemeinden vor Anrufung der Gerichte zwingend ein Schlichtungsverfahren zu führen ist (siehe unten Punkt 12.4.).

12.3.3. Vertretungspflicht

Zur Frage, ob sich Parteien durch einen Anwalt **vertreten lassen** müssen, sieht das mietrechtliche Außerstreitverfahren besonders geringe Hürden vor:

- Sowohl in erster als auch in zweiter Instanz können Parteien auch ohne Rechtsvertretung handeln oder sich durch jede geschäftsfähige Person vertreten lassen.
- Erst in dritter Instanz gibt es eine Vertretungspflicht, die jedoch nicht nur durch Rechtsanwälte, sondern auch Notare oder durch sogenannte Interessenvertreter wahrgenommen werden kann. Darunter zu verstehen sind „*Funktionäre oder Angestellte eines Vereins, zu dessen satzungsmäßigen Zwecken der Schutz und die Vertretung der Interessen der Vermieter oder der Mieter gehören und der sich regelmäßig mit der Beratung seiner Mitglieder in Mietangelegenheiten in mehr als zwei Bundesländern befasst.*"

93 OGH 23.1.2017, 5 Ob 181/16b.
94 OGH 14.5.1996, 5 Ob 2002/96i.
95 *Schinnagl* in GeKo Wohnrecht I § 16b MRG Rz 61.

Beispiel

M mietet eine Altbauwohnung von V und möchte den Mietzins überprüfen lassen. Er stellt sich die Frage, ob er hierfür einen Rechtsanwalt beiziehen sollte.

Die Beziehung eines Rechtsanwalts kann durchaus Vorteile haben, unter anderem, weil sie eine gesamtheitliche Beratung und Analyse der Gesamtsituation ermöglicht. Für ein Mietzins-Überprüfungsverfahren (§ 37 Abs 1 Z 8 MRG) ist sie jedoch nicht zwingend.

12.3.4. Gebühren und Kostenersatz

Auch bei Einleitung eines außerstreitigen Verfahrens wird eine **Pauschalgebühr** fällig, um die Kosten für das Tätigwerden des Gerichts zu decken. Allerdings ist diese nicht abhängig von der Höhe des Streitwerts, sondern beträgt aktuell allgemein € 87 für das Verfahren erster Instanz (TP 12 lit c Z 4 GGG).

Hinsichtlich des **Kostenersatzes** stellt das wohnrechtliche Außerstreitverfahren (wie auch das streitige Verfahren) darauf ab, in welchem Ausmaß die Parteien durchgedrungen sind. Allerdings ist die Obsiegensquote nicht alleine maßgeblich. Der Gesetzgeber sieht vielmehr ausdrücklich vor, dass auch Billigkeitserwägungen relevant sein sollen (§ 39 Abs 3 Z 17 MRG). Das Gericht hat daher etwas mehr Spielraum bei der Bemessung des Kostenersatzes.

12.4. Das „vorgeschaltete" Schlichtungsverfahren

12.4.1. Grundsätze

Für Angelegenheiten, die im **Außerstreitverfahren** zu behandeln sind (siehe gleich oben Punkt 12.3.), wurden in zehn Gemeinden Schlichtungsstellen eingerichtet, und zwar in Klagenfurt, Neunkirchen, St. Pölten, Stockerau, Linz, Salzburg, Graz, Leoben, Innsbruck und Wien.[96]

Diese Schlichtungsstellen sind **zwingend** anzurufen, bevor das zuständige Bezirksgericht mit der Sache befasst wird. Vergisst eine Partei darauf, zunächst ein Schlichtungsverfahren einzuleiten und bringt sofort einen Antrag vor dem Bezirksgericht ein, ist dieser zurückzuweisen.

Beispiel

M mietet eine Grazer Altbauwohnung von V und möchte den Mietzins überprüfen lassen. Weil V in Eisenstadt wohnt, bringt M einen entsprechenden Antrag beim Bezirksgericht Eisenstadt ein. Sicherheitshalber bringt er einen zweiten Antrag beim Bezirksgericht Graz-West ein.

Beide Anträge sind zurückzuweisen: Der Wohnsitz des Vermieters ist für die mietrechtlichen Außerstreitverfahren irrelevant. Maßgeblich ist vielmehr die Lage der gegenständlichen Wohnung (siehe oben Punkt 12.3.2.), sodass die örtliche Zuständigkeit

96 Erst mit Kundmachung vom 9.3.2021 wurde festgestellt, dass für Mürzzuschlag die gesetzlichen Voraussetzungen für die Einrichtung einer Schlichtungsstelle nicht mehr vorliegen. Bis dahin existierten elf Schlichtungsstellen, siehe BGBl II 2021/158.

in Graz (und nicht in Eisenstadt) liegt. Nachdem in Graz jedoch eine Schlichtungsstelle eingerichtet ist, hätte sich M richtigerweise an die Schlichtungsstelle der Stadt Graz wenden sollen.

Ist eine Partei mit der Entscheidung der Schlichtungsstelle unzufrieden, kann sie die Sache binnen vier Wochen ab Zustellung der Entscheidung zum Bezirksgericht „**abziehen**". Die Entscheidung der Schlichtungsstelle tritt dadurch außer Kraft. Dabei ist darauf zu achten, dass nur der ursprüngliche Antrag – und keine neuen Begehren – abgezogen werden dürfen.

Beispiel

M mietet eine Wiener Altbauwohnung von V. Eines Tages möchte M den Mietzins überprüfen lassen. Er bringt daher einen Antrag auf Überprüfung des Mietzinses bei der Schlichtungsstelle in Wien ein. Als M vor der Schlichtungsstelle unterliegt (weil der Mietzins nicht überhöht ist), zieht er die Sache zu Gericht ab, indem er einen entsprechenden Antrag beim Bezirksgericht Hernals einbringt. Nachdem M nun verstärkten Druck auf V aufbauen möchte (und Streitigkeiten darüber bestehen, ob die Schlafzimmerfenster ausgetauscht werden müssen), beantragt er außerdem, dass V verpflichtet werden solle, seinen Erhaltungspflichten nachzukommen.

M hat zwar zu Recht von seiner Möglichkeit Gebrauch gemacht, die Streitigkeit über die Mietzinshöhe beim Bezirksgericht anhängig zu machen. Der Antrag hinsichtlich der Erhaltungspflichten wurde vor der Schlichtungsstelle jedoch noch nicht behandelt. Diesen Antrag wird das Gericht daher zurückzuweisen haben.

Nachdem die Schlichtungsstellen der Gemeinden Verwaltungsbehörden sind (und keine Gerichte), gilt das Bezirksgericht, das dann zu entscheiden hat, als erste Instanz. Man spricht von einer „sukzessiven Zuständigkeit" oder anschaulich von einem „vorgeschalteten" Verfahren.

Die Idee hinter der Einrichtung der Schlichtungsstellen liegt darin, dort eine gütliche Einigung oder eine vorläufige Entscheidung zu erwirken, um die Gerichte zu entlasten. Dementsprechend werden vor den Schlichtungsstellen auch Vergleichsgespräche geführt. Wenn diese scheitern, trifft die Schlichtungsstelle eine Entscheidung. Die Entscheidungen der Schlichtungsstellen sind auch juristisch begründet und, falls nötig, auch durch Gutachten unterstützt (zB wenn es um die Ermittlung des zulässigen Mietzinses geht). Häufig akzeptieren Parteien diese Entscheidung daher und verzichten darauf, die Sache bei Gericht anhängig zu machen.

Auf das Verfahren vor den Schlichtungsstellen gelten grundsätzlich die Bestimmungen des Allgemeinen Verwaltungsverfahrensgesetzes (**AVG**). Das AVG ist das zentrale Gesetz über Verfahrensregeln für Verwaltungsbehörden und ist daher nicht auf zivilrechtliche Streitigkeiten (zwischen zwei „Privatpersonen") ausgelegt. § 39 Abs 3 MRG enthält daher einen Katalog von ergänzenden Bestimmungen des AußStrG und des MRG, die vorrangig zu den Bestimmungen des AVG gelten.

12.4.2. Vertretungspflicht

Im Katalog des § 39 Abs 3 MRG wird auf die allgemeinen Regeln zur Vertretungspflicht im mietrechtlichen Außerstreitverfahren verwiesen. Es gelten daher dieselben Regeln wie beim Verfahren vor dem Bezirksgericht, wenn in einer Gemeinde keine Schlichtungsstelle eingerichtet ist oder die Sache zum Gericht abgezogen wurde. Wie ausgeführt, besteht im erst- und zweitinstanzlichen Verfahren Vertretungsfreiheit, während in dritter Instanz eine Vertretung durch einen Rechtsanwalt, Notar oder Interessenvertreter zu erfolgen hat (siehe oben Punkt 12.3.3.).

12.4.3. Gebühren und Kostenersatz

Für das Verfahren vor der Schlichtungsstelle fallen **keine Gebühren** an (§ 39 Abs 5 MRG).

Die für das mietrechtliche Außerstreitverfahren geltende Kostenersatzregel (§ 39 Abs 3 Z 17 MRG) wird im Katalog des § 39 Abs 3 MRG nicht genannt. Es gelten daher die allgemeinen Grundsätze des AVG, wonach **kein Kostenersatz** geleistet werden muss. Vielmehr hat jede Partei ihre Vertretungskosten selbst zu tragen, auch wenn sie obsiegt (§ 74 AVG).

Daraus folgt, dass das mietrechtliche Schlichtungsverfahren besonders **niedrigschwellig** ist: Schließlich muss ein Antragsteller keine Pauschalgebühr für das Tätigwerden der Schlichtungsstelle zahlen und muss sich auch nicht davor sorgen, im Falle des Unterliegens mit einem Kostenersatzanspruch der Gegenseite konfrontiert zu werden.

12.5. Schiedsverfahren

Die österreichische Rechtsordnung erlaubt es Parteien grundsätzlich, eine sogenannte Schiedsvereinbarung zu treffen. Mit einer solchen Klausel vereinbaren die Parteien, dass zukünftige Streitigkeiten nicht von den staatlichen Gerichten zu entscheiden sind, sondern von einem Schiedsgericht, wobei es Parteien auch freisteht, das anwendbare materielle Recht, die Verfahrensregeln und die Schiedsrichter frei zu vereinbaren.

In mietrechtlichen Angelegenheiten spielen Schiedsgerichte jedoch nur eine eingeschränkte Rolle, denn gemäß § 582 ZPO können Ansprüche aus Verträgen, die dem MRG unterfallen, nicht Gegenstand einer Schiedsvereinbarung sein. Dies gilt auch für Verträge, die lediglich dem MRG-Teilanwendungsbereich unterliegen.[97]

97 *Hausmaninger* in *Fasching/Konecny*² § 582 ZPO Rz 53.

Teil II. ABGB-Bereich (Vollausnahme vom MRG)

Julian Ring, Daniel Haidacher

1. Überblick

Wie im Abschnitt I. Allgemeiner Teil erwähnt, gibt es einige Konstellationen, in denen das MRG auf ein Mietverhältnis gar nicht – also auch nicht teilweise – anwendbar ist. Das ist etwa dann der Fall, wenn ein Einfamilienhaus bzw eine Geschäftsräumlichkeit für maximal sechs Monate vermietet wird.

Einschlägig sind dann lediglich die Bestimmungen des ABGB (§ 1090 ABGB bis § 1121 ABGB). Das ABGB sieht typischerweise weniger Mieterschutz vor als das MRG. Vor allem gelten die Mietzinshöchstgrenzen des MRG oder der Bestandschutz des MRG nicht.

2. Mietzins

2.1. Hauptmietzins

Im ABGB-Bereich und dem MRG-Teilanwendungsbereich kann der Mietzins zwischen den Parteien weitgehend frei vereinbart werden. Gewisse Grenzen hinsichtlich der Höhe des Mietzinses ergeben sich jedoch aus den ganz allgemeinen zivilrechtlichen Prinzipien des ABGB, wie jene der Sittenwidrigkeit. Die sich daraus ergebenden Schranken unterscheiden sich vor allem in zweierlei Hinsicht von jenen des MRG:

- Die Schranken des MRG sind enger (also mieterfreundlicher) als jene des ABGB;
- Zudem lassen sich die nach dem MRG absolut zulässigen Höchstgrenzen aufgrund fixer gesetzlicher Parameter verhältnismäßig leicht errechnen, während jene des ABGB auf Umstände abstellen, die durchaus für Diskussionen sorgen können (wie der Marktwert des Benützungsrechts, die Ausnützung einer Zwangslage des Mieters etc).

2.2. Bewirtschaftungskosten

Zur Terminologie: Der (im ABGB-Bereich naturgemäß nicht anwendbare) § 21 Abs 1 MRG zählt auf, welche Kosten als „Betriebskosten" zu verstehen sind. Die Betriebskosten fallen gemeinsam mit den öffentlichen Abgaben und den Kosten des Betriebes von Gemeinschaftsanlagen (§ 24 Abs 1 MRG) unter den Überbegriff „Bewirtschaftungskosten".

Nachdem die Vertragsparteien den Mietzins im ABGB-Bereich und dem MRG-Teilanwendungsbereich weitgehend frei vereinbaren können, sieht der Gesetzgeber konsequenterweise auch hinsichtlich der Bewirtschaftungskosten keinen explizit definierten Rahmen für zulässige Vereinbarungen vor. Es gelten nicht die zugunsten des Mieters zwingenden Regeln des MRG, sondern jene des ABGB, von denen – wie für das ABGB typisch – auch zulasten des Mieters abgewichen werden kann.

Sofern die Parteien zum Thema der Bewirtschaftungskosten nichts vereinbaren, hat der Vermieter nach dem Konzept des § 1099 ABGB die Bewirtschaftungskosten selbst zu tragen. Bei Schaffung dieser Regelung ging der Gesetzgeber noch von einem „Pauschalmietzins" aus, in dem die Bewirtschaftungskosten bereits einkalkuliert waren. Die Regelung stammt aus dem Urbestand des ABGB aus 1811. Heute ist dieses Konzept überholt, weshalb praktisch immer gesondert vereinbart wird, dass der Mieter zusätzlich zum Hauptmietzins gesondert ausgewiesene Bewirtschaftungskosten zu bezahlen hat. Dies ist rechtlich möglich, da – wie ausgeführt – § 1099 ABGB kein zwingendes Recht ist. Es besteht daher ein gewisser vertraglicher Gestaltungsspielraum.[1]

Beispiel

Der Wiener Koch A mietet von B eine Zweitwohnung in Tirol für die Dauer von vier Monaten, um dort in einem Restaurant zu arbeiten, wobei dieser Vertragszweck auch schriftlich festgehalten wird. Als A die erste monatliche Vorschreibung erhält, nimmt er zur Kenntnis, dass ihm B auch Betriebskosten verrechnet. A fragt sich, ob er diese bezahlen muss.

Hier geht es um eine kurzfristige (nicht mehr als sechs Monate dauernde) Vermietung zum schriftlich vereinbarten Zweck der Nutzung als Zweitwohnung aufgrund eines berufsbedingten vorübergehenden Ortswechsels. Das MRG ist daher nicht anwendbar („Philharmoniker-Paragraf"). A und B können folglich grundsätzlich frei darüber bestimmen, ob und welche Bewirtschaftungskosten in welcher Höhe von A zu tragen sind. Gibt es keine solche Vereinbarung, kommt § 1099 ABGB zur Anwendung, wonach die Bewirtschaftungskosten im Hauptmietzins inkludiert sind und daher nicht gesondert zu bezahlen sind. A wird daher zunächst überprüfen müssen, was im Mietvertrag zu den Bewirtschaftungskosten festgehalten ist.

Wenn die Parteien vereinbaren, dass die Bewirtschaftungskosten vom Mieter zu übernehmen sind, ist wie immer darauf zu achten, dass die Klausel nicht einen Vertragspartner krass übervorteilt. Dies ist jedenfalls dann nicht der Fall, wenn die Parteien vereinbaren, dass der Mieter jene Bewirtschaftungskosten zu zahlen hat, deren Verrechnung selbst nach dem MRG zulässig wäre.

Beispiel

A mietet von B eine Doppelhaushälfte. Eines Tages stellt A fest, dass ihm B die Kosten für die Bekämpfung von Ratten und Mäusen als Betriebskosten verrechnet. Im Mietvertrag ist zwar festgehalten, dass derartige Kosten gesondert vom Mieter zu bezahlen sind, A fühlt sich aber dennoch übervorteilt. Schließlich sei eine solche Klausel unüblich und zahle er ohnehin genug Miete. Nach einer Beschwerde von A macht sich B Sorgen, dass die Klausel im Mietvertrag unwirksam ist.

1 Zu solchen Spielräumen (und deren Grenzen) im Allgemeinen Teil I, Punkt 3.

Nachdem A ein Objekt in einem Gebäude mit nicht mehr als zwei selbständigen Wohnungen mietet, unterfällt der Mietvertrag nicht dem MRG. Folglich sind die Betriebskosten grundsätzlich im Hauptmietzins „inkludiert", wobei die Parteien jedoch davon abweichend vereinbaren können, dass die Betriebskosten gesondert vom Mieter zu übernehmen sind. Die Grenze für die Überwälzbarkeit ist jedoch dort erreicht, wo der Mieter krass übervorteilt wird (zB Sittenwidrigkeit). Hier muss sich B jedoch nicht sorgen: Selbst im Anwendungsbereich des MRG darf der Vermieter die Kosten für „Schädlingsbekämpfung" auf den Mieter überwälzen (§ 21 Abs 1 Z 2 MRG). Die Klausel ist daher wirksam.

Darüber hinaus ist auch darauf zu achten, dass eine Klausel, mit der die Tragung der Bewirtschaftungskosten auf den Mieter überwälzt wird, hinreichend **klar formuliert** ist. Insbesondere gegenüber Verbrauchern ist diesbezüglich besondere Vorsicht geboten, da ansonsten die Unwirksamkeit der Klausel droht.

Beispiel

A mietet von der B-GmbH eine Ferienwohnung am Attersee, um seine Wochenenden dort zu verbringen. Im Mietvertrag wird festgehalten, dass zusätzlich zum Hauptmietzins auch Betriebskosten zu entrichten sind. Weiter heißt es dort: „*Unter Betriebskosten sind alle jene Aufwendungen zu verstehen, die für den ordnungsgemäßen Betrieb der Liegenschaft erforderlich sind und/oder durch die Benützung von Gemeinschaftseinrichtungen durch den Nutzer entstehen. Insbesondere, jedoch nicht ausschließlich, zählen dazu...*"

Die B-GmbH wird sich mitunter nicht erfolgreich auf die Klausel berufen können: In einem von der Arbeiterkammer angestrengten Verbandsprozess erachtete der OGH die oben zitierte Klausel als intransparent und daher unwirksam. Unklar ist die Bestimmung nach dem OGH, weil die bloß beispielhafte Aufzählung letztlich offen lasse, welche Kosten konkret als Betriebskosten abgerechnet werden können.[2]

3. Erhaltungspflichten

Unterliegt ein Mietobjekt dem ABGB-Bereich oder dem MRG-Teilanwendungsbereich, wird die Erhaltungspflicht des Vermieters nicht im MRG, sondern durch § 1096 Abs 1 Satz 1 ABGB geregelt. Dort heißt es, dass der Vermieter verpflichtet ist, „*das Bestandstück auf eigene Kosten in brauchbarem Stande zu übergeben und zu erhalten*". Aus dieser Formulierung wird abgeleitet, dass den Vermieter eine **umfassende Erhaltungspflicht** trifft, die sich auf das Bestandobjekt selbst sowie die allgemeinen Flächen, die der Mieter mitbenützen darf, bezieht. Lediglich die Reinigung, Pflege und sogenannte Bagatellreparaturen (etwa ein tropfender Wasserhahn oder verstopfter Abfluss) hat der Mieter selbst durchzuführen.[3]

Beispiel

A mietet von B ein Einfamilienhaus samt Küche. Besondere Regelungen zur Erhaltungspflicht sind im Mietvertrag nicht enthalten. Nach der Rückkehr von seinem Urlaub muss

2 OGH 11.10.2006, 7 Ob 78/06f (1. Klausel-E).
3 *Pletzer* in GeKo Wohnrecht I § 1096 ABGB Rz 44 f mwN.

A feststellen, dass der Geschirrspüler undicht ist, weshalb ein Wasserschaden einzutreten droht. A stellt sich die Frage, wer die Kosten für den Installateur zu tragen hat.

Mietgegenstände in einem Gebäude mit nicht mehr als zwei selbständigen Wohnungen fallen nicht in den Anwendungsbereich des MRG. Der Vertrag zwischen A und B unterfällt daher dem ABGB-Bereich. Nachdem im Vertrag keine Regelungen zu Erhaltungspflichten enthalten sind, gilt § 1096 Abs 1 Satz 1 ABGB. Den Vermieter B trifft daher eine umfassende Erhaltungspflicht, von der bloß Reinigung, Pflege und Bagatellreparaturen ausgenommen sind. Hier geht es um keine bloße Bagatellreparatur, weshalb die anfallenden Kosten von B zu tragen sind.

Interessanterweise sind im Vollanwendungsbereich des MRG gewisse Erhaltungspflichten für den Mieter selbst vorgesehen, die über bloße Bagatellreparaturen hinausgehen (§ 8 MRG; siehe hierzu im Teil IV, Punkt 7.). Auf den ersten Blick scheint die Rechtslage daher im MRG-Vollanwendungsbereich nachteiliger für den Mieter zu sein als im ABGB-Bereich oder dem MRG-Teilanwendungsbereich.

Die weitgehende Erhaltungspflicht des Vermieters gemäß § 1096 ABGB ist jedoch – wie für das ABGB typisch – **nicht zwingend**; zwischen den Parteien kann sohin Abweichendes vereinbart werden.[4] Zu beachten ist dabei allerdings, dass der OGH hierbei enge Grenzen zieht:

- Bei **Verbrauchergeschäften** ist eine Überwälzung der Erhaltungspflichten auf den Mieter nach der Judikatur unwirksam, weil dies als – unzulässige – Einschränkung der Gewährleistungsrechte des Mieters anzusehen wäre.[5]
- Auch bei Verträgen zwischen zwei Unternehmern oder zwei Verbrauchern kann eine Überwälzung der Erhaltungsmaßnahmen **gröblich benachteiligend** und daher unwirksam sein. Tendenziell problematisch sind vor allem nicht im Einzelnen ausgehandelte Vereinbarungen in AGB,
  - die den Mieter verpflichten, auch Spuren eines **gewöhnlichen Gebrauchs** zu beseitigen;[6]
  - die eine **generelle Überwälzung** der Erhaltung des Mietgegenstands ohne entsprechendes **Äquivalent** (zB Preisnachlass) für den Mieter vorsehen;[7]
  - die in Mietverträgen enthalten sind, deren Befristung kurz nach der Erhaltungsmaßnahme **endet** oder vom Vermieter gekündigt werden können;[8]
  - mit denen Erhaltungspflichten für Teile vereinbart werden sollen, die eine **geringe „Gebrauchsnähe“** aufweisen (wie etwa das Dach eines Objekts);[9]
  - wenn der Mieter keine Möglichkeit hat, **Aufwandersatzansprüche** für den verbleibenden Zeitwert der Erhaltungsmaßnahme geltend zu machen;[10]

4 OGH 27.2.2012, 2 Ob 215/10x (5. Klausel-E).
5 OGH 11.10.2006, 7 Ob 78/06f (1. Klausel-E); OGH 27.3.2007, 1 Ob 241/06g (2. Klausel-E).
6 OGH 22.12.2010, 2 Ob 73/10i (4. Klausel-E).
7 OGH 22.12.2010, 2 Ob 73/10i (4. Klausel-E).
8 *Vonkilch*, wobl 2008, 309 (316).
9 *Böhm*, immolex 2007, 262 (271).
10 *Pesek* in *Schwimann/Kodek*[4] § 1096 ABGB Rz 66 mwN.

- die den Mieter auch zur Instandhaltung von Teilen verpflichten, die nicht bloß **ausschließlich von ihm benützt** werden können;[11]
- die dem Mieter Instandhaltungspflichten auferlegen, die nicht von seinem **Nutzungsverhalten** abhängig sind;[12]
- mit denen der Mieter zu einer **Endrenovierung** (vor allem Ausmalen) verpflichtet wird, sofern es nicht bloß um die Beseitigung von vom Mieter angebrachten besonders auffälligen Wandfarben oder der von ihm verursachten (und verschuldeten) übermäßigen Gebrauchsspuren geht.[13]

4. Mieterseitige Änderungen des Mietobjekts

Es kommt vor, dass Mieter den Wunsch haben, das Mietobjekt nach ihren eigenen Vorstellungen umzugestalten. Wenn der Vermieter damit einverstanden ist, stellen sich keine besonderen Probleme. Ist das jedoch nicht der Fall, müssen die Interessen des Mieters gegen jene des Vermieters abgewogen werden. Dabei gelten folgende Grundsätze:

Primär gilt der Mietvertrag: Die Parteien sind also frei, im Mietvertrag vorzusehen, ob bzw welche Änderungen der Mieter vornehmen darf und was mit allenfalls vorgenommenen Änderungen im Fall der Rückstellung zu geschehen hat.

Häufig findet sich zu dieser Thematik **keine ausdrückliche Regelung** im Mietvertrag. In diesem Fall ist der Vertrag nach der Judikatur wie folgt auszulegen: *„Der Mieter hat Anspruch auf die Durchführung von für die vereinbarungsgemäße Verwendung des Mietobjekts erforderlichen*

- *unwesentlichen Änderungen,*
- *die leicht zu beseitigen sind und*
- *keine wichtigen Interessen des Vermieters, insbesondere durch Verletzung der Substanz oder der äußeren Erscheinung des Hauses oder anderer Mieter beeinträchtigen."*[14]
- Malerei-, Tapezier-, Fußbodenbelags- und Verfliesungsarbeiten sind vom Änderungsrecht daher in der Regel gedeckt.[15]
- Auch Änderungen, die einer Baubewilligung bedürfen, können hiervon umfasst sein, sofern sie nicht erheblich und leicht wieder zu beseitigen sind.[16]
- Mangels anderslautender Vereinbarung hat der Mieter das Mietobjekt bei Beendigung des Mietverhältnisses so zurückzustellen, wie er es übernommen hat (§ 1109 ABGB).[17]

---

11 *Pesek*, wobl 2021, 253 (265).
12 *Pesek*, wobl 2021, 253 (265).
13 OGH 27.2.2012, 2 Ob 215/10x (5. Klausel-E).
14 OGH 27.2.2012, 2 Ob 215/10x (5. Klausel-E).
15 OGH 27.2.2012, 2 Ob 215/10x (5. Klausel-E).
16 RIS-Justiz RS0020730.
17 Zur Dispositivität dieser Reglung RIS-Justiz RS0020737.

In der Praxis finden sich auch Verträge, in denen das Änderungsrecht des Mieters stark eingeschränkt oder **ausgeschlossen** sein soll. In solchen Fällen ist anhand allgemeiner Maßstäbe (siehe hierzu Punkt Teil I, Punkt 3.) zu prüfen, ob eine solche Regelung auch wirksam ist. Gemäß § 879 Abs 3 ABGB unwirksam ist etwa eine Klausel in AGB, die jegliche, auch die geringfügigste, bauliche Veränderung verbietet, auch wenn sie für die vereinbarungsgemäße Verwendung des Objektes erforderlich und leicht wieder zu beseitigen ist und keine wichtigen Interessen des Bestandgebers beeinträchtigt.[18]

5. Investitionsersatz

Tätigt der Mieter Investitionen, um das Bestandobjekt aufzuwerten, stellt sich die Frage, unter welchen Voraussetzungen er hierfür einen finanziellen Ausgleich vom Vermieter verlangen kann. Im ABGB-Anwendungsbereich kann sich der Mieter auf § 1097 Satz 2 ABGB stützen. Die Norm unterscheidet dabei zwei Fallgruppen:

Für sogenannte **notwendige Aufwendungen** besteht eine niedrigere Schwelle für Investitionsersatzansprüche. Darunter werden alle Aufwendungen verstanden, die eigentlich vom Vermieter hätten durchgeführt werden sollen. Nimmt der Mieter solche Leistungen auf sich, erhält er Ersatz für alle sachgerecht durchgeführten notwendigen und zweckmäßigen Aufwendungen. Dabei kommt es nicht darauf an, ob das Mietobjekt eine Wertsteigerung erfährt oder der Vermieter einen sonstigen Vorteil daraus trägt. Der Mieter kann sogar dann Investitionsersatzansprüche geltend machen, wenn der Vermieter dem Mieter die Durchführung der (notwendigen) Arbeiten untersagt hat.[19] Die Investitionsersatzansprüche werden sofort fällig.

Beispiel

Der Mieter M mietet eine Ferienwohnung von V (ABGB-Bereich). M bemerkt nach einiger Zeit, dass im Badezimmer offensichtlich die horizontale Feuchtigkeitsisolierung fehlt. Hierauf angesprochen erwidert der Vermieter V, dass dies kein Problem sei und untersagt M auch, jegliche Änderungen im Badezimmerbereich selbst vorzunehmen. Aus Sorge, dass das Haus ernste Schäden aufgrund der fehlenden Isolierung davontragen könnte, und weil der Status quo nicht der einschlägigen Bauordnung entspricht, lässt M die fehlende Isolierung durch ein Fachunternehmen selbst einbauen. Die hierfür anfallenden Kosten möchte M gegenüber V geltend machen. V wendet ein, dass er die Änderungen untersagt habe und diese außerdem insofern nicht nützlich seien, als er sie zu einem wesentlich günstigeren Entgelt hätte herstellen lassen können.

Die Argumentationslinie von V wird keinen Erfolg haben: Im ABGB-Bereich treffen den Vermieter umfassende Erhaltungspflichten. V hätte daher die Isolierung selbst anbringen müssen. Die von M durchgeführten Arbeiten sind folglich als notwendige Aufwendungen zu qualifizieren. Es spielt daher keine Rolle, ob V die Durchführung

18 OGH 11.10.2006, 7 Ob 78/06f (1. Klausel-E).
19 *Höllwerth* in GeKo Wohnrecht I § 1097 ABGB Rz 23.

der Arbeiten untersagt hat und dass er behauptet, keinen Nutzen aus den Arbeiten zu ziehen. M kann jedenfalls Ersatz für die von ihm getätigten Aufwendungen verlangen.

Für bloß **nützliche Aufwendungen** sieht das Gesetz strengere Voraussetzungen vor. Darunter werden alle anderen Aufwendungen verstanden – also alle Arbeiten, die nicht dem Vermieter obliegen. Führt der Mieter solche Leistungen durch, kann er nur insoweit Investitionsersatzansprüche geltend machen, als der Vermieter nach Beendigung des Vertragsverhältnisses einen klaren und überwiegenden Vorteil daraus zieht. Nach Beendigung ist daher die Frage zu stellen, welche Wertsteigerung das Mietobjekt durch die Aufwendungen des Mieters erfahren hat.[20]

Beispiel

M mietet von V ein kleines Stadthaus bestehend aus einem Geschäftslokal und einer Wohnung (ABGB-Anwendungsbereich). Das Geschäftslokal befindet sich in einem durchschnittlichen baulichen Gesamtzustand. Da M ein Modegeschäft im Luxus-Preissegment betreiben möchte, wendet sie beträchtliche Mittel auf, um das Mietobjekt in einen entsprechend höherklassigen Zustand zu versetzen. Unter anderem lässt M die Böden erneuern und ein Portal errichten, auf dem das Logo ihres Geschäfts eingelassen ist. Als sich M anders orientieren möchte, und das Geschäftslokal wieder schließt, möchte sie nach Beendigung des Mietvertrags Investitionsersatzansprüche geltend machen. V lehnt die Bezahlung solcher Forderungen ab.

Nachdem M keinen Aufwand getätigt hat, zu dem V verpflichtet wäre, handelt es sich nur um nützliche Aufwendungen. M kann daher nur insoweit Ersatz begehren, als V einen klar erzielbaren Nutzen erhält. Besonders in Hinblick auf das Portal ist dies fraglich – schließlich ist dessen Gestaltung exklusiv auf das Modegeschäft der M „zugeschnitten".

In beiden Fällen (notwendige und nützliche Aufwendungen) ist die **Präklusivfrist** des § 1097 Satz 2 ABGB zu beachten: Der Mieter hat die Investitionsersatzansprüche spätestens binnen sechs Monaten nach Zurückstellung des Mietobjekts gerichtlich geltend zu machen, andernfalls die Ansprüche erlöschen.

Zu vertraglichen Gestaltungsmöglichkeiten siehe Teil I, Punkt 3.

6. Kaution[21]

Unter Punkt Teil I, Punkt 9. werden allgemeine Grundsätze zur Kaution dargelegt, welche unabhängig davon zur Anwendung kommen, ob das konkrete Mietverhältnis dem ABGB-Bereich oder dem (Teil-)Anwendungsbereich des MRG unterliegt. Wie dort vorausgeschickt, bestehen jedoch **Unterschiede** insbesondere für folgende Fragen:

- die zulässige Höhe der Kaution;
- die Pflicht zur gewinnbringenden Veranlagung der Kaution;
- prozessrechtliche Besonderheiten bei der Zurückforderung der Kaution.

20 RIS-Justiz RS0019828 (T4).
21 Für einen einführenden Überblick zur Kaution siehe Teil I, Punkt 9.

Im ABGB-Bereich bestehen keine ausdrücklichen Regelungen zur Kaution. Folglich gibt es auch keine ausdrücklichen Vorgaben zur zulässigen **Höhe** der Kaution. Grenzen bilden daher bloß allgemeine Instrumente, wie insbesondere das Sittenwidrigkeitskorrektiv gemäß § 879 Abs 1 ABGB.[22] Im Einzelfall ist es daher schwer zu beurteilen, bis zu welcher Höhe eine Kaution wirksam vereinbart werden kann. Um das Risiko einer unwirksamen Vereinbarung zu reduzieren, bietet sich eine Orientierung an der Judikatur zum MRG-Vollanwendungsbereich an: Als Richtlinie zur höchstmöglichen Kaution nennt die Judikatur zum MRG-Vollanwendungsbereich sechs Bruttomonatsmietzinsen, wobei zur Bemessung der im Einzelfall geltenden Höchstgrenze vor allem folgende Kriterien relevant sind:

- die Höhe des Mietzinses,
- die Bonität des Mieters,
- der bei Nichtzahlung des Mietzinses für die Räumung des Mietobjektes zu veranschlagende Zeitraum,
- die Ausstattung des Mietobjektes sowie
- die Überlassung von Einrichtungsgegenständen.[23]

Im ABGB-Bereich besteht **keine Pflicht** für den Vermieter zur fruchtbringenden **Veranlagung** der Kaution. Ist als Kaution ein Sicherstellungsmittel vereinbart, das eine Veranlagung sinnvollerweise zulässt, wie etwa ein Sparbuch oder eine Überweisung, ist es jedoch naheliegend, eine solche auch zu vereinbaren; andernfalls könnte dieser Aspekt – zumindest bei Vorliegen weiterer Anhaltspunkte – als ein Argument für die Sittenwidrigkeit der Vereinbarung genützt werden. Ist als Kaution eine Bankgarantie vereinbart, ist eine fruchtbringende Veranlagung ohnehin obsolet.[24]

Im ABGB-Bereich gelten **keine prozessrechtlichen Besonderheiten** für die Kaution. Folglich entscheiden Gerichte im „normalen" streitigen Verfahren etwa über einen Anspruch des Vermieters auf Übergabe der Kaution oder einen Anspruch des Mieters auf Rückgabe derselben nach Beendigung des Mietverhältnisses.

7. Vertragsbeendigung

7.1. Befristung

Einer der wichtigsten Gründe für die Beendigung eines Mietverhältnisses ist der Ablauf der vereinbarten Vertragsdauer, also eine Befristung. Im Kern bedeutet eine Befristung, dass sich beide Parteien auf eine gewisse Vertragslaufzeit einigen und eine vorzeitige Vertragsbeendigung nicht ohne Weiteres möglich sein soll. Dieses Prinzip gilt jedoch nicht uneingeschränkt: Wäre es für eine Partei unzu-

22 *Riss* in *Hausmann/Vonkilch*[4] § 16b MRG Rz 34.
23 RIS-Justiz RS0105974.
24 *Kuprian*, Der Mietvertrag[3] Besonderer Teil VIII. Rz 301.

mutbar, weiter am Vertrag gebunden zu sein, kann sich diese im Wege der außerordentlichen Kündigung vom Vertrag lösen (siehe dazu 8.2.).

Es bleibt den Parteien zudem nach der überwiegenden Literatur unbenommen, trotz Befristung eine vorzeitige Kündigungsmöglichkeit durch Vereinbarung zu schaffen.[25]

Für den ABGB-Bereich bestimmt § 1113 ABGB, dass die Parteien *„ausdrücklich oder stillschweigend“* eine bestimmte Vertragsdauer vereinbaren können, nach deren Verstreichen der Vertrag aufgelöst wird. Damit ist klargestellt: Anders als im (Teil-)Anwendungsbereich des MRG müssen Befristungen nicht unbedingt schriftlich vereinbart werden; vielmehr sind auch mündliche und sogar schlüssig vereinbarte Befristungsvereinbarungen wirksam.

Beispiel

A betreibt seit Jahren ein Lagerhaus. Das alte Gebäude muss jedoch umfassend saniert werden, weshalb sich A nach einem Ersatzobjekt umsieht und schließlich bei B fündig wird. B ist bereit, seine Lagerhalle zu diesem Zweck zu vermieten. Beiden Parteien ist klar, dass die Vermietung bloß als temporäre „Ausweichlösung“ für die Dauer der Sanierungsarbeiten (sieben Monate) dienen soll. Eine ausdrückliche Vereinbarung hierzu gibt es aber nicht. Als A seinen Betrieb endlich in das alte Gebäude zurück übersiedeln kann, stellt sich B auf den Standpunkt, dass A weiterhin Miete zahlen muss. Schließlich sei keine schriftliche Befristung vereinbart und habe A den Vertrag auch nicht gekündigt. A meint hingegen, der Vertrag sei durch Ablauf der Befristung beendet.

Räumlichkeiten zum Betrieb eines Lagerhauses fallen in den ABGB-Anwendungsbereich. Daraus folgt: Befristungen können sehr wohl auch konkludent – also schlüssig – vereinbart werden. A hat daher gute Chancen, mit seinem Standpunkt durchzudringen.

7.2. Die außerordentliche Kündigung

Liegen Umstände vor, die es für den **Mieter** unzumutbar machen würden, weiter an den Vertrag gebunden zu sein, hat dieser die Möglichkeit, den Vertrag frühzeitig zu beenden – und zwar unabhängig davon, ob ein befristeter oder unbefristeter Vertrag vorliegt und ohne Kündigungstermine oder -fristen einhalten zu müssen (siehe hierzu Teil I, Punkt 11.2.).

Auch dem **Vermieter** wird in besonders gravierenden Situationen die Möglichkeit geboten, frühzeitig die Auflösung des Vertrags zu erklären. Praktisch relevant sind dabei vor allem folgende Fallgruppen:

- Der Mieter gerät trotz Mahnung nach Fälligkeit und Gewährung einer angemessenen Nachfrist mit der Mietzinszahlung in Verzug, sodass der Mietzins auch bis zum nächsten Zinsfälligkeitstermin nicht vollständig entrichtet wird (siehe hierzu Teil I, Punkt 10.1.2.);
- Der Mieter schädigt das Mietobjekt in seiner Substanz (siehe hierzu Teil I, Punkt 10.2.1.);

25 *Lovrek* in GeKo Wohnrecht I § 30 MRG Rz 10 mwN.

- der Mieter setzt ein Verhalten, das geeignet ist, den Ruf oder wichtige wirtschaftliche oder sonstige Interessen des Vermieters oder der Mitmieter zu schädigen oder zu gefährden (siehe hierzu Teil I, Punkt 10.2.1.).

7.3. Die ordentliche Kündigung

7.3.1. Einleitung und Überblick

Anders als die außerordentliche Kündigung ist die ordentliche Kündigung als eine **„übliche" Beendigungsform** vorgesehen, die keine Störung bei Vertragsabwicklung voraussetzt. Bei der ordentlichen Kündigung geht es also nicht darum, möglichst schnell einen Ausweg aus einer unzumutbaren Lage zu schaffen. Folglich leuchtet es auch ein, dass die ordentliche Kündigung nicht jederzeit zur Verfügung steht, sondern Kündigungsfristen und -termine einzuhalten sind (siehe unten Punkt 7.3.2.) und außerdem danach zu unterscheiden ist, ob ein befristeter oder ein unbefristeter Vertrag abgeschlossen wurde:

Unbefristete Verträge enden ganz typischerweise durch eine ordentliche Kündigung. Anders als im Teil- oder Vollanwendungsbereich des MRG ist eine solche im ABGB-Bereich auch für den Vermieter relativ einfach möglich: Es gibt im ABGB-Bereich keinen Bestandschutz zugunsten des Mieters. Sowohl Mieter als auch Vermieter können den Vertrag daher ohne Vorliegen besonderer Gründe einseitig beenden und haben dabei lediglich die Einhaltung von Kündigungsfristen und -terminen zu beachten.

Bei **befristeten Verträgen** ist eine vorzeitige Beendigung des Vertrags prinzipiell nicht vorgesehen. Als Grundsatz gilt daher, dass der Vertrag nur durch den Ablauf der vereinbarten Dauer beendet werden kann, wenn sich die Parteien nicht einvernehmlich auf eine vorzeitige Beendigung verständigen.

7.3.2. Kündigungsfristen und -termine

Möchte der Vermieter oder der Mieter den Vertrag kündigen, ist dies nicht mit sofortiger Wirkung möglich. Vielmehr sind Kündigungsfristen und -termine einzuhalten. „Kündigungstermin" bezeichnet jenen Zeitpunkt, zu dem das Mietverhältnis enden soll. „Kündigungsfrist" bezeichnet den Zeitraum, der zwischen Zustellung der Kündigung an den Vertragspartner und Kündigungstermin mindestens verstreichen muss. Ist im Vertrag nichts Abweichendes vorgesehen, gelten für Mietverträge folgende Kündigungsfristen und -termine:

- Wohnungsmietverträge mit monatlicher oder kürzerer Zinsperiode:
  Kündigungstermin: zum Monatsletzten;
  Kündigungsfrist: ein Monat.
- Wohnungsmietverträge mit längerer Zinsperiode:
  Kündigungstermin: zum Monatsletzten;
  Kündigungsfrist: drei Monate.

- Andere Mietverträge, insbesondere über Geschäftsräumlichkeiten: Kündigungstermin: 31. März, 30. Juni, 30. September oder 31. Dezember; Kündigungsfrist: drei Monate.

7.3.3. Form und Verfahren

Eine Kündigung bedarf im ABGB-Anwendungsbereich an sich keiner besonderen Form. Sie kann daher insbesondere auch mündlich oder überhaupt konkludent erfolgen. Möchte der Vermieter den Vertrag kündigen, empfiehlt es sich jedoch dennoch, eine Kündigung „gerichtlich" durchzuführen, also einen Schriftsatz bei Gericht einzubringen, der dem Mieter zugestellt wird: Denn auf diese Weise erhält der Vermieter direkt einen Exekutionstitel, mit dem die Räumung des Mietobjekts notfalls erzwungen werden kann.

Eine außergerichtliche Kündigung beendet das Vertragsverhältnis zwar genauso; bevor die Räumung zwangsweise durchgesetzt werden kann, muss dann aber ein eigenes (Räumungs-)Verfahren geführt werden, in dem als Vorfrage geklärt wird, ob die Kündigung tatsächlich wirksam wurde.[26] Es muss also etwa festgestellt werden, ob die Kündigungsfrist eingehalten wurde und die Kündigung auch zugestellt wurde.

Beispiel

A mietet von B einen Hobbyraum, in dem er seinen künstlerischen Leidenschaften nachgehen kann. Als Kündigungsfrist sind zwei Monate vereinbart; als Kündigungstermin der Erste jedes Monats. Mitte Jänner teilt B dem A mündlich mit, dass er den Hobbyraum selbst benötige und daher den Vertrag kündige. Als sich A Anfang März weigert, den Hobbyraum zu räumen, fragt sich B, welche Schritte er unternehmen kann.

Nachdem das MRG bloß für die Miete von Wohnungen oder Geschäftsräumlichkeiten regelt, gelten für den gegenständlichen Mietvertrag die Bestimmungen des ABGB. B kann den Vertrag daher kündigen, ohne an besondere Gründe gebunden zu sein. Außerdem muss die Kündigung nicht zwingend gerichtlich vorgenommen werden. Daraus folgt: Der Mietvertrag ist mit Anfang März wirksam beendet. Wenn B den A zwangsweise räumen lassen möchte, benötigt er jedoch einen Exekutionstitel. B muss daher eine Räumungsklage bei Gericht einbringen, das zu klären hat, ob der Vertrag beendet ist. Nachdem die Kündigung mündlich erklärt wurde, wird das Gericht wohl auf Grundlage der Aussagen von A und B entscheiden müssen.

8. Rechtsnachfolge unter Lebenden[27]

8.1. Rechtsnachfolge auf Mieterseite

Im ABGB-Anwendungsbereich sind keine besonderen Bestimmungen vorgesehen, die es dem Mieter gestatten, sein Mietrecht an Dritte zu übertragen. Es gilt daher

26 Vgl RIS-Justiz RS0020930.

27 Für einen einführenden Überblick zur Rechtsnachfolge unter Lebenden siehe Teil I, Punkt 7.

der allgemeine Grundsatz, dass dem Vermieter **kein Vertragspartner „aufgedrängt"** werden kann, den er sich nicht selbst ausgesucht hat.

Beispiel

V vermietet sein Einfamilienhaus an A, der mit seiner Tochter B für einige Jahre dort wohnt. Eines Tages möchte A in ein Seniorenheim übersiedeln. B möchte gerne in das Mietverhältnis eintreten. V möchte das nicht, weil der damals vereinbarte Mietzins mittlerweile nicht mehr marktüblich ist.

Nachdem das Mietverhältnis dem ABGB-Anwendungsbereich unterliegt, ist eine Übertragung des Mietrechts ohne Zustimmung des Vermieters nicht möglich. V wird daher Recht behalten.

Möglich ist es jedoch selbstverständlich, eine solche Möglichkeit zur „Weitergabe" des Mietverhältnisses an einen Dritten im Mietvertrag explizit vorzusehen.

8.2. Rechtsnachfolge auf Vermieterseite

Der Grundsatz, wonach einer Vertragspartei kein anderer Vertragspartner „aufgedrängt" werden soll, wird vom Gesetz in bestimmten Fällen aus naheliegenden Gründen durchbrochen: Wenn der Vermieter das Bestandobjekt an einen Dritten **veräußert**, wäre es wenig sinnvoll, ihn weiter an den Mietvertrag zu binden. Schließlich könnte der vormalige Eigentümer den Mietvertrag gar nicht mehr erfüllen, da er kein Eigentum mehr hat, an dem er den Gebrauch überlassen kann.

Das Gesetz sieht daher vor, dass ein Verkauf der Bestandsache zu einem **Übergang des Mietvertrags** an den neuen Eigentümer führt. Wie ausgeführt, handelt sich dabei um eine besondere Ausnahme von allgemeinen Grundsätzen. Der Vermieter muss dabei den Mietvertrag grundsätzlich so übernehmen, wie er geschlossen wurde. Dies gilt auch für Nebenabreden – unabhängig davon, ob sie für ihn vorteilhaft sind, wie (un-)üblich sie sind und ob sie dem neuen Vermieter bekannt sein müssen oder nicht.[28]

Beispiel

M mietet von A eine Ferienwohnung als Zweitwohnsitz zu einem fairen Preis. A erlaubt dem M auch explizit, die Wohnung unterzuvermieten. Nach einiger Zeit verkauft A die Wohnung an B. B fühlt sich an den Mietvertrag nicht gebunden. Auf keinen Fall möchte er den niedrigen Mietzins und die Erlaubnis zur Untervermietung hinnehmen.

B ist nicht im Recht: Das Mietverhältnis geht infolge des Verkaufs auf ihn über. Es spielt dabei auch keine Rolle, ob B von den Vertragsbestimmungen zur Untermiete oder zum Mietzins wusste oder nicht. B hat jedoch ein Sonderkündigungsrecht und kann das Mietverhältnis kündigen.

---

28 Lediglich solche Vereinbarungen, die keinen Konnex zum Bestandobjekt haben und nur anlässlich des Mietvertrags geschlossen wurden, muss der Vermieter nicht gegen sich gelten lassen, siehe *Höllwerth* in GeKo Wohnrecht I § 1120 ABGB Rz 56.

Um den neuen Vermieter nicht zu übervorteilen und einen angemessenen Interessenausgleich zu schaffen, gibt das Gesetz dem neuen Vermieter – sozusagen als „Gegengewicht" zum Vertragsübergang – ein **Sonderkündigungsrecht** (§ 1120 ABGB).[29] Demnach hat der Vermieter die Möglichkeit, den Vertrag unter Einhaltung der gesetzlichen Kündigungsfristen zu beenden. Dies gilt unabhängig von den ursprünglichen Vereinbarungen zur Dauer des Mietvertrags. Das Sonderkündigungsrecht „durchschlägt" daher auch

- einen vom Vermieter abgegebenen Kündigungsverzicht;
- eine ursprüngliche Befristung des Mietvertrags (die ansonsten zur Folge hätte, dass der Vermieter auf deren Ablauf warten müsste);
- vereinbarte längere Kündigungsfristen für den Vermieter.

Die Judikatur spricht anschaulich davon, dass *„das Bestandverhältnis ohne Rücksicht auf andere Vertragsbestimmungen in ein solches von unbestimmter Dauer mit gesetzlicher Kündigungsfrist verwandelt wird"*.[30]

Beispiel

M mietet von A ein Einfamilienhaus mit einer Befristung von zehn Jahren. Monate später verkauft A das Einfamilienhaus an B. Nach einigen Monaten kündigt B das Haus. M möchte dies nicht hinnehmen und verweist darauf, dass er mit A ursprünglich einen für zehn Jahre befristeteten Vertrag abgeschlossen habe und eine vorzeitige Kündigung für B daher nicht möglich sei.

M ist nicht im Recht: Durch den Verkauf des Hauses von A an B tritt Letzterer in den bestehenden Mietvertrag mit allen Rechten und Pflichten ein. Die Befristung muss B jedoch nicht gegen sich gelten lassen. Vielmehr darf B den Vertrag unter Einhaltung der gesetzlichen Fristen kündigen.

9. Rechtsnachfolge im Todesfall[31]

9.1. Tod des Mieters

Stirbt der Mieter, geht die Mieterposition zunächst auf den ruhenden Nachlass und mit Einantwortung auf die Erben des Mieters über. Es gilt daher das erbrechtliche Prinzip, wonach die vererbbaren Rechtsverhältnisse mit den Erben **unverändert fortgesetzt** werden (Gesamtrechtsnachfolge).

Beispiel

A mietet von V ein Geschäftslokal, in dem er ein Speditionsunternehmen betreibt, wobei V einen fünfzehnjährigen Kündigungsverzicht abgibt. Als A verstirbt, möchte dessen Tochter B das Speditionsunternehmen weiterbetreiben, hat jedoch Sorge, dass der Mietvertrag nun beendet sein könnte. Schließlich habe sich V den A als Vertragspartner ausgesucht.

---

29 Der Mieter kann sich vor diesem Sonderkündigungsrecht schützen, indem er mit dem ursprünglichen Vermieter vereinbart, dass das Mietverhältnis in das Grundbuch einzuverleiben ist.

30 OGH 28.10.1987, 3 Ob 551/87.

31 Für einen einführenden Überblick zur Rechtsnachfolge im Todesfall siehe Teil I, Punkt 8.

Bs Sorge ist unbegründet: Aus erbrechtlichen Grundsätzen folgt, dass sie als Gesamtrechtsnachfolgerin in sämtliche vererbbaren Rechte und Pflichten des A eintritt. Hierzu gehören auch Mietverträge.

Nur im Fall von **Wohnungsmietverträgen** gelten gemäß § 1116a ABGB Besonderheiten: Stirbt der Mieter einer Wohnung, kommt es zwar ebenfalls zu einem Übergang des Mietrechts auf die Erben. Allerdings können sowohl der Vermieter als auch die Erben des Mieters unabhängig von der vereinbarten Vertragsdauer und trotz eines etwaigen Kündigungsverzichts den Vertrag unter Einhaltung der gesetzlichen Fristen und Termine kündigen (**Sonderkündigungsrecht**). Das Sonderkündigungsrecht „durchschlägt“ insbesondere

- einen vom Vermieter abgegebenen Kündigungsverzicht;
- eine ursprüngliche Befristung des Mietvertrags (die ansonsten zur Folge hätte, dass der Vermieter auf deren Ablauf warten müsste);
- vereinbarte längere Kündigungsfristen für den Vermieter.

Der Gesetzgeber reagiert dabei auf das persönliche Element, das Bestandverträgen über Wohnungen innewohnt. Es sollen hiermit Härtefälle vermieden werden, in denen Erben weiter zur Bezahlung von Mietzinsen verpflichtet sind, obwohl der Tod ihres Angehörigen schon genügend (auch wirtschaftliche) Belastungen mit sich bringt.[32] Spiegelbildlich kommt das Sonderkündigungsrecht auch dem Vermieter zu.

Beispiel

A mietet seit Jahren ein Ferienhaus von V, der einen Kündigungsverzicht für die nächsten zehn Jahre abgegeben hat. Fünf Jahre später verstirbt A und wird von dessen Tochter B beerbt. V kündigt den Mietvertrag unter Einhaltung der gesetzlichen Kündigungsfrist. B möchte sich das nicht gefallen lassen und beruft sich auf den Kündigungsverzicht, der doch weiter gelten müsse.

Nachdem das MRG auf das Mietobjekt nicht anwendbar ist, wird B wird keinen Erfolg haben: § 1116a ABGB sieht vor, dass der Vermieter einen Wohnungsmietvertrag gegenüber dem Erben des Mieters trotz derartiger Kündigungsverzichte kündigen darf.

9.2. Tod des Vermieters

Im Falle des Todes des Vermieters kommt es zum Eintritt zunächst des ruhenden Nachlasses und mit Einantwortung der **Erben** in den Mietvertrag. Mit anderen Worten wird der Mietvertrag mit dem Erben des Vermieters **unverändert fortgesetzt**. Der Tod des Vermieters hat auch – anders als der Tod eines Wohnungsmieters – kein Sonderkündigungsrecht zur Folge.

Beispiel

A mietet seit Jahren ein Ferienhaus von V (ABGB-Bereich), der einen Kündigungsverzicht für die nächsten zehn Jahre abgegeben hat. Fünf Jahre später verstirbt V und

32 OGH 14.1.1991, 4 Ob 502/92.

wird von dessen Tochter B beerbt. A macht sich Sorgen, dass B den Vertrag nun vorzeitig kündigen könnte.

Die Sorge ist unberechtigt: Das Sonderkündigungsrecht des § 1116a ABGB ist nur für Fälle vorgesehen, in denen der Mieter (nicht der Vermieter) einer Wohnung verstirbt.

10. Verfahrensrechtliche Aspekte[33]

Unterliegt ein Bestandobjekt dem ABGB-Bereich, sind allfällige Streitigkeiten grundsätzlich im sogenannten streitigen Verfahren zu lösen. Wie unter Teil I, Punkt 12.2. dargestellt, kann das streitige Verfahren als der „typische" Zivilprozess im engeren Sinn betrachtet werden, in dem sich Kläger und Beklagter gegenüberstehen, welche alle erforderlichen Behauptungen aufstellen und Beweise anbieten müssen.

33 Für einen einführenden Überblick zu verfahrensrechtlichen Aspekten siehe Teil I, Punkt 12.

Mustervertrag ABGB-Bereich Geschäftsraum

HAUPTMIETVERTRAG

Abgeschlossen zwischen:	*[Name] [Firmenbuchnummer]* *[Adresse]* als Vermieterin einerseits
und	*[Name] [Firmenbuchnummer]* *[Adresse]* als Mieterin andererseits

Deckblatt (Überblick über die zentralen Vereinbarungen):

Mietobjekt:	*[Adresse]*, Top *[•]*, mit einer Nutzfläche von ca. *[•]* m² (siehe Punkt 1.) (Beilage ./1)
bestehend aus:	*[•]*
Ausstattung:	Gemäß Ausstattungsbeschreibung (Beilage ./2)
Mietzweck:	*[•]*
Mietbeginn:	*[•]* unter der aufschiebenden Bedingung der Kautionsleistung
Vertragsende:	Befristet mit *[•]* *[oder:]* Kündigungsfrist: *[•]* Kündigungstermin: *[•]* Kündigungsverzicht bis *[•]*
Monatlicher Gesamtbruttomietzins:	aktuell € *[•]* inkl. USt
Wertsicherung:	nach VPI 2020, Basismonat: *[•]*
Kaution:	EUR *[•]*

§ 1 MIETGEGENSTAND

1.1. Die Vermieterin ist grundbücherliche Eigentümerin der Liegenschaft EZ *[•]*, Gst-Nr. *[•]*, in der KG *[•]* mit der Grundstücksadresse *[•]*. Gegenstand des Mietvertrages ist das Mietobjekt Top *[•]* (nachfolgend „Mietobjekt").

1.2. Das Mietobjekt unterliegt nicht dem Voll- oder dem Teilanwendungsbereich des MRG. Die Bestimmungen des MRG kommen daher nur zur Anwendung, insoweit deren Gelten in weiterer Folge ausdrücklich vereinbart wird.

Diese Klausel dient der Klarstellung; zur Einordnung des Mietobjekts siehe Punkt 2.2. Nachdem das Objekt dem ABGB-Bereich unterliegt, gelten die Bestimmungen des MRG – wie etwa die Bestimmungen über den Preis- und den Bestandschutz – nicht.

1.3. Das Mietobjekt ist im beiliegenden Plan (Beilage ./1), der einen Bestandteil dieses Vertrages bildet, näher beschrieben. Die mitvermietete Ausstattung des Mietobjekts ist aus der Ausstattungsbeschreibung (Beilage ./2) ersichtlich, die ebenfalls Bestandteil dieses Vertrags ist.

1.4. Informativ festgehalten wird, dass das Mietobjekt eine planliche Nutzfläche von insgesamt ca. *[•]* m^2 aufweist. Hinsichtlich der Nutzfläche ist die Zurverfügungstellung des Mietobjekts dergestalt geschuldet, wie es dem Mieter aus eigenen Wahrnehmungen bestens bekannt ist.

Hintergrund dieser Formulierung ist es, Diskussionen für den Fall hintanzuhalten, dass die angegebene Nutzfläche geringfügig von der tatsächlichen Nutzfläche abweicht. In Fällen, in denen diese Klausel zu einer starken Benachteiligung des Mieters führt, kann deren Wirksamkeit in Frage gestellt werden – etwa, weil sich die Nutzfläche nicht abschätzen lässt, eigene Nachmessungen durch den Mieter untunlich sind oder es zu starken Abweichungen kommt.

1.5. Das Mietobjekt wird wie besichtigt *[und in gebrauchtem Zustand]* vermietet.

Häufig finden sich in Mietverträgen Klauseln wie etwa: *„Der Mieter hat den Mietgegenstand in ordnungsgemäßem Zustand übernommen."*
Bei Verbrauchergeschäften sind solche Klauseln gemäß § 6 Abs 1 Z 11 KSchG unwirksam. Denn nach dieser Bestimmung sind Vertragsbestimmungen nicht verbindlich, wenn durch diese *„dem Verbraucher eine Beweislast auferlegt wird, die ihn von Gesetzes wegen nicht trifft"*. Ebendies wäre aber der Fall, wenn der Verbraucher beweisen müsste, dass sich der Mietgegenstand entgegen dem Vertragstext bei Übergabe nicht im ordnungsgemäßen Zustand befunden hat.[34]

§ 2 MIETDAUER

2.1. Die Übergabe und Übernahme des Mietobjektes erfolgt am *[•]*. Leistet die Mieterin die Kaution, welche als aufschiebende Bedingung für das Zustandekommen dieses Mietvertrags vereinbart wird (§ 0.), nicht rechtzeitig, verschiebt sich der Übergabetermin im selben Ausmaß.

34 Siehe etwa OGH 11.10.2006, 7 Ob 78/06f (1. Klausel-E); OLG Wien 30.9.2021, 4 R 32/21p.

2.2. Bei Übergabe des Mietobjektes wird ein allseits zu unterfertigendes Übergabeprotokoll samt Fotodokumentation erstellt, in welchem etwaige Mängel festzuhalten sind, die von der Vermieterin binnen angemessener Frist zu beheben sind. Liegen bloß geringfügige, unbehebbare Mängel vor, die dem bedungenen Gebrauch des Mietobjektes nicht entgegenstehen, ist die Mieterin nicht zur Verweigerung der Übernahme berechtigt. Ein Verzicht auf das Recht zur Mietzinsminderung ist damit nicht verbunden.

Dass der Mieter die Übergabe nicht verweigern darf, wenn bloß unbehebbare, geringfügige Mängel vorliegen, wird auch ganz allgemein (also ohne entsprechende Klausel) vertreten.[35] Insofern dient die Klausel der Klarstellung. Unwirksam sind hingegen Klauseln,

- mit denen der Mieter verpflichtet wird, das Mietobjekt zu übernehmen, obwohl Mängel vorliegen, die der vertragsgemäßen oder ordnungsgemäßen Nutzung entgegenstehen oder
- die das Recht auf Mietzinsminderung abbedingen sollen.[36]
- Problematisch sind ferner Klauseln, mit denen geringfügige Flächenabweichungen (etwa: „bis +/– 3 % der Fläche") gar keine Rechtsfolgen, also auch keine Mietzinsminderung, nach sich ziehen.[37]

2.3. *[Bei Befristung:]* Das Mietverhältnis ist befristet und wird für eine Dauer von *[•]* abgeschlossen. Das Mietverhältnis endet folglich am *[•]*, ohne dass hierfür eine Kündigung der Mieterin oder Vermieterin erforderlich ist.

Wie oben (Punkt 7.1.) festgehalten, gibt es im ABGB-Anwendungsbereich keine strengen Vorgaben zur Wirksamkeit von Befristungen. Insbesondere sind auch mündliche und sogar schlüssige Befristungsvereinbarungen möglich. Aus Beweiszwecken ist es jedoch unbedingt empfohlen, eine Befristung in aller Klarheit schriftlich festzuhalten.
Im ABGB-Anwendungsbereich gibt es – anders als im MRG-Vollanwendungsbereich – keinen „Befristungsabschlag". Schließlich kann der Mietzins allgemein weitgehend frei vereinbart werden. Aus der Sicht des Vermieters gibt es daher in dieser Hinsicht keinen gesetzlichen Anreiz, auf eine Befristung zu verzichten.

2.4. *[Bei Befristung:]* Die Vermieterin ist berechtigt, den Vertrag vor Ablauf der bedungenen Mietdauer unter Einhaltung einer Kündigungsfrist von *[•]* Monaten zum *[•]* (Kündigungstermin) zu kündigen.

35 *Pletzer* in GeKo Wohnrecht I § 1096 ABGB Rz 9 mwN.
36 OGH 11.10.2006, 7 Ob 78/06f (1. Klausel-E); OGH 21.11.2017, 6 Ob 181/17m (8. Klausel-E).
37 21.11.2017, 6 Ob 181/17m (8. Klausel-E).

Im Falle einer Befristung sind beide Vertragsteile grundsätzlich an die vereinbarte Vertragslaufzeit gebunden. Die überwiegende Ansicht geht jedoch davon aus, dass die Parteien wirksam vereinbaren können, dass der Vermieter den Vertrag trotz Befristung vorzeitig kündigen kann.[38] Es gibt allerdings auch gegenteilige Stellungnahmen.[39]

2.5. *[Bei Befristung:]* Die Mieterin kann den Vertrag nur bei Vorliegen eines Grundes gemäß § 1117 ABGB vorzeitig kündigen.

Anders als Wohnraummietverträge im MRG-(Teil-)Anwendungsbereich sieht das Gesetz hier kein zwingendes Recht des Mieters vor, den Vertrag nach einem Jahr grundlos zu kündigen zu können. Für die Dauer der Befristung ist der Mieter daher grundsätzlich an den Vertrag gebunden. Jedenfalls möglich bleibt einem Mieter jedoch, den Vertrag gemäß § 1117 ABGB zu kündigen. Insofern hat die Klausel oben primär klarstellenden Charakter. Denn es bestünde ohnehin keine Möglichkeit, dem Mieter das Recht zu nehmen, den Vertrag bei Vorliegen eines Grundes gemäß § 1117 ABGB vorzeitig zu beenden. Gemäß § 1117 ABGB kann der Mieter den Vertrag vorzeitig beenden, wenn das Mietobjekt

2.6. *[Bei unbefristeten Verträgen:]* Das Mietverhältnis kann unter Einhaltung einer Kündigungsfrist von *[•]* Monaten zum *[•]* (Kündigungstermin) gekündigt werden.

Gibt es keine besondere vertragliche Regelung, können Mietverträge über Geschäftsräumlichkeiten zum 31. 3., 30. 6., 30. 9. oder 31. 12. unter Einhaltung einer dreimonatigen Kündigungsfrist gekündigt werden (§ 560 Abs 1 Z 2 lit e ZPO).
Soll (wie in der Klausel oben) eine abweichende Regelung getroffen werden, muss diese ***hinreichend bestimmt*** sein. Nach der Rechtsprechung zu unklar wäre etwa die Formulierung *„vierteljährlich im Feber-Mai-August und November-Termin kündbar"*.[40] Schließlich geht daraus nicht hervor, wann genau die Kündigungstermine liegen. Hinreichend klar definiert ist der Kündigungstermin, wenn beispielsweise *„zum Monatsende – vierteljährig zum Mietquartal"* gekündigt werden kann.[41]

38 *Lovrek* in GeKo Wohnrecht I § 30 MRG Rz 10; *Vonkilch* in *Hausmann/Vonkilch* § 29 MRG[4] Rz 38; *Würth/Zingher/Kovanyi*, Miet- und Wohnrecht[23] MRG § 29 Rz 13; vgl auch OGH 26.8.2004, 6 Ob 35/04x; OGH 17.7.2018, 4 Ob 133/18i.

39 *Stabentheiner* in GeKo Wohnrecht I § 29 MRG Rz 27.

40 OGH 20.2.1996, 10 Ob 516/95.

41 Siehe OGH 28.4.1994, 8 Ob 519/94; diese Regelung wurde vom OGH so verstanden, dass das Mietverhältnis *„jeweils nur zum Ende der sich aus dem Beginn des Mietverhältnisses bestimmenden Quartale enden solle."*

Ebenso sollten Kündigungstermine und -fristen vermieden werden, die eine überlange „Knebelung" des Mieters vorsehen. Zum vertraglichen Gestaltungsspielraum und dessen Grenzen siehe Teil I, Punkt 3.

2.7. *[Sofern gewünscht:]* Die Mieterin verzichtet für eine Dauer von *[•]* Jahren ab Beginn des Mietverhältnisses auf die Möglichkeit einer ordentlichen Kündigung.

Ein Kündigungsverzicht kann auch einseitig nur vom Mieter wirksam abgeben werden. Die Judikatur formuliert in diesem Zusammenhang ganz allgemein, dass ein *„allgemeiner Kündigungsverzicht (auch nur von einer Seite) auf bestimmte oder bestimmbare Zeit [...] nicht als unzulässiger Knebelungsvertrag sittenwidrig, sondern wirksam"* ist. Die in diesem Zusammenhang genannten Entscheidungen betreffen jedoch vor allem Kündigungsverzichte des Vermieters.[42]
Vor allem bei Verträgen, die mit einem Verbraucher als Mieter geschlossen werden, ist daher trotz des oben zitierten „Stehsatzes" Vorsicht geboten: Eine Übervorteilung des Mieters ist zu vermeiden, da diese zur Unwirksamkeit der Vertragsklausel führen kann.[43]

§ 3 MIETZINS

3.1. Der monatlich fällige Gesamtmietzins setzt sich aus folgenden Bestandteilen zusammen:

Hauptmietzins (netto):	aktuell	EUR *[•]*
Bewirtschaftungskosten:	aktuell	EUR *[•]*
[sofern anwendbar] Umsatzsteuer	aktuell	EUR *[•]*
Gesamtbruttomietzins:	aktuell	EUR *[•]* inkl. USt

Wie oben (Teil I, Punkt 3.) dargestellt, können die Vertragsparteien den Mietzins im ABGB-Bereich weitgehend frei vereinbaren. Wenn keine explizite Vereinbarung zu den Bewirtschaftungskosten getroffen wird, hat der Vermieter diese gemäß § 1099 ABGB selbst zu tragen.

3.2. Der Mietzins ist monatlich im Voraus bis spätestens zum Fünften des jeweiligen Kalendermonats (einlangend) fällig und ist auf das bekanntgegebene Bankkonto zu überweisen.

42 OGH 21.12.2017, 6 Ob 134/17z mwN.
43 *Pesek* in *Schwimann/Neumayr* (Hrsg), ABGB Taschenkommentar[5] zu § 1116 ABGB Rz 3 mwN.

Die Fälligkeit am Fünften des Kalendermonats gilt gemäß § 1100 ABGB auch, wenn nichts Abweichendes vereinbart ist. Allzu weit sollte von diesem gesetzgeberischen Konzept nicht abgewichen werden, da ansonsten die Nichtigkeit einer solchen Vereinbarung droht. Zum vertraglichen Gestaltungsspielraum und dessen Grenzen siehe oben Punkt Teil I, Punkt 3.

3.3. Gemäß § 6 Abs 2 UStG 1994 verzichtet die Vermieterin auf die Umsatzsteuerbefreiung und übt die Option zur Regelbesteuerung aus. Die Mieterin erklärt, dass sie den Mietgegenstand nahezu ausschließlich (mindestens 95 %) für Umsätze verwenden wird, die den Vorsteuerabzug nicht ausschließen, widrigenfalls sie die Vermieterin für den entstandenen Vorsteuerausfall schadlos halten wird.

3.4. Die Mieterin ist verpflichtet, auf Verlangen der Vermieterin alle erforderlichen Unterlagen zur Verfügung zu stellen, um der Vermieterin zu ermöglichen, ihrer umsatzsteuerlichen Nachweispflicht nachzukommen. Die Mieterin ist ferner verpflichtet, die Vermieterin unverzüglich darüber zu berichten, wenn die Voraussetzungen für eine steuerpflichtige Vermietung von der Mieterin nicht mehr erfüllt werden.

3.5. Der Entfall der Option zur Regelbesteuerung – insbesondere aufgrund der Benützung des Mietgegenstandes für nicht umsatzsteuerpflichtige Umsätze durch die Mieterin – wird zudem als wichtiger und bedeutsamer Umstand iSd § 30 Abs 2 Z 13 MRG vereinbart, der die Vermieterin zur Kündigung berechtigt.

Gemäß § 6 Abs 1 Z 16 UStG 1994 ist die Vermietung von Geschäftsräumlichkeiten unecht umsatzsteuerbefreit. Der Vermieter kann auf die Befreiung jedoch freiwillig verzichten. Bei Ausübung dieser „Option zur Steuerpflicht" durch den Vermieter fällt Umsatzsteuer in Höhe von 20 % an. Der Vorteil besteht aus Sicht des Vermieters darin, dass dieser damit auch die Berechtigung zum Vorsteuerabzug (etwa hinsichtlich aufgewendeter Kosten für die Errichtung des Mietobjekts) erhält.
Die Option zur Steuerpflicht ist nach aktueller Rechtslage jedoch nur zulässig, wenn der Mieter den Mietgegenstand zu mindestens 95 % für umsatzsteuerpflichtige Umsätze verwendet.[44] Ist der Mieter selbst umsatzsteuerbefreit (wie etwa eine Bank), so steht dem Vermieter die „Option zur Steuerpflicht" daher nicht offen.

3.6. Die Bewirtschaftungskosten sind von der Mieterin anteilig (entsprechend der Nutzfläche des Mietgegenstands im Verhältnis zur gesam-

44 ErläutRV 1680 BlgNR 24. GP zum 1. StabG 2012.

ten Nutzfläche) zu tragen. Dieser Anteil beträgt derzeit *[•]* %. Die Bewirtschaftungskosten bestehen aus folgenden Positionen:

- die Versorgung des Hauses mit Wasser aus einer öffentlichen Wasserleitung (Wassergebühren und Kosten, die durch die nach den Lieferbedingungen gebotenen Überprüfungen der Wasserleitungen erwachsen) oder die Erhaltung der bestehenden Wasserversorgung aus einem Hausbrunnen oder einer nicht öffentlichen Wasserleitung;
- die Eichung, Wartung und Ablesung von Messvorrichtungen zur Verbrauchsermittlung im Sinn des § 17 Abs. 1a MRG;
- die auf Grund der Kehrordnung regelmäßig durchzuführende Rauchfangkehrung, die Kanalräumung, die Unratabfuhr und die Schädlingsbekämpfung;
- die entsprechende Beleuchtung der allgemein zugänglichen Teile des Hauses, erforderlichenfalls auch des Hofraums und des Durchgangs zu einem Hinterhaus;
- die im § 22 MRG bestimmten Auslagen für die Verwaltung;
- die im § 23 MRG bestimmten angemessenen Aufwendungen für die Hausbetreuung;
- die Kosten der Gemeinschaftsanlagen gemäß § 24 Abs. 1 MRG;
- die für die allgemeinen Teile anfallenden Kosten für Strom und Netznutzung.

3.7. Die Mieterin wird für den Bezug von *[Strom]*, *[Heizung]*, *[Kälte]*, *[Warmwasser] [Kaltwasser]* direkt mit den betreffenden Versorgungsunternehmen kontrahieren und die daraus erwachsenen Kosten begleichen, sofern nicht die Vermieterin bereits einen entsprechenden Vertrag abgeschlossen hat und die Abrechnung an die Mieterin erfolgt.

[UND/ ODER]

3.8. Die Kosten für den Bezug von *[Strom]*, *[Heizung]*, *[Kälte]*, *[Warmwasser] [Kaltwasser]* werden als Bewirtschaftungskosten abgerechnet. Die Verrechnung der Kosten für den Bezug von *[Strom]*, *[Heizung]*, *[Kälte]*, *[Warmwasser] [Kaltwasser]* auf die einzelnen Mieter erfolgt nach *[dem Aufteilungsschlüssel gemäß Punkt 0.] [tatsächlichem Verbrauch]*.

Fällt das Mietobjekt unter den ABGB-Bereich, ist § 1099 ABGB für die Bewirtschaftungskosten maßgeblich. Die Regelung sieht grundsätzlich vor, dass sämtliche Bewirtschaftungskosten bereits im Hauptmietzins inkludiert sind und der Vermieter daher keine zusätzlichen Bewirtschaftungskosten abrechnen kann. In der Praxis wird jedoch typischerweise hiervon abweichend ein Katalog an Bewirtschaftungskosten vereinbart (siehe bereits oben Punkt 2.2.).

Der Katalog an abrechenbaren Betriebskosten ist im Einzelfall auf das jeweilige Mietobjekt anzupassen. Die Kostenposition ist möglichst eindeutig zu bezeichnen. Bloß beispielhafte Listen sind zu vermeiden.[45]
Zudem sollte eine allzu weite Entfernung vom gesetzlichen Konzept des § 1099 ABGB vermieden werden. Vereinzelt wird hierzu vertreten, dass Kosten, die den Liegenschaftseigentümer unabhängig vom Gebrauch treffen – wie zum Beispiel die Kosten für Grundsteuer, Bankgebühren, Kosten für die Versicherung der Liegenschaft etc. nicht als Bewirtschaftungskosten überwälzt werden dürfen.[46] Auf der anderen Seite wird jedoch mit guten Argumenten vertreten, dass eine von § 1099 ABGB abweichende Vereinbarung jedenfalls insoweit unbedenklich ist, als die Überwälzung der im MRG angeführten Betriebskostenpositionen (§§ 21 ff MRG) vereinbart wird. Hierunter zählen auch Prämien für ***Sachversicherungen*** (§ 21 Abs 1 Z 4–6 MRG) und die ***Grundsteuer*** (§ 21 Abs 2 MRG).[47]
Gestaltungsrechte des Vermieters zur Anpassung des Verteilungsschlüssels sind zu vermeiden – insbesondere, wenn diese an keine klaren Kriterien geknüpft sind.[48]

3.9. Die Bewirtschaftungskosten werden als monatliche Pauschalbeträge vorgeschrieben. Die monatlichen Pauschalbeträge errechnen sich vom Gesamtbetrag der Bewirtschaftungskosten des vorausgegangenen Kalenderjahres, wobei dieser Betrag bei zwischenzeitlichen Bewirtschaftungskostenerhöhungen um bis 20 % überschritten werden darf.

3.10. Einmal jährlich bringt die Vermieterin bis zum 30. Juni des Folgejahres die Bewirtschaftungskosten zur Abrechnung. Eine Nachverrechnung bleibt auch bei Überschreitung dieser Frist innerhalb der Verjährungsfristen möglich. Die Abrechnung wird an geeigneter Stelle zur Einsicht aufgelegt und der Mieterin ein Einsichtsrecht in die Belege gewährt.

3.11. Ergibt sich aus der Abrechnung ein Überschuss zugunsten der Hauptmieter, so ist der Überschussbetrag zum übernächsten Zinstermin zurückzuerstatten. Ergibt sich aus der Abrechnung ein Fehlbetrag zu Lasten der Hauptmieter, so haben die Hauptmieter den Fehlbetrag zum übernächsten Zinstermin zu entrichten. Die Person, die zum übernächsten Zinstermin nach der Abrechnung Mieterin ist, hat daher Anspruch auf einen allfälligen, sich aus der Abrechnung ergebenden

45 Vgl die im Zusammenhang mit einem Verbrauchergeschäft ergangene OGH 11.10.2006, 7 Ob 78/06f (1. Klausel-E).

46 OLG Wien 24.2.2021 2 R 61/20k, zusammengefasst von *Vonkilch*, (Un-)Zulässigkeit von Kostenüberwälzungen auf den Mieter, wobl 2021, 268 (269); der OGH hielt die Entscheidung des OLG Wien im relevanten Punkt zwar aufrecht, stellte jedoch allein auf die intransparente Formulierung der Klausel ab.

47 *Pesek*, wobl 2021, 253 (258) mwN.

48 OGH 11.10.2006, 7 Ob 78/06f (1. Klausel-E).

Überschussbetrag oder die Verpflichtung, einen sich aus der Abrechnung ergebenden Fehlbetrag zu leisten.

Die obenstehende Klausel zur Abrechnung der Bewirtschaftungskosten orientiert sich am Konzept des § 21 Abs 3 MRG, ist jedoch im Vergleich zu dieser Gesetzesbestimmung etwas „abgespeckt“. Die zwingenden Vorgaben von § 21 Abs 3 MRG sind im ABGB-Bereich naturgemäß nicht anwendbar. Nichtsdestotrotz ist zu raten, von den Regeln, die aus § 21 Abs 3 MRG abgeleitet werden, nicht allzu weit abzuweichen. Zu beachten sind vor allem folgende Grundsätze:

- Bei der Abrechnung ist so vorzugehen, dass sich ein Hauptmieter mit durchschnittlicher Auffassungsgabe ein Bild darüber machen kann, welche Rückzahlungsforderungen oder Nachzahlungspflichten ihm aus der Gegenüberstellung von bezahlten Pauschalraten und effektiv aufgelaufenen Bewirtschaftungskosten entstehen.[49]
- Maßgebend dafür, ob eine den Bewirtschaftungskosten des Hauses zuzurechnende Kostenbelastung des Vermieters in die Jahrespauschalverrechnung für ein bestimmtes Jahr gehört, ist immer die Fälligkeit (nicht die Bezahlung) der vom Vermieter zu erfüllenden Forderung.[50]
- Der Mieter kann bei rechtzeitiger Abrechnung (also einer Auflage der Abrechnung bis zum 30. Juni) bis zum Ende des laufenden Jahres, bei verspäteter Abrechnung (also einer Auflage der Abrechnung nach dem 30. Juni) innerhalb von sechs vollen Monaten Einsicht in die Belege verlangen.[51]

3.12. *[Bei mehreren Mietern:]* Für die Entrichtung des Gesamtmietzinses haften die Mitmieter solidarisch.

Die Klausel entspricht der Judikatur[52] und dient daher primär der Klarstellung.

§ 4 WERTSICHERUNG

4.1. Der Hauptmietzins ist auf Grundlage des von der Statistik Austria verlautbarten Verbraucherpreisindex 2020 oder des an dessen Stelle tretende Index wertgesichert. Die für den Monat des Vertragsabschlusses verlautbarte Indexzahl dient als Ausgangsbasis für die Wertsicherungsberechnung.

49 OGH 19.1.2010, 5 Ob 189/09v mwN.
50 RIS-Justiz RS0112095.
51 RIS-Justiz RS0070665 (T15).
52 *Höllwerth* in GeKo Wohnrecht I § 1094 ABGB Rz 13 mwN.

4.2. Verändert sich der Index gegenüber der Ausgangsbasis, verändert sich der Hauptmietzins im selben Ausmaß, wobei (positive oder negative) Veränderungen um weniger als 3 % unberücksichtigt bleiben. Jede (positive oder negative) Veränderung über 3 % wird für die Anpassung des Hauptmietzinses in voller Höhe wirksam.

4.3. Eine Wertsicherung innerhalb der ersten beiden Mietmonate wird ausgeschlossen.[53]

4.4. Die Indexzahl, auf deren Grundlage die letzte Veränderung des Hauptmietzinses vorgenommen wurde, bildet in Folge die Ausgangsbasis für die Wertsicherungsberechnung.

4.5. Ansprüche, die aus der gegenständlichen Wertsicherung resultieren, verjähren innerhalb von drei Jahren. Die Nicht-Geltendmachung einer Erhöhung des Hauptmietzinses aufgrund der Wertsicherung durch die Vermieterin ist nicht als konkludenter Verzicht anzusehen. Die Vermieterin ist weiterhin berechtigt, auch für in der Vergangenheit liegende Zeiträume eine Erhöhung des Mietzinses zu begehren.

Die ausdrückliche Vereinbarung einer Wertsicherung ist essentiell, da ansonsten der ursprünglich vereinbarte Hauptmietzins trotz allfälliger Schwankungen der Kaufkraft unverändert in die Zukunft gilt.
Im ABGB-Bereich gelten für solche Vereinbarungen weniger strenge Regeln als im Vollanwendungsbereich des MRG. So ist etwa das Verbot der ***rückwirkenden Geltendmachung*** von Erhöhungsbeträgen gemäß § 16 Abs 9 MRG im Teilanwendungsbereich nicht anwendbar. Allerdings könnte die rückwirkende Geltendmachung von Erhöhungsbeträgen im Teilanwendungsbereich daran scheitern, dass der Vermieter ein Verhalten setzt, das auf einen Verzicht schließen lässt.[54] Um Diskussionen hierüber zu vermeiden, sollten die Erhöhungsbeträge hinreichend deutlich und ohne Verzögerung verrechnet werden.
Gerade bei Verbrauchergeschäften ist Vorsicht geboten, wenn eine für den Mieter nachteiligere Regelung in den Vertrag aufgenommen werden soll. Denn § 6 Abs 1 Z 5 KSchG stellt für die Zulässigkeit einer Preisänderungsklausel vier Voraussetzungen auf, nämlich die sachliche Rechtfertigung, die Unabhängigkeit des Eintrittes der Änderungsfaktoren vom Willen des Unternehmers, die Zweiseitigkeit und die Umschreibung der maßgebenden Umstände im Vertrag.[55]

---

53 Bei Verträgen, die dem KSchG unterliegen, ist diese Formulierung jedenfalls beizubehalten.
54 *Binder/Pesek* in *Schwimann/Kodek*^{4} § 1092 ABGB Rz 63.
55 Vgl etwa OGH, 25.4.2019, 6 Ob 226/18f (9. Klausel-E).

§ 5 RISIKOTRAGUNG UND HAFTUNG

5.1. *[Bei Nicht-Verbrauchergeschäften:]* Vor Übergabe hat die Mieterin das Mietobjekt besichtigt. Abgesehen von allfälligen, in das Übergabeprotokoll aufgenommenen Mängeln und allfälligen nicht erkennbaren Mängeln entspricht das Mietobjekt dem Vertrag und wird von der Mieterin vorbehaltslos übernommen.

Nach der Rechtsprechung sind sogenannte Tatsachen- und Zustandsbestätigungen – also etwa die Bestätigung der Mängelfreiheit eines Mietobjekts – im Rahmen von Verbrauchergeschäften unwirksam.[56]
Unabhängig davon sollte die Wirkung derartiger Klauseln nicht überbewertet werden. In einem Prozess ist es für den Vermieter am vorteilhaftesten, wenn dieser eine Fotodokumentation über den Zustand des Mietobjekts bei Übergabe vorweisen kann.[57]

5.2. Die Vermieterin übernimmt – über die im gegenständlichen Vertrag ausdrücklich vereinbarten Eigenschaften hinausgehend – keine Haftung für eine bestimmte Beschaffenheit des Mietgegenstandes. Insbesondere wird kein Mindestertrag zugesichert, der mit dem Mietobjekt erwirtschaftet werden kann.

5.3. Mit einschränkenden behördlichen Maßnahmen, die eine Bewirtschaftung des Mietgegenstands nicht verunmöglichen, wie etwa die Pflicht zum Tragen von Schutzmasken, Abstandsregeln, Reisebeschränkungen etc., ist zu rechnen. Diese stellen daher keine Einschränkung des bedungenen Gebrauchs dar – auch wenn damit Umsatzeinbußen, zusätzliche Kosten für die Mieterin, eine Reduktion der Kundenfrequenz etc. verbunden ist.

Zuletzt wurde im Zusammenhang mit COVID-19-bedingten Umsatzeinbußen diskutiert, ob das Recht auf Mietzinsminderung davon abhängen soll, ob dem Mieter (ausdrücklich oder stillschweigend) ein gewisser Mindestumsatz zugesichert wurde.[58] Der OGH differenziert dabei wie folgt:[59]
Nicht restlos geklärt ist aktuell, wie der OGH dabei behördliche Maßnahmen wie die Masken- oder Abstandspflicht einordnet. Die Klausel soll diesbezüglich Klarheit schaffen.

---

56 OGH 11.10.2006, 7 Ob 78/06f (1. Klausel-E); *Pletzer* in GeKo Wohnrecht I § 1096 ABGB Rz 28 mwN.

57 *Böhm*, immolex 2007, 134 (135).

58 Ablehnend *Vonkilch*, wobl 2021, 321 (323) mwN.

59 OGH 24.3.2022, 3 Ob 209/21p; OGH 30.6.2022, 9 Ob 84/21z.

5.4. Die Vermieterin übernimmt auch keine Haftung dafür, dass gegenwärtig oder zukünftig keine gleichartigen oder ähnlichen Betriebe in der Umgebung betrieben werden.

Nach der Judikatur führt die geminderte Ertragsfähigkeit eines verpachteten Unternehmens – namentlich infolge Verletzung des Konkurrenzschutzes durch den Bestandgeber – zu einer Minderung des Bestandzinses gemäß § 1096 Abs 1 ABGB.[60] Die obenstehende Klausel soll eine solche Haftung hintanhalten.

5.5. Dem im Deckblatt angeführten Zweck kommt lediglich die Funktion zu, den Umfang des zulässigen Gebrauches der Bestandsache durch die Mieterin zu determinieren, begründet jedoch keine korrespondierende Gewährleistungspflicht der Vermieterin.

Mit der Klausel soll klargestellt werden, dass der Verwendungszweck im Deckblatt lediglich dazu dient, den Umfang der Benützungsbefugnis des Mieters zu beschreiben und nicht dazu, Gewährleistungspflichten des Vermieters zu begründen.[61]

5.6. Allfällige Adaptierungen, die für die Benützung des Mietobjekts zum vereinbarten Zweck erforderlich sind, nimmt die Mieterin auf eigene Kosten vor. Die Mieterin ist verpflichtet, sämtliche behördlichen Bewilligungen, die zum bedungenen Gebrauch des Mietobjekts erforderlich sind, auf eigene Kosten einzuholen. Die Mieterin übernimmt das Risiko allfälliger Gebrauchsbeeinträchtigungen aufgrund fehlender behördlicher Bewilligungen und verpflichtet sich auch gegenüber der Vermieterin zur Einhaltung allfälliger behördlicher Auflagen.

Nach der Judikatur ist es zulässig, die Erwirkung der zum bedungenen Gebrauch erforderlichen behördlichen Bewilligungen auf den Mieter zu überbinden.[62]

---

60 OGH 14.10.2002, 1 Ob 113/02b.

61 Siehe hierzu *Vonkilch*, wobl 2004/86.

62 RIS-Justiz RS0020947.

5.7. Eine Haftung der Vermieterin *[sowie der Mieterin]* für leicht fahrlässig verursachte Vermögensschäden wird ausgeschlossen.

Ein vertraglicher Haftungsausschluss für grob fahrlässig verursachte Schäden wäre mitunter unwirksam. Bei Verbrauchergeschäften fordert die Rechtsprechung zudem eine besondere sachliche Rechtfertigung oder zumindest eine Ausgleichsbestimmung, mit welcher auch die Haftung des Mieters eingeschränkt wird.[63]

5.8. Von der Mieterin auszuwählen:

☐ Abweichend von § 1104 ABGB ist der Mieter im Falle folgender außerordentlicher Zufälle, die den Gebrauch der Bestandsache einschränken oder ausschließen, nicht zur Mietzinsminderung berechtigt: Feuer- und Wasserschäden, Wetterschläge, Seuchen *[und •]*. Im Gegenzug wird der Mietzins um € *[•]* pro m² Nutzfläche reduziert.

☐ Es findet keine Einschränkung von § 1104 ABGB und keine Mietzinsreduktion statt.

Grundsätzlich hat der Mieter bei Gebrauchsbeeinträchtigungen aufgrund außerordentlicher Zufälle gemäß § 1104 ABGB das Recht, Mietzinsminderung zu begehren. Nachdem § 1104 ABGB nicht zwingend ist, kann eine hiervon abweichende Gefahrtragungsregel vereinbart werden.[64] Wann eine solche Überwälzung aufgrund einer Übervorteilung des Mieters unwirksam ist, ist höchstgerichtlich nicht exakt geklärt. Derartige Klauseln „halten" vor Gericht eher, wenn

- sie gemeinsam mit dem Mieter im Einzelnen ausgehandelt wurden (und nicht in AGB oder vorgefertigten Vertragsformblättern enthalten sind);
- nicht pauschal auf sämtliche außerordentlichen Zufälle verwiesen wird, sondern einzelne Fallgruppen genannt werden;
- im Gegenzug zu dieser Risikoüberwälzung eine mietergünstige Vereinbarung (etwa ein niedrigerer Mietzins) vereinbart wird.[65]

Mit der oben vorgeschlagenen Auswahlmöglichkeit des Mieters soll dokumentiert werden, dass der Einschränkung von § 1104 ABGB eine Gegenleistung in Form einer Mietzinsreduktion gegenüber stand.
Wie ausgeführt, „hält" eine Klausel auch eher, wenn sie im Einzelnen ausgehandelt und daher nicht als AGB einzuordnen ist. Die Judikatur ist dabei

63 Siehe hierzu *Böhm*, immolex 2007, 134 (136).

64 *Binder/Pesek* in *Schwimann/Kodek*[4] § 1104 ABGB Rz 7; *Höllwerth* in GeKo Wohnrecht I § 1104 ABGB Rz 8 mwN.

65 *Höllwerth* in GeKo Wohnrecht I § 1106 ABGB Rz 1.

streng: So reicht es dafür nicht aus, dass die Klausel besprochen wird.[66] Auch eine Auswahlmöglichkeit zwischen vorformulierten Klauseln ändert noch nichts an deren Eigenschaft als AGB.[67] Vielmehr muss der Verwender der *Vertragsbestimmungen „zu einer Änderung der von ihm verwendeten Textierung erkennbar bereit gewesen sein."*[68] In der Praxis wird dies regelmäßig schwer zu beweisen sein. Denkbar ist etwa die Anfertigung eines Verhandlungsprotokolls zu diesem Zweck.

5.9. Die Mieterin ist verpflichtet, sämtliche Schäden, die sie selbst oder eine ihr zuzurechnende Person (wie gebetene Gäste, Mitbewohner, Gehilfen, Kunden oder Angestellte) schuldhaft verursacht haben, ohne Verzögerungen und auf eigene Kosten von einem befugten Unternehmen beheben zu lassen. Dies gilt insbesondere auch für Schäden, die aus einer schuldhaften Verletzung der Wartungs-, Instandhaltungs- bzw. Anzeigepflicht des Mieters entstanden sind.

Die Klausel oben entspricht ohnehin der Rechtslage und hat daher primär klarstellenden Charakter. Der OGH hat die Wirksamkeit einer solchen Klausel daher bejaht.[69]
Unwirksam ist hingegen eine (auf den ersten Blick sehr ähnliche) Klausel, nach welcher der Mieter gegenüber dem Vermieter *„für jede Beschädigung des Mietgegenstandes und der Gemeinschaftseinrichtungen verantwortlich und zur Schadensbehebung verpflichtet [ist], soweit die Beschädigung durch ihn, seine Angehörigen oder Besucher verursacht wurde."*[70]
Der Grund für die Unwirksamkeit dieser Klausel steckt im Detail: Nach dem OGH ist die Formulierung so weit gefasst, dass auch Schäden darunter fallen, die nicht schuldhaft (also nicht in vorwerfbarer Art und Weise) verursacht wurden.

5.10. Die Mieterin hat allfällige Wiederherstellungsmaßnahmen so zeitgerecht durchzuführen, dass diese mit Beendigung des Vertragsverhältnisses abgeschlossen sind. Für die Dauer der Überschreitung dieser Frist ist der vereinbarte Bruttomietzins von der Mieterin zu zahlen.

Die Regelung soll Druck auf den Mieter aufbauen, seinen Wiederherstellungspflichten nachzukommen, bevor das Mietobjekt übergeben wird: Solange allfällige Schäden nicht behoben sind, ist der Mietzins weiter zu bezahlen. Sollte der Mieter die Schadensbehebung jedoch endgültig verweigern, kann

66 OGH 23.4.2009, 8 Ob 164/08p.
67 OGH 29.5.2012, 9 Ob 69/11d.
68 Vgl *Apathy/Frössel* in *Schwimann/Kodek*[5] § 6 KSchG Rz 3 mwN.
69 OGH 21.11.2017, 6 Ob 181/17m (8. Klausel-E).
70 OGH 11.10.2006, 7 Ob 78/06f (1. Klausel-E).

der Vermieter nicht „bis in alle Ewigkeit" untätig bleiben und weiterhin die Bezahlung des Mietzinses einfordern. Vielmehr gebietet es Treu und Glauben, dass der Vermieter die Schäden in angemessener Frist selbst beheben lässt – wobei die Kosten selbstverständlich vom Mieter zu tragen sind.[71] Der OGH hatte sich mit einer vergleichbaren Klausel im Zusammenhang mit einer Geschäftsraummiete zu beschäftigen, wobei deren (Un-)wirksamkeit vom OGH nicht zu prüfen war.[72] Denkbar ist es daher, dass Gerichte deren Verwendung etwa bei Wohnungsmieten von Konsumenten kritisch gegenüberstehen.[73]

5.11. Die Präklusivfrist des § 1111 ABGB wird einvernehmlich abbedungen.

§ 6 UMFANG DES BENÜTZUNGSRECHTS

6.1. Das Benützungsrecht der Mieterin erstreckt sich auf einen pfleglichen, möglichst schonenden Gebrauch des Mietgegenstands.

6.2. Das Mietobjekt darf ausschließlich zu dem im Deckblatt angeführten Zweck genutzt werden, widrigenfalls die Vermieterin zur Geltendmachung von Unterlassungsansprüchen berechtigt ist.

In der Praxis wird oft versucht, eine vom Vertragszweck abweichende Verwendung des Mietgegenstandes als Kündigungsgrund zu vereinbaren. Eine solche Vereinbarung ist nach der Judikatur jedoch unwirksam, solange der Mieter den Mietgegenstand zu einem „gleichwertigen" Zweck nützt.[74] Häufig wird es eine solche explizite Vereinbarung eines Kündigungsgrundes jedoch ohnehin nicht brauchen:

- Sollte der Mieter das Mietobjekt für geschäftliche Zwecke verwenden, die gesellschaftlich verwerflich sind und wichtige Interessen des Vermieters beeinträchtigen (zB bordellähnlicher Betrieb),[75] kommt eine Kündigung wegen erheblich nachteiligem Gebrauch in Betracht (§ 30 Abs 2 Z 3 MRG).
- Sollte der Mieter das Objekt für Zwecke nutzen, die mit dem vereinbarten geschäftlichen Zweck gar nichts zu tun haben (zB Verwendung des Büroraumes als Wohnung), ist eine Kündigung wegen Nichtbenützung der Geschäftsräume möglich (§ 30 Abs 2 Z 7 MRG).

71 OGH 16.7.2002, 4 Ob 147/02z.

72 OGH 16.7.2002, 4 Ob 147/02z.

73 Vgl auch *Lovrek* in *Rummel/Lukas*[4] § 1111 Rz 1, welche die Klausel als Vertragsstrafe qualifiziert. Dies hat zur Folge, dass ein Richter die Höhe der Vertragsstrafe je nach Einzelfall mindern kann (§ 1336 Abs 2 ABGB).

74 OGH 1.10.1996, 4 Ob 2261/96w.

75 OGH 18.2.1992, 5 Ob 501/92.

Darüber hinaus kann eine abweichende widmungswidrige Nutzung bei entsprechender Vertragsgestaltung ohnehin zu Unterlassungsansprüchen des Vermieters führen.[76]

6.3. Die teilweise oder gänzliche Untervermietung oder sonstige Weitergabe des Mietgegenstands ist untersagt. Dieses Verbot wird durch eine Reduktion des Mietentgelts in Höhe von monatlich € *[•]* abgegolten. Diese Mietzinsreduktion ist in den Hauptmietzins gemäß 0 dieses Vertrags bereits eingeflossen.

Die Möglichkeit, das Bestandobjekt unterzuvermieten, gehört im ABGB-Anwendungsbereich zum Gebrauchsrecht des Mieters. Ein Ausschluss dieses Rechts ist jedoch grundsätzlich möglich. Allerdings ist darauf zu achten, dass ein solches Untermietverbot nicht wegen Übervorteilung des Mieters unwirksam ist.[77] Es empfiehlt sich daher, eine Gegenleistung im Sinne einer Mietzinsreduktion zu vereinbaren[78] und das Untermietverbot mit dem Mieter im Einzelnen auszuhandeln. Aus (beweis-)taktischer Sicht empfiehlt sich die Anfertigung eines kurzen Gesprächsprotokolls.

6.4. Die Mieterin ist zur Mitbenützung folgender allgemeiner Teile der Liegenschaft berechtigt:*[•]* Darüber hinaus bestehen keine allgemeinen Flächen, zu deren Mitbenützung die Mieterin berechtigt ist.

6.5. Die Mieterin ist berechtigt, eine Tafel bis zu einer Größe von *[•]* cm × *[•]* cm an der Außenfassade im Bereich *[•]* anzubringen. An anderen Stellen ist das Anbringen von Tafeln und Reklameschildern oder Ähnlichem untersagt.

Nach dem OGH ist eine in AGB oder Vertragsformblättern enthaltene Klausel unwirksam, nach welcher es *„dem Vermieter vorbehalten ist, über diese nicht in Bestand gegebenen Flächen und Einrichtungen, in welcher Form auch immer, zu verfügen und zu entscheiden."* Schließlich stünde es dem Vermieter nach dieser Formulierung frei, ohne Bedachtnahme auf die Mieterinteressen Grünanlagen abzuzäunen, Gehwege zu sperren oder das ortsübliche Anbringen von Schildern zu verbieten.[79]

76 *Böhm*, Miete und Konsumentenschutz (Teil III) , immolex 2007, 166 (168 f).
77 *Lovrek* in *Rummel/Lukas,* ABGB^4 § 1098 Rz 48.
78 *Denk*, wobl 2016, 205 (210).
79 OGH 21.11.2017, 6 Ob 181/17m (8. Klausel-E).

6.6. Das Halten von Haustieren im Mietobjekt ist – abgesehen von artgerecht in Behältnissen gehaltenen Kleintieren, die auch in Wohnungen üblicherweise gehalten werden – untersagt.

Laut dem OGH ist ein formularmäßiges Haustierverbot unwirksam, wenn es keine Ausnahme für artgerecht in Behältnissen gehaltene wohnungsübliche Kleintiere enthält. Bei anderen Tieren könne dem Vermieter ein schützenswertes Interesse an einem Verbot aber nicht abgesprochen werden.[80]

6.7. Die Mieterin hat der Vermieterin bzw. ihr zurechenbaren Personen den Zutritt zum Mietobjekt bei Vorliegen wichtiger Gründe zu gestatten. Als wichtiger Grund in diesem Sinne wird ausdrücklich definiert: *[•]*

Sind bereits bei Vertragsabschluss besondere Umstände bekannt, welche die Vermieterin zum Betreten des Mietobjekts berechtigen sollen, sind diese zur Vermeidung von Streitigkeiten schon in den Vertrag aufzunehmen. Unabhängig von einer solchen Vertragsbestimmung dürfen Dritte das Mietobjekt nach der Judikatur betreten,

- wenn dies zur ***Erhaltung des Bestandobjekts*** erforderlich ist
- wenn zur ***Ausübung der notwendigen Aufsicht über das Haus*** erforderlich ist;[81]
- wenn ***Kauf- oder Mietinteressenten*** das Mietobjekt in zumutbarem Ausmaß besichtigen wollen.[82]

Ein uneingeschränktes und grundloses Besichtigungsrecht in AGB oder Vertragsformblättern nach folgender Formulierung ist gröblich benachteiligend und daher unwirksam: *„Der Vermieter und die von ihm beauftragten Personen sind berechtigt, den Mietgegenstand gegen Vorankündigung zu besichtigen."*[83]

§ 7 ÄNDERUNGEN DES BESTANDOBJEKTS

7.1. Die Mieterin hat nach Maßgabe von § 0. Anspruch auf die Durchführung von für die vereinbarungsgemäße Verwendung des Mietobjekts erforderlichen unwesentlichen Änderungen, die leicht zu beseitigen

80 OGH 22.12.2010, 2 Ob 73/10i (4. Klausel-E); zum Teil wird jedoch auch argumentiert, dass ein Hunde- oder Katzenhaltungsverbot grundsätzlich unwirksam sei und einer besonderen Rechtfertigung bedürfe, siehe *Rosifka*, immolex 2022, 140.

81 RIS-Justiz RS0021509.

82 RIS-Justiz RS0024657.

83 OGH 11.10.2006, 7 Ob 78/06f (1. Klausel-E).

sind und keine wichtigen Interessen der Vermieterin, insbesondere durch Verletzung der Substanz oder der äußeren Erscheinung des Hauses oder anderer Mieter, beeinträchtigen.

7.2. Ausdrücklich gestattet sind die folgenden baulichen Maßnahmen: *[•]*

7.3. Eine Verletzung der wichtigen Interessen der Vermieterin würde insbesondere aus folgenden Maßnahmen resultieren, die folglich untersagt sind: *[•]*

7.4. Die Vermieterin ist zur Duldung der von der Mieterin beabsichtigten Änderungen in jedem Fall nur verpflichtet, wenn ihr vorher der Umfang, die Art und nähere Beschaffenheit, der zu beauftragende Professionist und der Zeitraum der vorzunehmenden Arbeiten bekanntgegeben wurden und eine angemessene Frist zur Beurteilung der Maßnahmen eingeräumt wurde.

Sowohl die vorangehende allgemeine Bestimmung zum Recht auf Änderungen des Mietgegenstands[84] als auch die Pflicht zur vorherigen Bekanntgabe der konkreten Arbeiten[85] und der zu beauftragenden Professionisten[86] entsprechen im Wesentlichen der Judikatur. Zur Vermeidung von Streitigkeiten empfiehlt es sich, bestimmte Arbeiten zu definieren, welche die Interessen des Vermieters verletzen und daher jedenfalls zu unterlassen sind, und umgekehrt bestimmte Arbeiten ausdrücklich als erlaubt zu deklarieren.

7.5. Hat die Vermieterin im Zusammenhang mit baulichen Änderungen Unterlagen zu unterfertigen, erfolgt keine Prüfung dieser Unterlagen durch die Vermieterin. Die Vermieterin gibt keine Haftung für die Richtigkeit, Umsetzbarkeit oder Rechtmäßigkeit der Unterlagen ab.

Möchte der Mieter vertragskonforme Änderungen durchführen, ist der Vermieter nach der Judikatur auch verpflichtet, Baubewilligungsanträge sowie Anträge auf Gewährung einer dafür zur Verfügung stehenden Förderungsmaßnahme zu unterfertigen.[87] Die Klausel soll eine ungewünschte Haftung des Vermieters in diesem Zusammenhang vermeiden.

7.6. Hinsichtlich der Mieterin zurechenbaren, schuldhaft verursachten Schäden, die im Zuge von Veränderungen auftreten, hat die Mieterin die Vermieterin schad- und klaglos zu halten.

84 RIS-Justiz RS0020707 (T4).

85 RIS-Justiz RS0067936 (T3).

86 *Höllwerth* in GeKo Wohnrecht I § 1098 ABGB Rz 29.

87 *Höllwerth* in GeKo Wohnrecht I § 1098 ABGB Rz 25; LGZ Wien 6.5.1982, 41 R 218/82.

§ 8 (ERHALTUNGS-)PFLICHTEN DES MIETERS

8.1. Die Mieterin treffen sämtliche in § 8 MRG festgelegten Wartungs- und Instandhaltungspflichten. Die Mieterin hat daher den Mietgegenstand und die für den Mietgegenstand bestimmten Einrichtungen, wie im Besonderen die Lichtleitungs-, Gasleitungs-, Wasserleitungs-, Beheizungs- (einschließlich von zentralen Wärmeversorgungsanlagen) und sanitären Anlagen so zu warten und, soweit es sich nicht um die Behebung von ernsten Schäden des Hauses oder um die Beseitigung einer erheblichen Gesundheitsgefährdung handelt, so instand zu halten, dass der Vermieterin und den anderen Mietern des Hauses kein Nachteil erwächst.

Wie oben (Punkt 3.) ausgeführt, treffen den Vermieter im ABGB-Anwendungsbereich gemäß § 1096 Abs 1 Satz 1 ABGB umfassende Erhaltungspflichten. Allerdings ist § 1096 Abs 1 Satz 1 ABGB keine zwingende Regelung. Daher kann grundsätzlich vereinbart werden, dass diese Erhaltungspflichten teilweise auf den Mieter überwälzt werden.
Im MRG-Vollanwendungsbereich trägt der Mieter schon nach dem Gesetz einen Teil der Erhaltungspflichten (§ 8 MRG). Nachdem das MRG allgemein einen starken Schutz für den Mieter bietet, ist es daher im ABGB-Anwendungsbereich jedenfalls zulässig, zumindest diese Pflichten auf den Mieter zu überwälzen.[88] Zum Umfang der Erhaltungspflichten des Mieters nach § 8 MRG siehe Teil IV, Punkt 7.

8.2. Die Mieterin ist ferner zur umfänglichen Wartung und Instandhaltung sämtlicher von ihr selbst – etwa im Rahmen ihres Änderungsrechts gemäß § 7 – hergestellter oder eingebrachter Teile verpflichtet, insoweit die Mieterin nicht zur Wiederherstellung des ursprünglichen Zustands nach Beendigung des Mietvertrags verpflichtet ist.

8.3. Darüber hinaus ist die Mieterin zur Wartung und Instandhaltung folgender Teile verpflichtet: *[•]* Die Intervalle und der Umfang der jeweiligen Wartungs- und Instandhaltungsarbeiten ergibt sich aus dem Wartungskatalog (Beilage ./*[•]*).

8.4. Die vertraglich überbundenen Erhaltungspflichten der Mieterin gemäß *[•]* werden durch eine Reduktion des Mietentgelts in Höhe von monatlich € *[•]* abgegolten. Diese Mietzinsreduktion ist in den Hauptmietzins gemäß 0 dieses Vertrags bereits eingeflossen.

Wie oben (Punkt 4) ausgeführt, ist bei der Überwälzung von Erhaltungspflichten Vorsicht geboten, da bei einer Übervorteilung des Mieters die Unwirksamkeit der Klausel droht. Vor diesem Hintergrund empfiehlt es

88 *Pesek*, wobl 2021, 253 (266); *Lovrek* in *Rummel/Lukas*, ABGB⁴ § 1096 Rz 85.

sich, die Erhaltungspflichten mit dem Mieter im Einzelnen auszuhandeln und dabei zu besprechen, ob und für welche Mietzinsreduktion der Mieter bereit ist, die Erhaltungspflichten zu übernehmen. Ein kurzes Gesprächsprotokoll kann Beweisfragen darüber erleichtern, ob es tatsächlich zu einer Aushandlung der Klausel kam.
Welche konkreten Teile des Mietobjekts vom Mieter selbst zu erhalten sind, sollte auf das jeweilige Objekt abgestimmt werden. Eine pauschale Überwälzung sämtlicher Erhaltungsarbeiten ist mit hoher Wahrscheinlichkeit unwirksam.

8.5. Verletzt die Mieterin ihre Instandhaltungspflichten, kann die Vermieterin die erforderlichen Erhaltungs- oder Wartungsarbeiten nach fruchtlosem Verstreichen einer angemessenen Nachfrist selbst vornehmen lassen. Die erforderlichen Kosten für eine solche Ersatzvornahme hat die Mieterin zu tragen.

Die Klausel dient vornehmlich der Klarstellung. Es entspricht der Rechtslage, dass der Vermieter auch den streitigen Rechtsweg bestreiten könnte, wenn der Mieter seine Erhaltungspflichten nicht wahrnimmt. In Frage kommt eine Klage auf
- Durchführung der Arbeiten durch den Mieter,
- Duldung der Ersatzvornahme durch den Vermieter und Ersatz der Kosten sowie
- Ersatz für bereits entstandene Schäden.[89]

8.6. Die Mieterin ist verpflichtet, eine angemessene Betriebshaftpflichtversicherung mit ausreichender Deckung (*[Deckungsumfang]*) abzuschließen.

Angesichts der jüngeren Judikatur ist bei Abschluss solcher – in der Praxis weit verbreiteter – Klauseln auf den konkreten Kontext zu achten: So hielt das OLG Wien fest, dass der Vermieter ohnehin durch die Kaution abgesichert sei, weshalb die Pflicht des Mieters zum Abschluss einer Versicherung durch besondere Umstände gerechtfertigt sein müsse, wie etwa *„einen besonders hohen Wert des mitvermieteten Inventars"*.[90]

8.7. Werden Ausbesserungen nötig, welche der Bestandgeberin obliegen, so ist die Bestandnehmerin verpflichtet, der Bestandgeberin ohne Verzug Anzeige zu machen, widrigenfalls die Bestandnehmerin den hier-

89 Vgl zum Vollanwendungsbereich *Würth* in *Rummel* ABGB[3] § 8 MRG Rz 2.
90 OLG Wien 30.9.2021, 4 R 32/21p; die E betraf jedoch einen dem KSchG und dem MRG-Vollanwendungsbereich unterliegenden Wohnungsmietvertrag mit einer Pflicht zum Abschluss einer Haushaltsversicherung *„mit einer inkludierten Haftpflichtversicherung"*; siehe hierzu *Prader*, immolex 2022, 138 (138 f).

durch eintretenden Schaden zu ersetzen hat und ihr Recht auf Mietzinsminderung sowie Vertragsauflösung gemäß § 1117 ABGB verliert. Ferner entfällt die Behebungspflicht der Vermieterin und die Mieterin trifft die Pflicht zur Behebung der Mängel.

Der erste Satz dieser Klausel hat primär klarstellende Wirkung, da die Anzeigepflicht des Mieters ohnehin in § 1097 ABGB festgelegt ist. Auch die daraus folgende Schadenersatzpflicht und der Verlust des Rechts auf Mietzinsminderung bzw sofortige Vertragsauflösung ergeben sich bereits aus dem Gesetz.[91] Die Überwälzung der Erhaltungspflicht im zweiten Satz kann nach der Literatur zumindest außerhalb des MRG-Vollanwendungsbereichs wirksam vereinbart werden.[92]

§ 9 RÜCKSTELLUNG DES MIETOBJEKTES

9.1. Nach Beendigung des Mietverhältnisses hat die Mieterin das Mietobjekt im ordnungsgemäßen Zustand, von sämtlichen Fahrnissen geräumt, besenrein an die Vermieterin zurückzustellen. Die übliche Abnützung des Mietobjekts ist nicht zu beheben.

Der Bestandnehmer muss für die durch den vertragsmäßigen Gebrauch bewirkte Abnutzung des Bestandgegenstandes nicht aufkommen, da diese nach der Judikatur bereits bei der Mietzinsbildung berücksichtigt ist.[93]
Die Judikatur ist in dieser Hinsicht äußerst streng: Eine in AGB oder Vertragsformblättern enthaltene Bestimmung, mit welcher der Mieter angehalten werden soll, auch gewöhnliche Abnützungserscheinungen zu beheben, ist demnach gröblich benachteiligend und daher sittenwidrig. Es gilt auch für eine Klausel, nach welcher der Mieter das Mietobjekt *„in ordnungsgemäßem Zustand, das heißt wie bei Mietbeginn übernommen"* zurückzustellen hat.[94]

9.2. Die Mieterin hat die von ihr vorgenommenen Änderungen (ausgenommen notwendigen Aufwendungen) nach Wahl der Vermieterin bei Rückstellung des Mietobjekts auf eigene Kosten zu entfernen oder im Mietobjekt zu belassen. Entscheidet sich die Vermieterin dafür, dass die Änderungen nicht zu entfernen sind, so erwirbt sie hierdurch Eigentum an den Änderungen, sofern diese nicht bereits in ihrem Eigentum stehen.

---

91 *Höllwerth* in GeKo Wohnrecht I § 1097 ABGB Rz 9.
92 *Prader*, wobl 2005/32.
93 RIS-Justiz RS0020760.
94 OGH 22.12.2010, 2 Ob 73/10i (4. Klausel-E).

Grundsätzlich hat der Mieter das Recht zu entscheiden, ob er nützliche Änderungen nach Vertragsende im Mietobjekt belässt oder diese entfernt. Dieses Wahlrecht des Mieters kann jedoch einvernehmlich abbedungen werden.[95]

9.3. Die Mieterin hat keinen Ersatzanspruch für die von ihr vorgenommenen Investitionen, sofern es sich nicht um notwendige Aufwendungen handelt.

Nach der Judikatur kann der Mieter im ABGB-Anwendungsbereich wirksam auf einen Ersatz für seine getätigten Investitionen verzichten. Dabei sind folgende Grundsätze zu beachten:

- Relativ unproblematisch ist ein solcher Verzicht, wenn es bloß um sogenannte ***„nützliche Aufwendungen"*** geht[96] – also solche Investitionen, die nicht in den Aufgabenbereich der Vermieters fallen.[97]
- Problematisch ist ein Verzicht jedoch in Hinblick auf sogenannte ***„notwendige Aufwendungen"***. Darunter fallen vor allem Maßnahmen, die in den Aufgabenbereich des Vermieters fallen und vom Mieter im Sinne der „Selbsthilfe" vorgenommen wurden.[98] Auch für solche Aufwendungen kann zwar grundsätzlich auf einen Investitionsersatz verzichtet werden, jedoch nur insoweit, als überhaupt auch eine Überwälzung der Erhaltungspflichten auf den Mieter hätte vereinbart werden können.[99] Es liegt daher nahe, gleich die betreffenden Erhaltungspflichten auf den Mieter zu überwälzen.
- Für die Wirksamkeit eines Verzichts ist stets erforderlich, dass der Mieter die Möglichkeit haben muss, die selbst getätigten Investitionen auch zeitlich und umfänglich zu ***nützen***.[100] Die Rechtsprechung hat die Wirksamkeit eines Verzichts auf Investitionsersatz etwa bei Vorliegen eines fünfzehnjährigen Kündigungsverzichts der Vermieterin bejaht.[101]

9.4. Die Mieterin hat jedoch auch Anspruch auf Ersatz für jene nützlichen Aufwendungen, die sie wegen der Überwälzung der Erhaltungspflichten in § 8. getätigt hat.

95 Vgl *Höllwerth* in GeKo Wohnrecht I § 1097 ABGB Rz 41.
96 RIS-Justiz RS0020595; RIS-Justiz RS0021155.
97 *Lovrek* in *Rummel/Lukas,* ABGB[4] § 1097 Rz 30.
98 OGH 11.10.2006, 7 Ob 78/06f (1. Klausel-E).
99 RIS-Justiz RS0021155.
100 RIS-Justiz RS0024045.
101 OGH 17.7.2018, 4 Ob 123/18v.

Wie in Punkt 3. festgehalten, würde es der Wirksamkeit einer Überwälzung von Erhaltungspflichten entgegenstehen, wenn der Mieter keinen Ersatz für die von ihm getätigten Investitionen erhält. Die obenstehende Klausel soll also dazu dienen, dass die Überwälzung von Erhaltungspflichten eher „hält".

9.5. Die Zurücklassung einzelner Fahrnisse durch die Mieterin hindert nicht die Zurückstellung des Mietgegenstands. Die Vermieterin ist bei Weigerung der Entfernung durch die Mieterin berechtigt, die zurückgelassenen Fahrnisse zu verwahren oder nach Setzung einer angemessenen Nachfrist zu entsorgen.

9.6. Sämtliche der Mieterin zuzurechnenden, schuldhaft verursachten Schäden, die aus Verzögerungen der Übergabe oder Entfernung von Fahrnissen resultieren, hat die Mieterin zu ersetzen.

Diese Klauseln dienen primär der Klarstellung. Auch ohne eine solche Klausel wird vertreten, dass dem Vermieter hinsichtlich der objektbelassenen Sachen Schadenersatzansprüche in Richtung notwendige Entsorgungskosten bzw eingeschränkte oder verzögerte Verwertbarkeit des Mietgegenstandes zustehen.[102]

§ 10 KAUTION

10.1. Die Mieterin ist verpflichtet, binnen *[•]* Tagen nach Vertragsunterfertigung eine Kaution nach Maßgabe der folgenden Bestimmungen zu leisten.

10.2. Das Zustandekommen des gegenständlichen Mietvertrags steht unter der aufschiebenden Bedingung der Leistung der Kaution.

Der Vermieter kann den Mieter im streitigen Rechtsweg auf Übergabe der Kaution klagen.[103] Möchte der Vermieter ein erhöhtes Maß an Sicherheit für den Erlag der Kaution sicherstellen, kann der Erlag der Kaution als aufschiebende Bedingung für das Zustandekommen des Mietvertrags festgelegt werden.[104]

10.3. Die Kaution beträgt € *[•]* (in Worten: *[•]* Euro) und ist
[als abstrakte, unbefristete Bankgarantie eines Österreichischen Geldinstitutes in Höhe des Kautionsbetrages]

102 *Kuprian*, Der Mietvertrag[3] Besonderer Teil V. Rz 161a.
103 *Schinnagl* in GeKo Wohnrecht I § 16b MRG Rz 15.
104 OGH 28.5.2008, 7 Ob 112/08h.

[als Sparbuch]
[als Überweisung auf das Konto lautend auf [•] mit dem IBAN *[•]*]
zu leisten.

10.4. Die Höhe der Kaution von *[> 6]* Bruttomonatsmieten begründet sich aus folgenden Umständen: *[•]*

10.5. *[Bei vereinbarter Bankgarantie]*: Sollte eine Beendigung der Bankgarantie – aus welchem Grunde auch immer – im Raum stehen, ist die Mieterin verpflichtet, vor zumindest zwei Wochen vor deren Beendigung eine Verlängerung beizubringen, widrigenfalls die Bankgarantie in Anspruch genommen werden kann.

Wie oben (Punkt *[•]*) festgehalten, bestehen keine ausdrücklichem gesetzlichen Regelungen zum maximalen Höchstbetrag von Kautionen, wobei sich in der Judikatur Anhaltspunkte finden, die im Einzelfall helfen, die zulässige Höhe der Kaution zu bestimmen.

10.6. Die Kaution dient zur Sicherung aller (auch zukünftiger) Ansprüche der Vermieterin aus dem Mietverhältnis. Die Vermieterin ist berechtigt, aber nicht verpflichtet, allfällige Bestandzinsrückstände (oder andere gesicherte Forderungen) während des Bestehens des Bestandverhältnisses aus der Kaution abzudecken.

Die Bestimmung entspricht im Wesentlichen der Judikatur und dient daher primär der Klarstellung.[105]
Vorsicht ist hingegen bei Formulierungen geboten, welche die besicherten Ansprüche des Vermieters konkret umschreiben, weil damit eine unzulässige Ausdehnung derselben einhergehen kann. So wurde etwa folgende Klausel als unwirksam erachtet: *„Sollten Reinigungs- oder Reparaturkosten anfallen, werden diese von der Kaution einbehalten […].“* Die gewöhnliche Abnützung des Bestandobjekts hat der Vermieter jedoch hinzunehmen. Der Mieter kann jedoch nicht wirksam verpflichtet werden, auch Spuren eines gewöhnlichen Gebrauchs zu beseitigen. Folglich ist auch die zitierte Klausel unwirksam.[106]

10.7. Die Mieterin trifft eine Pflicht zur dauerhaften Erhaltung des Sicherungshöchstbetrages. Die Mieterin ist daher verpflichtet, die Kaution nach jeder berechtigten Inanspruchnahme durch den Vermieter innerhalb von 14 Tagen wieder aufzufüllen.

105 OGH 6.11.2008, 6 Ob 279/07h.
106 OLG Wien 30.9.2021, 4 R 32/21p.

Nach der Judikatur ist der Mieter nach dem gesetzlichen Konzept nicht verpflichtet, die Kaution wiederaufzufüllen, wenn sie der Vermieter in Anspruch genommen hat. Allerdings kann eine solche Wiederauffüllungspflicht für Fälle der berechtigten Inanspruchnahme wirksam vereinbart werden.[107]

10.8. Die Kaution ist binnen einer angemessenen Frist nach Rückstellung des Mietgegenstandes zurückzugeben.

Der Vorteil einer flexibel definierten „angemessenen" Frist zur Rückstellung der Kaution liegt darin, Fälle zu vermeiden, in denen eine starre Frist schwieriger einzuhalten ist (etwa während der Weihnachtsfeiertage).[108]

10.9. Bestehen Ansprüche der Vermieterin aus dem Mietverhältnis, ist die Vermieterin in der Höhe dieser Ansprüche zur Aufrechnung gegen den Anspruch auf Rückzahlung der Kaution berechtigt. Die Bestreitung dieser Ansprüche durch die Mieterin hindert dieses Recht nicht.

Die Kaution darf naturgemäß nur für zurecht bestehende Ansprüche des Vermieters in Anspruch genommen werden. Umstritten ist, ob der Mieter in der Lage sein soll, dem Vermieter durch das bloße Bestreiten dieser Forderung den Zugriff auf die Kaution zu „untersagen".[109]
Zu beachten ist jedenfalls, dass der Vermieter die Aufrechnung gegen den Kautionsrückstellungsanspruch zeitnahe nach Rückstellung des Bestandobjekts erklären muss.[110] Wie diese Aufrechnung zu erfolgen hat, ist im Einzelfall kompliziert und hängt unter anderem davon ab, welches Kautionsmittel vereinbart wurde.[111]

§ 11 PÖNALE

11.1. Zur Absicherung des Verbots der Verwendung des Mietobjekts zu vertraglich nicht vereinbarten Zwecken (§ 0.) wird eine Vertragsstrafe in Höhe von € *[•]* pro Tag, in welchem gegen dieses Verbot verstoßen wird, vereinbart. Die Pönale ist mit € *[•]* begrenzt.

11.2. Zur Absicherung des Verbots der Weitergabe des Mietobjekts (§ 0.) wird eine Vertragsstrafe in Höhe von € *[•]* pro Tag, in welchem gegen dieses Verbot verstoßen wird, vereinbart. Die Pönale ist mit € *[•]* begrenzt.

---

107 OGH 26.4.2011, 8 Ob 126/10b.

108 *Prader*, immolex 2009, 134 (135).

109 *Schinnagl* in GeKo Wohnrecht I § 16b MRG Rz 51.

110 *Schinnagl* in GeKo Wohnrecht I § 16b MRG Rz 51 Fn 110.

111 Siehe zum Teilanwendungsbereich die Übersicht bei *Kuprian*, Der Mietvertrag[3] Besonderer Teil VIII. Rz 305a.

11.3. Zur Absicherung der Pflicht zur Rückstellung des Mietobjekts (§ 0.) wird eine Vertragsstrafe in Höhe von € *[•]* pro Tag, in welchem der Mieter in Verzug gerät, vereinbart. Die Pönale ist mit € *[•]* begrenzt.

11.4. Sonstige Möglichkeiten, gegen die genannten vertraglichen Verbote vorzugehen oder Ersatz für die verursachten Schäden zu begehren, bleiben von den vorgenannten Vertragsstrafen unberührt.

Um für den Mieter einen zusätzlichen Anreiz zu schaffen, die oben genannten vertraglichen Pflichten einzuhalten, wird die Vereinbarung von Pönalbestimmungen empfohlen.[112] Die (vereinzelte) bestandsrechtliche Judikatur äußert anlassbezogen zumindest keine ausdrücklichen Vorbehalte gegen solche Vereinbarungen.[113] Um sicherzustellen, dass solche Bestimmungen „halten", sollten diese im Übrigen im Einzelnen ausgehandelt werden und hierüber sollte zu Beweiszwecken ein Protokoll angefertigt werden.[114]

§ 12 SCHLUSSBESTIMMUNGEN

12.1. Die mit der schriftlichen Errichtung des Mietvertrages verbundene gesetzliche Rechtsgeschäftsgebühr (Bestandvertragsgebühr) beträgt € *[•]* und wird von der Mieterin getragen. Die Rechtsgeschäftsgebühr ist binnen einer Woche, spätestens jedoch bei Übergabe des Bestandobjekts auf das Konto der Vermieterin, lautend auf *[•]*, IBAN *[•]* zu überweisen.

Nach dem OGH ist die Überwälzung der Rechtsgeschäftsgebühr auf den Mieter zulässig. In der zu beurteilenden Klausel war – wie auch im Beispiel oben – der genaue Betrag der Rechtsgeschäftsgebühr angegeben.[115] Problematisch sind hingegen Klauseln, mit welchen der Mieter ganz allgemein und ohne Angabe eines Betrags die *„mit der Errichtung und Vergebührung dieses Mietvertrags verbundenen Kosten und Gebühren, insbesondere der Rechtsgeschäftsgebühr"* zu tragen hat. Nach dem OGH ist diese Formulierung intransparent und daher bei Verbrauchergeschäften unwirksam.[116]

12.2. Gegen Forderungen des Vermieters aus diesem Vertrag kann die Mieterin nicht aufrechnen, außer für den Fall der Zahlungsunfähigkeit der Vermieterin oder hinsichtlich jener Gegenforderungen, die im rechtlichen

112 *Kuprian*, Der Mietvertrag[3] Besonderer Teil VII. Rz 267.
113 Vgl iZm Rückgabeverpflichtung RIS-Justiz RS0025177; iZm Untermietverboten 31.5.1951, 2 Ob 64/51.
114 *Böhm*, immolex 2007, 166 (170).
115 OGH 21.11.2017, 6 Ob 181/17m (8. Klausel-E).
116 OGH 11.10.2006, 7 Ob 78/06f (1. Klausel-E).

Zusammenhang mit der Verbindlichkeit der Mieterin stehen, die gerichtlich festgestellt oder die von der Vermieterin anerkannt worden sind.

Grundsätzlich kann auch in Mietverträgen (und auch solchen, die dem KSchG unterliegen) ein Aufrechnungsverbot vereinbart werden. Die umfassenden Einschränkungen in der obenstehenden Klausel ergeben sich aus den Vorgaben des § 6 Abs 1 Z 8 KSchG.[117] Gegen § 6 Abs 1 Z 8 KSchG sowie das Verbot eines Vorausverzichts auf eine Mietzinsminderung verstößt nach der Judikatur folgende Klausel: *„Der Mieter verzichtet ausdrücklich darauf, gegen Forderungen des Mietentgeltes gemäß Punkt V des Mietvertrags eigene Geldforderungen aufrechnungsweise einzuwenden oder das Mietentgelt aus welchem Grund immer zurückzubehalten."*[118]

12.3. Die Mieterin sichert zu, dass die Voraussetzungen für eine allfällig erforderliche grundverkehrsbehördliche Genehmigung für die Verwendung des Bestandobjekts vorliegen und ist verpflichtet, eine solche so rechtzeitig einzuholen, dass keine Verzögerungen mit der Abwicklung des gegenständlichen Vertrags entstehen. Die Mieterin hat der Vermieterin sämtliche schuldhaft verursachten Schäden zu ersetzen, die durch die Unrichtigkeit dieser Zusage oder eine nicht rechtzeitige Einholung der grundverkehrsbehördlichen Genehmigung entstehen.

Ob eine grundverkehrsrechtliche Genehmigung erforderlich ist, bestimmt sich nach dem jeweils anwendbaren Landesrecht. Die Klausel ist vor allem für Wohnungsmietverträge von ausländischen Personen relevant, kann jedoch auch bei „gemischten" Wohnungs- und Geschäftsraummieten einschlägig werden.[119]

12.4. Der Energieausweis des Bestandobjekts gemäß Energieausweis-Vorlage-Gesetz 2012 liegt diesem Vertrag als Beilage *./[•]* bei.

Das EAVG 2012 sieht einige Pflichten vor, die gerade auch beim Abschluss von Mietverträgen relevant sind:
So hat der Vermieter eines Gebäudes dem Mieter gemäß § 4 Abs 1 EAVG 2012 rechtzeitig ***vor Abgabe*** (!) der Vertragserklärung des Mieters einen zu diesem Zeitpunkt höchstens zehn Jahre alten ***Energieausweis vorzulegen*** und ihm diesen oder eine vollständige Kopie desselben binnen 14 Tagen nach Vertragsabschluss auszuhändigen. Gewisse Erleichterungen sieht § 4 Abs 2 EAVG 2012 vor, wenn es nicht um ein ganzes Gebäude, sondern bloß um ein Nutzungsobjekt geht.

---

117 *Böhm*, immolex 2007, 166 (170).
118 OGH 11.10.2006, 7 Ob 78/06f (1. Klausel-E).
119 RIS-Justiz RS0113254.

Die rechtzeitige Vorlage eines Energieausweises ist auch für den Vertragsinhalt essentiell: Wird dem Mieter entgegen § 4 EAVG 2012 nicht bis spätestens zur Abgabe seiner Vertragserklärung ein Energieausweis vorgelegt, so gilt zumindest eine dem Alter und der Art des Gebäudes entsprechende Gesamtenergieeffizienz als vereinbart (§ 7 Abs 1 EAVG 2012).
Zu beachten ist vor allem auch § 3 EAVG 2012, wonach bei einer ***Anzeige*** in einem Druckwerk oder einem elektronischen Medium zum Kauf der Heizwärmebedarf und der Gesamtenergieeffizienz-Faktor des Bestandobjekts anzugeben sind.

12.5. Die Hausordnung (Beilage *./[•]*) ist von der Mieterin als Teil dieses Vertrags einzuhalten. Die Mieterin haftet ferner für schuldhafte Übertretungen der Hausordnung durch ihr zuzurechnende Personen (wie insbesondere Mitbewohner, gebetene Gäste, Gehilfen, Angestellte, Kunden). Ein Recht der Vermieterin zur einseitigen Änderung der Hausordnung und des Hausbrauches besteht insoweit, als die ändernden Maßnahmen die Ausübung des Mietrechtes nicht wesentlich erschweren oder gefährden.

Nach der Judikatur bestimmt sich der Umfang des Gebrauchsrechtes zunächst nach dem Inhalt des Vertrages und der Hausordnung, *„soweit auf diese im Mietvertrag ausdrücklich verwiesen wird“*.[120] Die Betonung der Haftung des Mieters für ihm zuzurechnende Personen dient der Klarstellung. Eine zu weit gefasste Formulierung wäre indes unwirksam.[121]
Das (eingeschränkte) Änderungsrecht des Vermieters entspricht im Wesentlichen der vom OGH gebrauchten Formulierung[122] und dient daher primär der Klarstellung.

12.6. *[Bei Verbrauchergeschäften inklusive Gründungsgeschäften wegzulassen:]* Mündliche Nebenabreden und Absprachen werden durch die getroffene Vereinbarung unwirksam.

Zu beachten ist, dass derartige Klauseln bei Verbrauchergeschäften gemäß § 10 Abs 3 KSchG unwirksam sind. Diese Bestimmung bestimmt, dass die Rechtswirksamkeit formloser Erklärungen des Unternehmers oder seiner Vertreter zum Nachteil des Verbrauchers nicht ausgeschlossen werden kann.[123]

120 LGZ Wien 23.3.1993, 41 R 8/93; siehe auch LGZ Wien 13.3.2001, 41 R 75/01k.
121 OLG Wien 30.9.2021, 4 R 32/21p; *Prader*, immolex 2022, 138 (140).
122 RIS-Justiz RS0020982.
123 OGH 13.1.1987, 2 Ob 523/85.

Allerdings sollte die Wirkung der obigen Klauseln auch außerhalb des KSchG-Anwendungsbereichs nicht überbewertet werden: So widerspricht es nach der Judikatur des OGH im Einzelfall *„den Grundsätzen des redlichen Verkehrs, wenn ein Vertragsteil dem anderen mündlich bestimmte Zusagen macht und sich hinterher auf eine damit im Widerspruch stehende Klausel der schriftlichen Urkunde beruft."*[124]

12.7. Die Beilagen sind Bestandteile des Vertrages. Allfällige Widersprüche zwischen dem gegenständlichen Dokument und den Beilagen sind zugunsten des gegenständlichen Dokuments aufzulösen.

12.8. Sollten Bestimmungen dieses Vertrages ganz oder teilweise rechtsunwirksam oder undurchführbar sein oder ihre Rechtswirksamkeit oder Durchführbarkeit später verlieren, so wird dadurch die Gültigkeit der übrigen Bestimmungen dieses Vertrages nicht berührt.

Derartige „salvatorische Klauseln" sind in allen Arten von Verträgen weit verbreitet. Die obenstehende Formulierung soll bloß die Restwirksamkeit des Vertrags sicherstellen (sogenannte „Erhaltungsklausel") und entspricht im Wesentlichen der Rechtslage.[125]

Darüber hinausgehende salvatorische Klauseln sind tendenziell problematisch. So musste der OGH etwa folgende Klausel beurteilen: *„Eine unwirksame Bestimmung ist von den Vertragspartnern durch eine andere gültige und zulässige Bestimmung zu ersetzen, die dem Sinn und Zweck der weggefallenen Bestimmung entspricht."* Der OGH hielt hierzu fest, *„dass der Zweck einer unwirksamen Bestimmung kaum denkbar durch eine zulässige Bestimmung erreicht werden kann."*[126]

12.9. Die Vertragserrichtungskosten werden von der *[Vermieterin]* getragen.

12.10. Die Vertragsparteien vereinbaren für sämtliche Streitigkeiten aus diesem Vertragsverhältnis die ausschließliche und alleinige Zuständigkeit des Bezirksgerichtes *[•]*.

§ 13 DATENSCHUTZERKLÄRUNG

Die Parteien nehmen zur Kenntnis, dass die Daten des Mietvertrages sowie die mit diesem Vertragsverhältnis zusammenhängenden Daten von der jeweils anderen Partei verarbeitet werden, soweit dies zur Erfüllung vertraglicher oder gesetzlicher Pflichten erforderlich ist. Als Verantwortliche nach der DSGVO sind die Parteien jeweils per Post an der auf der ersten Seite an-

124 RIS-Justiz RS0014378 (T9).
125 *Riss*, Zwei Fragen des Transparenzgebots, ÖBA 2013, 650 (652).
126 OGH 11.10.2006, 7 Ob 78/06f (1. Klausel-E).

gegebenen Adresse erreichbar. Zur Abwicklung des Vertrags verarbeiten die Parteien wechselseitig folgende Daten auf der Rechtsgrundlage Vertragserfüllung bzw zur Erfüllung rechtlicher Verpflichtungen gemäß Art. 6 Abs. 1 lit. b und c DSGVO: Firmendaten, Kontaktdaten (Telefonnummer, E-Mail-Adresse), Vertragsdaten, Verrechnungsdaten, bautechnische Dokumente. Die Daten werden zur Vertragserfüllung an folgende Empfänger übermittelt: Hausverwaltung für die ordentliche und außerordentliche Hausverwaltung, Banken zur Abwicklung des Zahlungsverkehrs, Rechtsvertreter, Treuhänder, Wirtschaftstreuhänder für Zwecke des Auditing, Gerichte, Verwaltungsbehörden, Inkassounternehmen zur Schuldeneintreibung, Vertrags- oder Geschäftspartner, die an der Lieferung oder Leistung mitwirken bzw. mitwirken sollen, IT-Dienstleister und andere Auftragsverarbeiter, die Daten im Auftrag einer Partei verarbeiten. Die Parteien speichern und verarbeiten die Daten wechselseitig nur so lange, wie dies zur Vertragsabwicklung oder zur Verfolgung und Abwehr von Rechtsansprüchen erforderlich ist, jedenfalls aber so lange, wie dies aufgrund gesetzlicher Aufbewahrungsfristen (bspw. BAO, UGB) vorgeschrieben ist. Die Parteien weisen einander auf folgende Rechte hin: Das Recht auf Auskunft nach Art. 15 DSGVO betreffend die verarbeiteten personenbezogenen Daten, das Recht auf Berichtigung nach Art. 16 DSGVO, das Recht auf Löschung nach Art. 17 DSGVO, das Recht auf Einschränkung der Verarbeitung nach Art. 18 DSGVO, das Recht auf Widerspruch nach Art. 21 DSGVO, das Recht auf Datenübertragbarkeit nach Art. 20 DSGVO und das Beschwerderecht bei der zuständigen Datenschutzbehörde nach Art. 77 DSGVO. Den Parteien ist bekannt, dass der Widerruf erst für die Zukunft wirkt. Verarbeitungen, die vor dem Widerruf erfolgt sind, sind davon nicht betroffen.

Beilagenverzeichnis:

Bestandsplan	Beilage ./1
Bau- und Ausstattungsbeschreibung	Beilage ./2
Wartungskatalog	Beilage ./4
Energieausweis	Beilage ./3
Hausordnung	Beilage ./5

Teil III. MRG-Teilanwendungsbereich

Julian Ring, Daniel Haidacher

1. Allgemeines zum MRG-Teilanwendungsbereich

Wie in Teil I, Punkt 2.2.3. ausgeführt, gibt es einige Fallgruppen von Mietverhältnissen, in denen das MRG nur teilweise anzuwenden ist. Besonders praxisrelevant sind etwa Mietgegenstände im Wohnungseigentum, sofern sich der Mietgegenstand in einem Gebäude befindet, das aufgrund einer ab dem 9.5.1945 erteilten Baubewilligung neu errichtet wurde („**Wohnungseigentum nach '45**").

Unterliegt ein Mietvertrag dem Teilanwendungsbereich, gelten nur einzelne Regelungen des MRG (siehe § 1 Abs 4 und 5 MRG). Insbesondere ist im „Teilanwendungsbereich" zwar der **Bestandsschutz**, **nicht** jedoch der **Preisschutz** des MRG anwendbar. Das heißt: Der Vermieter kann das Bestandverhältnis nur bei Vorliegen bestimmter Gründe vorzeitig beenden. Hinsichtlich der Höhe des Mietzinses sind die Parteien jedoch nicht an die engen Grenzen des MRG gebunden.

Darüber hinaus ist mitunter auch das **KSchG** anzuwenden. Wie in Teil I, Punkt 2.2.5. ausgeführt, wird dies typischerweise bei der Wohnraummiete der Fall sein. Ist das KSchG anwendbar, wirkt sich das auf unterschiedliche Bereiche des Mietverhältnisses aus. So ist etwa bei der Formulierung von Klauseln besondere Vorsicht geboten, weil intransparent formulierte Regelungen gegenüber Verbrauchern unwirksam sind. Außerdem qualifiziert die Judikatur die generelle Überwälzung von Erhaltungspflichten auf den Mieter im Anwendungsbereich des KSchG als unzulässig (siehe Teil I, Punkt 2.2.5.).

2. Mietzins

Im MRG-Teilanwendungsbereich gilt der besondere Preisschutz des MRG nicht. Die Parteien können den Mietzins inklusive den Bewirtschaftungskosten daher grundsätzlich frei vereinbaren. In diesem Kontext kann auf die Ausführungen zum ABGB-Bereich Teil II, Punkt 2. verwiesen werden.

3. Erhaltungspflichten

Auch zur Frage der Erhaltungspflichten des Mieters gelten im MRG-Teilanwendungsbereich keine Besonderheiten, sodass auf die Ausführungen zum ABGB-Bereich Teil II, Punkt 3. verwiesen werden kann.

4. Mieterseitige Änderungen des Mietobjekts

Nachdem § 9 MRG im MRG-Teilanwendungsbereich nicht gilt, kann auch zu mieterseitigen Änderungen des Bestandobjekts auf die Ausführungen zum ABGB-Bereich Teil II, Punkt 4. verwiesen werden.

5. Investitionsersatz

Tätigt der Mieter Investitionen, um das Bestandobjekt aufzuwerten, stellt sich die Frage, unter welchen Voraussetzungen er hierfür einen finanziellen Ausgleich vom Vermieter verlangen kann. Wie auch im ABGB-Bereich werden die einschlägigen Rechtsfolgen im MRG-Teilanwendungsbereich von § 1097 Satz 2 ABGB bestimmt (siehe hierzu im Detail zum ABGB-Bereich Teil II, Punkt 5.).

6. Kaution

In Teil I, Punkt 9. werden allgemeine Grundsätze zur Kaution dargelegt, welche unabhängig davon zur Anwendung kommen, ob das konkrete Mietverhältnis dem ABGB-Bereich oder dem (Teil-)Anwendungsbereich des MRG unterliegt. Wie dort vorausgeschickt, bestehen jedoch auch Unterschiede:

So enthält das MRG (anders als das ABGB) mit § 16b MRG nähere Regelungen für die Kaution. Die Bestimmung gilt auch für den MRG-Teilanwendungsbereich. Auch § 16b MRG enthält jedoch keine Regelungen zum maximalen **Höchstbetrag** von Kautionen. Als generelle Richtlinie nennt die Judikatur einen Betrag, der sich in der Höhe von bis zu sechs Bruttomonatsmietzinsen bewegt. Zur Bemessung der im Einzelfall geltenden Höchstgrenze sind vor allem folgende Kriterien relevant:

- die Höhe des Mietzinses,
- die Bonität des Mieters,
- der bei Nichtzahlung des Mietzinses für die Räumung des Mietobjektes zu veranschlagende Zeitraum,
- die Ausstattung des Mietobjektes sowie
- die Überlassung von Einrichtungsgegenständen.[1]

Nach der (auch im MRG-Teilanwendungsbereich zwingenden) Regelung des § 16b MRG ist der Vermieter zur fruchtbringenden **Veranlagung** der Kaution verpflichtet. Darunter ist jedoch nicht zwingend die bestmögliche Veranlagung zu verstehen.[2] Das Gesetz geht als „Normalfall“ von einer Veranlagung als Spar-

1 RIS-Justiz RS0105974; die Judikatur bezieht sich dabei auf das Ablöseverbot gemäß § 27 Abs 1 Z 1 MRG, welches im MRG-Teilanwendungsbereich nicht anwendbar ist. Die Rechtsprechung schließt eine Orientierung an dieser Bestimmung auch im MRG- Teilanwendungsbereich jedoch zumindest nicht kategorisch aus, siehe OGH 10.4.2008, 6 Ob 13/08t.

2 *Schinnagl* in GeKo Wohnrecht I § 16b MRG Rz 24.

buch aus. Maßgebend ist somit der Zinssatz, der üblicherweise für Spareinlagen gewährt wird. Dabei ist nach der Judikatur allerdings zu berücksichtigen, dass der Vermieter in der Lage sein muss, der nach dem Mietvertrag oder nach dem Gesetz möglichen Aufkündigung des Mietverhältnisses entsprechend Rechnung zu tragen. Der Zinssatz kann sich damit nur nach den Bindungsfristen richten, die der vertraglichen oder gesetzlichen Kündigungsfrist für den Mietvertrag entsprechen.[3] Ist als Kaution eine Bankgarantie vereinbart, sind eine fruchtbringende Veranlagung und angemessene Verzinsung jedoch obsolet.[4]

Im Teil- und Vollanwendungsbereich des MRG bestehen außerdem **prozessuale Besonderheiten**. So hat der Mieter die Wahl, wie er vorgehen möchte, wenn sich der Vermieter – etwa mit Hinweis auf Beschädigungen durch den Mieter – weigert, die Kaution wieder herauszugeben:

- Einerseits kann der Mieter in einem „normalen" **streitigen Gerichtsprozess** die Kaution zurückfordern.
- Andererseits kann der Mieter gemäß § 37 Abs 1 Z 8b MRG zuerst in einem (weniger formalistischen) **Außerstreitverfahren** die Höhe der rückforderbaren Kaution feststellen lassen. In diesem Verfahren kann insbesondere geklärt werden, ob bzw in welcher Höhe der Vermieter Abzüge von der Kaution vorgenommen hat.[5] In Gemeinden, in denen eine **Schlichtungsstelle** eingerichtet ist,[6] ist diese als eine Art erster „Instanz" für das Verfahren zuständig. Dort ist das Verfahren besonders niedrigschwellig, weil der Mieter auch bei seinem Unterliegen keinen Kostenersatz an den Vermieter zu bezahlen hat.

7. Vertragsbeendigung

7.1. Befristung

7.1.1. Wesen und Überblick

Einer der wichtigsten Gründe für die Beendigung eines Mietverhältnisses ist der Ablauf der vereinbarten Vertragsdauer, also eine Befristung. Im Kern bedeutet eine Befristung, dass sich beide Parteien auf eine gewisse Vertragslaufzeit einigen und eine vorzeitige Vertragsbeendigung nicht ohne Weiteres möglich sein soll. Dieses Prinzip gilt jedoch nicht uneingeschränkt: Wäre es für eine Partei unzumutbar, weiter an den Vertrag gebunden zu sein, kann sich diese im Wege der außerordentlichen Kündigung vom Vertrag lösen (siehe dazu 7.2.).

Es bleibt den Parteien zudem nach der überwiegenden Literatur unbenommen, trotz Befristung eine vorzeitige Kündigungsmöglichkeit durch Vereinbarung zu

3 RIS-Justiz RS0011283.
4 *Kuprian*, Der Mietvertrag[3] Besonderer Teil VIII. Rz 301.
5 RIS-Justiz RFE0000187.
6 Das sind Wien, Neunkirchen, St. Pölten, Stockerau, Graz, Leoben, Mürzzuschlag, Linz, Salzburg, Klagenfurt und Innsbruck.

schaffen.[7] Im Teil- und Vollanwendungsbereich des MRG kann der Vermieter von einer solchen vertraglichen Kündigungsmöglichkeit jedoch nur bei Vorliegen eines Kündigungsgrundes Gebrauch machen (siehe dazu 7.2.).[8]

Für Mieter, die in den Voll- und Teilanwendungsbereich des MRG fallen, gilt dabei ein besonderer Befristungsschutz. Dieser äußert sich vor allem in zwei Grundgedanken: Zunächst soll der Wohnungsmieter vor Befristungen geschützt werden, insbesondere, wenn diese **kurz bemessen** sind. Das ist insofern nachvollziehbar, als es gesellschaftspolitisch unerwünscht ist, dass Mieter am Markt nur Wohnungen finden, die bloß für wenige Monate zur Verfügung gestellt werden; eine sinnvolle Lebensplanung wäre nicht möglich (siehe dazu gleich unten Punkt 7.1.2.).

Auf der anderen Seite sollen Wohnungsmieter auch davor geschützt werden, mit befristeten Mietverträgen für eine **überlange Dauer** an das Vertragsverhältnis gebunden und damit „geknebelt" zu werden. Das Gesetz sieht daher vor, dass Mieter von Wohnungen ungeachtet einer Befristung den Vertrag bereits vor deren Ablauf kündigen können (siehe dazu unten Punkt 7.1.4.).

7.1.2. Schutz des Mieters vor (zu kurzen) Befristungen

Um Mieter vor übereilt abgegebenen und besonders kurzen Befristungen zu schützen, sieht das Gesetz folgende Voraussetzungen vor, die erfüllt sein müssen, andernfalls die Befristungsvereinbarung unwirksam ist (§ 29 Abs 1 Z 3 MRG):

- Im Falle einer Wohnung muss die Vertragsdauer **mindestens drei Jahre** betragen.
- Die Befristung muss **schriftlich** vereinbart werden. Hierfür reicht die Unterfertigung der Vertragsurkunde aus. Schon aus Beweisgründen empfiehlt sich, dass beide Parteien den Vertrag auf jeder Seite paraphieren.
- Dem Vertrag muss ein fixer **Endtermin** durch Angabe eines Datums oder einer konkret bestimmten Laufzeit zu entnehmen sein.
- Die Befristung muss auch sonst hinreichend bestimmt und unzweifelhaft erfolgen. Dies ist etwa nicht der Fall, wenn zwar eine bestimmte Frist genannt ist, jedoch weiter vereinbart wird, dass im Falle eines „friktionsfreien Ablaufs" die Verlängerung der Vertragsdauer auf unbestimmte Zeit zugesagt wird.[9]

Diese Voraussetzungen gelten nicht nur beim ersten Abschluss des Mietvertrages, sondern auch für allfällige Vertragsverlängerungen (vgl § 29 Abs 4 MRG).

Aus Vermietersicht ist auf die Erfüllung dieser Voraussetzungen besonderer Wert zu legen: Erfüllt der Vertrag bzw die Verlängerungsvereinbarung diese nämlich nicht, so ist die Befristung **undurchsetzbar** und der Mietvertrag gilt als für unbestimmte Dauer, also **unbefristet**, geschlossen (§ 29 Abs 3 lit a MRG).

7 *Lovrek* in GeKo Wohnrecht I § 30 MRG Rz 10 mwN.
8 Vgl zur diesbezüglichen hA *Vonkilch* in *Hausmann/Vonkilch*, MRG⁴ § 29 Rz 38 mwN.
9 OGH 22.1.2014, 3 Ob 219/13x.

Beispiel

V überlässt M seine Neubau-Innenstadtwohnung für ein Jahr. Da die beiden seit Jahren befreundet sind, soll keine „Miete" vereinbart werden. M soll lediglich einen „Anerkennungsbeitrag" in Höhe von monatlich € 200 (das sind 20 % des ortsüblichen Entgelts) und die vollen Betriebskosten zahlen.

Da die Parteien de facto einen Mietvertrag geschlossen haben und M daher den Schutz des MRG genießt (siehe dazu Teil I, Punkt 2.2.), kann sich M gegenüber V insbesondere auch auf den Befristungsschutz des MRG berufen. Im vorliegenden Fall ist die Befristung für V undurchsetzbar, weil sie nicht die erforderliche Mindestdauer von drei Jahren beträgt.

7.1.3. Sonderfall: Stillschweigende Verlängerung

In der Praxis kommt es zuweilen vor, dass die Parteien trotz Ablauf des wirksam befristeten Mietzeitraums ihr Verhalten nicht ändern: Weder räumt der Mieter das Bestandobjekt, noch fordert der Vermieter diesen hierzu auf. Das Gesetz regelt in § 1114 ABGB solche Fälle, in denen „*der Bestandnehmer nach Verlauf der Bestandzeit fortfährt, die Sache zu gebrauchen oder zu benützen, und der Bestandgeber es dabei bewenden lässt*" und sieht hierfür vor, dass es zu einer „*stillschweigenden Erneuerung*" des Mietverhältnisses kommt. Damit meint der Gesetzgeber, dass der alte Vertrag einschließlich Nebenbestimmungen verlängert wird (zur neuen Vertragslaufzeit siehe gleich unten) und bis auf die vormals vorgesehene Befristung weiterhin maßgeblich bleibt.[10]

Möchte der Vermieter diese Verlängerung vermeiden, tut er gut daran, seinen Willen, das Bestandverhältnis als beendet zu erachten, hinreichend klar zu kommunizieren. Die Rechtsprechung fordert dabei „ein eindeutiges Verhalten des Bestandgebers, aus welchem für den Bestandnehmer in unzweideutiger Weise zum Ausdruck kommt, dass der Bestandgeber nicht gewillt sei, das Bestandverhältnis fortzusetzen".[11] Jedenfalls auf der sicheren Seite ist der Vermieter, wenn er innerhalb von 14 Tagen nach Ablauf der Befristung eine Räumungsklage gegen den Mieter einbringt.[12] Selbstverständlich kann „eine derartige Handlung oder Erklärung auch schon vor Ablauf der Bestandzeit erfolgen; sie muss nur in einem unmittelbaren zeitlichen Zusammenhang mit dem Ende der Bestandzeit stehen".[13]

Verabsäumt es der Vermieter, eine hinreichend klare Handlung zu setzen, kommt es im MRG-Vollanwendungsbereich und im Teilanwendungsbereich zu einer einmaligen **Verlängerung** des Mietverhältnisses um **drei Jahre** (§ 29 Abs 3 lit b MRG). Der Mieter hat jedoch jederzeit das unverzichtbare und unbeschränkbare

10 RIS-Justiz 0020864.

11 RIS-Justiz RS0033050.

12 Siehe § 569 ZPO; bei Verträgen, die ursprünglich auf kürzere Zeit als auf einen Monat geschlossen wurden, ist die Klage binnen der Hälfte der ursprünglich bedungenen Zeit einzubringen.

13 RIS-Justiz RS0020804 (T1).

Recht, den erneuerten Mietvertrag jeweils zum Monatsletzten unter Einhaltung einer dreimonatigen Kündigungsfrist zu kündigen.

V vermietet M seine Neubauwohnung für drei Jahre (MRG-Teilanwendungsbereich). V achtet dabei besonders auf die Wirksamkeit der Befristung. Knapp drei Jahre später denkt V jedoch überhaupt nicht an den bevorstehenden Ablauf der Vertragslaufzeit. Er fährt auf Urlaub und kommt erst 15 Tage nach Ablauf der Befristung wieder nachhause. Auf dem Rückweg vom Flughafen ruft er M an und erkundigt sich, ob dieser schon ausgezogen ist. M teilt ihm mit, V solle sich in drei Jahren erneut bei ihm melden.

M ist im Recht, denn V hat seine Ablehnung einer Vertragsfortsetzung weder kurz vor Ablauf der Bestandzeit noch binnen 14 Tagen nach Ablauf der Bestandzeit kundgetan. Das Bestandverhältnis hat sich daher automatisch um weitere drei Jahre verlängert.[14]

Die **Einmaligkeit** dieser Verlängerung bedeutet, dass das Mietverhältnis sich im Falle einer erneuten stillschweigenden Verlängerung nicht um weitere drei Jahre verlängert, sondern in ein unbefristetes verwandelt wird.

7.1.4. Schutz des Mieters vor überlanger Bindung

Grundsätzlich bewirkt die Befristung eines Mietverhältnisses den Ausschluss einer ordentlichen Kündigungsmöglichkeit.[15] Der Vertrag soll ausschließlich durch Zeitablauf enden.

Der Mieter einer Wohnung hat aber gemäß § 29 Abs 2 MRG jedenfalls die unabdingbare Möglichkeit, **nach Ablauf eines Jahres** den Mietvertrag zum Monatsletzten gerichtlich oder schriftlich mit einer Kündigungsfrist von drei Monaten vorzeitig zu kündigen. Hier enthält das MRG daher (neben dem oben erwähnten Schutz vor zu kurzen Befristungen) einen Schutz des Mieters vor zu langen Bindungen an einen Vertrag.

Beispiel

Der Vermieter V und der Mieter M schließen einen Mietvertrag über eine Neubauwohnung (MRG-Teilanwendungsbereich). Sie vereinbaren eine Befristung für 5 Jahre. Nach einem Jahr findet M eine günstigere Wohnung in besserer Lage. Er sucht nach einem Ausweg aus dem Vertrag mit V, im Vertragstext findet er jedoch keinen. Er erkundigt sich deshalb bei V, ob dieser bereit ist, den Vertrag einvernehmlich früher zu beenden. V verneint dies.

Unabhängig von der wirksam vereinbarten Befristung von 5 Jahren ist der Mieter M berechtigt, den Vertrag mit einer dreimonatigen Frist zum Monatsletzten nach Ablauf eines Jahres zu kündigen.

Beispiel

Der Vermieter V und der Mieter M schließen einen Mietvertrag über ein Geschäftslokal in einem Neubau (MRG-Teilanwendungsbereich). Sie vereinbaren eine Befristung

14 Vgl RIS-Justiz RS0020790 (T3); RS0020804 (T1).

15 *Vonkilch* in *Hausmann/Vonkilch*, MRG[4] § 29 Rz 42.

für 5 Jahre. Nach einem Jahr findet M ein günstigeres Geschäftslokal in besserer Lage. Er sucht nach einem Ausweg aus dem Vertrag mit V, im Vertragstext findet er jedoch keinen. Er erkundigt sich deshalb bei V, ob dieser bereit ist, den Vertrag einvernehmlich früher zu beenden. V verneint dies.

Da die besondere Kündigungsmöglichkeit des § 29 Abs 2 MRG nur für Wohnungsmietverträge gilt, hat M in diesem Fall keine Möglichkeit, vor Ablauf der vereinbarten Frist aus dem Vertrag zu „entkommen".

7.2. Die außerordentliche Kündigung

Hinsichtlich der außerordentlichen Kündigung gelten dieselben Regeln wie im ABGB-Bereich: So können der Mieter und der Vermieter eine außerordentliche Kündigung erklären, unabhängig davon, ob ein Vertrag befristet oder unbefristet ist. Dies setzt aber voraus, dass besonders krasse Umstände vorliegen, die eine weitere Bindung an den Vertrag unzumutbar machen (siehe dazu Teil I, Punkt 10.2.1. und Teil I, 11.2.).

Praktisch relevanter ist jedoch die in weiterer Folge zu behandelnde ordentliche Kündigung, die weniger hohe Hürden vorsieht:

7.3. Die ordentliche Kündigung

7.3.1. Überblick aus Sicht des Vermieters

Im MRG-Vollanwendungsbereich und Teilanwendungsbereich genießt der Mieter einen besonderen Schutz vor Kündigungen. Anders als im ABGB-Bereich ist daher selbst eine ordentliche Kündigung des Vermieters an das Vorliegen besonderer, **im Gesetz festgelegter Gründe** gebunden: Wie unten dargestellt, kann der Vermieter eine Kündigung nur dann wirksam aussprechen, wenn er ein besonderes berücksichtigenswertes Interesse daran hat. Die Voraussetzungen sind dabei zwar etwas weniger strikt als bei der außerordentlichen Kündigung – so reicht es etwa aus, wenn der Vermieter das Bestandobjekt schlicht selbst dringend benötigt (sogenannter „Eigenbedarf", siehe unten Punkt 7.3.13.). Eine grundlose Kündigung ist im MRG-Vollanwendungsbereich und Teilanwendungsbereich jedoch nicht möglich. Relevant ist dieser Kündigungsschutz vor allem bei **unbefristeten Mietverträgen**, da diese naturgemäß nicht durch Fristablauf enden.

Wurde für ein Mietverhältnis wirksam eine **Befristung** vereinbart,[16] stellt sich die Frage, ob Kündigungsgründe verwirklicht sind, typischerweise ohnehin nicht, weil der Vermieter grundsätzlich keine ordentliche Kündigung aussprechen kann. Die Vertragsparteien können jedoch auch vereinbaren, dass trotz Befristung die Möglichkeit zur ordentlichen Kündigung besteht.[17] Auch in diesen Fällen ist der Vermieter jedoch zwingend an das Vorliegen von Kündigungsgründen gebunden.

16 Siehe hierzu Punkt 7.1.

17 *Lovrek* in GeKo Wohnrecht I § 30 MRG Rz 10 mwN.

Beispiel

M möchte eine Neubauwohnung von V mieten (MRG-Teilanwendungsbereich). Die beiden schließen einen Mietvertrag und befristen diesen für drei Jahre. V behält sich im Mietvertrag die Möglichkeit vor, den Vertrag vor Ablauf dieser Frist zu kündigen. Ein Jahr später sucht eine gute Freundin von V eine Wohnung. V möchte ihr die Wohnung anbieten und kündigt daher den Vertrag mit M.

Beide sind berechtigt, den Vertrag außerordentlich mit sofortiger Wirkung zu kündigen, sofern und sobald ein besonders krasser Umstand ihnen die Fortsetzung unzumutbar macht. Ein solcher Fall liegt hier jedoch nicht vor. Eine ordentliche Kündigung ist ausnahmsweise nur dann möglich, wenn diese Möglichkeit – wie hier – ausdrücklich vereinbart wurde. Selbst dann besteht jedoch eine Bindung des Vermieters an die Gründe gemäß § 30 MRG. Solche Gründe sind hier nicht ersichtlich. M kann eine Räumung der Wohnung daher bis zum Ablauf der vereinbarten Vertragslaufzeit verweigern.

7.3.2. Überblick aus Sicht des Mieters

Für den Mieter spielen die gesetzlichen Kündigungsgründe keine Rolle; die Kündigung eines **unbefristeten Vertrags** ist für den Mieter unter Einhaltung der Kündigungsfristen und der Schriftform grundlos möglich (siehe gleich unten).

Ist der Vertrag **befristet**, ist grundsätzlich auch der Mieter an die vereinbarte Dauer gebunden und kann daher keine ordentliche Kündigung aussprechen. Wenn trotz der Befristung ein Kündigungsrecht für den Mieter bestehen soll, muss dies gesondert vereinbart werden.

Für Wohnungsmieten sieht der Gesetzgeber zudem vor, dass der Mieter den Vertrag trotz Befristung nach einem Jahr kündigen kann (siehe Punkt 7.1.4.).

Auch für den Mieter besteht außerdem selbstverständlich die Möglichkeit, den Vertrag wegen eines besonders gewichtigen Grundes (außerordentlich) zu beenden.

7.3.3. Kündigungsfristen und -termine

Wie auch im ABGB-Anwendungsbereich muss eine ordentliche Kündigung unter Einhaltung eines „Kündigungstermins“ (Zeitpunkt, zu dem das Mietverhältnis enden soll) und einer „Kündigungsfrist“ (Mindestzeitraum zwischen Zustellung der Kündigung und Kündigungstermin) erfolgen. Mangels abweichender Regelung im Mietvertrag gelten für Mietverträge folgende Kündigungsfristen und -termine:

- Wohnungsmietverträge mit monatlicher oder kürzerer Zinsperiode:
  Kündigungstermin: zum Monatsletzten;
  Kündigungsfrist: ein Monat.
- Wohnungsmietverträge mit längerer Zinsperiode:
  Kündigungstermin: zum Monatsletzten;
  Kündigungsfrist: drei Monate.
- Andere Mietverträge, insbesondere über Geschäftsräumlichkeiten:
  Kündigungstermin: 31. März, 30. Juni, 30. September oder 31. Dezember;
  Kündigungsfrist: drei Monate.

7.3.4. Form und Verfahren

Ein **Mieter** kann einen Vertrag im MRG-Vollanwendungsbereich und Teilanwendungsbereich gemäß § 33 Abs 1 MRG **schriftlich** (also mit Unterschrift) oder **gerichtlich** kündigen. Ein einfaches, nicht mit einer qualifizierten elektronischen Signatur versehenes E-Mail reicht dabei nach der Judikatur nicht aus, weil das Schriftformgebot den Mieter vor übereilten Kündigungen schützen soll und das Verfassen und Senden eines einfaches E-Mails nach dem OGH keinen Akt darstellt *„der die Bedeutung der Vertragserklärung besonders augenscheinlich macht"*.[18] Eine formungültige Kündigung des Mieters kann aber als Angebot zur einvernehmlichen Vertragsauflösung vom Vermieter angenommen werden.[19]

Beispiel

Der Vermieter V und der Mieter M schließen einen Mietvertrag über eine Neubauwohnung (MRG-Teilanwendungsbereich). M möchte den Vertrag schließlich kündigen. Weil er gehört hat, dass ein E-Mail zur Kündigung nicht ausreicht, tippt er am Computer eine kurze Nachricht, mit der er die Kündigung samt (korrektem) Termin ausspricht. Er druckt die Nachricht aus und versendet sie mit der Post an V.

Die Kündigung erfüllt nicht die gesetzliche Form. Wo das Gesetz „Schriftlichkeit" verlangt, verlangt es Unterschriftlichkeit.[20] Die Nachricht an V kann aber nach der Judikatur trotz fehlender Unterschrift als Angebot zur einvernehmlichen Auflösung des Vertrages an V gedeutet werden. Eine einvernehmliche Vertragsbeendigung ist selbstverständlich jederzeit möglich, wenn V zustimmt.

Der **Vermieter** hat die Kündigung im MRG-Vollanwendungsbereich und Teilanwendungsbereich indes zwingend **gerichtlich** zu erklären. Die Kündigung ist – ähnlich einer Klage – beim örtlich zuständigen Bezirksgericht (§ 49 Abs 4 JN) einzubringen. Schon zu diesem Zeitpunkt sind sämtliche Kündigungsgründe, auf die sich der Vermieter stützen möchte, anzugeben, da andere Kündigungsgründe gemäß § 33 Abs 1 MRG später nicht mehr genannt werden können.

Beispiel

Der Vermieter V möchte den mit M bestehenden Mietvertrag über seine Neubauwohnung (MRG-Teilanwendungsbereich) kündigen und bringt daher gerichtlich seine Kündigung ein. In der Kündigung nennt er den Kündigungsgrund der gänzlichen Weitergabe des Mietobjekts. Dass er die Wohnung mittlerweile auch selbst zu Wohnzwecken benötigt (dringender Eigenbedarf), erwähnt er nicht. Im Verfahren zeichnet sich ab, dass der geltend gemachte Kündigungsgrund der gänzlichen Weitergabe nicht vorliegt.

V hat keine Möglichkeit, im anhängigen Verfahren den weiteren Kündigungsgrund des dringenden Eigenbedarfs „nachzuschieben". Um diesen Umstand geltend zu machen, muss A neuerlich eine Kündigung einbringen.

---

18 OGH 28.3.2017, 8 Ob 102/16g.

19 RIS-Justiz RS0014332.

20 RIS-Justiz RS0014174 (T1).

Nach Einbringung der Kündigung bei Gericht wird diese dem Mieter zugestellt. Alleine der **Zeitpunkt der Zustellung** ist maßgeblich für die Einhaltung der Kündigungsfrist (§ 563 Abs 2 ZPO).[21] Möchte sich der Mieter gegen die Kündigung zur Wehr setzen, hat er gemäß § 562 ZPO innerhalb einer Frist von vier Wochen Einwendungen zu erheben. Das Gericht entscheidet in einem besonders geregelten streitigen Verfahren (§§ 571 ff ZPO), ob die Einwendungen berechtigt sind oder nicht. Maßgebend ist dabei grundsätzlich, ob die Kündigungsgründe im Zeitpunkt der Zustellung der Kündigung vorlagen oder nicht.[22] Erhebt der Mieter keine Einwendungen oder sind dessen Einwendungen nicht berechtigt, wird die Kündigung rechtswirksam. Der Vermieter erhält einen Exekutionstitel, auf dessen Grundlage die Räumung des Objekts erwirkt werden kann (§ 1 Z 4 EO).

Beispiel

Der Vermieter V möchte den mit M bestehenden Mietvertrag über seine Neubauwohnung (MRG-Teilanwendungsbereich) kündigen. In der Kündigung bringt V vor, dass M die Wohnung gänzlich weitergegeben habe. M erhebt keine Einsprüche gegen die Kündigung. Die Kündigung wird somit rechtswirksam.

7.3.5. Die Generalklausel des § 30 Abs 1 MRG

§ 30 MRG regelt die Kündigungsgründe, die für eine wirksame Kündigung durch den Vermieter vorzuliegen haben. Die Bestimmung enthält in Abs 1 zunächst folgende Generalklausel: „*Der Vermieter kann nur aus wichtigen Gründen den Mietvertrag kündigen.*" In Abs 2 folgt sodann eine beispielhafte Aufzählung von solchen wichtigen Gründen. Zweck der Generalklausel ist es demgemäß, vom Gesetz sonst nicht erfasste, aber an Gewicht den Kündigungsgründen des § 30 Abs 2 MRG gleichwertige Sachverhalte diesen gleichzusetzen.[23]

Die Rechtsprechung zur Generalklausel ist allerdings äußerst restriktiv:

- Verweigert der Mieter dem Vermieter den Zutritt zum Mietobjekt, wird dies vom OGH nur dann als Kündigungsgrund angesehen, wenn eine akute Gefahrensituation, zB Einsturzgefahr, herrscht.[24]
- Verstöße gegen vertragliche Verpflichtungen des Mieters bilden nur dann einen Kündigungsgrund nach der Generalklausel, wenn dadurch wichtige Interessen des Vermieters in einer Weise verletzt werden, dass sie einer Gefährdung der wirtschaftlichen Existenz des Vermieters gleichkommen.[25]
- Ganz grundsätzlich wird die Gefährdung der wirtschaftlichen Existenz des Bestandgebers als Kündigungsgrund gem § 30 Abs 1 MRG anerkannt.[26]

21 *Höllwerth* in GeKo Wohnrecht I § 1116 ABGB Rz 36.
22 Mit Hinweis auf Ausnahmen *Lovrek* in GeKo Wohnrecht I § 33 MRG Rz 34.
23 Vgl zB RIS-Justiz RS0070192.
24 RIS-Justiz RS0068424 (T1).
25 RIS-Justiz RS0070225; RS0070227.
26 OGH 15.1.1992, 1 Ob 514/92.

- Öffentlich-rechtlicher Bedarf am Bestandobjekt kann dann einen Kündigungsgrund darstellen, wenn er so dringend ist, dass ohne das Objekt die Erfüllung der öffentlich-rechtlichen Aufgaben geradezu unmöglich, oder doch unerträglich erschwert wäre.[27]

7.3.6. Verzug mit der Zinszahlung trotz Fälligkeit und Mahnung (Z 1)

Der Kündigungsgrund des § 30 Abs 2 Z 1 MRG setzt voraus, dass der Mieter im Zeitpunkt der Zustellung der Kündigung

- im **Zinsrückstand** ist, und zwar
- trotz **Mahnung** nach Fälligkeit und
- Gewährung einer zumindest **achttägigen Nachfrist**.

Beispiel

Der Vermieter V möchte den mit M bestehenden Mietvertrag über seine Neubauwohnung (MRG-Teilanwendungsbereich) kündigen, weil M seit einiger Zeit den Mietzins nur teilweise bezahlt. Er schickt ihm zu diesem Zweck vorab per E-Mail eine Mahnung, in dem er *„auf den bestehenden Mietzinsrückstand"* hinweist und eine zehntägige Frist zur Begleichung desselben setzt, widrigenfalls er gezwungen sei, den Mietvertrag zu kündigen. Da die Frist ohne Zahlungseingang von M verstreicht, bringt V in der Folge eine gerichtliche Kündigung ein. In der gerichtlichen Kündigung wird der Mietzinsrückstand ebenfalls nicht angeführt.

Die Kündigung von V wird keinen Erfolg haben, weil V seinen Mieter nicht korrekt gemahnt hat. Zwar darf die Mahnung formlos, also auch in Form eines E-Mails, erfolgen. Die Rechtsprechung fordert für das Vorliegen einer gesetzmäßigen Mahnung allerdings, dass der **Zinsrückstand hinreichend bestimmt angeführt**, das heißt insbesondere betraglich konkretisiert, wird.[28]

Wie in Teil I, Punkt 10.1.3. erörtert, ähneln die Voraussetzungen dieses Kündigungsgrundes jenen der (sofortigen außerordentlichen) Vertragsauflösung nach § 1118 Fall 2 ABGB. Allerdings reicht die Überschreitung einer mindestens achttägigen Nachfrist zur Erfüllung des Kündigungsgrundes des § 30 Abs 2 Z 1 MRG aus (nicht erforderlich ist eine Säumnis bis zum nächsten Zinsfälligkeitstermin).

Die Möglichkeit einer Kündigung nach § 30 Abs 2 Z 1 MRG besteht neben der oben aufgezeigten Vertragsauflösung gemäß § 1118 ABGB. Für den Vermieter wird die Vertragsauflösung gemäß § 1118 ABGB dabei häufig das Mittel der Wahl sein: Denn für § 30 Abs 2 Z 1 MRG ist ausschließlich relevant, ob der Kündigungsgrund im **Zeitpunkt der Kündigungszustellung** vorlag oder nicht. Während des Prozesses eintretende Rückstände bzw Nachfristüberschreitungen sind daher

27 ZB OGH 2.3.1978, 7 Ob 527/78 (Hochwasserschutz einer Großstadt); OGH 11.8.2005, 2 Ob 211/03y (U-Bahn-Bau).

28 Vgl OGH 24.1.1990, 3 Ob 608/89; 19.2.2016, 8 Ob 115/15t.

auszublenden. Eine Ausdehnung auf in der Folge fällig gewordene Mietzinse ist nicht möglich.[29]

Beispiel

M mietet eine Neubau-Innenstadtwohnung (MRG-Teilanwendungsbereich) von V. Der Mietzins ist stets am fünften jedes Monats im Voraus zu leisten. Aus Vergesslichkeit bleibt M den Mietzins für Jänner jedoch schuldig. V ist erzürnt und erklärt am 31. Jänner gegenüber M, dass der ausständige Mietzins hiermit letztmalig unter Setzung einer achttägigen Nachfrist eingemahnt wird.

V tut gut daran, eine gerichtliche Kündigung nicht zu früh einzubringen, denn die Kündigung sollte erst zugestellt werden, nachdem die Nachfrist bereits verstrichen ist. Nachträgliche Sachverhaltselemente sind nicht relevant.

Liegen die Voraussetzungen für eine wirksame Kündigung vor, wirkt diese bereits im Zeitpunkt von deren Zustellung. Das vom Gericht im nachfolgend geführten Kündigungsprozess gefällte Urteil bestätigt diese (bereits eingetretene) Wirkung. Der Mieter hat im MRG-Teil- und Vollanwendungsbereich jedoch die Möglichkeit, das Mietverhältnis **im Nachhinein zu „retten"**, wenn ihn am Zahlungsverzug kein grobes Verschulden trifft und er das ausständige Mietentgelt bezahlt (§ 33 Abs 2 MRG).[30]

7.3.7. Verweigerung des (teilweise) in Dienstleistungen bestehenden Mietzinses (Z 2)

Ist zwischen den Parteien vereinbart, dass der Mieter den Mietzins (teilweise) in Form von Dienstleistungen zu erbringen hat, ist ein Kündigungsgrund erfüllt, wenn der Mieter dieser Pflicht nicht nachkommt. Dieser Kündigungsgrund spielt in der Praxis keine besondere Rolle.[31]

7.3.8. Erheblich nachteiliger Gebrauch (Z 3)

Unter dem Überbegriff „erheblich nachteiliger Gebrauch" (iwS) regelt das Gesetz drei unterschiedliche Fallgruppen: Den „erheblich nachteiligen Gebrauch", das „unleidliche Verhalten" und „strafbare Handlungen". Nachdem sich insbesondere die ersten beiden Kündigungsgründe inhaltlich überscheiden können, sollte der Vermieter im Zweifel sämtliche in Frage kommenden Kündigungsgründe geltend machen, da in einem Kündigungsverfahren nachträglich keine weiteren Kündigungsgründe „nachgeschoben" werden können.[32]

Nach der Judikatur muss der Mieter zwar **nicht schuldhaft** handeln, um die Kündigungsgründe des § 30 Abs 2 Z 3 MRG zu erfüllen; wohl aber wird voraus-

29 RIS-Justiz RS0021072; OGH 18.3.2004, 1 Ob 129/03g.

30 Siehe zur parallelen Möglichkeit bei der Vertragsauflösung nach § 1118 Fall 2 ABGB siehe Teil I, Punkt 10.1.2.

31 *Hausmann* in *Hausmann/Vonkilch* § 30 MRG^4 Rz 22.

32 Vgl *Hausmann* in *Hausmann/Vonkilch* § 30 MRG^4 Rz 23.

gesetzt, dass dem Mieter das nachteilige Verhalten bewusst war oder bewusst sein musste.[33] Ist nicht ganz eindeutig, ob Letzteres der Fall ist, empfiehlt es sich, den Mieter abzumahnen, bevor die Kündigung eingebracht wird.[34]

§ 30 Abs 2 Z 3 MRG stellt klar, dass nicht nur das Verhalten des Mieters selbst, sondern auch das **Verhalten Dritter** relevant sein kann. Der Mieter muss sich nach dieser Bestimmung die mit ihm zusammenwohnenden Familienangehörigen sowie der von ihm sonst in die gemieteten Räume aufgenommenen Personen (zB Untermieter) für die Erfüllung der Kündigungsgründe zurechnen lassen, sobald er Kenntnis vom Verhalten dieser Personen hat und dessen Nachteiligkeit erkennen muss.[35] Die Judikatur ist diesbezüglich streng: Der Kündigungsgrund ist selbst dann erfüllt, wenn der Mieter mit allen ihm zur Verfügung stehenden Mitteln, jedoch ohne Erfolg, versucht, das störende Verhalten abzustellen.[36]

Beispiel

V vermietet sein Neubau-Geschäftslokal für Gastronomiezwecke für die Dauer von 10 Jahren an A (MRG-Teilanwendungsbereich). Im Mietvertrag vereinbaren die beiden, dass „*Betriebe, die gegen die guten Sitten verstoßen, insbesondere Tabledance, Bordelle, …*“ ausgeschlossen sind. Die Untervermietung ist A gestattet. A verpachtet das Lokal in der Folge an B zum Betrieb einer Bar/Disco. B wirbt kurz darauf in einer Zeitung mit der Eröffnung einer Tabledance-Bar im gepachteten Objekt. A fordert B daraufhin auf, die Tabledance-Veranstaltungen einzustellen und auch die Werbung zu unterlassen, widrigenfalls der Pachtvertrag mit sofortiger Wirkung aufgelöst werden müsste. B beginnt dennoch mit der regelmäßigen Veranstaltung von Tabledance-Abenden. A setzt alle juristischen Hebel in Bewegung und bringt eine Räumungsklage gegen B ein. Nach einem langen Verfahren hält er endlich ein rechtskräftiges Räumungsurteil in Händen. Zwischenzeitig wurde A aber auch von V auf Räumung geklagt.

Obwohl A umgehend ernsthafte Schritte gesetzt hat, um B von der Verwendung des Lokals als Tabledance-Bar abzuhalten, wird A im Verfahren gegen V nicht durchdringen. Denn seine Bemühungen haben die tatsächliche Abstellung des vertragswidrigen Verhaltens durch B nicht erreicht.[37]

Der erste Unterfall des § 30 Abs 2 Z 3 MRG, der **nachteilige Gebrauch im engeren Sinn**, liegt vor, „*wenn durch eine wiederholte, länger währende vertragswidrige Benützung des Bestandobjektes oder durch eine längere Reihe von Unterlassungen notwendige Vorkehrungen wichtige Interessen des Vermieters verletzt werden oder eine erhebliche Verletzung der Substanz des Mietgegenstandes erfolgte oder auch nur droht*“.[38] Dies wird etwa bejaht bei Brand- oder Ungeziefergefahr;[39] baulichen Veränderungen mit erheblicher Substanzschädigung gegen den Willen des Ver-

33 RIS-Justiz RS0070433; RS0070243 (T1).
34 *Hausmann* in *Hausmann/Vonkilch* § 30 MRG[4] Rz 23.
35 ZB RIS-Justiz RS0026282; RS0070362 ; RS0070371; OGH 23.10.2002, 3 Ob 151/02f.
36 Vgl RIS-Justiz RS0070371.
37 Vgl OGH 23.10.2002, 3 Ob 151/02f.
38 RIS-Justiz RS0067832; siehe auch RIS-Justiz RS0020940 [T6]; RS0068076; RS0102020; RS0020981; RS0067939.
39 RIS-Justiz RS0067832 (T13).

mieters;[40] unsachgemäßen Arbeiten.[41] Eine tatsächliche Schädigung des Bestandgegenstands ist dabei nicht erforderlich; vielmehr reicht es aus, wenn solche Schädigungen drohen.[42] Auch ohne Vorliegen einer (drohenden) Substanzschädigung kann der Kündigungsgrund des erheblich nachteiligen Gebrauchs erfüllt sein, wenn das vertragswidrige Verhalten geeignet ist, den Ruf oder wichtige Interessen des Vermieters zu schädigen oder zu gefährden[43] (etwa bei einem **bordellähnlichen Betrieb im Mietobjekt**[44]).

Beispiel

M mietet eine Wohnung von seiner Vermieterin V. Er beschließt, in Eigenregie eine Küche einzubauen. In diesem Zuge beschwert sich die Mieterin des daruntergelegenen Objekts bei M. Sie klagt insbesondere über nach unten dringende Nässe. M stellt daraufhin einen Kübel unter das Waschbecken und leert diesen alle paar Tage aus. Als es neuerlich zu Undichtheiten kommt, installiert M selbst Armaturen, wodurch das darunterliegende Gewölbe durchnässt wird, was wiederum einen schweren Wasserschaden verursacht.

Der Kündigungsgrund des erheblich nachteiligen Gebrauchs ist hier zweifellos erfüllt – und zwar bereits durch die unsachgemäße Installation in Eigenregie.[45]

Unleidliches Verhalten: Als unleidlich im Sinne dieses Kündigungsgrundes wird ein Verhalten des Mieters angesehen, welches das erfahrungsgemäß geduldete Ausmaß übersteigt und geeignet ist, das friedliche Zusammenleben erheblich zu stören.[46] Dabei genügt es, dass das Verhalten geeignet ist, auch nur einem Mitmieter das friedliche Zusammenleben zu verleiden.[47] Es muss länger fortgesetzt oder wiederholt werden; einmalige Vorfälle können den Kündigungsgrund nur erfüllen, wenn sie von einer gewissen Schwere sind oder sich häufen.[48] Dabei ist das Verhalten des Mieters nicht nur gegenüber dem Vermieter, sondern auch gegenüber anderen Mitmietern relevant.[49] Provokationen durch den Vermieter – nicht aber durch andere Mieter – können dazu führen, dass das Verhalten des Mieters nicht mehr als Kündigungsgrund anzusehen ist.[50]

Beispiel

Die Mieterin M mietet eine Wohnung von V (MRG-Teilanwendungsbereich). Bereits kurz nach ihrem Einzug kommt es immer wieder zu Auseinandersetzungen mit zwei ebenfalls im Wohnhaus wohnhaften Familien. Die Streitigkeiten schaukeln sich so weit

40 RIS-Justiz RS0067816 (T3, T4).
41 Vgl RIS-Justiz RS0103639; zB OGH 9.2.1995, 8 Ob 505/95 (Umfangreiche Installationsarbeiten ohne Baugenehmigung und Bauplan sowie durch nicht befugte Gewerbetreibende).
42 RIS-Justiz RS0020981.
43 RIS-Justiz RS0070348 (T1).
44 OGH 18.2.1992, 5 Ob 501/92.
45 OGH 23.10.2015, 6 Ob 192/15a.
46 RIS-Justiz RS0070303; RS0070437; RS0070321.
47 RIS-Justiz RS0067641 (T1, T6).
48 RIS-Justiz RS0070303.
49 Dieser Personenkreis ist weit zu verstehen; vgl *Lovrek* in GeKo Wohnrecht I § 30 MRG Rz 64.
50 RIS-Justiz RS0070421 (T3).

hoch, dass V nach einiger Zeit den Mietvertrag mit M unter Berufung auf deren unleidliches Verhalten kündigt. Im betreffenden Verfahren behauptet M, von den beiden Familien provoziert worden zu sein und nur auf ihr widerfahrenes Unrecht reagiert zu haben.

V wird mit der Kündigung gegen M Erfolg haben: Die Provokation durch andere Mieter ist keine Entschuldigung, auf die sich M berufen kann.

Strafbare Handlungen: Dieser Kündigungsgrund ist erfüllt, wenn der Mieter (oder eine ihm zuzurechnende Person) eine nicht bloß geringfügige Straftat gegen Eigentum, Sittlichkeit oder körperliche Sicherheit gegen den Vermieter oder eine im Haus wohnende Person verübt.

7.3.9. Weitergabe des Mietobjektes (Z 4)

Dieser Kündigungstatbestand unterscheidet zwei Fälle:

- **Gänzliche Weitergabe:** Gibt der Mieter das Mietobjekt zur Gänze weiter, signalisiert er damit, dass er an dessen Benützung kein besonderes Interesse hat. Das Gesetz gestattet dem Vermieter daher in diesen Fällen die Kündigung des Vertrags. Der Kündigungsgrund ist folgerichtig auch erfüllt, wenn der Mieter zwar Teile des Objekts nicht weitergibt, sondern behält, diese aber gar nicht oder nicht zu Wohnzwecken benützt. Denn auch hier hat der Mieter offenbar kein besonderes schützenswertes Interesse am Mietvertrag. Auch ist es nach diesem Unterfall der Z 4 unerheblich, ob der Mieter das Objekt entgeltlich oder unentgeltlich weitergegeben hat (siehe aber den folgenden Unterfall).[51] Eine Kündigung kann der Mieter dadurch abwenden, dass er beweist, dass er das Objekt in naher Zeit wieder selbst benötigen wird.[52]
- **Weitergabe gegen überhöhtes Entgelt:** Anders als in der ersten Fallgruppe ist es hier nicht erforderlich, dass der Mieter das Mietobjekt vollständig weitergibt (oder die zurückbehaltenen Teile nicht benützt). Erfasst sind sohin auch Situationen, in denen der Mieter das Mietobjekt gemeinsam mit einem Untermieter benützt. Es geht daher nicht darum, dass der Mieter kein Interesse an der Benützung des Mietobjekts hat. Vielmehr soll verhindert werden, dass der Hauptmieter unter Ausnützung des Mieterschutzes einen ihm nicht zustehenden Gewinn erzielt.[53] Demnach ist vorausgesetzt, dass die Weitergabe gegen ein Entgelt erfolgt, das den vom Hauptmieter an den Vermieter zu bezahlenden Betrag erheblich übersteigt.[54] Die Rechtsprechung bejaht den Kündigungsgrund jedenfalls bei Überschreitungen von **mehr als 100 %,**[55] teils auch bei etwas geringer Überschreitungen.[56]

51 RIS-Justiz RS0070718; RS0070650.
52 RIS-Justiz RS0070679; dies muss bereits im Zeitpunkt der Weitergabe festgestanden haben.
53 RIS-Justiz RS0070606.
54 Vgl RIS-Justiz RS0070593 (T6).
55 RIS-Justiz RS0068141 (T2, T6, T8, T19).
56 *Lovrek* in GeKo Wohnrecht I § 30 MRG Rz 93 mwN.

7.3.10. Tod des Mieters (Z 5)

Als Grundsatz gilt, dass ein Mietvertrag im Falle des Todes des Hauptmieters nicht aufgehoben wird. Primär kommt diesfalls das Eintrittsrecht naher Angehöriger mit dringendem Wohnbedürfnis gemäß § 14 MRG zum Tragen (siehe dazu im Detail Punkt 9.1.1.).

Existiert jedoch keine Person, die die Voraussetzungen eines Eintritts in den Mietvertrag gemäß § 14 MRG erfüllt oder verzichten sämtliche Berechtigten auf den ihnen zustehenden Eintritt, so wird das Mietverhältnis nach allgemeinen Regeln zunächst mit der Verlassenschaft und nach der Einantwortung mit den Erben des Mieters fortgesetzt. Nur in diesem Fall hat der hier gegenständliche Kündigungsgrund einen Anwendungsbereich: Der Vermieter kann den Mietvertrag gemäß § 30 Abs 2 Z 5 MRG kündigen.

7.3.11. Nichtbenützung der Wohnung (Z 6)

Benützt der Mieter einer Wohnung (zum entsprechenden Kündigungsgrund für Geschäftsräume siehe gleich unten) diese nicht, ist sein Interesse am Fortbestand des Mietvertrags gering zu werten. Es leuchtet daher ein, dass der Gesetzgeber für solche Fälle einen Kündigungsgrund vorgesehen hat. Der Vermieter kann sich auf diesen Kündigungsgrund bei Vorliegen der folgenden Voraussetzungen berufen:

- Die Wohnung wird **nicht zu Wohnzwecken regelmäßig verwendet**. Eine solche regelmäßige Verwendung der Wohnung liegt nach der Judikatur vor, „*wenn der Mieter die Wohnung wenigstens während eines beachtlichen Zeitraums im Jahr (zum Beispiel 3-4 Tage in der Woche) als wirtschaftlichen und familiären Mittelpunkt ausnützt oder wenn eintrittsberechtigte Personen dies tun.*“[57] Eine starre Grenze für eine gerade noch ausreichende, die Kündigung abwendende Benützung lässt sich jedoch nicht ziehen. Vielmehr stellt die Rechtsprechung auf den jeweiligen Einzelfall ab und zieht etwa auch in Betracht, ob sich aus dem Vertragszweck von vornherein ergibt, das die Wohnung (zB als Zweitwohnung) nur selten genützt werden soll.[58]
- Weder der Mieter, noch eine eintrittsberechtigte Person iSd § 14 Abs 3 MRG (Ehegatte, Lebensgefährte, Verwandte in gerader Linie einschließlich Wahlkinder und Geschwister) benötigen die Wohnung zur Befriedigung eines **dringenden Wohnbedürfnisses**. Der Mieter kann die Kündigung daher abwenden, wenn er beweisen kann, dass er in nächster Zukunft in die Wohnung zurückkehren wird, die Nichtbenützung also eine absehbare nur vorübergehende Unterbrechung darstellt.[59] Die Judikatur ist diesbezüglich tendenziell mieterfreundlich, sodass uU auch eine monatelange Abwesenheit nicht schadet.[60]

---

57 RIS-Justiz RS0079241 (T11); siehe auch RIS-Justiz RS0079240.

58 RIS-Justiz RS0109872.

59 RIS-Justiz RS0079350.

60 *Höllwerth* in *Hausmann/Vonkilch*, MRG[4] § 30 MRG Rz 56 mwN.

Ist die erste der beiden Voraussetzungen (die Nicht-Benützung) nicht erfüllt, muss die zweite (das fehlende dringende Wohnbedürfnis) nicht mehr geprüft werden. Stellt sich etwa heraus, dass das Mietobjekt nicht leer steht, sondern vom Mieter zur Gänze weitergegeben wurde, ist der Kündigungsgrund des § 30 Abs 2 Z 6 MRG nicht erfüllt. Naheliegend ist diesfalls eine Kündigung gemäß § 30 Abs 2 Z 4 MRG (siehe oben). Nachdem im Kündigungsverfahren keine Kündigungsgründe „nachgeschoben“ werden können, ist daher zu empfehlen, diese beiden Kündigungsgründe vorsorglich gemeinsam geltend zu machen.[61]

7.3.12. Nichtbenützung von Geschäftsräumen (Z 7)

Dieser Kündigungsgrund ist gewissermaßen das Pendant zu § 30 Abs 2 Z 6 MRG für Geschäftsraummieten. Auch hier hat eine zweistufige Prüfung zu erfolgen:

- Erste Voraussetzung ist, dass die vermieteten Räumlichkeiten nicht zu der im Vertrag bedungenen oder einer gleichwertigen geschäftlichen Betätigung regelmäßig verwendet werden.[62] Ob eine „gleichwertige“ geschäftliche Betätigung stattfindet, ist im Lichte des Interesses des Mieters am Fortbestand des Vertrags zu beurteilen. Wird das Objekt etwa nur für minderwertige Zwecke benützt (zB als Archiv oder Abstellraum), liegt keine gleichwertige geschäftliche Betätigung vor.[63]
- Fehlt es tatsächlich an einer solchen Benützung, kann der Mieter die Kündigung dennoch abwenden, indem er beweist, dass der Wiederbeginn der geschäftlichen Tätigkeit in naher Zukunft zu erwarten ist.[64]

Verwendet der Mieter das Objekt zwar nicht für die vereinbarte Tätigkeit, jedoch für eine gleichwertige geschäftliche Betätigung, ist der Kündigungsgrund des § 30 Abs 2 Z 7 MRG mangels Vorliegens der ersten Voraussetzung nicht erfüllt. UU stehen dem Vermieter jedoch Unterlassungsansprüche gegen den Mieter zu.[65]

7.3.13. Eigenbedarf an der Wohnung ohne Ersatzbeschaffung (Z 8)

Möchte der Vermieter den Mietvertrag wegen „Eigenbedarf“ kündigen, ohne dem Mieter ein Ersatzobjekt zur Verfügung zu stellen, müssen folgende Voraussetzungen vorliegen:

- Der Kündigungsgrund betrifft nur **Wohnungsmietverträge**. In Fällen einer gemischten Vermietung zu Wohn- und Geschäftszwecken ist eine zumindest überwiegend für Wohnzwecke erfolgte Vermietung vorausgesetzt.[66]

61 *Höllwerth* in *Hausmann/Vonkilch*, MRG^4 § 30 MRG Rz 35.
62 RIS-Justiz RS0070431.
63 RIS-Justiz RS0070397.
64 RIS-Justiz RS0070300.
65 RIS-Justiz RS0020789.
66 *Lovrek* in GeKo Wohnrecht I § 30 MRG Rz 142 mwN.

- Der Vermieter muss **zumindest Hälfteeigentümer** der Wohnung sein (§ 30 Abs 3 MRG);
- Es muss ein **dringender Eigenbedarf** auf der Seite des Vermieters vorliegen. Hierbei legt die Judikatur zwar grundsätzlich einen strengen Maßstab an. Erforderlich sei demnach, dass *„ein Notstand, also die unabweisliche Notwendigkeit, den bestehenden Zustand so bald als möglich zu beseitigen, vorliegt, und dies nur durch die Kündigung des bestehenden Mietvertrages möglich ist“*.[67] Auf der anderen Seite betont die Judikatur, dass der Vermieter nicht auf die Möglichkeit der Beschaffung einer Wohnung in einem ihm nicht gehörigen Haus verwiesen werden kann, nur weil er hierzu finanziell in der Lage wäre.[68] Bejaht wurde der dringende Wohnbedarf etwa bei einer Übersiedlung von Deutschland nach Graz zu beruflichen Zwecken,[69] bei Beendigung einer Lebensgemeinschaft[70] oder der Geburt des dritten Kindes in einer 68-m^2-Wohnung.[71]
- Der dringende Eigenbedarf darf **nicht selbstverschuldet** sein, was etwa bejaht wurde, wenn der Vermieter drei Kleinwohnungen, die zusammengelegt ihm und seiner Familie eine ausreichende Wohnfläche von 90 m^2 bieten würden, neu vermietete, wodurch die Eigennutzung dieser Objekte unmöglich wurde.[72]
- Eine Abwägung der Interessen des Vermieters gegenüber jenen des Mieters muss zugunsten des Vermieters ausgehen. Im Rahmen dieser **Interessenabwägung** sind die Nachteile des Vermieters (bzw seiner Angehörigen) aus der Aufrechterhaltung des Mietvertrags den Nachteilen des Mieters aus der Kündigung gegenüberzustellen. Ausnahmsweise hat die Interessenabwägung zu unterbleiben, wenn es sich um eine vom Wohnungseigentümer nach Wohnungseigentumsbegründung vermietete Eigentumswohnung handelt.
- Vom dringenden Eigenbedarf betroffen sein muss der Vermieter selbst oder dessen Verwandte in absteigender Linie, einschließlich Wahlkinder (**Begünstigtenkreis**). Nicht erfasst sind indes Ehepartner oder Lebensgefährten.[73]
- Zwischen dem Zeitpunkt des Erwerbs des Mietobjekts und dem Kündigungstermin müssen zudem mindestens zehn Jahre liegen. Diese **„Sperrfrist“** gilt jedoch nicht, wenn der Vermieter Ersteigentümer einer neugeschaffenen Eigentumswohnung ist.[74]

7.3.14. Eigenbedarf mit Ersatzbeschaffung (Z 9)

Kann der Vermieter ein Ersatzobjekt zur Verfügung stellen, ist eine Kündigung wegen Eigenbedarf einfacher möglich: So ist dieser Kündigungsgrund nicht auf

67 RIS-Justiz RS0070482.
68 RIS-Justiz RS0070475.
69 OGH 23.11.1999, 4 Ob 167/99h.
70 OGH 26.8.2004, 6 Ob 35/04x.
71 OGH 4.6.2007, 5 Ob 83/07b.
72 OGH 4.6.2007, 5 Ob 83/07b.
73 *Lovrek* in GeKo Wohnrecht I § 30 MRG Rz 141.
74 RIS-Justiz RS0070796.

Wohnungsmietverträge eingeschränkt, legt einen weiteren Begünstigtenkreis fest (siehe gleich unten) und setzt keine zugunsten des Vermieters ausgehende Interessenabwägung sowie keine Einhaltung einer „Sperrfrist" voraus. Für eine Kündigung gemäß § 30 Abs 2 Z 9 MRG erforderlich sind demnach lediglich folgende Voraussetzungen:

- Ein **Ersatzobjekt** wird beschafft.
- Der Vermieter muss **zumindest Hälfteeigentümer** des Objekts sein (§ 30 Abs 3 MRG).
- Es muss ein **dringender Eigenbedarf** auf der Seite des Vermieters vorliegen.
- Der dringende Eigenbedarf darf **nicht selbstverschuldet** sein.
- Der Eigenbedarf muss den Vermieter selbst oder dessen Verwandte in gerader Linie betreffen. Im Gegensatz zu § 30 Abs 2 Z 8 MRG umfasst der **Begünstigtenkreis** der Z 9 daher auch Verwandte in **aufsteigender Linie.**

7.3.15. Bedarf für Betriebsangehörige (Z 10)

Auch der Kündigungsgrund des § 30 Abs 2 Z 10 stellt auf einen Eigenbedarf des Vermieters ab: Eine Kündigung nach diesem Tatbestand ist möglich, wenn der Vermieter den Mietgegenstand dringend zur Unterbringung von Dienstnehmern des eigenen Betriebes benötigt. Gemäß § 30 Abs 3 MRG muss der Vermieter **zumindest Hälfteeigentümer** des Objekts sein.

Ferner ist erforderlich, dass der Mietgegenstand schon vor der Kündigung zur Unterbringung seiner Dienstnehmer verwendet wurde. Erfasst sind daher Situationen, in denen der Vermieter ein hierfür bestimmtes Objekt wegen eines vorübergehenden Nichtbedarfs an Dritte vermietet und sich später wieder ein Bedarf einstellt.

7.3.16. Bedarf einer Gebietskörperschaft (Z 11)

Vermietet eine Gebietskörperschaft (Bund, Bundesland oder Gemeinde) ein Objekt, kann sie den Vertrag kündigen, wenn

- ein **Bedarf für die Hoheitsverwaltung** besteht,[75]
- der Vermieter **zumindest Hälfteeigentümer** des Objekts ist (§ 30 Abs 3 MRG)
- und ein **Ersatzobjekt** beschafft wird.

7.3.17. Kündigung eines Untermietvertrags (Z 12)

Grundsätzlich gelten die Kündigungsgründe des § 30 Abs 2 MRG auch für Untermietverträge. Ausgenommen sind lediglich die „Eigenbedarfskündigungen" der § 30 Abs 2 Z 8 bis 11 MRG, die jeweils voraussetzen, dass der Vermieter zumin-

75 Eine Interessenabwägung ist dabei entgegen dem Wortlaut des § 30 Abs 2 Z 11 MRG nicht vorzunehmen, vgl RIS-Justiz RS0068458.

dest Hälfteeigentümer des Objekts ist (§ 30 Abs 3 MRG) und § 30 Abs 2 Z 16 MRG („Verweigerung einer Standardanhebung"), der ausdrücklich von einem „Hauptmieter" spricht.

§ 30 Abs 2 Z 12 MRG räumt dem Untervermieter einen weiteren, allgemein formulierten Kündigungsgrund ein: Eine Kündigung ist demnach möglich, „*wenn durch die Fortsetzung der Untermiete wichtige Interessen des Untervermieters verletzt würden*". Beispielhaft nennt das Gesetz Situationen, in denen

- der Untervermieter den Mietgegenstand für sich selbst oder für nahe Angehörige dringend benötigt oder
- ihm nach den Umständen die Aufrechterhaltung der Wohnungsgemeinschaft mit dem Untermieter billigerweise nicht zugemutet werden kann.

Insgesamt sind dabei **weniger strenge Maßstäbe** anzulegen als etwa im Falle einer Eigenbedarfskündigung gemäß § 30 Abs 2 Z 8 oder Z 9. Insbesondere ist keine Abwägung der Interessen des Untervermieters und jenen des Untermieters erforderlich.[76] Auch rein wirtschaftliche Interessen des Untervermieters können den Kündigungsgrund erfüllen. Dies ist etwa dann der Fall, wenn der Hauptmietzins angehoben wird und der Untermietzins diesen hierdurch nicht mehr deckt.[77]

7.3.18. Vereinbarter Kündigungsgrund (Z 13)

Die Parteien können im Rahmen der Privatautonomie auch selbst einen Kündigungsgrund vereinbaren. Um den Kündigungsschutz des MRG nicht auszuhöhlen, sieht das Gesetz vor, dass folgende Voraussetzungen erfüllt sein müssen, damit eine solche Vereinbarung wirksam ist:

- **Schriftlichkeit:** Der Kündigungsgrund muss „im Mietvertrag schriftlich" vereinbart sein. Erforderlich ist daher eine Unterfertigung durch beide Parteien.[78] Dass die Vereinbarung in einer separaten Urkunde (und nicht im Mietvertrag selbst) getroffen wird, schadet nicht, wenn ein enger zeitlicher Zusammenhang zwischen der Errichtung dieser beiden Urkunden gegeben ist.[79]
- **Bedeutsamkeit:** Der als Kündigungsgrund vereinbarte Umstand muss ein gewisses Gewicht haben, wobei die Rechtsprechung darauf abstellt, dass er den anderen im § 30 Abs 2 MRG aufgezählten Fällen an Bedeutung nahekommt.[80]
- **Begünstigter Personenkreis:** Der Vermieter, seine nahen Angehörigen oder das Unternehmen, für das der Vermieter vertretungsbefugt ist, müssen vom eingetretenen Umstand betroffen sein.

---

76 RIS-Justiz RS0070689.
77 OGH 16.5.2001, 6 Ob 79/01p.
78 OGH 24.1.2008, 6 Ob 274/07y.
79 *Höllwerth* in *Hausmann/Vonkilch*, MRG[4] § 30 MRG Rz 99.
80 RIS-Justiz RS0070705.

- **Konkretisierung:** Der Umstand ist möglichst konkret und nicht bloß allgemein (zB: „Eigenbedarf" oder „Verkauf") anzuführen.

Die Anforderungen an die Vereinbarung eines Kündigungsgrundes gemäß § 30 Abs 2 Z 13 sind im Detail umstritten: So ist etwa kontrovers, ob bzw unter welchen Voraussetzungen der **Verkauf des Bestandgebäudes** durch den Vermieter als ein solcher Kündigungsgrund vereinbart werden kann. Eindeutig ist jedoch: Je konkreter der beabsichtigte Verkauf und die daraus resultierende Notwendigkeit einer Kündigung beschrieben ist, umso eher wird eine solche Vereinbarung auch vor einem Gericht „halten". Über den genauen Inhalt eines beabsichtigten Kaufvertrags muss der Mieter nach dem OGH jedoch nicht informiert werden.[81]

Auch bei der **Sanktionierung von zweckfremden Verwendungen** des Mietobjekts ist Vorsicht geboten: Häufig ist in Mietverträgen ein Verwendungszweck für das Mietobjekt in Verbindung mit einem Kündigungsgrund bei abweichender Verwendung vorgesehen. Solange der Mieter den Mietgegenstand zu einem „gleichwertigen" Zweck nützt, ist eine solche Vereinbarung jedoch nach der Judikatur unwirksam.[82]

7.3.19. Wirtschaftliche Abbruchreife (Z 14)

Ist ein Gebäude oder ein Bestandsobjekt aus wirtschaftlicher Sicht abbruchreif, kann der Vermieter den Vertrag kündigen. Dabei ist das Vorliegen folgender Voraussetzungen erforderlich:

- Ein bereits **rechtskräftiger Abbruchbescheid** liegt vor.
- Die Erhaltung des Miethauses kann aus dem Hauptmietzins (auch nach dessen Erhöhung zur Deckung eines erhöhten Erhaltungsaufwandes) weder aktuell, noch auf Dauer sichergestellt werden. Die damit umschriebene **„wirtschaftliche Abbruchreife"** wird anhand mehrerer Kriterien geprüft. Maßgeblich kann nach der Judikatur etwa sein:

> „das Alter des Gebäudes, dessen derzeitiger und dessen Wert nach der Reparatur und der infolge geringer Wertsteigerung des Hauses eingetretene Verlust an Bauaufwand, der Vergleich der Reparaturkosten mit Neubaukosten, die Gegenüberstellung der künftig anfallenden Zinsen mit den Kosten der Aufwendungen, demnach die Vermietbarkeit zu den erhöhten Mietzinsen oder die Unmöglichkeit, das aufzunehmende Reparaturdarlehen durch die Mietzinse abzudecken".[83]

- Dem Mieter wird ein **Ersatzobjekt beschafft**.

---

81 OGH 13.10.2009, 1 Ob 180/09s.
82 OGH 1.10.1996, 4 Ob 2261/96w.
83 RIS-Justiz RS0068292.

7.3.20. Interessenbescheid (Z 15)

Dieser Kündigungsgrund ermöglicht es, die Rechte des Mieters im öffentlichen Interesse zu durchbrechen.[84] Er steht dem Vermieter zu, wenn folgende Voraussetzungen erfüllt sind:

- Das Gebäude bzw der Gebäudeteil, in dem sich das Mietobjekt befindet, soll **abgebrochen oder umgebaut** werden.
- An dessen Stelle soll ein **neues oder geändertes Gebäude** errichtet werden.
- Ein rechtskräftiger, sogenannter „**Interessenbescheid**" liegt vor. Dabei handelt es sich um einen Bescheid, mit dem die zuständige Bezirksverwaltungsbehörde erkennt, dass der geplante (Neu-)Bau aus bestimmten Gründen im öffentlichen Interesse liegt und zwar auch bei Berücksichtigung der Mieterinteressen.
- Dem Mieter wird ein **Ersatzobjekt beschafft.**

7.3.21. Verweigerung einer erforderlichen Standardanhebung (Z 16)

Dieser praktisch kaum relevante Kündigungsgrund findet ausschließlich auf Wohnungen der **Ausstattungskategorie „D"** Anwendung (siehe dazu Teil IV, Punkt 5.8.6.). Die Voraussetzungen des § 30 Abs 2 Z 16 sind erfüllt, wenn

- der Mieter einer solchen Wohnung sich **weigert**, eine ihm angebotene **Standardverbesserung** (betreffend die Wasserentnahme und die Toilette), durch die ein Enteignungsantrag nach § 14 des Stadterneuerungsgesetzes abgewendet werden könnte, **zuzulassen**, oder eine solche **selbst durchzuführen**; und
- dem Mieter ein **Ersatzobjekt** beschafft wird.

8. Rechtsnachfolge unter Lebenden[85]

8.1. Rechtsnachfolge auf Mieterseite

Wie auch im ABGB-Anwendungsbereich sind auch im MRG-Teilanwendungsbereich keine besonderen Bestimmungen vorgesehen, die es dem Mieter gestatten, sein Mietrecht an Dritte zu übertragen. Es gilt daher der allgemeine Grundsatz, dass dem Vermieter **kein Vertragspartner „aufgedrängt"** werden kann, den er sich nicht selbst ausgesucht hat.

Beispiel

V vermietet seine Neubauwohnung an A, der mit seiner Tochter B für einige Jahre dort wohnt (MRG-Teilanwendungsbereich). Eines Tages möchte A in ein Seniorenheim übersiedeln. B möchte gerne in das Mietverhältnis eintreten. V möchte das nicht, weil der damals vereinbarte Mietzins mittlerweile nicht mehr marktüblich ist.

---

84 VwGH MietSlg 25.289/2.

85 Für einen einführenden Überblick zur Rechtsnachfolge siehe Teil I, Punkt 7.

Da das Mietverhältnis dem MRG-Teilanwendungsbereich unterliegt, ist eine Übertragung des Mietrechts ohne Zustimmung des Vermieters nicht möglich. V wird daher Recht behalten.

Möglich ist es jedoch selbstverständlich, eine solche Möglichkeit zur „Weitergabe" des Mietverhältnisses an einen Dritten im Mietvertrag explizit vorzusehen.

8.2. Rechtsnachfolge auf Vermieterseite

Wie Teil I, Punkt 7. dargestellt, gilt im Zivilrecht der Grundsatz, dass ein Wechsel eines Vertragspartners die Zustimmung der anderen Vertragspartei voraussetzt.

Im Teil- und Vollanwendungsbereich des MRG sieht das Gesetz in § 2 Abs 1 MRG bestimmte Ausnahmen von diesem Prinzip vor,[86] welche sich auch von den etwas anders konzipierten Ausnahmen im ABGB-Bereich unterscheiden (siehe Teil IV, Punkt 11.2.).

Demnach gelten folgende Grundsätze: Kommt es zu einer **Veräußerung** der Bestandsache, wird der Mietvertrag mit dem neuen Eigentümer grundsätzlich unverändert fortgesetzt. Lediglich an ungewöhnliche Vereinbarungen im Mietvertrag, die er weder kannte noch kennen musste, ist er nicht gebunden (§ 2 Abs 1 Satz 5 MRG).

Beispiel

M mietet von A eine Neubauwohnung (MRG-Teilanwendungsbereich) ohne Befristung. Nachdem M dem A sympathisch ist, willigt dieser ein, dass M eine bestimmte Parkfläche im Hof des Hauses benützen dürfe. M hat zwar noch kein Auto, freut sich jedoch sehr über dieses Entgegenkommen. Monate später verkauft A das Wohngebäude an B. Als sich M eines Tages ein Auto kauft, will B von einer unentgeltlichen Überlassung der Parkfläche jedoch nichts wissen.

Durch den Verkauf der Wohnung von A an B tritt Letzterer „automatisch" in den bestehenden Mietvertrag mit allen Rechten und Pflichten ein. Fraglich ist jedoch, ob B auch die nachträgliche Zusicherung des A gegen sich gelten lassen muss. Die unentgeltliche Überlassung einer Hoffläche zum Abstellen von Fahrzeugen an eine Person, die noch über gar kein Fahrzeug verfügt, stellt wohl eine ungewöhnliche Nebenabrede dar.[87] B hat diese Vereinbarung daher nicht „übernommen".

86 Die Judikatur wendet § 2 Abs 1 MRG auch im Teilanwendungsbereich an, obwohl die Bestimmung in § 1 Abs 4 MRG nicht explizit genannt ist, vgl RS0069464 (T2); OGH 19.12.2000, 5 Ob 182/00a.

87 RIS-Justiz RS0111472.

9. Rechtsnachfolge im Todesfall[88]

9.1. Tod des Mieters

9.1.1. Sonderrechtsnachfolge (§ 14 MRG)

Im Falle des Todes des Hauptmieters endet der Mietvertrag nicht automatisch. Im Teil- und Vollanwendungsbereich des MRG treten vielmehr gewisse Angehörige des Hauptmieters einer Wohnung automatisch in das Mietverhältnis ein, sofern diese dem Vermieter nicht anzeigen, dass dieser Eintritt nicht gewünscht ist (§ 14 MRG).

Der Kreis der Angehörigen umfasst dabei nicht bloß Ehegatten bzw eingetragene Partner, Verwandte in gerader Linie und Geschwister, sondern auch Lebensgefährten. Unter Lebensgefährten sind Personen zu verstehen, die mit dem bisherigen Mieter bis zu dessen Tod durch mindestens drei Jahre in einer eheähnlichen Gemeinschaft gelebt oder die Wohnung gemeinsam mit dem Mieter bezogen haben.

Zusätzlich ist vorausgesetzt, dass diese Personen ein dringendes Wohnbedürfnis haben. Dies wird dann verneint, wenn dem Eintrittsberechtigten eine andere ausreichende und angemessene sowie rechtlich gleichwertige Unterkunftsmöglichkeit zur Verfügung steht, wobei immer auf die Gesamtheit der Umstände abzustellen ist.[89]

Eine Mindestdauer des gemeinsamen Haushalts mit dem verstorbenen Hauptmieter ist (außer zur Qualifikation als Lebensgefährte) nicht gefordert. § 14 MRG setzt lediglich voraus, dass der Eintrittsberechtigte schon bisher im gemeinsamen Haushalt mit dem Mieter in der Wohnung gewohnt hat.

Beispiel

Der alleinige Hauptmieter A wohnt gemeinsam mit seinem Bruder B in einer Neubauwohnung (MRG-Teilanwendungsbereich), welche A von V mietet. Als A verstirbt, möchte B in den Mietvertrag „eintreten". V möchte sich dies nicht gefallen lassen und verweist darauf, dass B kein dringendes Wohnbedürfnis habe. Schließlich habe B selbst eine akzeptable, leerstehende Eigentumswohnung.

Sofern es sich bei der Eigentumswohnung des B tatsächlich um eine ausreichende und angemessene Alternative handelt, behält V Recht. Diesfalls hat B kein dringendes Wohnbedürfnis, weshalb ein Eintritt gemäß § 14 MRG ausscheidet.

Beispiel

Der alleinige Hauptmieter A wohnt seit sechs Jahren gemeinsam mit seiner Lebensgefährtin L in einer Neubauwohnung (MRG-Teilanwendungsbereich), welche A von V mietet. Als A verstirbt, möchte L in den Mietvertrag „eintreten". V möchte sich dies nicht gefallen lassen.

88 Für einen einführenden Überblick zur Rechtsnachfolge siehe Teil I, Punkt 7.
89 OGH 23.1.2018, 4 Ob 210/17m mwN.

In diesem Fall wird V hingegen keinen Erfolg haben: Unterstellt werden kann, dass L seit mehr als drei Jahren in einer eheähnlichen Gemeinschaft mit A gelebt hat. Sie gilt daher als Lebensgefährtin im Sinne des § 14 MRG und ist eintrittsberechtigt.

9.1.2. Anhebung des Mietzinses

Dem Vermieter wird bei einem Eintritt von Angehörigen des vormaligen Mieters ein neuer Vertragspartner gewissermaßen „aufgedrängt". Dies kann für den Vermieter vor allem dann sehr nachteilig sein, wenn es um einen alten Mietvertrag geht, der einen entsprechend niedrigen Mietzins vorsieht. Schließlich bedeutet der Eintritt in den alten Mietvertrag, dass der Vertrag wie bisher auch in Zukunft weiter zu gelten hat.

Als Ausgleich hierfür gibt das Gesetz dem Vermieter bei alten Verträgen (geschlossen am 1.3.1994 oder davor) die Möglichkeit, den Mietzins anzuheben (§ 46 MRG). Ausgenommen hiervon sind folgende Eintrittsberechtigte, denen das Gesetz einen besonderen Schutz zukommen lassen will: der Ehegatte, der eingetragene Partner, der Lebensgefährte und die minderjährigen Kinder des bisherigen Mieters. Gegenüber volljährigen Kindern, sonstigen Verwandten in gerader Linie und Geschwistern des bisherigen Mieters kann hingegen eine Anpassung des Mietzinses durchgesetzt werden.

Die Berechnung der zulässigen Mietzinsanhebung ist im Detail kompliziert.[90] Möchte der Vermieter den Mietzins anheben, hat er sein Anhebungsbegehren dem Hauptmieter spätestens einen Monat vor dem Zinstermin, zu dem er die Entrichtung des angehobenen Mietzinses fordert, **schriftlich** bekanntzugeben.

9.1.3. Subsidiär: Übergang auf Erben und Sonderkündigungsrecht

Liegen die Voraussetzungen des § 14 MRG nicht vor, gelten die allgemeineren Bestimmungen des ABGB: Wie unter Punkt Teil II, Punkt 9.1. dargestellt, kommt es dabei zwar zu einem Übergang des Mietrechts auf die Erben, allerdings sind beide Parteien berechtigt, den Vertrag nach den gesetzlichen Kündigungsfristen ohne Rücksicht auf Befristungen oder Kündigungsverzichte zu kündigen. Dieses Sonderkündigungsrecht „durchschlägt" daher auch

- einen vom Vermieter abgegebenen Kündigungsverzicht;
- eine ursprüngliche Befristung des Mietvertrags (die ansonsten zur Folge hätte, dass der Vermieter auf deren Ablauf warten müsste);
- vereinbarte längere Kündigungsfristen für den Vermieter.

Wie ausgeführt, setzt eine Kündigung im MRG-Teilanwendungsbereich das Vorliegen eines Kündigungsgrundes voraus. Wenn keine gemäß § 14 MRG eintritts-

90 Siehe hierzu etwa *Würth/Zingher/Kovanyi*, Miet- und Wohnrecht[23] MRG § 46 Rz 4.

berechtigten Personen vorhanden sind, ist der Kündigungsgrund des § 30 Abs 2 Z 5 MRG erfüllt.[91]

Beispiel

Der alleinige Hauptmieter A wohnt gemeinsam mit seinem Cousin B in einer Neubauwohnung (MRG-Teilanwendungsbereich), welche A von V mietet. Das Mietverhältnis ist auf zehn Jahre befristet. Als A verstirbt, möchte B in den Mietvertrag „eintreten". Schließlich sei er auch testamentarischer Erbe von A. V möchte sich dies nicht gefallen lassen und verweist darauf, dass B keine eintrittsberechtigte Person sei. V möchte daher sofort eine Räumungsklage gegen B einbringen.

V hat insofern Recht, als B keine eintrittsberechtigte Person ist. Wenn B jedoch Erbe von A ist, geht das Mietverhältnis zunächst auf B über, wobei V die Möglichkeit hätte, den Mietvertrag (ungeachtet der Befristung) zu kündigen. Die sofortige Räumung der Wohnung kann V daher nicht verlangen, V müsste den Mietvertrag vielmehr zuerst unter Einhaltung der gesetzlichen Kündigungsfristen kündigen. Nachdem V ein Sonderkündigungsrecht hat, steht die vereinbarte Befristung der Kündigung nicht entgegen.

9.2. Tod des Vermieters

Im Falle des Todes des Vermieters kommt es zum Eintritt zunächst des ruhenden Nachlasses und mit Einantwortung der Erben in den Mietvertrag. Mit anderen Worten wird der Mietvertrag mit dem Erben des Vermieters **unverändert fortgesetzt**.

Beispiel

M mietet für zehn Jahre eine Neubauwohnung von A (MRG-Teilanwendungsbereich), der einen Kündigungsverzicht für die nächsten zehn Jahre abgegeben hat. Fünf Jahre später verstirbt A und wird von dessen Tochter B beerbt. M macht sich sorgen, dass der Mietvertrag nun beendet sei.

Die Sorge ist unberechtigt: Da B Erbin von A ist, geht der Mietvertrag unverändert auf B über (Gesamtrechtsnachfolge).

10. Verfahrensrechtliche Aspekte[92]

10.1. Außerstreitverfahren

Das außerstreitige Verfahren ist nur einschlägig für Anträge auf Feststellung der Höhe des rückforderbaren Kautionsbetrags (§ 37 Abs 1 Z 8b). Alle anderen außerstreitigen Angelegenheiten des § 36 MRG sind nur auf den MRG-Vollanwendungsbereich zugeschnitten. Das Außerstreitverfahren spielt im MRG-Teilanwendungsbereich daher kaum eine Rolle.

91 RIS-Justiz RS0103727.

92 Für einen einführenden Überblick zu verfahrensrechtlichen Aspekten siehe Teil I, Punkt 12.

10.2. Streitiges Verfahren

Das streitige Verfahren ist als typische Form des Zivilprozesses für alle sonstigen Angelegenheiten einschlägig. Beispielhaft zu nennen sind etwa:

- Klage auf Feststellung des Bestehens eines Mietverhältnisses;
- Klage auf Bezahlung des Mietzinses;
- Räumungsklage;
- Klage auf Leistung von Schadenersatz wegen Beschädigungen des Mietobjekts;
- Klage auf Zahlung einer Vertragsstrafe wegen vertragswidrigem Verhalten des Mieters;
- Klage auf Herstellung des vertraglich vereinbarten Zustandes des Mietobjekts;
- Unterlassungsklage wegen vertragswidrigem Verhalten des Mieters (zB Verstoß gegen Konkurrenzverbot, vertragswidrige Nutzung des Mietobjekts);
- gerichtliche Kündigung.

Mustervertrag Teilanwendungsbereich

HAUPTMIETVERTRAG

Abgeschlossen zwischen:	*[Name] [Firmenbuchnummer]* *[Adresse]* als Vermieterin einerseits
und	*[Name] [Firmenbuchnummer]* *[Adresse]* als Mieterin andererseits

Deckblatt (Überblick über die zentralen Vereinbarungen):

Mietobjekt:	*[Adresse]*, Top *[•]*, mit einer Nutzfläche von ca. *[•]* m^2 (Beilage ./1)
bestehend aus:	*[•]*
Ausstattung:	Gemäß Ausstattungsbeschreibung (Beilage ./2)
Mietzweck:	*[•]*
Mietbeginn:	*[•]* unter der aufschiebenden Bedingung der Kautionsleistung
Vertragsende:	Befristet mit *[•]* *[oder:]* Kündigungsfrist: *[•]* Kündigungstermin: *[•]* Kündigungsverzicht bis *[•]*
Monatlicher Gesamtbruttomietzins:	aktuell € *[•]* inkl. USt
Wertsicherung:	nach VPI 2020, Basismonat: *[•]*
Kaution:	EUR *[•]*

§ 1 MIETGEGENSTAND

1.1. Die Vermieterin ist grundbücherliche Eigentümerin der Liegenschaft EZ *[•]*, Gst-Nr. *[•]*, in der KG *[•]* mit der Grundstücksadresse *[•]*. Gegenstand des Mietvertrages ist das Mietobjekt Top *[•]* (nachfolgend „Mietobjekt").

1.2. Festgehalten wird, dass das Mietobjekt dem Teilanwendungsbereich des MRG unterliegt. Es kommen daher nur die Bestimmungen der §§ 14, 16b, 29 bis 36, 45, 46 und 49 MRG idgF, nicht jedoch die übrigen Bestimmungen des I. und II. Hauptstückes des MRG zur Anwendung.

Diese Klausel dient der Klarstellung; zur Einordnung des Mietobjekts siehe Punkt 2.2. Wie dort ausgeführt, kann der Mietzins im Teilanwendungsbereich weitgehend „frei" vereinbart werden. Es gelten aber weiterhin insbesondere die relativ zwingenden MRG-Bestimmungen über das Mietrecht im Todesfall des Mieters (§ 14 MRG), die Kaution (§ 16b MRG) und den Kündigungsschutz (§ 29 bis 36 MRG).

1.3. Das Mietobjekt ist im beiliegenden Plan (Beilage ./1), der einen Bestandteil dieses Vertrages bildet, näher beschrieben. Die mitvermietete Ausstattung des Mietobjekts ist aus der Ausstattungsbeschreibung (Beilage ./2) ersichtlich, die ebenfalls Bestandteil dieses Vertrags ist.

1.4. *[Kellerabteil:]* Sämtliche Einlagerungen im Kellerabteil erfolgen auf Risiko der Mieterin, die Vermieterin weist darauf hin, dass in einem Keller typischerweise eine gewisse Feuchtigkeit vorhanden ist.

1.5. *[Denkmalschutz:]* Der Mieterin ist bekannt, dass das Haus, in dem sich das Mietobjekt befindet, unter Denkmalschutz steht und nimmt die sich daraus allenfalls ergebenden Einschränkungen zustimmend zu Kenntnis.

1.6. Informativ festgehalten wird, dass das Mietobjekt eine planliche Nutzfläche von insgesamt ca. *[•]* m² aufweist. Hinsichtlich der Nutzfläche ist die Zurverfügungstellung des Mietobjekts dergestalt geschuldet, wie es vor Vertragsabschluss besichtigt wurde.

Hintergrund dieser Formulierung ist es, Diskussionen für den Fall hintanzuhalten, dass die angegebene Nutzfläche geringfügig von der tatsächlichen Nutzfläche abweicht. In Fällen, in denen diese Klausel zu einer starken Benachteiligung des Mieters führt, kann deren Wirksamkeit in Frage gestellt werden – etwa, weil sich die Nutzfläche nicht abschätzen lässt, eigene Nachmessungen durch den Mieter untunlich sind oder es zu starken Abweichungen kommt.

1.7. Das Mietobjekt wird wie besichtigt *[und in gebrauchtem Zustand]* vermietet.

Häufig finden sich in Mietverträgen Klauseln wie etwa: *„Der Mieter hat den Mietgegenstand in ordnungsgemäßem Zustand übernommen."*
Bei Verbrauchergeschäften sind solche Klauseln gemäß § 6 Abs 1 Z 11 KSchG unwirksam. Denn nach dieser Bestimmung sind Vertragsbestimmungen nicht verbindlich, wenn durch diese *„dem Verbraucher eine Beweislast auferlegt wird, die ihn von Gesetzes wegen nicht trifft"*. Ebendies wäre aber der Fall, wenn der Verbraucher beweisen müsste, dass sich der Mietgegenstand entgegen dem Vertragstext bei Übergabe nicht im ordnungsgemäßen Zustand befunden hat.[93]

93 Siehe etwa OGH 11.10.2006, 7 Ob 78/06f (1. Klausel-E); OLG Wien 30.9.2021, 4 R 32/21p.

§ 2 MIETDAUER

2.1. Die Übergabe und Übernahme des Mietobjektes erfolgt am *[•]*. Leistet die Mieterin die Kaution, welche als aufschiebende Bedingung für das Zustandekommen dieses Mietvertrags vereinbart wird (§ 10.2.), nicht rechtzeitig, verschiebt sich der Übergabetermin im selben Ausmaß.

2.2. Bei Übergabe des Mietobjektes wird ein allseits zu unterfertigendes Übergabeprotokoll samt Fotodokumentation erstellt, in welchem etwaige Mängel festzuhalten sind, die von der Vermieterin binnen angemessener Frist zu beheben sind. Liegen bloß geringfügige, unbehebbare Mängel vor, die dem bedungenen Gebrauch des Mietobjektes nicht entgegenstehen, ist die Mieterin nicht zur Verweigerung der Übernahme berechtigt. Ein Verzicht auf das Recht zur Mietzinsminderung ist damit nicht verbunden.

Dass der Mieter die Übergabe nicht verweigern darf, wenn bloß unbehebbare, geringfügige Mängel vorliegen, wird auch ganz allgemein (also ohne entsprechende Klausel) vertreten.[94] Insofern dient die Klausel der Klarstellung. Unwirksam sind hingegen Klauseln,

- mit denen der Mieter verpflichtet wird, das Mietobjekt zu übernehmen, obwohl Mängel vorliegen, die der vertragsgemäßen oder ordnungsgemäßen Nutzung entgegenstehen oder
- die das Recht auf Mietzinsminderung abbedingen sollen.[95]
- Problematisch sind ferner Klauseln, mit denen geringfügige Flächenabweichungen (etwa: „bis +/– 3 % der Fläche") gar keine Rechtsfolgen, also auch keine Mietzinsminderung, nach sich ziehen.[96]

2.3. *[Bei Befristung:]* Das Mietverhältnis ist befristet und wird für eine Dauer von *[•]* abgeschlossen. Das Mietverhältnis endet folglich am *[•]*, ohne dass hierfür eine Kündigung der Mieterin oder Vermieterin erforderlich ist.

Zu den Wirksamkeitsvoraussetzungen einer Befristung siehe oben Kapitel 7.1.
Im Teilanwendungsbereich gibt es – anders als im Vollanwendungsbereich – keinen „Befristungsabschlag". Schließlich kann der Mietzins allgemein weitgehend frei vereinbart werden. Aus der Sicht des Vermieters gibt es daher in dieser Hinsicht keinen gesetzlichen Anreiz, auf eine Befristung zu verzichten.

94 *Pletzer* in GeKo Wohnrecht I § 1096 ABGB Rz 9 mwN.
95 OGH 11.10.2006, 7 Ob 78/06f (1. Klausel-E); OGH 21.11.2017, 6 Ob 181/17m (8. Klausel-E).
96 21.11.2017, 6 Ob 181/17m (8. Klausel-E).

2.4. *[Bei Befristung:]* Die Vermieterin ist berechtigt, den Vertrag vor Ablauf der bedungenen Mietdauer unter Einhaltung einer Kündigungsfrist von *[•]* Monaten zum *[•]* (Kündigungstermin) zu kündigen.

Im Falle einer Befristung sind beide Vertragsteile grundsätzlich an die vereinbarte Vertragslaufzeit gebunden. Die überwiegende Ansicht geht jedoch davon aus, dass die Parteien wirksam vereinbaren können, dass der Vermieter den Vertrag trotz Befristung vorzeitig kündigen kann.[97] Es gibt allerdings auch gegenteilige Stellungnahmen.[98]
Eindeutig ist jedenfalls, dass eine Kündigung durch den Vermieter nur bei Vorliegen eines Kündigungsgrundes im Sinne des § 30 MRG in Frage kommt. Schließlich gilt im Teilanwendungsbereich der Kündigungsschutz des MRG, der den Mieter vor „grundlosen" Kündigungen schützen soll. Dieser Schutz gilt zugunsten dies Mieters zwingend, sodass den Mieter benachteiligende Regelungen unwirksam sind. Wirksam ist hingegen eine Besserstellung des Mieters, z.B. wenn der Vermieter erklärt, auf eine Kündigungsmöglichkeit (für eine gewisse Dauer) gänzlich zu verzichten.

2.5. Als wichtiger und bedeutsamer Umstand, der die Vermieterin zur Kündigung berechtigt, wird einvernehmlich vereinbart: *[Konkretisierung]*

Wie oben ausgeführt, steht es den Parteien frei, ergänzend zum Katalog der Kündigungsgründe gemäß § 30 Abs 2 MRG weitere Kündigungsgründe zu vereinbaren, wobei im Detail umstritten ist, welche Gründe tatsächlich wirksam vereinbart werden können. Siehe hierzu oben Punkt 7.3.18.

2.6. *[Bei Befristung:]* Die Mieterin kann den Vertrag nur bei Vorliegen eines Grundes gemäß § 1117 ABGB vorzeitig kündigen.

Bei befristeten Mietverträgen über Geschäftsräumlichkeiten ist vergleichsweise gut möglich, den Mieter effektiv an die vereinbarte Vertragslaufzeit zu binden. Denn anders als für Wohnraummietverträge sieht das Gesetz hier kein zwingendes Recht des Mieters vor, den Vertrag nach einem Jahr grundlos zu kündigen zu können.[99]
Jedenfalls möglich bleibt es auch einem Mieter von Geschäftsräumen, den Vertrag gemäß § 1117 ABGB zu kündigen. Insofern hat die Klausel oben primär klarstellenden Charakter. Denn es bestünde ohnehin keine Möglichkeit, dem Mieter das Recht zu nehmen, den Vertrag bei Vorliegen eines

---

97 *Lovrek* in GeKo Wohnrecht I § 30 MRG Rz 10; *Vonkilch* in *Hausmann/Vonkilch* § 29 MRG⁴ Rz 38; *Würth/Zingher/Kovanyi*, Miet- und Wohnrecht[23] MRG § 29 Rz 13; vgl auch OGH 26.8.2004, 6 Ob 35/04x; OGH 17.7.2018, 4 Ob 133/18i.

98 *Stabentheiner* in GeKo Wohnrecht I § 29 MRG Rz 27.

99 RIS-Justiz RS0121742 (T1).

Grundes gemäß § 1117 ABGB vorzeitig zu beenden. Gemäß § 1117 ABGB kann der Mieter den Vertrag vorzeitig beenden, wenn das Mietobjekt

- in einem Zustand übergeben oder ohne seine Schuld in einen Zustand geraten ist, der es zu dem bedungenen Gebrauch untauglich macht oder
- wenn ein beträchtlicher Teil durch Zufall auf eine längere Zeit entzogen oder unbrauchbar wird.

2.7. *[Bei unbefristeten Verträgen:]* Das Mietverhältnis kann unter Einhaltung einer Kündigungsfrist von *[•]* Monaten zum *[•]* (Kündigungstermin) gekündigt werden.

Gibt es keine besondere vertragliche Regelung, können Mietverträge über Geschäftsräumlichkeiten zum 31. 3., 30. 6., 30. 9. oder 31. 12. unter Einhaltung einer dreimonatigen Kündigungsfrist gekündigt werden (§ 560 Abs 1 Z 2 lit e ZPO).

Soll (wie in der Klausel oben) eine abweichende Regelung getroffen werden, muss diese ***hinreichend bestimmt*** sein. Nach der Rechtsprechung zu unklar wäre etwa die Formulierung *„vierteljährlich im Feber-Mai-August und November-Termin kündbar"*.[100] Schließlich geht daraus nicht hervor, wann genau die Kündigungstermine liegen. Hinreichend klar definiert ist der Kündigungstermin, wenn beispielsweise *„zum Monatsende – vierteljährig zum Mietquartal"* gekündigt werden kann.[101]

Ebenso sollten Kündigungstermine und -fristen vermieden werden, die eine überlange „Knebelung" des Mieters vorsehen. Zum vertraglichen Gestaltungsspielraum und dessen Grenzen siehe oben Teil I, Punkt 3.

2.8. *[Sofern gewünscht:]* Die Mieterin verzichtet für eine Dauer von *[•]* Jahren ab Beginn des Mietverhältnisses auf die Möglichkeit einer ordentlichen Kündigung.

Ein Kündigungsverzicht kann auch einseitig nur vom Mieter wirksam abgeben werden. Die Judikatur formuliert in diesem Zusammenhang ganz allgemein, dass ein *„allgemeiner Kündigungsverzicht (auch nur von einer Seite) auf bestimmte oder bestimmbare Zeit [...] nicht als unzulässiger Knebelungsvertrag sittenwidrig, sondern wirksam"* ist. Die in diesem Zusammenhang genannten Entscheidungen betreffen jedoch vor allem Kündigungsverzichte des Vermieters.[102]

100 OGH 20.2.1996, 10 Ob 516/95.

101 Siehe OGH 28.4.1994, 8 Ob 519/94; diese Regelung wurde vom OGH so verstanden, dass das Mietverhältnis *„jeweils nur zum Ende der sich aus dem Beginn des Mietverhältnisses bestimmenden Quartale enden solle."*

102 OGH 21.12.2017, 6 Ob 134/17z mwN.

Vor allem bei Verträgen, die mit einem Verbraucher als Mieter geschlossen werden, ist daher trotz des oben zitierten „Stehsatzes" Vorsicht geboten: Eine Übervorteilung des Mieters ist zu vermeiden, da diese zur Unwirksamkeit der Vertragsklausel führen kann.[103]

§ 3 MIETZINS

3.1. Der monatlich fällige Gesamtmietzins setzt sich aus folgenden Bestandteilen zusammen:

Hauptmietzins (netto):	aktuell	EUR *[•]*
Bewirtschaftungskosten:	aktuell	EUR *[•]*
[sofern anwendbar] Umsatzsteuer iHv 20 %	aktuell	EUR *[•]*
Gesamtbruttomietzins:	aktuell	EUR *[•]* inkl. USt

Wie oben (Punkt 12) dargestellt, können die Vertragsparteien den Mietzins im ABGB-Bereich weitgehend frei vereinbaren. Wenn keine explizite Vereinbarung zu den Bewirtschaftungskosten getroffen wird, hat der Vermieter diese gemäß § 1099 ABGB selbst zu tragen.

3.2. Der Mietzins ist monatlich im Voraus bis spätestens zum Fünften des jeweiligen Kalendermonats (einlangend) fällig und ist auf das bekanntgegebene Bankkonto zu überweisen.

Die Fälligkeit am Fünften des Kalendermonats gilt gemäß § 1100 ABGB auch, wenn nichts Abweichendes vereinbart ist. Allzu weit sollte von diesem gesetzgeberischen Konzept nicht abgewichen werden, da ansonsten die Nichtigkeit einer solchen Vereinbarung droht. Zum vertraglichen Gestaltungsspielraum und dessen Grenzen siehe oben Punkt Teil I, Punkt 3.

3.3. Gemäß § 6 Abs 2 UStG 1994 verzichtet die Vermieterin auf die Umsatzsteuerbefreiung und übt die Option zur Regelbesteuerung aus. Die Mieterin erklärt, dass sie den Mietgegenstand nahezu ausschließlich (mindestens 95 %) für Umsätze verwenden wird, die den Vorsteuerabzug nicht ausschließen, widrigenfalls sie die Vermieterin für den entstandenen Vorsteuerausfall schadlos halten wird.

3.4. Die Mieterin ist verpflichtet, auf Verlangen der Vermieterin alle erforderlichen Unterlagen zur Verfügung zu stellen, um der Vermieterin zu ermöglichen, ihrer umsatzsteuerlichen Nachweispflicht nachzukommen.

103 *Pesek* in *Schwimann/Neumayr* (Hrsg), ABGB Taschenkommentar[5] zu § 1116 ABGB Rz 3 mwN.

Die Mieterin ist ferner verpflichtet, die Vermieterin unverzüglich darüber zu berichten, wenn die Voraussetzungen für eine steuerpflichtige Vermietung von der Mieterin nicht mehr erfüllt werden.

3.5. Der Entfall der Option zur Regelbesteuerung – insbesondere aufgrund der Benützung des Mietgegenstandes für nicht umsatzsteuerpflichtige Umsätze durch die Mieterin – wird zudem als wichtiger und bedeutsamer Umstand iSd § 30 Abs 2 Z 13 MRG vereinbart, der die Vermieterin zur Kündigung berechtigt.

Gemäß § 6 Abs 1 Z 16 UStG 1994 ist die Vermietung von Geschäftsräumlichkeiten unecht umsatzsteuerbefreit. Der Vermieter kann auf die Befreiung jedoch freiwillig verzichten. Bei Ausübung dieser „Option zur Steuerpflicht" durch den Vermieter fällt Umsatzsteuer in Höhe von 20 % an. Der Vorteil besteht aus Sicht des Vermieters darin, dass dieser damit auch die Berechtigung zum Vorsteuerabzug (etwa hinsichtlich aufgewendeter Kosten für die Errichtung des Mietobjekts) erhält.

Die Option zur Steuerpflicht ist nach aktueller Rechtslage jedoch nur zulässig, wenn der Mieter den Mietgegenstand zu mindestens 95 % für umsatzsteuerpflichtige Umsätze verwendet.[104] Ist der Mieter selbst umsatzsteuerbefreit (wie etwa eine Bank), so steht dem Vermieter die „Option zur Steuerpflicht" daher nicht offen.

3.6. Die Bewirtschaftungskosten sind von der Mieterin anteilig (entsprechend der Nutzfläche des Mietgegenstands im Verhältnis zur gesamten Nutzfläche) zu tragen. Dieser Anteil beträgt derzeit *[•]* %. Die Bewirtschaftungskosten bestehen aus folgenden Positionen:

- die Versorgung des Hauses mit Wasser aus einer öffentlichen Wasserleitung (Wassergebühren und Kosten, die durch die nach den Lieferbedingungen gebotenen Überprüfungen der Wasserleitungen erwachsen) oder die Erhaltung der bestehenden Wasserversorgung aus einem Hausbrunnen oder einer nicht öffentlichen Wasserleitung;
- die Eichung, Wartung und Ablesung von Messvorrichtungen zur Verbrauchsermittlung im Sinn des § 17 Abs. 1a MRG;
- die auf Grund der Kehrordnung regelmäßig durchzuführende Rauchfangkehrung, die Kanalräumung, die Unratabfuhr und die Schädlingsbekämpfung;
- die entsprechende Beleuchtung der allgemein zugänglichen Teile des Hauses, erforderlichenfalls auch des Hofraums und des Durchgangs zu einem Hinterhaus;
- die im § 22 MRG bestimmten Auslagen für die Verwaltung;

104 ErläutRV 1680 BlgNR 24. GP zum 1. StabG 2012.

- die im § 23 MRG bestimmten angemessenen Aufwendungen für die Hausbetreuung;
- die Kosten der Gemeinschaftsanlagen gemäß § 24 Abs. 1 MRG;
- die für die allgemeinen Teile anfallenden Kosten für Strom und Netznutzung.

3.7. Die Mieterin wird für den Bezug von *[Strom]*, *[Heizung]*, *[Kälte]*, *[Warmwasser] [Kaltwasser]* direkt mit den betreffenden Versorgungsunternehmen kontrahieren und die daraus erwachsenen Kosten begleichen, sofern nicht die Vermieterin bereits einen entsprechenden Vertrag abgeschlossen hat und die Abrechnung an die Mieterin erfolgt.
[UND/ ODER]

3.8. Die Kosten für den Bezug von *[Strom]*, *[Heizung]*, *[Kälte]*, *[Warmwasser] [Kaltwasser]* werden als Bewirtschaftungskosten abgerechnet. Die Verrechnung der Kosten für den Bezug von *[Strom]*, *[Heizung]*, *[Kälte]*, *[Warmwasser] [Kaltwasser]* auf die einzelnen Mieter erfolgt nach *[dem Aufteilungsschlüssel gemäß Punkt 3.6.] [tatsächlichem Verbrauch]*.

Fällt das Mietobjekt unter den Teilanwendungsbereich, ist keine Regelung des MRG, sondern § 1099 ABGB für die Bewirtschaftungskosten maßgeblich. Die Regelung sieht grundsätzlich vor, dass sämtliche Bewirtschaftungskosten bereits im Hauptmietzins inkludiert sind und der Vermieter daher keine zusätzlichen Bewirtschaftungskosten abrechnen kann. In der Praxis wird jedoch typischerweise hiervon abweichend ein Katalog an Bewirtschaftungskosten vereinbart (siehe bereits oben Teil I, Punkt 2.2.). Der Katalog an abrechenbaren Betriebskosten ist im Einzelfall auf das jeweilige Mietobjekt anzupassen. Die Kostenposition ist möglichst eindeutig zu bezeichnen. Bloß beispielhafte Listen sind zu vermeiden.[105]
Zudem sollte eine allzu weite Entfernung vom gesetzlichen Konzept des § 1099 ABGB vermieden werden. Vereinzelt wird hierzu vertreten, dass Kosten, die den Liegenschaftseigentümer unabhängig vom Gebrauch treffen – wie zum Beispiel die Kosten für Grundsteuer, Bankgebühren, Kosten für die Versicherung der Liegenschaft etc. nicht als Bewirtschaftungskosten überwälzt werden dürfen.[106] Auf der anderen Seite wird jedoch mit guten Argumenten vertreten, dass eine von § 1099 ABGB abweichende Vereinbarung jedenfalls insoweit unbedenklich ist, als die Überwälzung der im MRG angeführten Betriebskostenpositionen (§§ 21 ff MRG)

105 Vgl die im Zusammenhang mit einem Verbrauchergeschäft ergangene OGH 11.10.2006, 7 Ob 78/06f (1. Klausel-E).

106 OLG Wien 24.2.2021 2 R 61/20k, zusammengefasst von *Vonkilch*, (Un-)Zulässigkeit von Kostenüberwälzungen auf den Mieter, wobl 2021, 268 (269); der OGH hielt die Entscheidung des OLG Wien im relevanten Punkt zwar aufrecht, stellte jedoch allein auf die intransparente Formulierung der Klausel ab.

vereinbart wird. Hierunter zählen auch Prämien für ***Sachversicherungen*** (§ 21 Abs 1 Z 4–6 MRG) und die ***Grundsteuer*** (§ 21 Abs 2 MRG).[107] Gestaltungsrechte des Vermieters zur Anpassung des Verteilungsschlüssels sind zu vermeiden – insbesondere, wenn diese an keine klaren Kriterien geknüpft sind.[108]

3.9. Die Bewirtschaftungskosten werden als monatliche Pauschalbeträge vorgeschrieben. Die monatlichen Pauschalbeträge errechnen sich vom Gesamtbetrag der Bewirtschaftungskosten des vorausgegangenen Kalenderjahres, wobei dieser Betrag bei zwischenzeitlichen Bewirtschaftungskostenerhöhungen um bis 20 % überschritten werden darf.

3.10. Einmal jährlich bringt die Vermieterin bis zum 30. Juni des Folgejahres die Bewirtschaftungskosten zur Abrechnung. Eine Nachverrechnung bleibt auch bei Überschreitung dieser Frist innerhalb der Verjährungsfristen möglich. Die Abrechnung wird an geeigneter Stelle zur Einsicht aufgelegt und der Mieterin ein Einsichtsrecht in die Belege gewährt.

3.11. Ergibt sich aus der Abrechnung ein Überschuss zugunsten der Hauptmieter, so ist der Überschussbetrag zum übernächsten Zinstermin zurückzuerstatten. Ergibt sich aus der Abrechnung ein Fehlbetrag zu Lasten der Hauptmieter, so haben die Hauptmieter den Fehlbetrag zum übernächsten Zinstermin zu entrichten. Die Person, die zum übernächsten Zinstermin nach der Abrechnung Mieterin ist, hat daher Anspruch auf einen allfälligen, sich aus der Abrechnung ergebenden Überschussbetrag oder die Verpflichtung, einen sich aus der Abrechnung ergebenden Fehlbetrag zu leisten.

Die obenstehende Klausel zur Abrechnung der Bewirtschaftungskosten orientiert sich am Konzept des § 21 Abs 3 MRG, ist jedoch im Vergleich zu dieser Gesetzesbestimmung etwas „abgespeckt“. Die zwingenden Vorgaben von § 21 Abs 3 MRG sind im ABGB-Bereich naturgemäß nicht anwendbar. Nichtsdestotrotz ist zu raten, von den Regeln, die aus § 21 Abs 3 MRG abgeleitet werden, nicht allzu weit abzuweichen. Zu beachten sind vor allem folgende Grundsätze:

- Bei der Abrechnung ist so vorzugehen, dass sich ein Hauptmieter mit durchschnittlicher Auffassungsgabe ein Bild darüber machen kann, welche Rückzahlungsforderungen oder Nachzahlungspflichten ihm aus der Gegenüberstellung von bezahlten Pauschalraten und effektiv aufgelaufenen Bewirtschaftungskosten entstehen.[109]

107 *Pesek*, wobl 2021, 253 (258) mwN.
108 OGH 11.10.2006, 7 Ob 78/06f (1. Klausel-E).
109 OGH 19.1.2010, 5 Ob 189/09v mwN.

- Maßgebend dafür, ob eine den Bewirtschaftungskosten des Hauses zuzurechnende Kostenbelastung des Vermieters in die Jahrespauschalverrechnung für ein bestimmtes Jahr gehört, ist immer die Fälligkeit (nicht die Bezahlung) der vom Vermieter zu erfüllenden Forderung.[110]
- Der Mieter kann bei rechtzeitiger Abrechnung (also einer Auflage der Abrechnung bis zum 30. Juni) bis zum Ende des laufenden Jahres, bei verspäteter Abrechnung (also einer Auflage der Abrechnung nach dem 30. Juni) innerhalb von sechs vollen Monaten Einsicht in die Belege verlangen.[111]

3.12. *[Bei mehreren Mietern:]* Für die Entrichtung des Gesamtmietzinses haften die Mitmieter solidarisch.

Die Klausel entspricht der Judikatur[112] und dient daher primär der Klarstellung.

§ 4 WERTSICHERUNG

4.1. Der Hauptmietzins ist auf Grundlage des von der Statistik Austria verlautbarten Verbraucherpreisindex 2020 oder des an dessen Stelle tretende Index wertgesichert. Die für den Monat des Vertragsabschlusses verlautbarte Indexzahl dient als Ausgangsbasis für die Wertsicherungsberechnung.

4.2. Verändert sich der Index gegenüber der Ausgangsbasis, verändert sich der Hauptmietzins im selben Ausmaß, wobei (positive oder negative) Veränderungen um weniger als 3 % unberücksichtigt bleiben. Jede (positive oder negative) Veränderung über 3 % wird für die Anpassung des Hauptmietzinses in voller Höhe wirksam.

4.3. Die Indexzahl, auf deren Grundlage die letzte Veränderung des Hauptmietzins vorgenommen wurde, bildet in Folge die Ausgangsbasis für die Wertsicherungsberechnung.

4.4. Ansprüche, die aus der gegenständlichen Wertsicherung resultieren, verjähren innerhalb von drei Jahren. Die Nicht-Geltendmachung einer Erhöhung des Hauptmietzinses aufgrund der Wertsicherung durch die Vermieterin ist nicht als konkludenter Verzicht anzusehen. Die Vermieterin ist weiterhin berechtigt, auch für in der Vergangenheit liegende Zeiträume eine Erhöhung des Mietzinses zu begehren.

110 RIS-Justiz RS0112095.
111 RIS-Justiz RS0070665 (T15).
112 *Höllwerth* in GeKo Wohnrecht I § 1094 ABGB Rz 13 mwN.

Die ausdrückliche Vereinbarung einer Wertsicherung ist essentiell, da ansonsten der ursprünglich vereinbarte Hauptmietzins trotz allfälliger Schwankungen der Kaufkraft unverändert in die Zukunft gilt.
Im ABGB-Bereich gelten für solche Vereinbarungen weniger strenge Regeln als im Vollanwendungsbereich des MRG. So ist etwa das Verbot der ***rückwirkenden Geltendmachung*** von Erhöhungsbeträgen gemäß § 16 Abs 9 MRG im Teilanwendungsbereich nicht anwendbar. Allerdings könnte die rückwirkende Geltendmachung von Erhöhungsbeträgen im Teilanwendungsbereich daran scheitern, dass der Vermieter ein Verhalten setzt, das auf einen Verzicht schließen lässt.[113] Um Diskussionen hierüber zu vermeiden, sollten die Erhöhungsbeträge hinreichend deutlich und ohne Verzögerung verrechnet werden.
Gerade bei Verbrauchergeschäften ist Vorsicht geboten, wenn eine für den Mieter nachteiligere Regelung in den Vertrag aufgenommen werden soll. Denn § 6 Abs 1 Z 5 KSchG stellt für die Zulässigkeit einer Preisänderungsklausel vier Voraussetzungen auf, nämlich die sachliche Rechtfertigung, die Unabhängigkeit des Eintrittes der Änderungsfaktoren vom Willen des Unternehmers, die Zweiseitigkeit und die Umschreibung der maßgebenden Umstände im Vertrag.[114]

§ 5 RISIKOTRAGUNG UND HAFTUNG

5.1. *[Bei Nicht-Verbrauchergeschäften:]* Vor Übergabe hat die Mieterin das Mietobjekt besichtigt. Abgesehen von allfälligen, in das Übergabeprotokoll gemäß § 2.2. aufgenommenen Mängeln und allfälligen nicht erkennbaren Mängeln entspricht das Mietobjekt dem Vertrag und wird von der Mieterin vorbehaltslos übernommen.

Nach der Rechtsprechung sind sogenannte Tatsachen- und Zustandsbestätigungen – also etwa die Bestätigung der Mängelfreiheit eines Mietobjekts – im Rahmen von Verbrauchergeschäften unwirksam.[115] Unabhängig davon sollte die Wirkung derartiger Klauseln nicht überbewertet werden. In einem Prozess ist es für den Vermieter am vorteilhaftesten, wenn dieser eine Fotodokumentation über den Zustand des Mietobjekts bei Übergabe vorweisen kann.[116]

5.2. Die Vermieterin übernimmt – über die im gegenständlichen Vertrag ausdrücklich vereinbarten Eigenschaften hinausgehend – keine Haftung

113 *Binder/Pesek* in *Schwimann/Kodek*[4] § 1092 ABGB Rz 63.
114 Vgl etwa OGH, 25.4.2019, 6 Ob 226/18f (9. Klausel-E).
115 OGH 11.10.2006, 7 Ob 78/06f (1. Klausel-E); *Pletzer* in GeKo Wohnrecht I § 1096 ABGB Rz 28 mwN.
116 *Böhm*, immolex 2007, 134 (135).

für eine bestimmte Beschaffenheit des Mietgegenstandes. Insbesondere wird kein Mindestertrag zugesichert, der mit dem Mietobjekt erwirtschaftet werden kann.

5.3. Mit einschränkenden behördlichen Maßnahmen, die eine Bewirtschaftung des Mietgegenstands nicht verunmöglichen, wie etwa die Pflicht zum Tragen von Schutzmasken, Abstandsregeln, Reisebeschränkungen etc., ist zu rechnen. Diese stellen daher keine Einschränkung des bedungenen Gebrauchs dar – auch wenn damit Umsatzeinbußen, zusätzliche Kosten für die Mieterin, eine Reduktion der Kundenfrequenz etc. verbunden ist.

Zuletzt wurde im Zusammenhang mit COVID-19-bedingten Umsatzeinbußen diskutiert, ob das Recht auf Mietzinsminderung davon abhängen soll, ob dem Mieter (ausdrücklich oder stillschweigend) ein gewisser Mindestumsatz zugesichert wurde.[117] Der OGH differenziert dabei wie folgt:[118] Nicht restlos geklärt ist aktuell, wie der OGH dabei behördliche Maßnahmen wie die Masken- oder Abstandspflicht einordnet. Die Klausel soll diesbezüglich Klarheit schaffen.

5.4. Die Vermieterin übernimmt auch keine Haftung dafür, dass gegenwärtig oder zukünftig keine gleichartigen oder ähnlichen Betriebe in der Umgebung betrieben werden.

Nach der Judikatur führt die geminderte Ertragsfähigkeit eines verpachteten Unternehmens – namentlich infolge Verletzung des Konkurrenzschutzes durch den Bestandgeber – zu einer Minderung des Bestandzinses gemäß § 1096 Abs 1 ABGB.[119] Die obenstehende Klausel soll eine solche Haftung hintanhalten.

5.5. Dem im Deckblatt angeführten Zweck kommt lediglich die Funktion zu, den Umfang des zulässigen Gebrauches der Bestandsache durch die Mieterin zu determinieren, begründet jedoch keine korrespondierende Gewährleistungspflicht der Vermieterin.

Mit der Klausel soll klargestellt werden, dass der Verwendungszweck im Deckblatt lediglich dazu dient, den Umfang der Benützungsbefugnis des Mieters zu beschreiben und nicht dazu, Gewährleistungspflichten des Vermieters zu begründen.[120]

117 Ablehnend *Vonkilch*, wobl 2021, 321 (323) mwN.
118 OGH 24.3.2022, 3 Ob 209/21p; OGH 30.6.2022, 9 Ob 84/21z.
119 OGH 14.10.2002, 1 Ob 113/02b.
120 Siehe hierzu *Vonkilch*, wobl 2004/86.

5.6. Allfällige Adaptierungen, die für die Benützung des Mietobjekts zum vereinbarten Zweck erforderlich sind, nimmt die Mieterin auf eigene Kosten vor. Die Mieterin ist verpflichtet, sämtliche behördlichen Bewilligungen, die zum bedungenen Gebrauch des Mietobjekts erforderlich sind, auf eigene Kosten einzuholen. Die Mieterin übernimmt das Risiko allfälliger Gebrauchsbeeinträchtigungen aufgrund fehlender behördlicher Bewilligungen und verpflichtet sich auch gegenüber der Vermieterin zur Einhaltung allfälliger behördlicher Auflagen.

Nach der Judikatur ist es zulässig, die Erwirkung der zum bedungenen Gebrauch erforderlichen behördlichen Bewilligungen auf den Mieter zu überbinden.[121]

5.7. Eine Haftung der Vermieterin *[sowie der Mieterin]* für leicht fahrlässig verursachte Vermögensschäden wird ausgeschlossen.

Ein vertraglicher Haftungsausschluss für grob fahrlässig verursachte Schäden wäre mitunter unwirksam. Bei Verbrauchergeschäften fordert die Rechtsprechung zudem eine besondere sachliche Rechtfertigung oder zumindest eine Ausgleichsbestimmung, mit welcher auch die Haftung des Mieters eingeschränkt wird.[122]

5.8. Von der Mieterin auszuwählen:

- ☐ Abweichend von § 1104 ABGB ist der Mieter im Falle folgender außerordentlicher Zufälle, die den Gebrauch der Bestandsache einschränken oder ausschließen, nicht zur Mietzinsminderung berechtigt: Feuer- und Wasserschäden, Wetterschläge, Seuchen *[und •]*. Im Gegenzug wird der Mietzins um € *[•]* pro m^2 Nutzfläche reduziert.
- ☐ Es findet keine Einschränkung von § 1104 ABGB und keine Mietzinsreduktion statt.

Grundsätzlich hat der Mieter bei Gebrauchsbeeinträchtigungen aufgrund außerordentlicher Zufälle gemäß § 1104 ABGB das Recht, Mietzinsminderung zu begehren. Nachdem § 1104 ABGB nicht zwingend ist, kann eine hiervon abweichende Gefahrtragungsregel vereinbart werden.[123] Wann eine solche Überwälzung aufgrund einer Übervorteilung des Mieters unwirksam ist, ist höchstgerichtlich nicht exakt geklärt. Derartige Klauseln „halten" vor Gericht eher, wenn

121 RIS-Justiz RS0020947.
122 Siehe hierzu *Böhm*, immolex 2007, 134 (136).
123 *Binder/Pesek* in *Schwimann/Kodek*[4] § 1104 ABGB Rz 7; *Höllwerth* in GeKo Wohnrecht I § 1104 ABGB Rz 8 mwN.

- sie gemeinsam mit dem Mieter im Einzelnen ausgehandelt wurden (und nicht in AGB oder vorgefertigten Vertragsformblättern enthalten sind);
- nicht pauschal auf sämtliche außerordentlichen Zufälle verwiesen wird, sondern einzelne Fallgruppen genannt werden;
- im Gegenzug zu dieser Risikoüberwälzung eine mietergünstige Vereinbarung (etwa ein niedrigerer Mietzins) vereinbart wird.[124]
- Wie ausgeführt, „hält" eine Klausel auch eher, wenn sie im Einzelnen ausgehandelt und daher nicht als AGB einzuordnen ist. Die Judikatur ist dabei streng: So reicht es dafür nicht aus, dass die Klausel besprochen wird.[125] Auch eine Auswahlmöglichkeit zwischen vorformulierten Klauseln ändert noch nichts an deren Eigenschaft als AGB.[126] Vielmehr muss der Verwender der *Vertragsbestimmungen „zu einer Änderung der von ihm verwendeten Textierung erkennbar bereit gewesen sein."*[127] In der Praxis wird dies regelmäßig schwer zu beweisen sein. Denkbar ist etwa die Anfertigung eines Verhandlungsprotokolls zu diesem Zweck.

5.9. Die Mieterin ist verpflichtet, sämtliche Schäden, die sie selbst oder eine ihr zuzurechnende Person (wie gebetene Gäste, Mitbewohner, Gehilfen, Kunden oder Angestellte) schuldhaft verursacht haben, ohne Verzögerungen und auf eigene Kosten von einem befugten Unternehmen beheben zu lassen. Dies gilt insbesondere auch für Schäden, die aus einer schuldhaften Verletzung der Wartungs-, Instandhaltungs- bzw. Anzeigepflicht des Mieters entstanden sind.

Die Klausel oben entspricht ohnehin der Rechtslage und hat daher primär klarstellenden Charakter. Der OGH hat die Wirksamkeit einer solchen Klausel daher bejaht.[128]
Unwirksam ist hingegen eine (auf den ersten Blick sehr ähnliche) Klausel, nach welcher der Mieter gegenüber dem Vermieter *„für jede Beschädigung des Mietgegenstandes und der Gemeinschaftseinrichtungen verantwortlich und zur Schadensbehebung verpflichtet [ist], soweit die Beschädigung durch ihn, seine Angehörigen oder Besucher verursacht wurde."*[129]
Der Grund für die Unwirksamkeit dieser Klausel steckt im Detail: Nach dem OGH ist die Formulierung so weit gefasst, dass auch Schäden darunter fallen, die nicht schuldhaft (also nicht in vorwerfbarer Art und Weise) verursacht wurden.

124 *Höllwerth* in GeKo Wohnrecht I § 1106 ABGB Rz 1.
125 OGH 23.4.2009, 8 Ob 164/08p.
126 OGH 29.5.2012, 9 Ob 69/11d.
127 Vgl *Apathy/Frössel* in *Schwimann/Kodek*[5] § 6 KSchG Rz 3 mwN.
128 OGH 21.11.2017, 6 Ob 181/17m (8. Klausel-E).
129 OGH 11.10.2006, 7 Ob 78/06f (1. Klausel-E).

5.10. Die Mieterin hat allfällige Wiederherstellungsmaßnahmen so zeitgerecht durchzuführen, dass diese mit Beendigung des Vertragsverhältnisses abgeschlossen sind. Für die Dauer der Überschreitung dieser Frist ist der vereinbarte Bruttomietzins von der Mieterin zu zahlen.

Die Regelung soll Druck auf den Mieter aufbauen, seinen Wiederherstellungspflichten nachzukommen, bevor das Mietobjekt übergeben wird: Solange allfällige Schäden nicht behoben sind, ist der Mietzins weiter zu bezahlen. Sollte der Mieter die Schadensbehebung jedoch endgültig verweigern, kann der Vermieter nicht „bis in alle Ewigkeit" untätig bleiben und weiterhin die Bezahlung des Mietzinses einfordern. Vielmehr gebietet es Treu und Glauben, dass der Vermieter die Schäden in angemessener Frist selbst beheben lässt – wobei die Kosten selbstverständlich vom Mieter zu tragen sind.[130]
Der OGH hatte sich mit einer vergleichbaren Klausel im Zusammenhang mit einer Geschäftsraummiete zu beschäftigen, wobei deren (Un-)wirksamkeit vom OGH nicht zu prüfen war.[131] Denkbar ist es daher, dass Gerichte deren Verwendung etwa bei Wohnungsmieten von Konsumenten kritisch gegenüberstehen.[132]

5.11. Die Präklusivfrist des § 1111 ABGB wird einvernehmlich abbedungen.

§ 6 UMFANG DES BENÜTZUNGSRECHTS

6.1. Das Benützungsrecht der Mieterin erstreckt sich auf einen pfleglichen, möglichst schonenden Gebrauch des Mietgegenstands.
6.2. Das Mietobjekt darf ausschließlich zu dem im Deckblatt angeführten Zweck genutzt werden, widrigenfalls die Vermieterin zur Geltendmachung von Unterlassungsansprüchen berechtigt ist.

In der Praxis wird oft versucht, eine vom Vertragszweck abweichende Verwendung des Mietgegenstandes als Kündigungsgrund zu vereinbaren. Eine solche Vereinbarung ist nach der Judikatur jedoch unwirksam, solange der Mieter den Mietgegenstand zu einem „gleichwertigen" Zweck nützt.[133] Häufig wird es eine solche explizite Vereinbarung eines Kündigungsgrundes jedoch ohnehin nicht brauchen:

130 OGH 16.7.2002, 4 Ob 147/02z.
131 OGH 16.7.2002, 4 Ob 147/02z.
132 Vgl auch *Lovrek* in *Rummel/Lukas*[4] § 1111 Rz 1, welche die Klausel als Vertragsstrafe qualifiziert. Dies hat zur Folge, dass ein Richter die Höhe der Vertragsstrafe je nach Einzelfall mindern kann (§ 1336 Abs 2 ABGB).
133 OGH 1.10.1996, 4 Ob 2261/96w.

- Sollte der Mieter das Mietobjekt für geschäftliche Zwecke verwenden, die gesellschaftlich verwerflich sind und wichtige Interessen des Vermieters beeinträchtigen (zB bordellähnlicher Betrieb),[134] kommt eine Kündigung wegen erheblich nachteiligem Gebrauch in Betracht (§ 30 Abs 2 Z 3 MRG).
- Sollte der Mieter das Objekt für Zwecke nutzen, die mit dem vereinbarten geschäftlichen Zweck gar nichts zu tun haben (zB Verwendung des Büroraumes als Wohnung), ist eine Kündigung wegen Nichtbenützung der Geschäftsräume möglich (§ 30 Abs 2 Z 7 MRG).

Darüber hinaus kann eine abweichende widmungswidrige Nutzung bei entsprechender Vertragsgestaltung ohnehin zu Unterlassungsansprüchen des Vermieters führen.[135]

6.3. Die teilweise oder gänzliche Untervermietung oder sonstige Weitergabe des Mietgegenstands ist untersagt. Dieses Verbot wird durch eine Reduktion des Mietentgelts in Höhe von monatlich € *[•]* abgegolten. Diese Mietzinsreduktion ist in den Hauptmietzins gemäß § 3 dieses Vertrags bereits eingeflossen.

Die Möglichkeit, das Bestandobjekt unterzuvermieten, gehört im MRG-Teilanwendungsbereich zum Gebrauchsrecht des Mieters. Ein Ausschluss dieses Rechts ist jedoch grundsätzlich möglich. Allerdings ist darauf zu achten, dass ein solches Untermietverbot nicht wegen Übervorteilung des Mieters unwirksam ist.[136] Es empfiehlt sich daher, eine Gegenleistung im Sinne einer Mietzinsreduktion zu vereinbaren[137] und das Untermietverbot mit dem Mieter im Einzelnen auszuhandeln. Aus (beweis-)taktischer Sicht empfiehlt sich die Anfertigung eines kurzen Gesprächsprotokolls.

6.4. Die Mieterin ist zur Mitbenützung folgender allgemeiner Teile der Liegenschaft berechtigt:*[•]* Darüber hinaus bestehen keine allgemeinen Flächen, zu deren Mitbenützung die Mieterin berechtigt ist.

6.5. Die Mieterin ist berechtigt, eine Tafel bis zu einer Größe von *[•]* cm × *[•]* cm an der Außenfassade im Bereich *[•]* anzubringen. An anderen Stellen ist das Anbringen von Tafeln und Reklameschildern oder Ähnlichem untersagt.

134 OGH 18.2.1992, 5 Ob 501/92.
135 *Böhm*, Miete und Konsumentenschutz (Teil III), immolex 2007, 166 (168 f).
136 *Lovrek* in *Rummel/Lukas*, ABGB[4] § 1098 Rz 48.
137 *Denk*, wobl 2016, 205 (210).

Nach dem OGH ist eine in AGB oder Vertragsformblättern enthaltene Klausel unwirksam, nach welcher es *„dem Vermieter vorbehalten ist, über diese nicht in Bestand gegebenen Flächen und Einrichtungen, in welcher Form auch immer, zu verfügen und zu entscheiden."* Schließlich stünde es dem Vermieter nach dieser Formulierung frei, ohne Bedachtnahme auf die Mieterinteressen Grünanlagen abzuzäunen, Gehwege zu sperren oder das ortsübliche Anbringen von Schildern zu verbieten.[138]

6.6. Das Halten von Haustieren im Mietobjekt ist – abgesehen von artgerecht in Behältnissen gehaltenen Kleintieren, die auch in Wohnungen üblicherweise gehalten werden – untersagt.

Laut dem OGH ist ein formularmäßiges Haustierverbot unwirksam, wenn es keine Ausnahme für artgerecht in Behältnissen gehaltene wohnungsübliche Kleintiere enthält. Bei anderen Tieren könne dem Vermieter ein schützenswertes Interesse an einem Verbot aber nicht abgesprochen werden.[139]

6.7. Die Mieterin hat der Vermieterin bzw. ihr zurechenbaren Personen den Zutritt zum Mietobjekt bei Vorliegen wichtiger Gründe zu gestatten. Als wichtiger Grund in diesem Sinne wird ausdrücklich definiert: *[•]*

Sind bereits bei Vertragsabschluss besondere Umstände bekannt, welche die Vermieterin zum Betreten des Mietobjekts berechtigen sollen, sind diese zur Vermeidung von Streitigkeiten schon in den Vertrag aufzunehmen. Unabhängig von einer solchen Vertragsbestimmung dürfen Dritte das Mietobjekt nach der Judikatur betreten,

- wenn dies zur ***Erhaltung des Bestandobjekts*** erforderlich ist
- wenn zur ***Ausübung der notwendigen Aufsicht über das Haus*** erforderlich ist;[140]
- wenn ***Kauf- oder Mietinteressenten*** das Mietobjekt in zumutbarem Ausmaß besichtigen wollen.[141]

Ein uneingeschränktes und grundloses Besichtigungsrecht in AGB oder Vertragsformblättern nach folgender Formulierung ist gröblich benachteiligend und daher unwirksam: *„Der Vermieter und die von ihm beauftragten Personen sind berechtigt, den Mietgegenstand gegen Vorankündigung zu besichtigen."*[142]

138 OGH 21.11.2017, 6 Ob 181/17m (8. Klausel-E).

139 OGH 22.12.2010, 2 Ob 73/10i (4. Klausel-E); zum Teil wird jedoch auch argumentiert, dass ein Hunde- oder Katzenhaltungsverbot grundsätzlich unwirksam sei und einer besonderen Rechtfertigung bedürfe, siehe *Rosifka*, immolex 2022, 140.

140 RIS-Justiz RS0021509.

141 RIS-Justiz RS0024657.

142 OGH 11.10.2006, 7 Ob 78/06f (1. Klausel-E).

§ 7 ÄNDERUNGEN DES BESTANDOBJEKTS

7.1. Die Mieterin hat nach Maßgabe von § 7.4. Anspruch auf die Durchführung von für die vereinbarungsgemäße Verwendung des Mietobjekts erforderlichen unwesentlichen Änderungen, die leicht zu beseitigen sind und keine wichtigen Interessen der Vermieterin, insbesondere durch Verletzung der Substanz oder der äußeren Erscheinung des Hauses oder anderer Mieter, beeinträchtigen.

7.2. Ausdrücklich gestattet sind die folgenden baulichen Maßnahmen: *[•]*

7.3. Eine Verletzung der wichtigen Interessen der Vermieterin würde insbesondere aus folgenden Maßnahmen resultieren, die folglich untersagt sind: *[•]*

7.4. Die Vermieterin ist zur Duldung der von der Mieterin beabsichtigten Änderungen in jedem Fall nur verpflichtet, wenn ihr vorher der Umfang, die Art und nähere Beschaffenheit, der zu beauftragende Professionist und der Zeitraum der vorzunehmenden Arbeiten bekanntgegeben wurden und eine angemessene Frist zur Beurteilung der Maßnahmen eingeräumt wurde.

Sowohl die vorangehende allgemeine Bestimmung zum Recht auf Änderungen des Mietgegenstands[143] als auch die Pflicht zur vorherigen Bekanntgabe der konkreten Arbeiten[144] und der zu beauftragenden Professionisten[145] entsprechen im Wesentlichen der Judikatur. Zur Vermeidung von Streitigkeiten empfiehlt es sich, bestimmte Arbeiten zu definieren, welche die Interessen des Vermieters verletzen und daher jedenfalls zu unterlassen sind, und umgekehrt bestimmte Arbeiten ausdrücklich als erlaubt zu deklarieren.

7.5. Hat die Vermieterin im Zusammenhang mit baulichen Änderungen Unterlagen zu unterfertigen, erfolgt keine Prüfung dieser Unterlagen durch die Vermieterin. Die Vermieterin gibt keine Haftung für die Richtigkeit, Umsetzbarkeit oder Rechtmäßigkeit der Unterlagen ab.

Möchte der Mieter vertragskonforme Änderungen durchführen, ist der Vermieter nach der Judikatur auch verpflichtet, Baubewilligungsanträge sowie Anträge auf Gewährung einer dafür zur Verfügung stehenden Förderungsmaßnahme zu unterfertigen.[146] Die Klausel soll eine ungewünschte Haftung des Vermieters in diesem Zusammenhang vermeiden.

---

143 RIS-Justiz RS0020707 (T4).
144 RIS-Justiz RS0067936 (T3).
145 *Höllwerth* in GeKo Wohnrecht I § 1098 ABGB Rz 29.
146 *Höllwerth* in GeKo Wohnrecht I § 1098 ABGB Rz 25; LGZ Wien 6.5.1982, 41 R 218/82.

7.6. Hinsichtlich der Mieterin zurechenbaren, schuldhaft verursachten Schäden, die im Zuge von Veränderungen auftreten, hat die Mieterin die Vermieterin schad- und klaglos zu halten.

§ 8 (ERHALTUNGS-)PFLICHTEN DES MIETERS

8.1. Die Mieterin treffen sämtliche in § 8 MRG festgelegten Wartungs- und Instandhaltungspflichten. Die Mieterin hat daher den Mietgegenstand und die für den Mietgegenstand bestimmten Einrichtungen, wie im Besonderen die Lichtleitungs-, Gasleitungs-, Wasserleitungs-, Beheizungs- (einschließlich von zentralen Wärmeversorgungsanlagen) und sanitären Anlagen so zu warten und, soweit es sich nicht um die Behebung von ernsten Schäden des Hauses oder um die Beseitigung einer erheblichen Gesundheitsgefährdung handelt, so instand zu halten, dass der Vermieterin und den anderen Mietern des Hauses kein Nachteil erwächst.

Wie oben (Teil II, Punkt 3.) ausgeführt, treffen den Vermieter im MRG-Teilanwendungsbereich gemäß § 1096 Abs 1 Satz 1 ABGB umfassende Erhaltungspflichten. Allerdings ist § 1096 Abs 1 Satz 1 ABGB keine zwingende Regelung. Daher kann grundsätzlich vereinbart werden, dass diese Erhaltungspflichten teilweise auf den Mieter überwälzt werden.
Im MRG-Vollanwendungsbereich trägt der Mieter schon nach dem Gesetz einen Teil der Erhaltungspflichten (§ 8 MRG). Nachdem das MRG allgemein einen starken Schutz für den Mieter bietet, ist es daher im Teilanwendungsbereich jedenfalls zulässig, zumindest diese Pflichten auf den Mieter zu überwälzen.[147] Zum Umfang der Erhaltungspflichten des Mieter nach § 8 MRG siehe Teil IV, Punkt 6.4.1.

8.2. Die Mieterin ist ferner zur umfänglichen Wartung und Instandhaltung sämtlicher von ihr selbst – etwa im Rahmen ihres Änderungsrechts gemäß § *//[•]* – hergestellter oder eingebrachter Teile verpflichtet, insoweit die Mieterin nicht zur Wiederherstellung des ursprünglichen Zustands nach Beendigung des Mietvertrags verpflichtet ist.

8.3. Darüber hinaus ist die Mieterin zur Wartung und Instandhaltung folgender Teile verpflichtet: *[•]* Die Intervalle und der Umfang der jeweiligen Wartungs- und Instandhaltungsarbeiten ergibt sich aus dem Wartungskatalog (Beilage *./[•]*).

8.4. Die vertraglich überbundenen Erhaltungspflichten der Mieterin gemäß *[•]* werden durch eine Reduktion des Mietentgelts in Höhe von monatlich € *[•]* abgegolten. Diese Mietzinsreduktion ist in den Hauptmietzins gemäß § 3 dieses Vertrags bereits eingeflossen.

---

147 *Pesek*, wobl 2021, 253 (266); *Lovrek* in *Rummel/Lukas*, ABGB^4 § 1096 Rz 85.

Wie oben (Teil II, Punkt 3. ausgeführt, ist bei der Überwälzung von Erhaltungspflichten Vorsicht geboten, da bei einer Übervorteilung des Mieters die Unwirksamkeit der Klausel droht. Vor diesem Hintergrund empfiehlt es sich, die Erhaltungspflichten mit dem Mieter im Einzelnen auszuhandeln und dabei zu besprechen, ob und für welche Mietzinsreduktion der Mieter bereit ist, die Erhaltungspflichten zu übernehmen. Ein kurzes Gesprächsprotokoll kann Beweisfragen darüber erleichtern, ob es tatsächlich zu einer Aushandlung der Klausel kam.
Welche konkreten Teile des Mietobjekts vom Mieter selbst zu erhalten sind, sollte auf das jeweilige Objekt abgestimmt werden. Eine pauschale Überwälzung sämtlicher Erhaltungsarbeiten ist mit hoher Wahrscheinlichkeit unwirksam.

8.5. Verletzt die Mieterin ihre Instandhaltungspflichten, kann die Vermieterin die erforderlichen Erhaltungs- oder Wartungsarbeiten nach fruchtlosem Verstreichen einer angemessenen Nachfrist selbst vornehmen lassen. Die erforderlichen Kosten für eine solche Ersatzvornahme hat die Mieterin zu tragen.

Die Klausel dient vornehmlich der Klarstellung. Es entspricht der Rechtslage, dass der Vermieter auch den streitigen Rechtsweg bestreiten könnte, wenn der Mieter seine Erhaltungspflichten nicht wahrnimmt. In Frage kommt eine Klage auf

- Durchführung der Arbeiten durch den Mieter,
- Duldung der Ersatzvornahme durch den Vermieter und Ersatz der Kosten sowie
- Ersatz für bereits entstandene Schäden.[148]

8.6. Die Mieterin ist verpflichtet, eine angemessene Betriebshaftpflichtversicherung mit ausreichender Deckung abzuschließen.

Angesichts der jüngeren Judikatur ist bei Abschluss solcher – in der Praxis weit verbreiteter – Klauseln auf den konkreten Kontext zu achten: So hielt das OLG Wien fest, dass der Vermieter ohnehin durch die Kaution abgesichert sei, weshalb die Pflicht des Mieters zum Abschluss einer Versicherung durch besondere Umstände gerechtfertigt sein müsse, wie *etwa „einen besonders hohen Wert des mitvermieteten Inventars"*.[149]

148 Vgl zum Vollanwendungsbereich *Würth* in *Rummel* ABGB³ § 8 MRG Rz 2.

149 OLG Wien 30.9.2021, 4 R 32/21p; die E betraf jedoch einen dem KSchG und dem MRG-Vollanwendungsbereich unterliegenden Wohnungsmietvertrag mit einer Pflicht zum Abschluss einer Haushaltsversicherung *„mit einer inkludierten Haftpflichtversicherung"*; siehe hierzu *Prader*, immolex 2022, 138 (138 f).

8.7. Werden Ausbesserungen nötig, welche der Bestandgeberin obliegen, so ist die Bestandnehmerin verpflichtet, der Bestandgeberin ohne Verzug Anzeige zu machen, widrigenfalls die Bestandnehmerin den hierdurch eintretenden Schaden zu ersetzen hat und ihr Recht auf Mietzinsminderung sowie Vertragsauflösung gemäß § 1117 ABGB verliert. Ferner entfällt die Behebungspflicht der Vermieterin und die Mieterin trifft die Pflicht zur Behebung der Mängel.

Der erste Satz dieser Klausel hat primär klarstellende Wirkung, da die Anzeigepflicht des Mieters ohnehin in § 1097 ABGB festgelegt ist. Auch die daraus folgende Schadenersatzpflicht und der Verlust des Rechts auf Mietzinsminderung bzw sofortige Vertragsauflösung ergeben sich bereits aus dem Gesetz.[150] Die Überwälzung der Erhaltungspflicht im zweiten Satz kann nach der Literatur zumindest außerhalb des MRG-Vollanwendungsbereichs wirksam vereinbart werden.[151]

§ 9 RÜCKSTELLUNG DES MIETOBJEKTES

9.1. Nach Beendigung des Mietverhältnisses hat die Mieterin das Mietobjekt im ordnungsgemäßen Zustand, von sämtlichen Fahrnissen geräumt, besenrein an die Vermieterin zurückzustellen. Die übliche Abnützung des Mietobjekts ist nicht zu beheben.

Der Bestandnehmer muss für die durch den vertragsmäßigen Gebrauch bewirkte Abnutzung des Bestandgegenstandes nicht aufkommen, da diese nach der Judikatur bereits bei der Mietzinsbildung berücksichtigt ist.[152]
Die Judikatur ist in dieser Hinsicht äußerst streng: Eine in AGB oder Vertragsformblättern enthaltene Bestimmung, mit welcher der Mieter angehalten werden soll, auch gewöhnliche Abnützungserscheinungen zu beheben, ist demnach gröblich benachteiligend und daher sittenwidrig. Es gilt auch für eine Klausel, nach welcher der Mieter das Mietobjekt *„in ordnungsgemäßem Zustand, das heißt wie bei Mietbeginn übernommen"* zurückzustellen hat.[153]

9.2. Die Mieterin hat die von ihr vorgenommenen Änderungen (ausgenommen notwendigen Aufwendungen) nach Wahl der Vermieterin bei Rückstellung des Mietobjekts auf eigene Kosten zu entfernen oder im Mietobjekt zu belassen. Entscheidet sich die Vermieterin dafür, dass die

150 *Höllwerth* in GeKo Wohnrecht I § 1097 ABGB Rz 9.
151 *Prader*, wobl 2005/32.
152 RIS-Justiz RS0020760.
153 OGH 22.12.2010, 2 Ob 73/10i (4. Klausel-E).

Änderungen nicht zu entfernen sind, so erwirbt sie hierdurch Eigentum an den Änderungen, sofern diese nicht bereits in ihrem Eigentum stehen.

Grundsätzlich hat der Mieter das Recht zu entscheiden, ob er nützliche Änderungen nach Vertragsende im Mietobjekt belässt oder diese entfernt. Dieses Wahlrecht des Mieters kann jedoch einvernehmlich abbedungen werden.[154]

9.3. Die Mieterin hat keinen Ersatzanspruch für die von ihr vorgenommenen Investitionen, sofern es sich nicht um notwendige Aufwendungen handelt.

Nach der Judikatur kann der Mieter im ABGB-Anwendungsbereich wirksam auf einen Ersatz für seine getätigten Investitionen verzichten. Dabei sind folgende Grundsätze zu beachten:

- Relativ unproblematisch ist ein solcher Verzicht, wenn es bloß um sogenannte ***„nützliche Aufwendungen"*** geht[155] – also solche Investitionen, die nicht in den Aufgabenbereich der Vermieters fallen.[156]
- Problematisch ist ein Verzicht jedoch in Hinblick auf sogenannte ***„notwendige Aufwendungen"***. Darunter fallen vor allem Maßnahmen, die in den Aufgabenbereich des Vermieters fallen und vom Mieter im Sinne der „Selbsthilfe" vorgenommen wurden.[157] Auch für solche Aufwendungen kann zwar grundsätzlich auf einen Investitionsersatz verzichtet werden, jedoch nur insoweit, als überhaupt auch eine Überwälzung der Erhaltungspflichten auf den Mieter hätte vereinbart werden können.[158] Es liegt daher nahe, gleich die betreffenden Erhaltungspflichten auf den Mieter zu überwälzen.
- Für die Wirksamkeit eines Verzichts ist stets erforderlich, dass der Mieter die Möglichkeit haben muss, die selbst getätigten Investitionen auch zeitlich und umfänglich zu ***nützen***.[159] Die Rechtsprechung hat die Wirksamkeit eines Verzichts auf Investitionsersatz etwa bei Vorliegen eines fünfzehnjährigen Kündigungsverzichts der Vermieterin bejaht.[160]

9.4. Die Mieterin hat jedoch auch Anspruch auf Ersatz für jene nützlichen Aufwendungen, die sie wegen der Überwälzung der Erhaltungspflichten in § 8.3. getätigt hat.

154 Vgl *Höllwerth* in GeKo Wohnrecht I § 1097 ABGB Rz 41.
155 RIS-Justiz RS0020595; RIS-Justiz RS0021155.
156 *Lovrek* in *Rummel/Lukas*, ABGB⁴ § 1097 Rz 30.
157 OGH 11.10.2006, 7 Ob 78/06f (1. Klausel-E).
158 RIS-Justiz RS0021155.
159 RIS-Justiz RS0024045.
160 OGH 17.7.2018, 4 Ob 123/18v.

Wie in Teil II, Punkt 3. festgehalten, würde es der Wirksamkeit einer Überwälzung von Erhaltungspflichten entgegenstehen, wenn der Mieter keinen Ersatz für die von ihm getätigten Investitionen erhält. Die obenstehende Klausel soll also dazu dienen, dass die Überwälzung von Erhaltungspflichten eher „hält".

9.5. Die Zurücklassung einzelner Fahrnisse durch die Mieterin hindert nicht die Zurückstellung des Mietgegenstands. Die Vermieterin ist bei Weigerung der Entfernung durch die Mieterin berechtigt, die zurückgelassenen Fahrnisse zu verwahren oder nach Setzung einer angemessenen Nachfrist zu entsorgen.

9.6. Sämtliche der Mieterin zuzurechnenden, schuldhaft verursachten Schäden, die aus Verzögerungen der Übergabe oder Entfernung von Fahrnissen resultieren, hat die Mieterin zu ersetzen.

Diese Klauseln dienen primär der Klarstellung. Auch ohne eine solche Klausel wird vertreten, dass dem Vermieter hinsichtlich der objektbelassenen Sachen Schadenersatzansprüche in Richtung notwendige Entsorgungskosten bzw eingeschränkte oder verzögerte Verwertbarkeit des Mietgegenstandes zustehen.[161]

§ 10 KAUTION

10.1. Die Mieterin ist verpflichtet, binnen *[•]* Tagen nach Vertragsunterfertigung eine Kaution nach Maßgabe der folgenden Bestimmungen zu leisten.

10.2. Das Zustandekommen des gegenständlichen Mietvertrags steht unter der aufschiebenden Bedingung der Leistung der Kaution.

Der Vermieter den Mieter im streitigen Rechtsweg auf Übergabe der Kaution klagen.[162] Der Nichterlag der Kaution ist jedoch kein Kündigungsgrund gemäß § 30 Abs 2 MRG und kann auch nicht wirksam als Kündigungsgrund vereinbart werden.[163] Möchte der Vermieter ein erhöhtes Maß an Sicherheit für den Erlag der Kaution sicherstellen, kann der Erlag der Kaution als aufschiebende Bedingung für das Zustandekommen des Mietvertrags festgelegt werden.[164]

161 *Kuprian*, Der Mietvertrag[3] Besonderer Teil V. Rz 161a.
162 Schinnagl in GeKo Wohnrecht I § 16b MRG Rz 15.
163 LG für ZRS Wien 18.12.2012, 40 R 487/11f.
164 OGH 28.5.2008, 7 Ob 112/08h.

10.3. Die Kaution beträgt € *[•]* (in Worten: *[•]* Euro) und ist
[als abstrakte, unbefristete Bankgarantie eines Österreichischen Geldinstitutes in Höhe des Kautionsbetrages]
[als Sparbuch]
[als Überweisung auf das Konto lautend auf [•] mit dem IBAN *[•]*]
zu leisten.

10.4. Die Höhe der Kaution von *[> 6]* Bruttomonatsmieten begründet sich aus folgenden Umständen: *[•]*

10.5. *[Bei vereinbarter Bankgarantie]*: Sollte eine Beendigung der Bankgarantie – aus welchem Grunde auch immer – im Raum stehen, ist die Mieterin verpflichtet, vor zumindest zwei Wochen vor deren Beendigung eine Verlängerung beizubringen, widrigenfalls die Bankgarantie in Anspruch genommen werden kann.

Wie oben (Punkt 6.) festgehalten, bestehen keine ausdrücklichem gesetzlichen Regelungen zum maximalen Höchstbetrag von Kautionen, wobei sich in der Judikatur Anhaltspunkte finden, die im Einzelfall helfen, die zulässige Höhe der Kaution zu bestimmen.

10.6. Die Kaution dient zur Sicherung aller (auch zukünftiger) Ansprüche der Vermieterin aus dem Mietverhältnis. Die Vermieterin ist berechtigt, aber nicht verpflichtet, allfällige Bestandzinsrückstände (oder andere gesicherte Forderungen) während des Bestehens des Bestandverhältnisses aus der Kaution abzudecken.

Die Bestimmung entspricht im Wesentlichen der Judikatur und dient daher primär der Klarstellung.[165]
Vorsicht ist hingegen bei Formulierungen geboten, welche die besicherten Ansprüche des Vermieters konkret umschreiben, weil damit eine unzulässige Ausdehnung derselben einhergehen kann. So wurde etwa folgende Klausel als unwirksam erachtet: *„Sollten Reinigungs- oder Reparaturkosten anfallen, werden diese von der Kaution einbehalten […].“* Die gewöhnliche Abnützung des Bestandobjekts hat der Vermieter jedoch hinzunehmen. Der Mieter kann jedoch nicht wirksam verpflichtet werden, auch Spuren eines gewöhnlichen Gebrauchs zu beseitigen. Folglich ist auch die zitierte Klausel unwirksam.[166]

10.7. Die Mieterin trifft eine Pflicht zur dauerhaften Erhaltung des Sicherungshöchstbetrages. Die Mieterin ist daher verpflichtet, die Kaution nach jeder berechtigten Inanspruchnahme durch den Vermieter innerhalb von 14 Tagen wieder aufzufüllen.

165 OGH 6.11.2008, 6 Ob 279/07h.
166 OLG Wien 30.9.2021, 4 R 32/21p.

Nach der Judikatur ist der Mieter nach dem gesetzlichen Konzept nicht verpflichtet, die Kaution wiederaufzufüllen, wenn sie der Vermieter in Anspruch genommen hat. Allerdings kann eine solche Wiederauffüllungspflicht für Fälle der berechtigten Inanspruchnahme wirksam vereinbart werden.[167]

10.8. Die Kaution ist binnen einer angemessenen Frist nach Rückstellung des Mietgegenstandes zurückzugeben.

Der Vorteil einer flexibel definierten „angemessenen" Frist zur Rückstellung der Kaution liegt darin, Fälle zu vermeiden, in denen eine starre Frist schwieriger einzuhalten ist (etwa während der Weihnachtsfeiertage).[168]

10.9. Bestehen Ansprüche der Vermieterin aus dem Mietverhältnis, ist die Vermieterin in der Höhe dieser Ansprüche zur Aufrechnung gegen den Anspruch auf Rückzahlung der Kaution berechtigt. Die Bestreitung dieser Ansprüche durch die Mieterin hindert dieses Recht nicht.

Der Vorteil einer flexibel definierten „angemessenen" Frist zur Rückstellung der Kaution liegt darin, Fälle zu vermeiden, in denen eine starre Frist schwieriger einzuhalten ist (etwa während der Weihnachtsfeiertage).[169]
Die Kaution darf naturgemäß nur für zurecht bestehende Ansprüche des Vermieters in Anspruch genommen werden. Umstritten ist, ob der Mieter in der Lage sein soll, dem Vermieter durch das bloße Bestreiten dieser Forderung den Zugriff auf die Kaution zu „untersagen".[170]
Zu beachten ist jedenfalls, dass der Vermieter die Aufrechnung gegen den Kautionsrückstellungsanspruch zeitnahe nach Rückstellung des Bestandobjekts erklären muss.[171] Wie diese Aufrechnung zu erfolgen hat, ist im Einzelfall kompliziert und hängt unter anderem davon ab, welches Kautionsmittel vereinbart wurde.[172]

§ 11 PÖNALE

11.1. Zur Absicherung des Verbots der Verwendung des Mietobjekts zu vertraglich nicht vereinbarten Zwecken (§ 6.2.) wird eine Vertragsstrafe in Höhe von € *[•]* pro Tag, in welchem gegen dieses Verbot verstoßen wird, vereinbart. Die Pönale ist mit € *[•]* begrenzt.

---

167 OGH 26.4.2011, 8 Ob 126/10b.
168 *Prader*, immolex 2009, 134 (135).
169 *Prader*, immolex 2009, 134 (135).
170 *Schinnagl* in GeKo Wohnrecht I § 16b MRG Rz 51.
171 *Schinnagl* in GeKo Wohnrecht I § 16b MRG Rz 51 Fn 110.
172 Siehe zum Teilanwendungsbereich die Übersicht bei *Kuprian*, Der Mietvertrag[3] Besonderer Teil VIII. Rz 305a.

11.2. Zur Absicherung des Verbots der Weitergabe des Mietobjekts (§ 6.3.) wird eine Vertragsstrafe in Höhe von € *[•]* pro Tag, in welchem gegen dieses Verbot verstoßen wird, vereinbart. Die Pönale ist mit € *[•]* begrenzt.

11.3. Zur Absicherung der Pflicht zur Rückstellung des Mietobjekts (§ 9.1.) wird eine Vertragsstrafe in Höhe von € *[•]* pro Tag, in welchem der Mieter in Verzug gerät, vereinbart. Die Pönale ist mit € *[•]* begrenzt.

11.4. Sonstige Möglichkeiten, gegen die genannten vertraglichen Verbote vorzugehen oder Ersatz für die verursachten Schäden zu begehren, bleiben von den vorgenannten Vertragsstrafen unberührt.

Um für den Mieter einen zusätzlichen Anreiz zu schaffen, die oben genannten vertraglichen Pflichten einzuhalten, wird die Vereinbarung von Pönalbestimmungen empfohlen.[173] Die (vereinzelte) bestandsrechtliche Judikatur äußert anlassbezogen zumindest keine ausdrücklichen Vorbehalte gegen solche Vereinbarungen.[174] Um sicherzustellen, dass solche Bestimmungen „halten", sollten diese im Übrigen im Einzelnen ausgehandelt werden und hierüber sollte zu Beweiszwecken ein Protokoll angefertigt werden.[175]

§ 12 SCHLUSSBESTIMMUNGEN

12.1. Die mit der schriftlichen Errichtung des Mietvertrages verbundene gesetzliche Rechtsgeschäftsgebühr (Bestandvertragsgebühr) beträgt € *[•]* und wird von der Mieterin getragen. Die Rechtsgeschäftsgebühr ist binnen einer Woche, spätestens jedoch bei Übergabe des Bestandobjekts auf das Konto der Vermieterin, lautend auf *[•]*, IBAN *[•]* zu überweisen.

Nach dem OGH ist die Überwälzung der Rechtsgeschäftsgebühr auf den Mieter zulässig. In der zu beurteilenden Klausel war – wie auch im Beispiel oben – der genaue Betrag der Rechtsgeschäftsgebühr angegeben.[176] Problematisch sind hingegen Klauseln, mit welchen der Mieter ganz allgemein und ohne Angabe eines Betrags die *„mit der Errichtung und Vergebührung dieses Mietvertrags verbundenen Kosten und Gebühren, insbesondere der Rechtsgeschäftsgebühr"* zu tragen hat. Nach dem OGH ist diese Formulierung intransparent und daher bei Verbrauchergeschäften unwirksam.[177]

173 *Kuprian*, Der Mietvertrag[3] Besonderer Teil VII. Rz 267.
174 Vgl iZm Rückgabeverpflichtung RIS-Justiz RS0025177; iZm Untermietverboten 31.5.1951, 2 Ob 64/51.
175 *Böhm*, immolex 2007, 166 (170).
176 OGH 21.11.2017, 6 Ob 181/17m (8. Klausel-E).
177 OGH 11.10.2006, 7 Ob 78/06f (1. Klausel-E).

12.2. Gegen Forderungen des Vermieters aus diesem Vertrag kann die Mieterin nicht aufrechnen, außer für den Fall der Zahlungsunfähigkeit der Vermieterin oder hinsichtlich jener Gegenforderungen, die im rechtlichen Zusammenhang mit der Verbindlichkeit der Mieterin stehen, die gerichtlich festgestellt oder die von der Vermieterin anerkannt worden sind.

Grundsätzlich kann auch in Mietverträgen (und auch solchen, die dem KSchG unterliegen) ein Aufrechnungsverbot vereinbart werden. Die umfassenden Einschränkungen in der obenstehenden Klausel ergeben sich aus den Vorgaben des § 6 Abs 1 Z 8 KSchG.[178] Gegen § 6 Abs 1 Z 8 KSchG sowie das Verbot eines Vorausverzichts auf eine Mietzinsminderung verstößt nach der Judikatur folgende Klausel: *„Der Mieter verzichtet ausdrücklich darauf, gegen Forderungen des Mietentgeltes gemäß Punkt V des Mietvertrags eigene Geldforderungen aufrechnungsweise einzuwenden oder das Mietentgelt aus welchem Grund immer zurückzubehalten."*[179]

12.3. Die Mieterin sichert zu, dass die Voraussetzungen für eine allfällig erforderliche grundverkehrsbehördliche Genehmigung für die Verwendung des Bestandobjekts vorliegen und ist verpflichtet, eine solche so rechtzeitig einzuholen, dass keine Verzögerungen mit der Abwicklung des gegenständlichen Vertrags entstehen. Die Mieterin hat der Vermieterin sämtliche schuldhaft verursachten Schäden zu ersetzen, die durch die Unrichtigkeit dieser Zusage oder eine nicht rechtzeitige Einholung der grundverkehrsbehördlichen Genehmigung entstehen.

Ob eine grundverkehrsrechtliche Genehmigung erforderlich ist, bestimmt sich nach dem jeweils anwendbaren Landesrecht. Die Klausel ist vor allem für Wohnungsmietverträge von ausländischen Personen relevant, kann jedoch auch bei „gemischten" Wohnungs- und Geschäftsraummieten einschlägig werden.[180]

12.4. Der Energieausweis des Bestandobjekts gemäß Energieausweis-Vorlage-Gesetz 2012 liegt diesem Vertrag als Beilage *./[•]* bei.

Das EAVG 2012 sieht einige Pflichten vor, die gerade auch beim Abschluss von Mietverträgen relevant sind:
So hat der Vermieter eines Gebäudes dem Mieter gemäß § 4 Abs 1 EAVG 2012 rechtzeitig vor Abgabe (!) der Vertragserklärung des Mieters einen zu

178 *Böhm*, immolex 2007, 166 (170).
179 OGH 11.10.2006, 7 Ob 78/06f (1. Klausel-E).
180 RIS-Justiz RS0113254.

diesem Zeitpunkt höchstens zehn Jahre alten ***Energieausweis vorzulegen*** und ihm diesen oder eine vollständige Kopie desselben binnen 14 Tagen nach Vertragsabschluss auszuhändigen. Gewisse Erleichterungen sieht § 4 Abs 2 EAVG 2012 vor, wenn es nicht um ein ganzes Gebäude, sondern bloß um ein Nutzungsobjekt geht.
Die rechtzeitige Vorlage eines Energieausweises ist auch für den Vertragsinhalt essentiell: Wird dem Mieter entgegen § 4 EAVG 2012 nicht bis spätestens zur Abgabe seiner Vertragserklärung ein Energieausweis vorgelegt, so gilt zumindest eine dem Alter und der Art des Gebäudes entsprechende Gesamtenergieeffizienz als vereinbart (§ 7 Abs 1 EAVG 2012). Zu beachten ist vor allem auch § 3 EAVG 2012, wonach bei einer ***Anzeige*** in einem Druckwerk oder einem elektronischen Medium zum Kauf der Heizwärmebedarf und der Gesamtenergieeffizienz-Faktor des Bestandobjekts anzugeben sind.

12.5. Die Hausordnung (Beilage *./[•]*) ist von der Mieterin als Teil dieses Vertrags einzuhalten. Die Mieterin haftet ferner für schuldhafte Übertretungen der Hausordnung durch ihr zuzurechnende Personen (wie insbesondere Mitbewohner, gebetene Gäste, Gehilfen, Angestellte, Kunden). Ein Recht der Vermieterin zur einseitigen Änderung der Hausordnung und des Hausbrauches besteht insoweit, als die ändernden Maßnahmen die Ausübung des Mietrechtes nicht wesentlich erschweren oder gefährden.

Nach der Judikatur bestimmt sich der Umfang des Gebrauchsrechtes zunächst nach dem Inhalt des Vertrages und der Hausordnung, *„soweit auf diese im Mietvertrag ausdrücklich verwiesen wird“*.[181] Die Betonung der Haftung des Mieters für ihm zuzurechnende Personen dient der Klarstellung. Eine zu weit gefasste Formulierung wäre indes unwirksam.[182]
Das (eingeschränkte) Änderungsrecht des Vermieters entspricht im Wesentlichen der vom OGH gebrauchten Formulierung[183] und dient daher primär der Klarstellung.

12.6. *[Bei Verbrauchergeschäften inklusive Gründungsgeschäften wegzulassen:]* Mündliche Nebenabreden und Absprachen werden durch die getroffene Vereinbarung unwirksam.

---

181 LGZ Wien 23.3.1993, 41 R 8/93; siehe auch LGZ Wien 13.3.2001, 41 R 75/01k.
182 OLG Wien 30.9.2021, 4 R 32/21p; *Prader*, immolex 2022, 138 (140).
183 RIS-Justiz RS0020982.

Zu beachten ist, dass derartige Klauseln bei Verbrauchergeschäften gemäß § 10 Abs 3 KSchG unwirksam sind. Diese Bestimmung bestimmt, dass die Rechtswirksamkeit formloser Erklärungen des Unternehmers oder seiner Vertreter zum Nachteil des Verbrauchers nicht ausgeschlossen werden kann.[184]

Allerdings sollte die Wirkung der obigen Klauseln auch außerhalb des KSchG-Anwendungsbereichs nicht überbewertet werden: So widerspricht es nach der Judikatur des OGH im Einzelfall *„den Grundsätzen des redlichen Verkehrs, wenn ein Vertragsteil dem anderen mündlich bestimmte Zusagen macht und sich hinterher auf eine damit im Widerspruch stehende Klausel der schriftlichen Urkunde beruft."*[185]

12.7. Die Beilagen sind Bestandteile des Vertrages. Allfällige Widersprüche zwischen dem gegenständlichen Dokument und den Beilagen sind zugunsten des gegenständlichen Dokuments aufzulösen.

12.8. Sollten Bestimmungen dieses Vertrages ganz oder teilweise rechtsunwirksam oder undurchführbar sein oder ihre Rechtswirksamkeit oder Durchführbarkeit später verlieren, so wird dadurch die Gültigkeit der übrigen Bestimmungen dieses Vertrages nicht berührt.

Derartige „salvatorische Klauseln" sind in allen Arten von Verträgen weit verbreitet. Die obenstehende Formulierung soll bloß die Restwirksamkeit des Vertrags sicherstellen (sogenannte „Erhaltungsklausel") und entspricht im Wesentlichen der Rechtslage.[186]

Darüber hinausgehende salvatorische Klauseln sind tendenziell problematisch. So musste der OGH etwa folgende Klausel beurteilen: *„Eine unwirksame Bestimmung ist von den Vertragspartnern durch eine andere gültige und zulässige Bestimmung zu ersetzen, die dem Sinn und Zweck der weggefallenen Bestimmung entspricht."* Der OGH hielt hierzu fest, *„dass der Zweck einer unwirksamen Bestimmung kaum denkbar durch eine zulässige Bestimmung erreicht werden kann."*[187]

12.9. Die Vertragserrichtungskosten werden von der *[Vermieterin/Mieterin]* getragen.

12.10. Die Vertragsparteien vereinbaren für sämtliche Streitigkeiten aus diesem Vertragsverhältnis die ausschließliche und alleinige Zuständigkeit des Bezirksgerichtes *[•]*.

---

184 OGH 13.1.1987, 2 Ob 523/85.

185 RIS-Justiz RS0014378 (T9).

186 *Riss*, Zwei Fragen des Transparenzgebots, ÖBA 2013, 650 (652).

187 OGH 11.10.2006, 7 Ob 78/06f (1. Klausel-E).

§ 13 DATENSCHUTZERKLÄRUNG

Die Parteien nehmen zur Kenntnis, dass die Daten des Mietvertrages sowie die mit diesem Vertragsverhältnis zusammenhängenden Daten von der jeweils anderen Partei verarbeitet werden, soweit dies zur Erfüllung vertraglicher oder gesetzlicher Pflichten erforderlich ist. Als Verantwortliche nach der DSGVO sind die Parteien jeweils per Post an der auf der ersten Seite angegebenen Adresse erreichbar. Zur Abwicklung des Vertrags verarbeiten die Parteien wechselseitig folgende Daten auf der Rechtsgrundlage Vertragserfüllung bzw zur Erfüllung rechtlicher Verpflichtungen gemäß Art. 6 Abs. 1 lit. b und c DSGVO: Firmendaten, Kontaktdaten (Telefonnummer, E-Mail-Adresse), Vertragsdaten, Verrechnungsdaten, bautechnische Dokumente. Die Daten werden zur Vertragserfüllung an folgende Empfänger übermittelt: Hausverwaltung für die ordentliche und außerordentliche Hausverwaltung, Banken zur Abwicklung des Zahlungsverkehrs, Rechtsvertreter, Treuhänder, Wirtschaftstreuhänder für Zwecke des Auditing, Gerichte, Verwaltungsbehörden, Inkassounternehmen zur Schuldeneintreibung, Vertrags- oder Geschäftspartner, die an der Lieferung oder Leistung mitwirken bzw. mitwirken sollen, IT-Dienstleister und andere Auftragsverarbeiter, die Daten im Auftrag einer Partei verarbeiten. Die Parteien speichern und verarbeiten die Daten wechselseitig nur so lange, wie dies zur Vertragsabwicklung oder zur Verfolgung und Abwehr von Rechtsansprüchen erforderlich ist, jedenfalls aber so lange, wie dies aufgrund gesetzlicher Aufbewahrungsfristen (bspw. BAO, UGB) vorgeschrieben ist. Die Parteien weisen einander auf folgende Rechte hin: Das Recht auf Auskunft nach Art. 15 DSGVO betreffend die verarbeiteten personenbezogenen Daten, das Recht auf Berichtigung nach Art. 16 DSGVO, das Recht auf Löschung nach Art. 17 DSGVO, das Recht auf Einschränkung der Verarbeitung nach Art. 18 DSGVO, das Recht auf Widerspruch nach Art. 21 DSGVO, das Recht auf Datenübertragbarkeit nach Art. 20 DSGVO und das Beschwerderecht bei der zuständigen Datenschutzbehörde nach Art. 77 DSGVO. Den Parteien ist bekannt, dass der Widerruf erst für die Zukunft wirkt. Verarbeitungen, die vor dem Widerruf erfolgt sind, sind davon nicht betroffen.

Beilagenverzeichnis:

Bestandsplan	Beilage ./1
Bau- und Ausstattungsbeschreibung	Beilage ./2
Wartungskatalog	Beilage ./4
Energieausweis	Beilage ./3
Hausordnung	Beilage ./5

Teil IV. MRG-Vollanwendungsbereich

Julian Ring, Marie Bugingo-Lutz, Daniel Haidacher

1. Überblick

Sofern ein Mietverhältnis bei der Vermietung zu Wohn- oder Geschäftszwecken nicht in den Teilanwendungsbereich des MRG (Teil III. Punkt 1. ff) oder die Vollausnahme (Teil II. Punkt 1. ff) fällt, unterliegt ein Mietverhältnis dem Vollanwendungsbereich des MRG. Im Vollanwendungsbereich gelten die Bestimmungen des MRG (*nomen est omen*) in vollem Umfang.

Das hat zur Folge, dass die gesetzlichen Bestimmungen durch *Vereinbarungen zwischen Vermieter und Mieter* **nicht zum Nachteil des Mieters abgeändert** werden dürfen. Der Mieter genießt somit den vollen Schutz des MRG: Neben dem sogenannten Bestandsschutz (der auch im MRG-Teilanwendungsbereich gilt, siehe Teil III, Punkt 7.) gilt darüber hinaus vor allem auch der Preisschutz (siehe Teil I, Punkt 5.1.).

Praktisch besonders relevante Beispiele für Mietverhältnisse, die unter den MRG-Vollanwendungsbereich fallen, sind Wohnungen und Geschäftslokale im Altbau.

2. Verbotene Vereinbarungen

Es liegt im Wesen des MRG, den Schutz des Mieters einseitig zwingend auszugestalten, somit Regeln festzulegen, von denen nicht zulasten des Mieters abgewichen werden kann. Im Kern handelt es sich somit um eine Einschränkung der Privatautonomie zum Schutz des Mieters.

Flankierend zu den zentralen Regelungsinhalten– der Bestandsschutz und der Preisschutz – sieht das MRG in § 27 Abs 1 MRG dabei einen Katalog von ungültigen bzw verbotenen Klauseln vor. Diese sind:

- Vereinbarungen, wonach der neue Mieter dafür, dass der frühere Mieter den Mietgegenstand aufgibt oder sonst ohne gleichwertige Gegenleistung dem Vermieter, dem früheren Mieter oder einem anderen etwas zu leisten hat; unter dieses Verbot fallen aber nicht die Verpflichtung zum Ersatz der tatsächlichen Übersiedlungskosten oder zum Rückersatz des Aufwandes, den der Vermieter dem bisherigen Mieter nach § 10 zu ersetzen hat („**Ablöseverbot**“ Z 1);
- Vereinbarungen, wonach der Mieter etwas **zu leisten** hat, damit der Vermieter **auf die Geltendmachung eines Kündigungsgrundes verzichtet** (Z 2);
- Vereinbarungen, wonach für die **Vermittlung einer Miete** ein **offenbar übermäßiges Entgelt** zu leisten ist (Z 3);
- Vereinbarungen, wonach von demjenigen, der **Erhaltungs- oder Verbesserungsarbeiten** im Hause durchführt, dem Vermieter, dem Verwalter, einem

Mieter oder einer dritten Person, die von einer dieser Personen bestimmt wurde, ein **Entgelt für die Erteilung oder Vermittlung des Auftrages** zur Vornahme der Arbeiten zu leisten ist (Z 4) und
- Vereinbarungen, wonach der Vermieter oder der frühere Mieter sich oder einem anderen **gegen die guten Sitten Leistungen versprechen** lässt, die mit dem Mietvertrag in keinem unmittelbaren Zusammenhang stehen (Z 5).

Eine Leistung, die entgegen des Verbotes des § 27 Abs 1 MRG geleistet wurde, kann vom Leistenden zurückgefordert werden. Auf diesen Rückforderungsanspruch kann im Voraus nicht rechtswirksam verzichtet werden. Der Anspruch auf Rückforderung verjährt nach zehn Jahren und ist im außerstreitigen Verfahren geltend zu machen.

Eine weitere Besonderheit ist, dass § 27 Abs 5 MRG eine **Verwaltungsstrafe** für jene vorsieht, die für sich oder einen anderen Leistungen entweder entgegennehmen oder sich versprechen lassen, die mit den Vorschriften des § 27 Abs 1 MRG im Widerspruch stehen und in den Fällen des § 27 Abs 1 Z 4 MRG auch, wer eine solche Leistung erbringt oder verspricht. Die Verwaltungsstrafe ist, sofern die Tat nicht nach anderen Bestimmungen mit strengerer Strafe bedroht ist, eine Geldstrafe von bis zu € 15.000.

3. Untermietverbot

Auch im Hinblick auf Untermietverbote greift der Gesetzgeber einschränkend in die Privatautonomie ein: Denn im Vollanwendungsbereich des MRG wird das Recht, die Untervermietung vertraglich zu verbieten, dadurch eingeschränkt, dass sich der Vermieter auf ein vertragliches **Untermietverbot nur bei Vorliegen eines wichtigen Grundes** berufen kann. § 11 Abs 1 MRG zählt hierzu wichtige Gründe auf. Ein wichtiger Grund gegen die Untervermietung liegt demnach insbesondere vor, wenn

- der Mietgegenstand **zur Gänze** untervermietet wird,
- der in Aussicht genommene Untermietzins eine im Vergleich zu dem vom Untervermieter zu entrichtenden Mietzins und etwaigen sonstigen Leistungen des Untervermieters **unverhältnismäßig hohe Gegenleistung** darstellt,
- die **Anzahl der Bewohner** einer gemieteten Wohnung die Anzahl der Wohnräume übersteigt oder nach der Aufnahme des Untermieters übersteigen würde, oder
- wenn zu besorgen ist, dass der Untermieter den Frieden der **Hausgemeinschaft stören** wird.

Liegt ein wichtiger Grund vor, kann sich der Vermieter auf diesen berufen und seinen untervermietenden Hauptmieter zur **Unterlassung und Wiederherstellung des vertragsgemäßen Zustandes** auffordern.[1]

1 OGH 6.9.1988, 6 Ob 613, 614/88 MietSlg 40.151.

4. Klauselentscheidungen

4.1. Überblick

Wie in den vorangehenden Abschnitten beispielhaft ersichtlich, sind im Konsumentenschutzgesetz (KSchG) und im MRG verbotene Klauseln und unwirksame Vereinbarungen normiert. In den letzten Jahren sind eine Vielzahl sogenannter Klauselentscheidungen vom OGH erlassen worden. Die unten aufgelisteten Klauselentscheidungen können eine Orientierungshilfe dafür bieten, ob ähnliche Klauseln unzulässig oder aber zulässig sind. Im Folgenden werden die in der Praxis relevantesten Klauselentscheidungen kurz dargestellt.

4.2. Unzulässige Klauseln

Nachfolgende Klauseln wurden vom OGH, zumindest in sogenannten „Verbandsverfahren" – also Verfahren, die von Verbänden wie der Bundesarbeitskammer geführt werden – für unzulässig erachtet. Im Zuge solcher Verfahren werden die jeweiligen Klauseln im konsumentenfeindlichsten Sinn ausgelegt und auf Basis dieser Auslegung geprüft. Die nachfolgenden Klauseln könnten in individuell ausgehandelten Mietverträgen unter Umständen zulässig sein, eine genaue Prüfung einer Mietvertragsklausel in einem konkreten Vertrag bedarf stets einer eingehenden Prüfung.

Sollte dieser Index nicht mehr verlautbart werden, gilt jener als Grundlage für die **Wertsicherung**, der diesem am meisten entspricht.[2]
Der Mieter verpflichtet sich, den Mietgegenstand pfleglich zu behandeln und unter Ausschluss des § 1096 ABGB sämtliche am Mietgegenstand notwendig werdenden Reparaturen auf eigene Kosten durchzuführen und überhaupt den Mietgegenstand zu erhalten; er ist unter anderem verpflichtet, die im Mietgegenstand befindlichen Heizungsvorrichtungen, ferner sämtliche Gas-, Elektro- und Wasserinstallationen samt Geräten stets in betriebsfähigem Zustand zu erhalten und im Falle von Störungen diese unverzüglich sach- und fachgemäß auf eigene Kosten instand setzen zu lassen. Weiters fallen Eingangstüre und Fenster im Bereich des Mietobjektes in die Wartungs- und Instandhaltungspflicht des Mieters.[3]
Der Mieter erklärt, dass er den Mietgegenstand durch eigene Besichtigung kennt, dieser durch Pläne/Beschreibungen, welche integrierende Bestandteile des Vertrages sind, hinreichend spezifiziert ist und daher aus diesem Titel gegenüber dem Vermieter keine wie immer gearteten Schadenersatz- oder Gewährleistungsansprüche geltend gemacht werden können.[4]

2 OGH 21.3.2023, 2 Ob 36/23t (12. Klausel-E).
3 OGH 29.11.2006, 7 Ob 78/06f (1. Klausel-E).
4 OGH 29.11.2006, 7 Ob 78/06f (1. Klausel-E).

Der Mieter hat den Mietgegenstand und die für den Mietgegenstand bestimmten Einrichtungen und Geräte, wie im Besonderen die Elektroleitungs-, Gasleitungs-, Wasserleitungs-, Beheizungs- und sanitären Anlagen sowie Gas- und Elektrogeräte und Öfen, zu warten sowie insoweit instand zu halten und zu erneuern (insbesondere auch die Erneuerung von Warmwasser-/Heizgeräten und dergleichen), als es sich nicht um ernste Schäden des Hauses handelt. Die Wartungs- und Instandhaltungspflicht erstreckt sich auch auf vorhandene Antennenanlagen.[5]
Festgestellte Mängel, die eine Nutzung der Wohnung zulassen, stehen der Übernahme und dem Bezug des Mietgegenstandes bzw dem Mietbeginn nicht entgegen.[6]
Für die Dauer dieser Arbeiten (Anm: bauliche Erhaltungsmaßnahmen/Reparaturen des Vermieters) ist der Mieter nicht berechtigt, den Mietzins zu mindern, ein Zurückbehaltungsrecht auszuüben, Schadenersatz zu verlangen oder sonstige Ansprüche geltend zu machen.[7]
Bei zeitweiligem Ausfall von technischen Anlagen, zB von Strom- oder Wasserzufuhr bzw Leitungsgebrechen, ist der Mieter nicht berechtigt, Minderungs-, Schadenersatz-, Zurückbehaltungs- oder irgendwelche sonstigen Ansprüche gegenüber dem Vermieter geltend zu machen.[8]
Unter Hinweis auf § 10 Abs 3 Z 1 MRG vereinbaren die Streitteile die laufenden Erhaltungs-, und soweit erforderlich, Erneuerungspflichten seitens des Mieters hinsichtlich sämtlicher mitgemieteter Einrichtungsgegenstände, Geräte und Anlagen.[9]
Bei Vorhandensein einer Gas-Kombi-Therme: Der Mieter verpflichtet sich auf eigene Kosten zur jährlichen Wartung der Gas-Kombi-Therme. Bei Rückstellung der Wohnung ist dem Vermieter bzw dessen Bevollmächtigten der Nachweis über die regelmäßige Wartung zu erbringen.[10]
Es wird Wertbeständigkeit des in § 3 genannten Hauptmietzinses nach Maßgabe der in § 5 RWG vorgesehenen Wertsicherung (Neufestsetzung) der Richtwerte – ausgehend von dem im Zeitpunkt des Vertragsabschlusses geltenden Richtwert – vereinbart. Sollte diese Wertsicherung nicht mehr zur Anwendung gelangen, so erfolgt die Wertsicherung nach dem vom Österreichischen Statistischen Zentralamt monatlich verlautbarten Verbraucherpreisindex 2015 oder dem an

5 OGH 27.3.2007, 1 Ob 241/06g (2. Klausel-E).
6 OGH 29.11.2006, 7 Ob 78/06f (1. Klausel-E).
7 OGH 29.11.2006, 7 Ob 78/06f (1. Klausel-E).
8 OGH 29.11.2006, 7 Ob 78/06f (1. Klausel-E).
9 OGH 22.12.2010, 2 Ob 73/10i (4. Klausel-E).
10 OGH 18.12.2009, 6 Ob 81/09v (3. Klausel-E).

seine Stelle tretenden Index. Ausgangsbasis für diese Wertsicherung ist die für den Monat der letzten Festsetzung der Richtwerte verlautbarte Indexzahl. Anpassungen werden unmittelbar nach Änderung des RWG vorgenommen.[11]
Sofern der Hauptmietzins gemäß § 63 WWFSG 1989 in der zum Zeitpunkt der Fertigstellung des Hauses geltenden Fassung niedriger ist bzw wird als der jeweils höchstzulässige Hauptmietzins einer Wohnung der Kategorie A des § 16 Abs 2 MRG unter Berücksichtigung der in § 16 Abs 4 MRG genannten Wertsicherung, die hiermit vereinbart wird, so gilt dieser jeweils höchstzulässige Hauptmietzins als vereinbart.[12]
Die Außenseite des Nutzungsgegenstandes wird nicht mit in Nutzung gegeben. Der Mieter darf daher daran grundsätzlich nichts verändern und insbesondere das äußere Erscheinungsbild des Bauwerkes nicht beeinträchtigen. Die Anbringung von Vorrichtungen und Aufschriften an Fassaden oder sonstigen allgemeinen Teilen des Bauwerkes ist ohne vorhergehende Zustimmung des Vermieters unzulässig.[13]
Der Mietgegenstand darf nur zu Wohnzwecken verwendet werden. Eine andere Art der Benützung des Mietgegenstands ist nur mit Zustimmung der Vermieterin gestattet.[14]
Der Mieter verzichtet hinsichtlich der Investitionen auf jeden über § 10 MRG hinausgehenden Ersatzanspruch; ausgenommen davon sind Ansprüche für Aufwendungen, die gemäß § 3 MRG der Vermieter hätte vornehmen müssen (§ 1036 ABGB).[15]

4.3. Zulässige Klauseln

Nachfolgende Klauseln wurden vom OGH für zulässig erachtet. Auch bei den nachfolgenden Klauseln ist der jeweilige Mietvertrag zur Gänze zu prüfen, da die Judikatur des OGH nicht durchwegs einheitlich ist. Auch ist immer zu unterscheiden, ob eine Klausel zwischen Unternehmern, zwischen Verbrauchern oder zwischen einem Unternehmer und einem Verbraucher Verwendung findet.

Es wird Wertbeständigkeit des Hauptmietzinses (des Entgeltes für mitvermietete Einrichtungsgegenstände und sonstige Leistungen) nach dem von Statistik Austria monatlich verlautbarten Verbraucherpreisindex 2010 oder dem an seine Stelle tretenden Index vereinbart. Ausgangsbasis für diese Wertsicherung ist die

11 OGH 24.5.2023, 8 Ob 37/23h.
12 OGH 4.7.2023, 5 Ob 89/23h.
13 OGH 20.7.2017, 5 Ob 217/16x (7. Klausel-E).
14 OGH 27.6.2017, 5 Ob 183/16x (6. Klausel-E).
15 OGH 25.4.2019, 6 Ob 226/18f (9. Klausel-E).

im Zeitpunkt des Vertragsabschlusses zuletzt verlautbarte Indexzahl. Indexschwankungen bleiben bis einschließlich 5 % unberücksichtigt. Dieser Spielraum ist bei jedem Überschreiten nach oben oder unten auf eine Dezimalstelle neu zu berechnen, wobei stets die erste außerhalb des jeweiligen Spielraums gelegene Indexzahl die Grundlage sowohl für die Neuberechnung der Miete als auch für die Berechnung des neuen Spielraumes zu bilden hat.[16]

Das Mietverhältnis beginnt spätestens am 1. Jänner 2015 und wird auf unbestimmte Zeit abgeschlossen. Die Vermieterin wird den Mieter zumindest 6 Wochen vorher vom genauen Übergabetermin verständigen.[17]

Darüber hinausgehend verzichtet der Mieter auf jegliche Ersatzansprüche gemäß §§ 1097 und 1037 ABGB, soweit es sich nicht um von ihm getätigte Arbeiten handelt, die in die Erhaltungspflicht der Vermieterin gefallen sind.[18]

Bei Beendigung des Mietverhältnisses ist der Mietgegenstand samt Nebenräumlichkeiten im Zustand wie bei Anmietung unter Berücksichtigung der bei schonendem, vertragskonformem Gebrauch sich ergebenden Abnützung, von allen Fahrnissen geräumt und gereinigt, soweit es sich nicht um die Beseitigung von in die Erhaltungspflicht des Vermieters fallenden Schäden handelt, zu übergeben.

Kommt der Mieter den im vorstehenden Abs 1 genannten Verpflichtungen nicht nach, ist die Vermieterin berechtigt, eine Fachfirma mit Ausmalungs- und Reinigungsarbeiten sowie Bodenbelagsarbeiten zu betrauen, wobei der Mieter verpflichtet ist, die dabei aufgelaufenen Kosten binnen 14 Tagen nach Übermittlung der von der Fachfirma ausgestellten Rechnung zu ersetzen. Der Anspruch der Vermieterin ist auf die notwendigen Kosten beschränkt und diese hat die Kosten zu tragen, wenn sie die Instandhaltungspflicht trifft.[19]

Nicht im Anwendungsbereich des KSchG, bei unbefristetem Vertrag:
Die Mieterin übernimmt das Mietobjekt im neuwertigen Zustand (neu ausgemalt und neu versiegelte Parkettböden, Beleuchtungskörper, Markisen). Die Mieterin übernimmt die Verpflichtung, den Mietgegenstand während der gesamten Vertragsdauer auf ihre Kosten ohne Anspruch auf Ersatz in dem übernommenen Zustand zu erhalten und nach Beendigung des Mietvertrages in demselben Zustand (neue Malerei und Neuversiegelung des Bodens) zurückzustellen. Hiezu obliegt es dem Vermieter unwiderruflich allenfalls erforderliche Reparaturmaßnahmen durchzuführen.[20]

16 OGH 25.4.2019, 6 Ob 226/18f (9. Klausel-E).
17 OGH 27.6.2017, 5 Ob 183/16x (6. Klausel-E).
18 OGH 27.6.2017, 5 Ob 183/16x (6. Klausel-E).
19 OGH 27.6.2017, 5 Ob 183/16x (6. Klausel-E).
20 OGH 9.10.2007, 10 Ob 79/07a.

5. Mietzins

5.1. Überblick

Im Vollanwendungsbereich des MRG besteht der Mietzins aus den folgenden Bestandteilen:

- dem **Hauptmietzins**,
- den auf den Mietgegenstand entfallenden **Anteil an Betriebskosten** und den von der Liegenschaft zu entrichtenden **laufenden öffentlichen Abgaben** (siehe Punkt 5.13.),
- den auf den Mietgegenstand entfallenden **Anteil für besondere Aufwendungen**, und
- (allenfalls) das **Entgelt für mitvermietete Einrichtungsgegenstände** oder **sonstige Leistungen**, die der Vermieter über die Überlassung des Mietgegenstandes hinaus erbringt.

Der Hauptmietzins im Vollanwendungsbereich ist gesetzlich beschränkt (Preisschutz, siehe Punkt 5.12.). Auch die anderen Mietzinsbestandteile sind gesetzlich reguliert.

5.2. Pauschalmietzins

Der Mietzins kann entweder in dessen gesetzliche Mietzinsbestandteile aufgegliedert oder als Pauschalmietzins vorgeschrieben werden. Bei der Vereinbarung eines Pauschalmietzinses, wenn also unabhängig von der tatsächlichen Höhe der Nebenkosten (Betriebskosten, öffentliche Abgaben, besondere Aufwendungen) ein nicht aufgegliederter Betrag zu bezahlen ist, trifft den Vermieter jedoch das **Risiko der Erhöhung der Nebenkosten**, zumal die Erhöhung der Nebenkosten in diesem Fall nicht zu einer Erhöhung der Zahlungspflicht des Mieters führt.[21]

Beispiel

V vermietet ein Geschäftslokal an M. M ist Jungunternehmerin und möchte ihre Fixkosten so niedrig und vorhersehbar wie möglich halten. V weiß, dass die Betriebskosten und öffentlichen Abgaben zum Zeitpunkt des Vertragsabschlusses € 120 betragen und sich in den letzten Jahren in geringem Ausmaß erhöht haben. Die beiden vereinbaren daher einen pauschalen Mietzins in Höhe von € 800 und halten dazu im Mietvertrag fest, dass im Mietzins die Betriebskosten und öffentlichen Abgaben inkludiert seien. Aufgrund allgemein steigender Preise erhöhen sich die von V zu entrichtenden Betriebskosten erheblich. Auch die von V zu bezahlende Grundsteuer steigt an, sodass die Nebenkosten nunmehr € 210 betragen. Ein Jahr nach dem Vertragsabschluss möchte V daher den Mietzins erhöhen, um die gestiegenen Nebenkosten geltend zu machen und schreibt S € 890 als Mietzins vor. M verweist V auf die Mietzinsvereinbarung und weigert sich, den erhöhten Mietzins zu zahlen.

21 *Schinnagl*, § 15 MRG Rz 4 mwN; OGH 30.5.2012, 7 Ob 75/12y.

V und M haben eine echte Pauschalmietzinsvereinbarung abgeschlossen. Diese besteht in der Zusammenfassung sämtlicher Mietzinsbestandteile in einem einzigen Betrag, weshalb V die (erhöhten) Nebenkosten nicht ohne weiteres gesondert einheben kann. V hat das Risiko der Erhöhung der ihn als Vermieter treffenden Lasten, wie etwa Betriebskosten und öffentliche Abgaben, zu tragen.[22]

Auch bei der Vereinbarung eines Pauschalmietzinses ist ein Vermieter jedoch an die Bestimmungen über die Mietzinsbildung und die gesetzlichen Mietzinsobergrenzen des MRG gebunden.[23]

Auf Antrag des Hauptmieters oder auch des Vermieters kann ein vereinbarter Pauschalmietzins gerichtlich in die gesetzlichen Mietzinsbestandteile **aufgegliedert** werden. Nach Vorliegen dieser gerichtlichen Entscheidung ist ab dem auf den Antrag folgenden Zinstermin ein nach § 15 Abs 1 MRG aufgeschlüsselter Mietzins zu entrichten.[24]

Beispiel – Fortsetzung

V werden die explodierenden Betriebskosten zu viel. Er entscheidet sich daher, gemäß § 15 Abs 4 MRG gerichtlich die Aufspaltung des Pauschalmietzinses in die gesetzlichen Mietzinsbestandteile zu begehren. Ab dem auf den Antrag folgenden Zinstermin ist nun statt dem Pauschalmietzins ein aufgegliederter Mietzins zu zahlen.

Zur Festlegung des Hauptmietzinses werden dazu die Betriebskosten des Jahres, in dem der Pauschalmietzins vereinbart wurde, ermittelt und vom vereinbarten Pauschalmietzins abgezogen. Der Betriebskosten-Begriff ist weit zu verstehen und beinhaltet neben den Betriebskosten im eigentlichen Sinn auch verbrauchsabhängige Bewirtschaftungskosten.[25]

Unter der Voraussetzung, dass eine Wertsichtung für den ursprünglich vereinbarten Pauschalmietzins vereinbart worden ist, valorisiert sich dieser Hauptmietzins auch. Nach dem Vorliegen der Entscheidung über die Aufspaltung des Pauschalmietzinses kann V die ab dem auf die Antragstellung folgenden Zinstermin gestiegenen und auf den Mietgegenstand aktuell entfallenden Betriebskosten an M weiterverrechnen.

Ab der Aufspaltung des Pauschalmietzinses wird auch für den Mieter die Präklusivfrist des § 16 Abs 8 MRG zur Überprüfung der Höhe des Hauptmietzinses ausgelöst (siehe unten Punkt 5.12.).[26] Weiters ist der nunmehr aufgespaltene Hauptmietzins nach den Regeln des § 16 Abs 6 MRG wertgesichert, sofern ursprünglich eine Wertsicherungsvereinbarung getroffen wurde.[27]

---

22 Vgl OGH 30.5.2012, 7 Ob 75/12y, RIS-Justiz RS0069848.
23 LGZ Wien 41 R 137/06k.
24 OGH 22.12.1998, 5 Ob 285/98t.
25 *Lovrek* in GeKo Wohnrecht I § 15 MRG Rz 37 mwN.
26 OGH 15.10.2002, 5 Ob 175/02z; OGH 25.2.2003, 5 Ob 220/02t; LGZ Graz 7 R 15/17b MietSlg 69.299.
27 *Hausmann* in *Hausmann/Vonkilch*, Wohnrecht – MRG[4] § 15 Rz 21.

5.3. Umsatzsteuer

Weiterer Mietzinsbestandteil ist unter Umständen die Umsatzsteuer. **Bemessungsgrundlage** für die zu entrichtende Umsatzsteuer sind die oben dargestellten Bestandteile des Mietzinses, und zwar

- der Hauptmietzins,
- der auf den Mietgegenstand entfallende Anteil an Betriebskosten und öffentlichen Abgaben,
- der Anteil für besondere Aufwendungen und
- (allenfalls) das Entgelt für mitvermietete Einrichtungsgegenstände oder sonstige Leistungen des Vermieters.

Bei der Vermietung von **Wohnungen** kommt der begünstigte Umsatzsteuersatz von **10 %**[28] zur Anwendung, sofern der Vermieter nicht von der Umsatzsteuer befreit ist.

Bei mitvermieteten **Einrichtungsgegenständen** wird unterschieden: Grundsätzlich ist die Umsatzsteuer, die auf das Entgelt für mitvermietete Einrichtungsgegenstände entfällt, mit dem Normalsteuersatz von 20 % zu besteuern. Bei mitvermieteten Einrichtungsgegenständen, die mit dem Mietgegenstand fix verbunden sind und nicht ohne Beschädigung oder Wertminderung für die Gegenstände oder den Mietgegenstand getrennt werden können, ist wiederum der ermäßigte Steuersatz von 10 % anzuwenden.[29]

Die Vermietung von **Geschäftsräumen** ist hingegen gemäß § 6 Abs 1 Z 16 UStG von der Umsatzsteuer **befreit**. Gleichzeitig bedeutet das auch, dass der Vermieter die mit dem Mietgegenstand in Zusammenhang stehenden Vorsteuern, etwa aus Anschaffungs- und Herstellungskosten, Sanierungen oder laufendem Aufwand, nicht absetzen darf.

Dem Vermieter steht jedoch – nach seinem Ermessen – die **Option** zur Besteuerung mit dem Normalsteuersatz von 20 % und damit einhergehend der **Vorsteuerabzug** zu.[30] Wird ein Mietgegenstand zu anderen als Wohnzwecken an einen vorsteuerabzugsberechtigten Mieter vermietet, ist es in der Praxis für den Vermieter meist von Vorteil, zur Umsatzsteuer zu optieren. Der Mietzins und die darauf entfallende Umsatzsteuer sind im Mietvertrag zu vereinbaren. Voraussetzung hierfür ist, dass der Mieter den Mietgegenstand zu mehr als 95 % für umsatzsteuerpflichtige Umsätze verwendet. Dies muss dem Finanzamt vom Vermieter nachgewiesen werden können. Es ist daher wichtig, bei der Vertragserstellung darauf zu achten, eine Bestimmung zur Auskunftspflicht des Mieters aufzunehmen.

---

28 § 10 Abs 2 Z 4 lit a UStG 1994.

29 § 10 Abs 2 Z 5 UStG; VwGH 15/3260/80; MietSlg 34.928.

30 LGZ Wien MietSlg 53.306.

Bei der Vermietung an **unecht steuerbefreite Mieter,** wie etwa an Ärzte, Banken oder Versicherungen, ist zu beachten, dass in diesem Fall nicht zur Umsatzsteuer optiert werden kann. In diesem Fall sollte der sich aus dieser Vermietung ergebende „Vorsteuerschaden" in den Mietzins einkalkuliert werden.

Beispiel

V vermietet die Räumlichkeit 1 an die Kardiologin K zum Betrieb ihrer Ordination. K tätigt in diesen Räumlichkeiten überwiegend unecht steuerbefreite Umsätze. Eine Option zur Umsatzsteuer ist daher nicht möglich, die Vermietung erfolgt daher mit 0 % USt. V hat daher auch keine Möglichkeit, einen Vorsteuerabzug für die Investitionen, die er in das Mietobjekt getätigt hat, geltend zu machen. Faktisch zahlt V daher sämtliche Investitionen in das Mietobjekt brutto.

Beispiel

V vermietet die Räumlichkeit 2 an den Plastischen Chirurgen P zum Betrieb einer Ordination für ästhetische Medizin. In der Ordination werden hauptsächlich ästhetisch-plastische Leistungen ohne medizinische Indikation angeboten, ein therapeutisches Ziel steht nicht im Vordergrund, sodass über 95 % steuerpflichtige Umsätze in den vermieteten Räumlichkeiten erzielt werden. Eine Option zur Umsatzsteuer ist möglich. Wählt V die Option, kann er einen Vorsteuerabzug für die Investitionen, die er in das Mietobjekt getätigt hat, geltend zu machen.

5.4. Fälligkeit und Zahlungsform

Der Mietzins ist gemäß § 15 Abs 3 MRG am **Fünften eines jeden Monats** im Vorhinein fällig, sofern kein späterer Zahlungstermin vereinbart wurde. Dieser gesetzliche Fälligkeitstermin ist einseitig zwingend zugunsten des Mieters und gilt sowohl bei der Vermietung einer Wohnung als auch eines Geschäftsraumes.

Die Vertragsparteien können auch einen späteren Fälligkeitstermin vertraglich vereinbaren.

Für die Frage der Rechtzeitigkeit der Zahlung ist danach zu unterscheiden, ob das KSchG anwendbar ist (sich also ein Verbraucher und ein Unternehmer gegenüberstehen) oder nicht. Ist das **KSchG** anwendbar, genügt für die Rechtzeitigkeit der Zahlung gemäß § 6a Abs 2 KSchG, dass die Überweisung bis zum Fünften des Monats in Auftrag gegeben wurde; dies unter der Voraussetzung, dass auf dem Konto des Mieters ausreichend Deckung vorhanden ist.

Ist das **KSchG** hingegen **nicht anwendbar**, muss der Vermieter hingegen bis zum Fünften des Monats über das Geld verfügungsberechtigt sein.[31]

Der Mieter kann gemäß § 907a ABGB frei entscheiden, den Mietzins entweder am Wohnsitz oder an der Niederlassung seines Vermieters bar zu bezahlen bzw dorthin bar übermitteln zu lassen oder auf ein vom Vermieter bekanntgegebenes

31 *Pesek*, wobl 2013, 40; *Fenyves* in *Hausmann/Vonkilch* , Wohnrecht – MRG^{4} § 15 Rz 14b mwN.

Konto zu überweisen. Der Vermieter hat in letzterem Fall eine verkehrsübliche Bankverbindung bekannt zu geben. Ein Anspruch des Vermieters auf Zahlung des Mietzinses durch Banküberweisung besteht nicht.

Beispiel

A vermietet M ein Geschäftslokal, in dem ein Gastronomiebetrieb geführt wird. Der Mietzins wird durch Überweisung auf das von V bekannt gegebene Konto entrichtet. Jahre später verkauft A dieses Geschäftslokal an B, sodass es zu einem Vermieterwechsel kommt. M wird über den Eigentümerwechsel zwei Wochen nach der Verbücherung dieses Kaufvertrages informiert, ein neues Bankkonto zur Überweisung des Mietzinses wird jedoch nicht bekannt gegeben. M möchte den Mietzins weiterhin per Überweisung bezahlen und teilt B dies mit der Aufforderung mit, die neue Bankverbindung bekannt zu geben. B ignoriert diese Aufforderung, weshalb der Mietzins nicht gezahlt wird.

M hat das Recht zu wählen, auf welche Weise der Mietzins gezahlt wird und hat seine Wahl dem neuen Vermieter B mitgeteilt. Unterlässt B die Bekanntgabe einer verkehrsüblichen Bankverbindung, ist M nicht verpflichtet, seine Mietzinsschuld auf eine andere Art zu erfüllen, weil das ihm gesetzlich eingeräumte Wahlrecht sonst umgangen werden kann. B verletzt hingegen seine Mitwirkungspflicht und gerät in Annahmeverzug. Bis zur Bekanntgabe der Bankverbindung ist M aufgrund dieses Annahmeverzugs an der Erfüllung seiner eigenen Vertragspflicht gehindert und kann daher nicht selbst in Verzug geraten.

5.5. Hauptmietzins

Im MRG-Teilanwendungsbereich und im ABGB-Bereich kann der Mietzins grundsätzlich frei vereinbart werden („freier Mietzins", Teil II. Punkt 2.1.).

Im MRG-Vollanwendungsbereich findet sich die zentrale Mietzinsbildungsvorschrift in § 16 MRG, welche zugunsten des Mieters für Hauptmietzinsverhältnisse zwingend ist und gewisse Höchstgrenzen für Mietzinsen vorsieht, die nicht wirksam überschritten werden dürfen. Hierbei sind drei Mietzinsbildungssysteme (Richtwertmietzins, angemessener Mietzins und Kategoriemietzins) zu beachten, wobei auf jedes Mietverhältnis nur eines dieser Regime Anwendung findet.

5.6. Angemessener Hauptmietzins

5.6.1. Anwendungsbereich

Der angemessene Mietzins ist gemäß § 16 Abs 1 MRG der *„nach Größe, Art, Beschaffenheit, Lage, Ausstattungs- und Erhaltungszustand"* angemessene Betrag. Im Vergleich zu den beiden anderen Systemen zur Bildung der zulässigen Obergrenzen ist, ist der angemessene Mietzins aus Sicht des Vermieters relativ attraktiv. Er ist gemäß § 16 Abs 1 MRG in den folgenden Fällen anwendbar:

- **Geschäftsraummiete (Z 1)**
  Voraussetzung ist, dass der Mietgegenstand nicht zu Wohnzwecken dient. Zur Einordnung als Geschäftsraum ist es nicht entscheidend, ob der Mietgegen-

stand tatsächlich Geschäftszwecken dient oder nicht, sondern ist neben der objektiven Eignung der Räumlichkeit für Geschäftszwecke die vertragliche Widmung (entweder ausdrücklich oder konkludent) entscheidend.[32]

- **„Neubau" (Z 2)**
  Der angemessene Hauptmietzins kann auch vereinbart werden, wenn sich der Mietgegenstand in einem Gebäude befindet, das aufgrund einer nach dem 8.5.1945 erteilten Baubewilligung neu errichtet oder durch Um-, Auf-, Ein- oder Zubau neu geschaffen wurde. Dies ist der Fall, wenn durch bauliche Maßnahmen Mietgegenstände gewonnen werden, die bisher entweder überhaupt nicht zur Verfügung standen oder zur Verwendung als Wohn- oder Geschäftsraum nicht geeignet waren.[33]
  Beachte: Wenn das Mietobjekt im Wohnungseigentum steht („Wohnungseigentum nach '45"), fällt das Objekt überhaupt in den MRG-Teilanwendungsbereich, sodass gar kein Preisschutz besteht (siehe Teil I, Punkt 2.2.3.).
- **Denkmalschutz (Z 3)**
  Ist der Mietgegenstand in einem Gebäude gelegen, an dessen Erhaltung aus Gründen des Denkmalschutzes öffentliches Interesse besteht und der Vermieter unbeschadet der Gewährung öffentlicher Mittel zu dessen Erhaltung nach dem 8.5.1945 erhebliche Eigenmittel aufgewendet hat, ist die Vereinbarung eines angemessenen Hauptmietzinses ebenfalls zulässig. *„Erheblich"* sind finanzielle Aufwendungen, wenn sie im Verhältnis zur Größe des Hauses und zur Gesamthöhe der Erhaltungskosten sowie im Verhältnis zu den Mietzinseinnahmen und öffentlichen Zuschüssen ins Gewicht fallen. Die Eigenmittel müssen zum Zeitpunkt des Abschlusses der Mietzinsvereinbarung bereits aufgewendet worden sein und müssen verrechnungsfreie Gelder gewesen sein, somit dürfen sie nicht aus der Hauptmietzinsreserve des Vermieters stammen. Die Finanzierung von dritter Seite schadet nicht, aus öffentlichen Mitteln dürfen die Eigenmittel jedoch nicht stammen.[34]
- **Wohnungen der Kategorie A oder B mit einer Nutzfläche über 130 m^2 (Z 4)**
  Wird eine über 130 m2 große Wohnung der Ausstattungskategorie A oder B (siehe unten Punkt 5.8.) innerhalb von sechs Monaten nach Räumung durch den vorherigen Mieter oder Inhaber, der nicht zum Eintritt in die Mietrechte berechtigt war, wieder vermietet, kann ein angemessener Hauptmietzins vereinbart werden. Voraussetzung ist, dass Vor- und Nachmieter sich unterscheiden und der Mietgegenstand bestimmungsgemäß (also zu Wohnzwecken) ge-

---

32 *Hausmann/Reithhofer* in *Hausmann/Vonkilch*, Wohnrecht – MRG[4] § 16 Rz 21; OGH 12.4.2012, 5 Ob 6/12m = immolex 2012, 211/68 [Neugebauer-Herl], MietSlg 45.272.

33 *Hausmann/Reithhofer* in *Hausmann/Vonkilch* ,Wohnrecht – MRG[4] § 16 Rz 32; wobl 1998, 296/185 = MietSlg 50.389/6 = immolex 1998, 228/144.

34 *Hausmann/Reithofer* in *Hausmann/Vonkilch* , Wohnrecht – MRG[4] § 16 Rz 34; MietSlg 38.330/6; wobl 1990, 12/5 = MietSlg 41.253, wobl 1990, 12/5 = MietSlg 41.253; wobl 1995, 167/76 = MietSlg 45.276, MietSlg 36.305/33, 37.309, 38.328/28; wobl 1992, 202/134 [Würth] = MietSlg 44.247; wobl 2000, 149/77 = MietSlg 50.491; OGH 20.12.2005, 5 Ob 280/05w = MietSlg 57.300 = immolex 2007, 47/16; OGH 24.6.2008, 5 Ob 123/08m = MietSlg 60.266 = immolex 2009, 80/28.

braucht wird. Werden nach Freiwerden der Wohnung nützliche Verbesserungsarbeiten durchgeführt, die der Standardanhebung dienen, verlängert sich die Frist zur Wiedervermietung von sechs auf 18 Monate.

- **Abschluss einer schriftlichen Mietzinsvereinbarung über ein Jahr nach Anmietung bei unbefristetem Mietverhältnis (Z 5)**
  Auch bei Vorliegen eines unbefristeten Mietverhältnisses, bei dem seit Übergabe des Mietgegenstandes mehr als ein Jahr verstrichen ist, kann eine Vereinbarung über die Höhe des Hauptmietzinses bis zur Höhe des angemessenen Hauptmietzinses getroffen werden. Voraussetzung ist in diesem Fall, dass die Vereinbarung schriftlich geschlossen wird.
- Außerhalb des § 16 MRG kann ein Vermieter auch nach begünstigter Rückzahlung bestimmter Förderungsdarlehen gemäß § 9 Abs 4 Rückzahlungsbegünstigungsgesetz (RBG) einen angemessenen Hauptmietzins verlangen. Wie unter Teil I, Punkt 2.2.3. festgehalten, gibt das Bundesministerium für Digitalisierung und Wirtschaftsstandort (Sektion V Kulturelles Erbe) Auskunft über derartige Darlehen und ist die rechtliche Prüfung solcher Ausnahmen im Detail komplex. Eine ähnliche Regelung gibt es auch im Bereich des Gemeinnützigkeitsrechts.
- Bei **vor dem 1.3.1994** abgeschlossenen Mietverträgen berechtigt auch der Tod des Mieters einer Geschäftsräumlichkeit zur schrittweisen Anhebung des bisherigen Mietzinses auf den angemessenen Hauptmietzins über einen Zeitraum von 15 Jahren („Fünfzehntel-Anhebung" gemäß § 46a Abs 2 MRG). Auch bei der Vermietung von Wohnungen der Ausstattungskategorie A, B oder C, deren Standard vom Vermieter nach dem 31.12.1967 unter Aufwand erheblicher Mittel angehoben wurde, kann unter Umständen ein angemessener Mietzins verlangt werden.[35]

5.6.2. Höhe des angemessenen Hauptmietzinses

Wie ausgeführt, ist unter dem angemessenen Mietzins der „nach Größe, Art, Beschaffenheit, Lage, Ausstattungs- und Erhaltungszustand" angemessene Betrag, somit der durchschnittliche „Marktpreis" für das betreffende (Haupt-)Mietobjekt zum maßgeblichen Zeitpunkt zu verstehen.[36] Eine konkrete Höhe des angemessenen Mietzinses wird im Gesetz nicht definiert und muss im Einzelfall ermittelt werden:

In einem zumeist zweistufigen Vorgang ist in einem ersten Schritt der für eine möglichst große Zahl vergleichbarer Objekte nach Art, Größe und Lage ortsübliche Mietzins zu ermitteln (**Vergleichsmethode**). Davon ausgehend wird in einem weiteren Schritt der angemessene Mietzins anhand der Beschaffenheit, dem Ausstattungs- sowie dem Erhaltungszustand des zu beurteilenden Mietobjekts unter Be-

35 Siehe dazu im Detail *Vonkilch* in *Hausmann/Vonkilch*, Wohnrecht – MRG Kommentar^4 § 46c.
36 *Hausmann/Reithofer* in *Hausmann/Vonkilch* , Wohnrecht – MRG Kommentar^4 § 16 Rz 18.

rücksichtigung entsprechender **Zu- und Abschläge** (soweit diese nicht schon im ortsüblichen Mietzins ihren Niederschlag gefunden haben[37]) in Erfahrung gebracht.[38]

Die zu berücksichtigenden Zu- und Abschläge sind:

- die **Größe** des Mietgegenstandes
  Fläche des Mietgegenstands
- die **Art** des Mietgegenstandes
  Wohnung, Geschäftslokal, Büro etc
- die **Beschaffenheit** des Mietgegenstandes
  Anteil der Hauptnutzung an der Gesamtfläche, verschiedene Nutzungen etc
  Bei Geschäftslokalen wird in der Praxis teilweise mit der sogenannten Faktorenmethode das Mietobjekt in einzelne Teile unterteilt.[39]
- der **Ausstattungszustand** des Mietgegenstandes
  Ausführung, Badezimmer, Heizung, Kühlung, Sicherheitstechnik etc
- der **Erhaltungszustand** des Mietgegenstandes
  Zustand, Baujahr, Sanierung etc
- die **Lage** des Mietgegenstandes
  Wobei das Kriterium der Lage in mehrere Unterpunkte unterteilt wird, die bei der Beurteilung einer Lage relevant sind. Diese Kriterien sind auch bei der Ermittlung des Lagezuschlags im Vollanwendungsbereich zu einem gewissen Anteil zu berücksichtigen (siehe Vollanwendungsbereich, Lagezuschlag).
- die **Ortslage**, somit die Lage innerhalb eines Ortes oder einer Stadt, teilweise auch innerhalb eines Viertels[40]
- die **Verkehrslage**, somit die Erreichbarkeit mit öffentlichen und nicht öffentlichen Verkehrsmitteln und die Entfernung zu relevanten Orten (Ortskern, Autobahn, nächste Stadt etc)
- bei Geschäftslokalen ist zusätzlich zur Ortslage auch die **Geschäftslage**, somit die Besiedelungsdichte, die Angebotssituation, Frequenz, Einkommen, Kaufkraft, Straßenbreite etc relevant
- Durch Literatur und Judikatur wurde der Kriterienkatalog des § 16 Abs 1 MRG um das Kriterium der **Verwendbarkeit** des Mietgegenstandes erweitert.

Insgesamt bestimmt somit die Marktsituation den angemessenen Mietzins; diese stellt die allgemeine Wirtschaftssituation und die Nachfrage nach dieser speziellen Lage dar.

In der Praxis wird der angemessene Mietzins oftmals durch das Vergleichswertverfahren[41] ermittelt. Bei diesem wird durch einen Sachverständigen der Mietzins

37 Vgl MietSlg 37.300/34, 45.271/17.
38 *Hausmann/Reithofer* in *Hausmann/Vonkilch*, Wohnrecht – MRG Kommentar[4] Rz 20 mwN.
39 Faktorenmethode.
40 OGH-Urteil zu unterschiedlichen Vierteln in Wien.
41 LBG-Vergleichswert.

für vergleichbare Mietgegenstände nach Lage, Größe und Art des Mietgegenstandes erhoben. Hier werden auch Mietgegenstände, die nicht den Bestimmungen des MRG unterliegen, miteinbezogen.[42] Auf diesem Wege wird der ortsübliche Mietzins festgestellt.

Der so ermittelte ortsübliche Mietzins wird nach Maßgabe der Beschaffenheit, des Ausstattungs- und des Erhaltungszustandes des Mietgegenstandes sodann mit Zu- und Abschlägen angepasst, um den angemessenen Mietzins des Mietobjekts zu bestimmen. Betriebswirtschaftliche Gegebenheiten sind nicht zu berücksichtigen.[43]

5.7. Richtwertmietzins

5.7.1. Anwendungsbereich

Der Richtwertmietzins kommt grundsätzlich zur Anwendung

- bei Wohnungen, die in Gebäuden liegen, die vor dem 8.5.1945 errichtet wurden (**Altbau**),
- sofern **kein angemessener Mietzins** vereinbart werden darf (siehe oben Punkt 5.6.),
- es sich um **keine Wohnung der Kategorie D** handelt (siehe unten Punkt 5.8.6.) und
- der Mietvertrag nach dem 1.3.1994[44] geschlossen wurde.

5.7.2. Höhe des Richtwertmietzinses

Der Richtwertmietzins für eine Wohnung wird durch einen Vergleich der konkreten Wohnung mit der mietrechtlichen Normwohnung (§ 2 Abs 1 RichtwertG) bestimmt, die einen gesetzlich festgelegten Richtwert pro Quadratmeter und Monat gemäß § 1 RichtwertG vorsieht. Dieser Richtwert wird für jedes Bundesland bestimmt und alle zwei Jahre (jeweils am 1.4.)[45] valorisiert. Die Richtwerte betragen in den angeführten Bundesländern zurzeit (Stand **1.5.2024**):

Burgenland	€ 6,09
Kärnten	€ 7,81
Niederösterreich	€ 6,85

42 Vgl OGH 25.6.1991, 5 Ob 71/91 (= EWr I/16/6 = ÖWR, 133, E 7 zu § 16 MRG).
43 *Würth-Zingher*, Sonderausgabe Nr 20, „Miet und Wohnrecht" RZ 8 zu § 16 Abs 1 MRG, 195, 196.
44 Nach Inkrafttreten des 3. WÄG.
45 Anmerkung: 2021 wurde die Anpassung der Richtwerte aufgrund der COVID-19-Pandemie (MPFLG) ausgesetzt. Die nächsten Anhebungen erfolgen am 1.4.2025 und am 1.4.2026, danach erfolgen die Anpassungen wieder alle zwei Jahre jeweils zum 1. April.

Oberösterreich	€ 7,23
Salzburg	€ 9,22
Steiermark	€ 9,21
Tirol	€ 8,14
Vorarlberg	€ 10,25
Wien	€ 6,67

Gemäß § 16 Abs 2 MRG sind gewisse mietzinserhöhende Zuschläge wie auch mietzinsmindernde Abschläge in Bezug auf das jeweilige konkrete Mietobjekt bei der Berechnung und Festlegung des tatsächlich für das individuelle Mietobjekt zulässigen Richtwertzinses zu berücksichtigen. Die Zu- und Abschläge haben sich dabei gemäß § 16 Abs 2 MRG *„an der allgemeinen Verkehrsauffassung und der Erfahrung des täglichen Lebens"* zu orientieren, sodass bei der Vornahme der Zu- und Abschläge eine Gesamtschau geboten ist, weil auch der Wert einer Wohnung nur insgesamt erfassbar und erlebbar wird.[46] Maßgeblicher Bewertungszeitpunkt ist jener des Abschlusses des Mietvertrages. Die Obergrenze des Richtwertmietzinses bildet der angemessene Mietzins.

5.7.3. Zu- und Abschläge zum Richtwertmietzins: Allgemeines

Für die Berechnung des höchstzulässigen Hauptmietzinses im Vergleich zur mietrechtlichen Normwohnung werden die Zuschläge und Abschläge vom Richtwert für werterhöhende oder wertvermindernde Abweichungen vom Standard der mietrechtlichen Normwohnung herangezogen. Die mietrechtliche Normwohnung ist im Richtwertgesetz definiert. Die Zu- und Abschläge sind einerseits gesetzlich normiert (§ 16 Abs 2 MRG) und haben sich andererseits in der Bewertungspraxis und der Judikatur herauskristallisiert. Die Normwohnung stellt sich als eine Wohnung der Kategorie A mit gewöhnlicher Ausstattung einer Altbauwohnung dar.[47]

In der Judikatur, Literatur und Bewertungspraxis haben sich Zuschläge für die Ausstattung des Hauses (§ 3 Abs 4 RichtWG), Zu- und Abschläge für die Lage der Wohnung im Haus, Zu- und Abschläge für die Ausstattung und Grundrissgestaltung der Wohnung und Zuschläge für die überdurchschnittliche Ausstattung der Wohnung herausgebildet. Die nachfolgend genannten Zu- und Abschläge stellen nur einen Ausschnitt der möglichen Zu- und Abschläge dar. Die Prozentsätze beziehen sich auf den jeweiligen Richtwert für das entsprechende Bundesland.

46 Vgl OGH 20.12.2010, 5 Ob 208/10i mwN; OGH 24.5.2005, 5 Ob 117/05 z = wobl 2006/57.
47 MietSlg 53.322: OGH 21.8.2001, 5 Ob 168/01v.

§ 16 Abs 2 Z 1 MRG[48]	Die **Beschaffenheit** der Wohnung; darunter fällt: • Zweckbestimmung der Wohnung;[49] • Stockwerkslage;[50] • Lage innerhalb des Stockwerks; • über oder unter dem Durchschnitt liegende Ausstattung mit anderen Teilen der Liegenschaft[51] (zB Balkone, Terrassen, Keller- oder Dachbodenräume, Hausgärten oder Abstellplätze); • sonstige Ausstattung der Wohnung;[52] • Grundrissgestaltung; • eine gegenüber der mietrechtlichen Normwohnung bessere Ausstattung oder Grundrissgestaltung jedoch nur, wenn sie nicht allein auf Kosten des Hauptmieters vorgenommen wurde (Z 1).[53]
§ 16 Abs 2 Z 2 MRG[54]	die **Ausstattung** der Wohnung (des Gebäudes) mit den in § 3 Abs 4 RichtWG angeführten Anlagen, Garagen, Flächen und Räumen (Z 2)[55]
§ 16 Abs 2 Z 3 MRG	Lage des Hauses[56]
§ 16 Abs 7 MRG	Befristungsabschlag (Siehe Punkt 5.9.).

5.7.4. Kategorieabschlag

Der Kategorieabschlag ist wie folgt zu berücksichtigen: Die Ausstattungskategorie einer Wohnung ist gemäß § 15a Abs 2 MRG nach ihrem Zustand im Zeitpunkt des Mietvertragsabschlusses zu beurteilen. Als mietrechtliche Normwohnung gilt, wie erwähnt, eine der **Ausstattungskategorie A**. Fällt das konkrete Mietobjekt in eine niedrigere Ausstattungskategorie als die mietrechtliche Normwohnung, werden Abstriche gewährt: Für Wohnungen der Ausstattungskategorie B ein Abstrich von 25 % und bei einer Wohnung der Kategorie C ein Abstrich von 50 %. Eine spätere Verbesserung des Mietgegenstandes wirkt sich nicht auf die Höhe des Hauptmietzinses aus, außer sie wurde vereinbart und erfolgt auf Kosten des Vermieters.

48 Für diese Ziffer kommen sowohl Zu- als auch Abschläge in Betracht.
49 Nutzung auch als Büro bis zu +20 %.
50 1. Obergeschoß stellt den Grundzustand dar, hiervon bei Souterrainlage bis −30 %, jedes Geschoß mit Lift über dem 1. Obergeschoß einen Zuschlag von 1,5 %, ohne Lift jedoch einen Abschlag von −2,5 %.
51 Balkon bis +10 %.
52 In diesen Punkt fallen Kategoriemerkmale besserer Ausstattungskategorien.
53 Auch ein etwaiges Kellerabteil.
54 Für diese Ziffer kommen nur Zuschläge in Betracht, deren Höhe mit den bei der Ermittlung des Richtwertes abgezogenen Baukostenanteilen begrenzt sind.
55 Das sind Zuschläge für Gebäudeteile, die im Altbau normalerweise nicht vorhanden sind, etwa Aufzüge, Gemeinschaftsanlagen, Kinderwagen- und Fahrradabstellräume oder Waschküchen.
56 Siehe Lagezuschlag 5.7.5.

Beispiel

V vermietet eine Wohnung an M. Die Wohnung ist schön eingerichtet, sie verfügt über zwei moderne Einbauküchen, eine neue Gasetagenheizung, zwei WC und zwei Badezimmer. In beiden Badezimmern gibt es ein Entlüftungssystem. Die Wohnung verfügt jedoch über kein Vorzimmer. V weiß zwar grundsätzlich, dass die Wohnung mangels Vorzimmer nach dem Richtwertmietzins als Kategorie C-Wohnung (siehe Punkt 5.8.5.) eingestuft werden sollte. Die Minderung des Mietzinses um 50 % findet V jedoch in Anbetracht der Ausstattung der Wohnung nicht gerechtfertigt. V meint, dass ein für diese Minderausstattung angemessener Abschlag durch Zuschläge, die wegen der sonstigen Ausstattung der Wohnung gerechtfertigt sind – etwa zwei Badezimmer und zwei Küchen – ausgeglichen werden könne. M findet das nicht angemessen und lässt sich rechtlich beraten.

Welche Zu- und Abschläge vom bzw zum Richtwertmietzins gerechtfertigt sind, ist immer im konkreten Fall zu beurteilen.[57] Gemäß § 16 Abs 2 S 2 MRG hat man sich bei der Ermittlung der Zu- und Abschläge zum Richtwert an der allgemeinen Verkehrsauffassung und der Erfahrung des täglichen Lebens zu orientieren. Das hat zur Folge, dass nicht sämtliche Ausstattungsdetails gesondert zu bewerten und die Zu- und Abschläge zusammenzurechnen oder abzuziehen sind, sondern der Wert der Wohnung im Gesamten zu erfassen ist.

Gemäß § 15a Abs 2 MRG können einzelne Kategoriemerkmale (hier das Vorzimmer) jedoch durch Ausstattungen einer höheren Kategorie kompensiert werden, somit kann durch die bessere Ausstattung die Kategorie der Wohnung auf „B" kompensiert werden.

Naheliegend ist hier etwa ein Kategorieabstrich der Kategorie B (–25 %).

5.7.5. Lagezuschlag

Der oben erwähnte Lagezuschlag gemäß § 16 Abs 4 MRG ist nur zulässig, wenn die Liegenschaft, auf der sich die Wohnung befindet, eine Lage aufweist, die besser ist als die durchschnittliche. Die durchschnittliche Lage ist gem § 2 Abs 3 RichtWG nach der allgemeinen Verkehrsauffassung und der Erfahrung des täglichen Lebens zu beurteilen. Eine Lage (Wohnumgebung) mit einem überwiegenden Gebäudebestand, der in der Zeit von 1870 bis 1917 errichtet wurde und im Zeitpunkt der Errichtung überwiegend kleine, mangelhaft ausgestattete Wohnungen (Wohnungen der Ausstattungskategorie D) hat, ist höchstens als durchschnittlich einzustufen. Diese „Durchschnittlichkeit" iSd § 2 Abs 3 RichtWG orientiert sich dabei an einer Lage (Wohnumgebung) als normale Wohnlage, die weder besondere Vor- noch Nachteile aufweist.[58]

Zur Beurteilung, ob eine Wohnumgebung „besser als durchschnittlich" ist, ist die konkrete Lage mit anderen Lagen zu vergleichen. Hierbei ist als Referenzgebiet nicht zwingend das jeweilige Bundesland (für das der Grundkostenanteil gemäß Richtwert gesetzlich verlautbart wird) oder der jeweilige Gemeindebezirk[59] zur Beurteilung der (Über-)Durchschnittlichkeit heranzuziehen, sondern ist auf jene

57 OGH 11.2.2003, 5 Ob 12/03f = RIS-Justiz RS0116132 [T2]; OGH 24.5.2005, 5 Ob 117/05z.

58 *Schinnagl/Gröschl*, Der Lagezuschlag im Mittelpunkt der mietrechtlichen Diskussionen, Jahrbuch Wohnrecht 2017, 161 mwN.

59 In Hinblick auf Wien; vgl OGH 26.4.2017, 5 Ob 64/17v.

Teile (des Stadtgebiets) abzustellen, die einander nach der Verkehrsauffassung in ihren **Bebauungsmerkmalen gleichen** und daher ein einigermaßen **einheitliches Wohngebiet** bilden.[60]

Die Beurteilung nach Referenz-Wohnumgebung innerhalb eines Bundeslandes führt in der Praxis zu erheblichen Abgrenzungsschwierigkeiten. Diese Unterscheidung hat zur Folge, dass gut angebundene und stark nachgefragte Wohnumgebungen im dicht verbauten städtischen Gebiet (zB innerhalb des Gürtels in Wien) von der Judikatur nicht als überdurchschnittlich angesehen werden. Schlechter angebundene und weniger nachgefragte Wohnumgebungen am Stadtrand werden hingegen als überdurchschnittlich beurteilt. Dies obwohl innerhalb eines Bundeslandes jeweils der gleiche Richtwert mit dem gleichen Grundkostenanteil gilt.

Die Berechnungsmethode für die Höhe eines Lagezuschlags ist in § 16 Abs 3 MRG geregelt und abschließend vorgegeben. Entsprechend dieser gesetzlichen Anordnung ist zunächst der der Lage des Hauses entsprechende **Grundkostenanteil** je Quadratmeter der (unter Berücksichtigung der Bauvorschriften erzielbaren) Wohnnutzfläche zu berechnen. Der Grundkostenanteil pro Quadratmeter errechnet sich aus dem gegendüblichen Grundpreis für unbebaute wohnbaugeeignete Grundstücke; der Grundpreis ist auf die Wohnnutzfläche umzulegen, die unter Berücksichtigung der Widmung erzielbar ist. Von der Differenz zwischen dem auf diese Weise errechneten Grundkostenanteil der Wohnung und dem der Richtwertermittlung zugrunde liegende Grundkostenanteil (§ 3 Abs 2 und Abs 5 RichtWG) bilden 0,33 % den Lagezuschla**g** (bzw Lageabschlag).

0,33 % dieser Differenz zwischen dem Grundkostenanteil, welcher der Richtwertermittlung zugrunde liegt, und dem der Wohnumgebung entsprechenden Grundkostenanteil sind ein fixer Betrag, den das Gericht (im Zuge eines Mietzinsüberprüfungsverfahrens) nicht über- oder unterschreiten darf.

Der Lagezuschlag ist gemäß § 16 Abs 2 Z 4, Abs 3 und Abs 4 MRG vor Abschluss des Mietvertrages zu vereinbaren. Dem Mieter müssen die maßgebenden Umstände in Schriftform spätestens bei Zustandekommen des Mietvertrages ausdrücklich bekannt gegeben worden sein. Es handelt sich hierbei um eine zwingende Schutzbestimmung zugunsten des Mieters. Der Zweck ist, dass der Mieter hinreichend klar darüber aufgeklärt wird, weshalb der Mietgegenstand eine überdurchschnittliche Lage aufweist und um die Überprüfung der Berechtigung des Lagezuschlags zu ermöglichen. Eine schlagwortartige Anführung der Lagekriterien genügt, die Kriterien müssen aber ausreichend bestimmt sein, um eine Überprüfung zu ermöglichen.[61] Der bloße Verweis auf ein Gutachten ist nicht ausreichend.[62]

60 OGH 20.11.2017, 5 Ob 74/17v; RIS-Justiz RS0131812.
61 Vgl OGH 23.9.2021, 5 Ob 115/21d.
62 Vgl OGH 25.1.2000, 5 Ob 5/00x.

Beispiel

V vermietet M eine 50 m^2 große Altbauwohnung im 1. Bezirk in Wien mit Blick auf den Stephansdom. In Hinblick auf den Hauptmietzins wird ein Lagezuschlag vereinbart. Dies wird im Mietvertrag mit „Lagezuschlag aufgrund überdurchschnittlicher Lage im Stadtzentrum in fußläufiger Entfernung zum Stephansdom" begründet. Weitere Kriterien werden im Mietvertrag nicht angeführt. Beiden Vertragsparteien ist klar, dass sich der Stephansdom im Zentrum Wiens befindet. Sechs Monate nach Abschluss des Mietvertrages lässt M die Höhe des zulässigen Mietzinses gerichtlich überprüfen.

V und M haben den Lagezuschlag schriftlich vereinbart, und M wurden die maßgebenden Umstände vor Abschluss des Mietvertrages in Schriftform bekannt gegeben. Der Lagezuschlag wurde daher wirksam vereinbart und ist bei der Ermittlung des zulässigen Hauptmietzinses zu berücksichtigen. In der Praxis ist es empfehlenswert, die konkreten Kriterien ausdrücklich und umfassend im Mietvertrag festzuhalten. Nach der Judikatur ist aber auch eine kurze, schlagwortartige Begründung[63] ausreichend. Eine genaue Bezifferung ist nicht erforderlich.

5.8. Kategoriemietzins

5.8.1. Anwendungsbereich

Das dritte Zinsbegrenzungssystem im Vollanwendungsbereich des MRG, neben dem angemessenen Mietzins (siehe Punkt 5.6.) und dem Richtwertmietzins (siehe Punkt 5.7.) ist der sogenannte „**Kategorie-D-Mietzins**" bzw „Kategoriemietzins". Wie erwähnt, schließen sich diese drei Begrenzungssysteme gegenseitig aus, sodass der Kategorie-D-Mietzins nur dann zur Anwendung gelangt, wenn:

- das Mietverhältnis in den **Vollanwendungsbereich des MRG** fällt und
- **keiner der beiden anderen Zinsbegrenzungssysteme** (Richtwertmietzins/angemessener Mietzins) zur Anwendung gelangen.

In der Urfassung des MRG[64] war der Kategoriemietzins der Regelfall, wonach vier Ausstattungskategorien (A, B, C und D) bestimmt und für diese Kategorien gesetzliche Höchstbeträge festgelegt wurden, die pro Quadratmeter Nutzfläche verlangt werden konnten. Der Kategoriemietzins stellt für zwischen dem 1.1.1982 und 28.2.1994 geschlossene Mietzinsvereinbarungen den Regelfall dar.[65]

Durch das 3. WÄG (BGBl 1993/800) wurde das System des Kategoriemietzinses jedoch – vor allem für die Kategorien A, B und C – weitgehend durch den Richtwertmietzins ersetzt. Praktisch bedeutet das, dass der Kategoriemietzins vorwiegend auf **Altbauwohnungen der Ausstattungskategorie D** anzuwenden ist.[66]

63 Ausreichend etwa „ruhige zentrumsnahe Lage in Innsbruck" (OGH 16.1.2001, 5 Ob 241/00b) oder „Lage im Cottageviertel, Nähe zum Prater und günstige Verkehrsanbindung" (OGH 30.10.2015, 5 Ob 99/15t).

64 BGBl 1981/520.

65 *Hausmann/Reithofer* in *Hausmann/Vonkilch*, Wohnrecht – MRG Kommentar[4], § 15a RZ 1.

66 Vereinzelte weitere Anwendungsbereiche ergeben sich aus §§ 1 Abs 2 Z 3 lit b, 16 Abs 1 Z 4, Abs 2 Z 6 und Abs 5, 18 ff, 20, 22, 45, 46c MRG.

Weiterhin von Bedeutung ist die jeweilige Kategorie im Anwendungsbereich des Richtwertmietzinses im Rahmen des Kategorieabstriches und als Untergrenze des Richtwertmietzinses (siehe 5.7.).

5.8.2. Grundsätze zur Ermittlung der Ausstattungskategorie

Die Einordnung eines Mietobjekts in eine der vier Ausstattungskategorien ist relevant, weil

- der „Kategoriemietzins" nur für Wohnungen der Kategorie D zur Anwendung kommt (und nur soweit, als kein anderes Zinsbegrenzungssystem greift) und
- die Kategorien auch im Richtwertsystem relevant sind, und zwar bei der Vornahme von Kategorie-Abschlägen für Wohnungen, die unter der Kategorie A einzustufen sind.

Maßgeblicher Zeitpunkt für die Einstufung der jeweiligen Kategorie ist der Zeitpunkt des Abschlusses des Mietvertrages.[67] Die kategoriebestimmenden Merkmale müssen zum maßgeblichen Zeitpunkt nicht nur ***vorhanden***, sondern auch ***funktionsfähig*** sein.

Bei der Kategorieeinstufung nicht zu berücksichtigen sind kategoriebestimmende Investitionen, die auf Kosten des Mieters vor oder nach Mietvertragsabschluss durchgeführt werden[68] und Investitionen, die der Mieter gemäß § 10 Abs 6 MRG dem früheren Mieter abgegolten hat.[69] Ersetzt der Mieter hingegen dem Vormieter Investitionen, obwohl diese bereits voll amortisiert sind (siehe Punkt 9.), sind diese bei der Kategoriebeurteilung voll zu berücksichtigen.[70]

Beispiel

Die Mieterin M mietete ab 1.9.2012 vom Vermieter V eine Wohnung an. In der Wohnung gab es kein WC im Inneren, sondern ein WC auf dem Gang außerhalb der Wohnung. Nach zwei Monaten wurde es M zu mühsam, ihre Wohnung verlassen zu müssen, um das WC aufzusuchen und so ließ sie im Oktober 2012 auf eigene Kosten um € 10.000 im Inneren der Wohnung ein (vom Badezimmer getrenntes) WC in die von ihr gemietete Wohnung einbauen. Nach der Beendigung ihres Mietvertrages zum 31.12.2022 möchte M, dass ihr V die getätigte Investition teilweise ersetzt. Von der Nachmieterin N hat sie nämlich erfahren, dass die Wohnung nach ihr zu einem höheren Mietzins vermietet wird und V dies unter anderem damit begründet, dass das von M hinterlassene Badezimmer sich noch in einem sehr guten Zustand befindet und damit die Ausstattung der Wohnung erheblich verbessert.

Bei Aufwendungen eines Hauptmieters einer Wohnung zur wesentlichen Verbesserung stehen dem Mieter bei Vorliegen der gesetzlichen Voraussetzungen bei der Beendigung des Mietverhältnisses der Ersatz der Aufwendungen vermindert um die jährliche Abschreibung zu (siehe Punkt 9.). Der Einbau eines WC kann eine solche wesentliche

67 OGH 18.10.2016, 3 Ob 176/16b.

68 Vgl OGH 11.2.2003, 5 Ob 12/03f; OGH 21.10.2008, 5 Ob 183/08k; OGH 29.6.1999, 5 Ob 324/98b.

69 OGH 22.12.1998, 5 Ob 322/98h.

70 *Schinnagl* in *Illedits/Reich-Rohrwig*, Wohnrecht: Taschenkommentar[4] § 15a Rz 2 mwN.

Verbesserung sein[71] und die Abschreibung gemäß § 10 Abs 1 Z 1 MRG beträgt für jedes vollendete Jahr ein Zehntel. Bei der Beendigung des Mietverhältnisses steht M daher für die getätigte Investition kein Ersatzanspruch mehr zu.

Entschließt sich V dazu, dem M dennoch seine Investitionen abzugelten, können sie im Mietverhältnis mit N bei der Mietzinsbildung berücksichtigt werden, sodass die Ausstattungskategorie nicht herabzustufen ist.[72]

Es sind auch Vereinbarungen zulässig, wonach der Mieter den Einbau kategoriebestimmender Merkmale selbst übernimmt. Der Vermieter hat den Wert dieser Investitionen allerdings zu ersetzen (zB im Zuge einer Mietzinsreduktion). Die Höhe der Mietzinsreduktion sowie des zu schaffenden Zustandes müssen hierzu allerdings hinreichend bestimmt sein.[73]

Gemäß § 15a Abs 2 MRG kann, für den Fall, dass ein Ausstattungsmerkmal (nicht jedoch die Badegelegenheit oder die mangelnde Brauchbarkeit einer Wohnung) fehlt, ein **Ausgleich** vorgenommen werden, indem ein oder mehrere vorhandene Ausstattungsmerkmale einer höheren Kategorie hinzugerechnet werden.

Beispiel

M zieht für ihr Medizinstudium in ihre erste eigene Wohnung nach Wien. Die Wohnung ist 37 m² groß und besteht aus einem Vorraum samt Küche, einem Badezimmer mit Duschkabine und einem Wohn-/Schlafraum. Die Wohnung wird mit einer Etagenheizung beheizt. Es gibt kein WC in der Wohnung, sondern lediglich ein Gangklosett, welches M alleine nutzen kann.

Ein zu den Erfordernissen einer Wohnungskategorie gehörendes Ausstattungsmerkmal, das fehlt, kann gemäß § 15a Abs 2 MRG unter Umständen durch ein oder mehrere Ausstattungsmerkmale einer höheren Kategorie aufgewogen werden („Kategorieausgleich"). Ob die Einordnung in eine höhere Kategorie gerechtfertigt ist, ist einzelfallabhängig zu beurteilen.[74]

Das Fehlen eines WC im Inneren der Wohnung kann nach der Rsp grundsätzlich durch eine Gasetagenheizung aufgewogen werden.[75] Da M das Gangklosett alleine zur Verfügung steht, kann das Vorhandensein der Gasetagenheizung das Fehlen eines WC im Inneren der Wohnung aufwiegen.[76] Ein Kategorieausgleich ist somit möglich.

5.8.3. Kategorie A (§ 15a Abs 1 Z 1 MRG)

Bei Wohnungen der Kategorie A handelt es sich um Wohnungen, die

- in **brauchbarem Zustand** sind,
- deren Nutzfläche mindestens **30 m²** beträgt,

71 Vgl MietSlg 57.276.
72 Vgl OGH 26.11.1996, 5 Ob 2376/96i; RIS-Justiz RS0105989; OGH 1.9.2009, 5 Ob 126/09d.
73 OGH 23.4.2002, 5 Ob 92/02v; OGH 21.10.2008, 5 Ob 183/08k; LGZ Wien MietSlg 66.341; OGH 18.10.2016, 3 Ob 176/16b.
74 Vgl OGH 20.12.1994, 5 Ob 136/94.
75 Vgl MietSlg 40.360.
76 Vgl MietSlg 46.273.

- welche zumindest aus einer **Küche** oder Kochnische, einer dem zeitgemäßen Standard entsprechenden **Badegelegenheit**, einem **WC**, einem **Vorraum** und einem **weiteren Zimmer** bestehen, die räumlich getrennt sein müssen,
- über eine gemeinsame **Wärmeversorgungsanlage**, eine Etagenheizung oder eine gleichwertige stationäre Heizung und
- die über eine **Warmwasseraufbereitung**

verfügen.[77]

Als brauchbarer Zustand wird nach der Rechtsprechung ein Zustand verstanden, der aus objektiver Sicht keine gröberen, die Benützung hindernden Mängel aufweist und der eine Wohnung zum sofortigen Bewohnen geeignet macht, insbesondere, wenn die vorgesehenen oder ortsüblichen Energieanschlüsse gefahrfrei zu verwenden sind.

Die **Nutzfläche** ist gemäß § 17 Abs 2 MRG die gesamte Bodenfläche einer Wohnung oder eines sonstigen Mietgegenstandes abzüglich der Wandstärken und der im Verlauf der Wände befindlichen Durchbrechungen.

Für die Einordnung als Zimmer wird nach der Rsp eine gewisse Mindestgröße sowie die Möglichkeit natürlicher Beleuchtung gefordert. Das Vorhandensein einer Küche erfordert eine Koch- und Spülgelegenheit mit Wasserentnahmestelle und Abwasserentsorgung.[78]

5.8.4. Kategorie B (§ 15a Abs 1 Z 2 MRG)

Bei Wohnungen der Kategorie B handelt es sich um Wohnungen, die

- in **brauchbarem Zustand** sind und
- aus zumindest einer **Küche oder Kochnische**, einer dem **zeitgemäßen Standard entsprechenden Badegelegenheit**, einem **WC**, einem **Vorraum** und einem **weiteren Zimmer** bestehen, welche **räumlich getrennt** sein müssen.[79]

5.8.5. Kategorie C (§ 15a Abs 1 Z 3 MRG)

Als Wohnungen der Kategorie C sind Wohnungen einzuordnen, welche in brauchbarem Zustand sind und zumindest über

- eine Wasserentnahmestelle und
- ein WC im Inneren

verfügen.[80]

77 *Würth/Zingher/Kovanyi*, Miet- und Wohnrecht[23] MRG § 15a Rz 11; § 15a Abs 1 Z 1 MRG.

78 LGZ Wien MietSlg 38.590; OGH 31.8.2010, 5 Ob 7/10f; das Kategoriemerkmal ist etwa nicht erfüllt, wenn ein unmittelbar vom Stiegenhaus betretbarer Vorraum nur 4 m² misst und auch mit einer Küchenzeile eingerichtet ist (vgl RIS-Justiz RS0113013).

79 *Würth/Zingher/Kovanyi*, Miet- und Wohnrecht[23] MRG § 15a Rz 12; § 15a Abs 1 Z 2 MRG.

80 *Würth/Zingher/Kovanyi*, Miet- und Wohnrecht[23] MRG § 15a Rz 13.

5.8.6. Kategorie D (§ 15a Abs 1 Z 4 MRG)

Als Wohnungen der Kategorie D sind Wohnungen einzuordnen, wenn sie über keine Wasserentnahmestelle oder über kein WC im Inneren verfügen.[81]

5.8.7. Höhe des Kategoriemietzinses

Die Höhe des Kategoriemietzinses richtet sich bundesweit danach, ob der gegenständliche Mietgegenstand in einem brauchbaren Zustand ist oder nicht:[82] Für eine Wohnung in **unbrauchbarem Zustand** der Ausstattungskategorie D darf der vereinbarte Hauptmietzins je Quadratmeter Nutzfläche und Monat **€ 1,12** nicht übersteigen. Befindet sich diese Wohnung jedoch in **brauchbarem Zustand**, so darf ein Hauptmietzins bis zu einem Betrag von **€ 2,23** pro Quadratmeter der Nutzfläche und Monat vereinbart werden.

Darüber hinaus werden diese gesetzlichen Beträge nach dem Verbraucherpreisindex 2000 oder dem an seine Stelle tretenden Index wertgesichert (§ 16 Abs 6 MRG). Ausgangsbasis ist der Indexwert für Februar 2001. Bei einer Änderung des Index um 5 % (nach oben oder unten) wird der zuletzt wirksame Kategoriebetrag valorisiert und bildet die neue Ausgangsbasis. Die Valorisierung und der Zeitpunkt, in dem sie wirksam wird, sind durch den Bundesminister für Justiz im BGBl kundzumachen.

5.9. Befristungsabschlag

Unabhängig davon, welches der drei Zinsbegrenzungssysteme zur Anwendung kommt, ist mitunter der Befristungsabschlag gemäß § 16 Abs 7 MRG zu beachten. Der Befristungsabschlag ist bei befristeten Mietverhältnissen, die dem Preisschutz des MRG unterliegen, zu beachten und betrifft sowohl Wohnungen als auch Geschäftsräumlichkeiten.

Voraussetzung für die Anwendung des Befristungsabschlages sind sohin das Vorliegen eines Mietverhältnisses im Vollanwendungsbereich des MRG sowie der Abschluss eines befristeten Mietverhältnisses. Der Befristungsabschlag beträgt 25 % des höchstzulässigen Hauptmietzinses.

Wird ein befristeter Hauptmietvertrag in einen Mietvertrag auf unbestimmte Zeit umgewandelt (vgl dazu Teil III, Punkt 7.1.3.), so ist dieser Befristungsabschlag ab dem Zeitpunkt der Umwandlung nicht mehr anzuwenden. Dies gilt jedoch nur unter der Voraussetzung, dass der Abschlag im Hauptmietvertrag ziffernmäßig durch Gegenüberstellung des für ein unbefristetes Mietverhältnis zulässigen und des tatsächlich vereinbarten Hauptmietzinses schriftlich ausgewiesen wurde. In

81 *Würth/Zingher/Kovanyi*, Miet- und Wohnrecht[23] MRG § 15a Rz 14.
82 *Lovrek* in GeKo Wohnrecht I § 15a MRG Rz 1.

der Praxis ist es daher empfehlenswert, diesen Befristungsabschlag ausdrücklich anzuführen.

Beispiel

C macht sich als Designerin selbstständig und mietet für den Verkauf ihrer Kleidung ein kleines Geschäftslokal im siebenten Wiener Gemeindebezirk an. Das Geschäftslokal befindet sich im Erdgeschoß eines typischen Wiener Altbaus. Da sie nicht einschätzen kann, ob ihre Mode gut angenommen und sie mit ihrem jungen Unternehmen erfolgreich sein wird, schließt sie zunächst einen auf vier Jahre befristeten Mietvertrag ab. Das Geschäftslokal mit einer Größe von 40 m² wird zu einem angemessenen Hauptmietzins von € 18/m² zuzüglich Betriebskosten und USt vermietet. Im Mietvertrag wird der angemessene Hauptmietzins im Gesamtbetrag von € 720 plus Betriebskosten und USt angeführt. C und ihre Vermieterin V verstehen sich gut. Der Befristungsabschlag von 25 % wird ausdrücklich ausgewiesen. Auch der bei einer unbefristeten Vermietung zulässige Hauptmietzins wird angeführt. Die beiden vereinbaren nach Ablauf der vier Jahre eine Umwandlung in einen unbefristeten Mietvertrag.

Das Geschäft von C entwickelt sich in weiterer Folge sehr gut. Zwei Monate nach der Umwandlung des Mietvertrages erinnert sich V daran, dass nun aufgrund des unbefristeten Mietvertrages der Befristungsabschlag nicht mehr zusteht und schreibt C in der nächsten Mietvorschreibung einen Hauptmietzins von € 24/m² zuzüglich Betriebskosten und USt vor. C wundert sich und lässt sich rechtlich beraten.

Es wurde ein Geschäftslokal vermietet, das dem Vollanwendungsbereich des MRG unterliegt. Ursprünglich wurde ein befristeter Hauptmietvertrag abgeschlossen. Der höchstzulässige Mietzins ist daher gemäß § 16 Abs 7 MRG im Falle eines befristeten Hauptmietvertrages um 25 % zu mindern. V wusste, dass sie nach Ablauf des befristeten Mietvertrages eine Umwandlung in ein unbefristetes Mietverhältnis mit C vereinbart hat, es wurde im Mietvertrag der für ein unbefristetes Mietverhältnis zulässige Hauptmietzins durch Gegenüberstellung zum tatsächlich vereinbarten Hauptmietzins schriftlich ausgewiesen. Die Erhöhung des Hauptmietzinses durch V ist daher zulässig.

5.10. Höchstgrenzen bei Untermiete

Wie dargestellt, genießen Untermieter nach dem MRG weniger Schutz als Hauptmieter: Nachdem die Rechte des Untermieters nur gegenüber dem Hauptmieter wirken, hat der Untermieter kaum rechtlichen Schutz, wenn der Hauptmieter vom Vermieter gekündigt wird (siehe dazu Teil I, Punkt 6.). Das ist insofern besonders brisant, als der Hauptmieter einen Kündigungsgrund verwirklicht, wenn er das gesamte Mietobjekt ohne Zustimmung des Vermieters untervermietet (siehe dazu Teil III, Punkt 7.3.9.).

Hinzu kommt, dass der Untermieter auch nur einen abgeschwächten Preisschutz genießt: So darf der Hauptuntermietzins um bis zu 50 % höher liegen als der zulässig vereinbarte Hauptmietzins. Mit dieser Regelung soll einerseits ein – wenn auch im Vergleich zum Hauptmieter geringerer – Schutz für den Untermieter geschaffen werden; andererseits soll auch der Hauptvermieter davor geschützt werden, dass der Hauptmieter ein Bestandobjekt, für welches der Preisschutz des MRG gilt, wirtschaftlich übermäßig ausnützt.[83]

Um zu vermeiden, dass der Vermieter einen Strohmann einsetzt, um den strengen Preis des MRG aufzuweichen, gibt es die Möglichkeit, solche Umgehungkonstruktionen gerichtlich feststellen zu lassen (siehe unten Punkt 13.1.).

Beispiel

M mietet von V eine Altbauwohnung. Im Mietvertrag ausgewiesen ist ein Hauptmietzins in Höhe von netto € 800. Nach dem anwendbaren Richtwertsystem ist jedoch nur ein Hauptmietzins in Höhe von netto € 700 zulässig. M überlegt, zu welchem maximalen Hauptuntermietzins er seine Wohnung untervermieten könnte.

Nachdem der Hauptmietzins nur in Höhe von netto € 700 zulässig vereinbart wurde, lautet die Antwort (€ 700 × 1,5 =) € 1.050.

Auch für Untermieten gilt im Übrigen der **Befristungsabschlag**: Im Falle eines befristeten Untermietvertrags verringert sich die zulässige Höhe des Hauptuntermietzinses um 25 %.

5.11. Wertsicherung

Nachdem Mietverhältnisse typischerweise über eine längere Dauer abgeschlossen werden, ist es für den Vermieter essentiell, sich gegen die Folgen der Inflation zu schützen. Der Gesetzgeber trägt diesem Bedürfnis insoweit Rechnung, als sich die Mietzinsobergrenzen mit der Zeit nach oben verschieben:

- Die **Richtwerte** werden alle zwei Jahre mit 1. April valorisiert (siehe Punkt 5.7.).
- Der **Kategoriemietzins** ist gemäß § 16 Abs 6 MRG an den VPI 2000 gekoppelt.
- Auch die Höchstgrenze, die sich durch die Anwendung des **angemessenen Mietzinses** ergibt, erhöht sich laufend, weil die Judikatur eine Wertsicherung der jeweiligen Mietzinsvereinbarung erlaubt.[84]

Die oben angeführten Wertsicherungen stellen jedoch nur gesetzliche Anpassungen des höchstzulässigen Mietzinses dar, eine gesetzliche Wertsicherung der konkreten Mietverträge ist damit jedoch nicht festgeschrieben:[85] Vertraglich vereinbarte Hauptmietzinse unterliegen nur bei **ausdrücklicher Vereinbarung** einer Wertsicherung. Es ist daher ratsam, eine entsprechende Wertsicherungsvereinbarung bei Abschluss des Mietvertrages vorzusehen.

Die Rechtsprechung war in letzter Zeit sehr kritisch zu Wertsicherungsklauseln, vor diesem Hintergrund wird in der Literatur teilweise vor dem Abschluss von

83 *Schinnagl* in GeKo Wohnrecht I § 26 MRG Rz 2.
84 RIS-Justiz RS0069593.
85 Mit Ausnahme der Mindestmiete gemäß § 45 MRG.

Mietverträgen (insbesondere unbefristeter Verträge) im Vollanwendungsbereich des MRG überhaupt gewarnt. Bei Wegfall der Wertsicherung kann das wirtschaftliche Gleichgewicht der Verträge kippen und es besteht für den Vermieter die Gefahr, dass die Vermietung nach einiger Zeit nicht mehr kostendeckend möglich ist.

Dem Mieter gegenüber wird die Erhöhung des Hauptmietzinses mit dem auf das Wirksamwerden der Indexveränderung **folgenden Zinstermin wirksam**. Dabei ist gemäß § 16 Abs 9 MRG vorausgesetzt, dass der Vermieter den Mieter **spätestens 14 Tage vor diesem Termin** zur Bezahlung des neuen wertgesicherten Mietzinses **auffordert.**[86] Wird die 14-tägige Frist nicht eingehalten, wird die Erhöhung des Hauptmietzinses erst zum nächsten Zinstermin wirksam. Der aufgrund der Wertsicherung erhöhte Betrag ist im Aufforderungsschreiben zu beziffern. Eine rückwirkende Indexierung von Wohnungsmietverträgen im Vollanwendungsbereich des MRG ist nicht möglich, somit können immer nur die zukünftigen Mieten einer Wertsicherung unterliegen. Bei Mietverträgen zwischen Unternehmern und Verbrauchern, somit bei Anwendbarkeit des KSchG, ist eine Indexierung innerhalb der ersten beiden Monate eines Vertragsverhältnisses ausgeschlossen. Obwohl dies gesetzlich bereits definiert ist, ist es ratsam, dies bei der Wertsicherungsvereinbarung im Mietvertrag ausdrücklich auszuweisen.

Beispiel

V vermietet eine Wohnung für 10 Jahre an M. M vereinbart eine Wertsicherung entsprechend der Veränderung des VPI 2020 mit einer Indexschwelle von 5 %. Als Referenzmonat wird der Monat des Vertragsabschlusses herangezogen. Klarstellend nimmt V in den Mietvertrag auf, dass eine Indexierung innerhalb der ersten beiden Monate ausgeschlossen ist – dies obwohl die Indexzahl für den Monat des Vertragsabschlusses ohnehin erst einige Monate nach Vertragsabschluss rechtskräftig wird und eine Indexierung innerhalb der ersten zwei Monate somit nicht möglich ist.

Nach einem halben Jahr wird ein neuer Richtwertmietzins veröffentlicht, die Indexschwelle wird jedoch erst nach einem Jahr erreicht.

V darf nach einem Jahr (somit nach Erreichung der Indexschwelle) den Mietzins entsprechend anpassen, diese Anpassung darf den zu diesem Zeitpunkt höchstzulässigen Mietzins jedoch nicht überschreiten.

5.12. Überprüfung des Hauptmietzinses

Wie dargestellt, sind Mietzinsvereinbarungen im Vollanwendungsbereich des MRG gemäß § 16 Abs 8 MRG insoweit unwirksam, als der vereinbarte Hauptmietzins oder aufgrund einer Wertsicherung erhöhte Hauptmietzins, den zulässigen Höchstbetrag überschreiten. Den zulässigen Hauptmietzins übersteigende Beträge können auf Antrag des Mieters vom Gericht als unwirksam erklärt werden.

86 OGH 16.10.2007, 5 Ob 210/07d; LGZ Wien MietSlg 57.309.

Ein Unternehmer, der eine **Geschäftsräumlichkeit** mietet, kann sich auf die Überschreitung des zulässigen Höchstmaßes nur berufen, wenn er die Überschreitung unverzüglich, spätestens jedoch bei Übergabe des Mietgegenstandes, gerügt hat. Die Rüge hat unverzüglich, dh zwischen Abschluss des Mietvertrages und spätestens bis zur Übergabe des Mietgegenstandes, zu erfolgen. Eine bestimmte Form ist nicht vorgesehen. Der Mieter muss aber auf das seines Erachtens bestehende Überschreiten des zulässigen Hauptmietzinses, im Sinne eines Missverhältnisses zwischen vereinbartem und angemessenen Hauptmietzins, hinweisen und erklären, dass er sich die Überprüfung vorbehält.[87]

Beispiel

Der Antiquitätenhändler J mietet ein Geschäftslokal in bester Lage in der Salzburger Getreidegasse. Mit seinem Vermieter V vereinbart er einen Hauptmietzins von € 4.000. Neun Monate nach Vertragsabschluss und Übernahme des Geschäftslokals weist ihn ein Freund darauf hin, dass ihm der Hauptmietzins überhöht erscheint und rät J, den Hauptmietzins gerichtlich überprüfen zu lassen. J holt ein Sachverständigengutachten ein und erfährt, dass sein Hauptmietzins den gesetzlich zulässigen Hauptmietzins um rund € 500 überschreitet. J verlangt daraufhin von V, ihm den zu viel bezahlten Betrag von € 4.500 zurückzuerstatten und in Zukunft eine geringere Miete vorzuschreiben. V weigert sich.

J ist ein Unternehmer, der eine Geschäftsräumlichkeit angemietet hat. Um sich auf eine Überschreitung des zulässigen Hauptmietzinses zu berufen, hätte er diesen Umstand spätestens bis zur Übernahme des Mietgegenstandes rügen und erklären müssen, dass er sich eine weitere Prüfung vorbehält. Folglich kann J seinen Anspruch mangels Rüge nicht mehr geltend machen.

Bei **Wohnungsmietverträgen** ist die Unwirksamkeit innerhalb von drei Jahren ab Abschluss der Mietzinsvereinbarung, Anerkennung als Hauptmieter (siehe dazu unten Punkt 13.1.) oder Erhöhung des Hauptmietzinses aufgrund einer Wertsicherungsvereinbarung gerichtlich geltend zu machen. Bei befristeten Hauptmietverhältnissen verlängert sich diese Frist bis zum Ablauf von sechs Monaten nach Beendigung des Mietverhältnisses oder Umwandlung in ein unbefristetes Mietverhältnis (vgl dazu Teil III, Punkt 7.1.3.).

Beispiel

M mietet auf vier Jahre befristet eine 45 m² große Altbauwohnung in Wien-Brigittenau und zahlt monatlich einen Hauptmietzins in Höhe von € 750. M hat Interesse, den Mietvertrag zu verlängern, weil ihm die Lage der Wohnung gut gefällt und bittet seinen Vermieter drei Monate vor Ablauf des Mietvertrages darum. Der Vermieter benötigt die Wohnung für ein Familienmitglied, weshalb er eine Absage erteilt und M ausziehen muss.

Im Zuge der Suche nach einer neuen Wohnung beschäftigt sich M intensiv mit dem MRG und den aktuellen Mietpreisen. Ihm fällt dabei auf, dass ähnliche Wohnungen durchschnittlich mit einem Hauptmietzins von € 670 vermietet werden.

---

87 OGH 14.11.2006, 5 Ob 228/06z; OGH 28.4.2015, 5 Ob 75/15p.

Sieben Monate nach dem Auszug aus seiner alten Wohnung beschließt M, den zu viel entrichteten Hauptmietzins zurückzufordern und schreibt seinem ehemaligen Vermieter. Dieser weigert sich mit der Begründung, dass der Mietvertrag vor über drei Jahren abgeschlossen worden sei, M einen allfällig überhöht gezahlten Hauptmietzins zurückzuzahlen.

V hat Recht, dass die Überschreitung des zulässigen Hauptmietzinses grundsätzlich innerhalb von drei Jahren ab dem Vertragsabschluss gerichtlich geltend zu machen ist. V berücksichtigt auch, dass er mit M einen befristeten Mietvertrag abgeschlossen hatte und sich daher dessen Frist zur Geltendmachung um sechs Monate nach der Beendigung des Mietverhältnisses verlängert hat. Auch diese Frist ist bereits abgelaufen, M hat daher keine Möglichkeit, um die Mietzinsvereinbarung gerichtlich überprüfen zu lassen.

Es handelt sich hierbei um eine **Präklusivfrist,** dh die Überprüfung ist bis zum Ablauf dieser Frist gerichtlich geltend zu machen.

In Gemeinden, in welchen eine Schlichtungsstelle eingerichtet ist,[88] ist dieser Antrag zunächst zwingend bei der zuständigen Schlichtungsstelle einzubringen (sukzessive Zuständigkeit, siehe dazu Teil I, Punkt 12.4.1.). Binnen vier Wochen ab Vorliegen der Entscheidung der Schlichtungsstelle oder sollte die Schlichtungsstelle nicht innerhalb von drei Monaten ab Antragstellung entscheiden, kann das Verfahren auf Antrag jeder Partei an das zuständige Bezirksgericht abgezogen werden.

5.13. Bewirtschaftungskosten

5.13.1. Überblick

Wie unter Punkt 5.1. festgehalten, besteht der Mietzins auch aus dem auf den Mietgegenstand entfallenden Anteil an Betriebskosten und den von der Liegenschaft zu entrichtenden laufenden öffentlichen Abgaben sowie aus dem auf den Mietgegenstand entfallenden Anteil für besondere Aufwendungen. Die genannten Punkte werden unter dem Begriff Bewirtschaftungskosten zusammengefasst.

5.13.2. Betriebskosten

Betriebskosten iSd MRG sind **regelmäßige, wiederkehrende Kosten, die in direktem Zusammenhang mit der Liegenschaft** stehen. Im Vollanwendungsbereich des MRG darf der Vermieter bei Vorliegen eines Hauptmietverhältnisses nur die in § 21 Abs 1 MRG taxativ angeführten Betriebskosten dem Mieter (weiter-)verrechnen. Unter die Betriebskosten fallen gemäß § 21 Abs 1 MRG:

- Wasserversorgungskosten,
- Verbrauchsermittlungskosten (Eichung, Wartung und Ablesung von Messvorrichtungen zur Verbrauchsermittlung),

88 Graz, Innsbruck, Klagenfurt, Leoben, Linz, Mürzzuschlag, Neunkirchen, Salzburg, St. Pölten, Stockerau, Wien.

- Kosten zur Rauchfangkehrung, Kanalräumung, Unratabfuhr, Schädlingsbekämpfung,
- Kosten der Beleuchtung der allgemein zugänglichen Teile des Hauses (auch Hofraum und Durchgang zu einem Hinterhaus),
- Kosten der Feuerversicherung,
- Kosten der Haftpflicht- und Leitungswasserschadenversicherung,
- Kosten der Versicherung gegen andere Schäden (zB Glasbruch und Sturmschäden),
- Verwaltungsauslagen,
- Aufwendungen für die Hausbetreuungsarbeiten.

Beispiel

V ist Eigentümer einer Wohnung, an der das Wohnungseigentum begründet wurde. V vermietet seine Wohnung an M. Im Mietvertrag wird vereinbart, dass M die Betriebskosten in Höhe der monatlichen „Betriebskosten", die V als Wohnungseigentümer vorgeschrieben werden, zu zahlen hat. Die Vertragsparteien vereinbaren außerdem, dass M entsprechend mehr zu bezahlen hat, wenn sich diese Kosten für V erhöhen.

V verrechnet in weiterer Folge während der gesamten Dauer des Mietverhältnisses „die Betriebskosten" entsprechend der Vorschreibungen, die ihm als Wohnungseigentümer vorgeschrieben werden, an M weiter. In diesen monatlichen Betriebskosten sind auch die monatlichen Vorschreibungen der Beiträge zur Rücklage der Wohnungseigentümer (die sogenannte „Reparaturrücklage" zur Bezahlung künftiger Erhaltungsarbeiten) entsprechend den Regelungen des Wohnungseigentumsgesetzes 2002 (WEG 2002) enthalten.

Das WEG 2002 enthält – anders als das MRG – keinen Betriebskostenkatalog. Die einem Wohnungseigentümer vorgeschriebenen Beträge können daher nicht ohne Weiteres einem Mieter als Betriebskosten vorgeschrieben werden. Die Aufzählung der Betriebskosten ist nach der stRsp taxativ, eine abweichende Vereinbarung zu Lasten des Mieters ist somit rechtswidrig.[89]

Die Bezahlung der einem Wohnungseigentümer vorgeschriebenen Reparaturrücklage findet keine Deckung im Betriebskostenkatalog des MRG. M kann daher den Betrag, den er als Betriebskosten für die Reparaturrücklage entrichtet hat, von V zurückfordern.

5.13.3. Öffentliche Abgaben

Öffentliche Abgaben sind gemäß § 21 Abs 2 MRG die **von der Liegenschaft zu entrichtenden laufenden öffentlichen Abgaben**[90] mit Ausnahme solcher, die nach landesgesetzlichen Bestimmungen auf die Mieter nicht überwälzt werden dürfen.

5.13.4. Besondere Aufwendungen

Weiterer Mietzinsbestandteil sind die Kosten des Betriebes (nicht aber Erhaltungsarbeiten) für die der gemeinsamen Benützung der Bewohner dienenden Anlagen des Hauses (Gemeinschaftsanlagen, zB ein Personenaufzug, eine gemeinsame

89 Vgl OGH 3.12.2002, 5 Ob 49/02w; OGH 19.1.1993, 5 Ob 151/92, RIS-Justiz RS0069690.

90 Das sind etwa die Grundsteuer oder Gebrauchsabgabe nach dem Wiener Gebrauchsabgabegesetz 1966.

Wärmeversorgungsanlage – sofern nicht das Heizkostenabrechnungsgesetz anzuwenden ist – oder eine zentrale Waschküche).

Die Überwälzung dieser Kosten setzt die objektive Benützungsmöglichkeit des Mieters voraus.[91]

5.13.5. Aufteilung und Abrechnung

Die in § 21 MRG angeführten Betriebskosten, die laufenden öffentlichen Abgaben sowie die besonderen Aufwendungen gemäß § 24 MRG (für die der gemeinsamen Benutzung der Bewohner dienenden Anlagen) werden gemäß § 17 Abs 1 MRG grundsätzlich nach dem **Verhältnis der Nutzfläche** des Mietgegenstandes zur Gesamtnutzfläche des Hauses aufgeteilt, sofern nicht zwischen dem Vermieter und allen Mietern des Hauses schriftlich ein anderer Verteilungsschlüssel vereinbart wurde oder sich aus dem Gesetz ein anderer Verteilungsschlüssel ergibt. Unter „Gesamtnutzfläche des Hauses" werden alle vermieteten, vom Vermieter benutzten oder trotz ihrer Vermietbarkeit nicht vermieteten Wohnungen oder sonstigen Mietgegenstände zumeist eines Grundbuchskörpers verstanden.[92]

Abweichend von diesem Grundsatz kann auch eine Aufteilung nach Verbrauch vereinbart werden, sofern eine schriftliche Vereinbarung des Vermieters mit mindestens zwei Drittel der Mieter vorliegt, es sich um verbrauchsabhängige Aufwendungen handelt und die Ermittlung des Verbrauchs durch Messvorrichtungen vorgenommen werden kann (§ 17 Abs 1a MRG). Letztlich ist ein Abweichen auch bei Mehrverbrauch eines Mieters zulässig.[93]

Die Abrechnung der Bewirtschaftungskosten kann nach Wahl des Vermieters im Wege der **Jahrespauschalverrechnung oder Einzelverrechnung** stattfinden. Die fällig gewordenen Betriebskosten sind bis **spätestens 30.6.** des Folgejahres vom Vermieter abzurechnen. Die Betriebskostenabrechnung ist dem Mieter zu übermitteln und die Belege sind an geeigneter Stelle zur Einsicht im Haus aufzulegen oder dem Mieter ist in sonstiger geeigneter Weise Einsicht in die Belege zu gewähren.

Ein sich aus der Betriebskostenabrechnung ergebender Überschuss ist dem Mieter bis zum übernächsten Zinstermin zurückzuerstatten. Eine Nachzahlung ist vom Mieter ebenfalls bis zum übernächsten Zinstermin zu bezahlen.[94]

5.13.6. Exkurs: Mietzinsbildung beim Wohnhauswiederaufbau

Im Falle der Mietzinsbildung nach den Bestimmungen des Wohnungswiederaufbaugesetzes (WWG) ist zunächst zu prüfen, ob das Mietobjekt unter den Anwen-

91 RIS-Justiz RS0109557.
92 *Prader* in GeKo Wohnrecht I § 17 MRG Rz 5.
93 *Prader* in GeKo Wohnrecht I § 17 MRG Rz 15 mwN.
94 *Reßler* in *Illedits*, Wohnrecht: Taschenkommentar[4] § 21 MRG Rz 48.

dungsbereich dessen fällt. Hierfür ist in Erfahrung zu bringen, ob die Wohnung oder die Liegenschaft im Zuge von Kriegswirken (teilweise) zerstört wurde, Fördermittel zum Wiederaufbau herangezogen wurden, welcher Zerstörungsgrad vorlag, wann die Förderung zugesagt wurde und somit welche Fassung des WWG zur Anwendung kommt, ob die Mittel begünstigt zurückgezahlt wurden, und wenn ja wann.

Der Gesetzgeber unterscheidet zwischen den Begriffen „Wiederherstellung" und „Neuerrichtung/Neuschaffung". Unter „Wiederherstellen" ist das Instandsetzen bzw das Versetzen von den zerstörten Gebäudeteilen in den vorherigen Zustand gemeint. Um von Wiederherstellung sprechen zu können, muss mindestens ein Teil der Wohnung noch vorhanden sein. Unter „Neuerrichtung" versteht der Gesetzgeber die meist mit hohem Kostenaufwand verbundene bauliche Umgestaltung.

Einer der relevantesten Bereiche für die Mietzinsbildung ist die Neuerrichtung. Aus Gründen der Übersichtlichkeit wird in weiterer Folge auf die Neuerrichtung (von zumindest Teilen) einer Liegenschaft näher eingegangen.

Grundsätzlich unterwirft das WWG 1948 idF 1950 nur die mit Fondshilfe wiederhergestellten Objekte dem MG (somit auch dem MRG). Das WWG 1952 unterwirft auch ohne Fondshilfe wiederhergestellte Objekte in einem zumindest teilweise mit Fondshilfe wiederhergestellten Haus dem MG (MRG). Im WGG 1954 und 1967 erfolgt die Unterwerfung prinzipiell gemäß dem WGG 1952, jedoch mit Ausnahmen. Nicht dem MG (und MRG) unterworfen werden: neu hergestellte Objekte, sowie ohne Fondshilfe wiederhergestellte Objekte, auch wenn allgemeine Teile mit Fondshilfe wiederhergestellt wurden, nicht dem MG (MRG) unterworfen werden.

Im Falle der Neuerrichtung von Teilen der Liegenschaft samt Allgemeinflächen ist zwischen dem WGG 1948 idF 1950 und dem WGG 1952, 1954 und 1967 zu unterscheiden. Bei Förderungen nach dem WGG 1948 idF 1950 unterliegt bei einer geförderten Neuschaffung eines Teiles des Hauses der nicht geschaffene Teil weiterhin den Beschränkungen des Richtwertmietzinses. Der neugeschaffene Teil kann jedoch frei vermietet werden und wird bei der Mietzinsbildung wie ein Neubau behandelt. Im Falle einer Förderung nach dem WGG 1952, 1954 und 1967 wird die gesamte Liegenschaft im Hinblick auf die Mietzinsbildung wie ein Neubau behandelt (Freier Mietzins).

Das Förderdarlehen konnte bzw kann jedoch vorzeitig getilgt werden.

Bei vorzeitiger Rückzahlung der Förderdarlehen gibt es folgende zwei Varianten:

- Wurde das Darlehen gemäß Rückzahlungsbegünstigungsgesetz (RGB) 1971 zurückgezahlt, so kommt der **freie Mietzins** in den wiederhergestellten Teilen zur Anwendung. Die Rückzahlung muss laut § 7 Abs 3 RGB 1971 bis zum

30.9.1982 angesucht und laut § 6 Abs 2 RGB 1971 bis 31.12.1982 zurückgezahlt worden sein.

- Wurde gemäß Rückzahlungsbegünstigungsgesetz (RGB) 1987 zurückbezahlt, so kommt der **angemessene Hauptmietzins** zur Anwendung. Gemäß § 6 Abs 1 RGB 1987 muss bis 31.12.1988 um Rückzahlung angesucht worden sein.

6. Erhaltungs-, Verbesserungs- und Instandhaltungspflichten

6.1. Überblick

Einen Vermieter treffen im MRG-Vollanwendungsbereich einige Pflichten, die unter dem Begriff „**Erhaltungspflichten**" zusammengefasst werden (§ 3 MRG). Dieser Begriff ist weit zu verstehen: Es ist dabei nicht nur an die Erhaltung des Mietgegenstandes im Sinne einer Substanzerhaltung zu denken, sondern auch an die fortwährende Ermöglichung eines störungsfreien Gebrauchs des Mietobjekts im vereinbarten bzw brauchbaren Zustand.[95] Das Gesetz sieht einen taxativen Katalog von Maßnahmen vor, die der Vermieter im Anlassfall (idR Vorliegen einer Mangelhaftigkeit) zu setzen hat. Diese Erhaltungspflichten umfassen die allgemeinen Teile des Hauses und teilweise auch das Innere der Mietgegenstände.

Die sog „**Verbesserungspflichten**" (§ 4 MRG) sind ebenfalls an den Vermieter adressiert. Hier ist der Ursprung der Handlungspflicht jedoch nicht ein bestehender Mangel (siehe Punkt 6.3.).

Wartungs- und Instandhaltungspflichten (§ 8 MRG) treffen demgegenüber den Mieter. Der Unterschied zwischen Wartungs- und Instandhaltungspflichten liegt im Wesentlichen im Zeitpunkt, in dem sie schlagend werden: Wartungspflichten betreffen die laufende Wartung und die Verhinderung von Abnützung. Demgegenüber betreffen Instandhaltungspflichten im Wesentlichen die gleiche Tätigkeit wie die Erhaltungspflichten des Vermieters, nämlich idR Reparaturtätigkeiten.

Zu vom Mieter am Mietobjekt vorgenommenen Verbesserungen (§ 9 MRG) siehe Punkt 7.

6.2. Erhaltungspflichten des Vermieters

6.2.1. Allgemeines

§ 3 Abs 1 MRG verpflichtet den Vermieter zunächst allgemein dazu, im Rahmen seiner rechtlichen, wirtschaftlichen und technischen Gegebenheiten und Möglichkeiten, das Haus, den Mietgegenstand selbst und die Allgemeinflächen im **ortsüblichen Standard** zu erhalten und erhebliche **Gesundheitsgefahren** zu be-

95 Vgl *Pletzer* in GeKo Wohnrecht I § 3 MRG Rz 21, 24.

seitigen. Diese Verpflichtungen des Vermieters werden im Rahmen einer abschließenden Aufzählung in § 3 Abs 2 MRG konkretisiert (siehe sogleich Punkte 6.2.2.–6.2.4.).

Das Gesetz sieht hier einen strengen Mieterschutz vor: Die Erhaltungspflicht gemäß § 3 MRG ist relativ zwingendes Recht zugunsten des Mieters; sieht der Vertrag Regelungen vor, die für den Mieter nachteiliger sind als § 3 MRG, kann der Mieter daher die Unwirksamkeit der Regelungen einwenden.[96] Es steht den Erhaltungspflichten auch nicht entgegen, wenn der betroffene Teil des Mietgegenstands vom Mieter **selbst hergestellt** wurde.[97]

Beispiel

M mietet von V eine Altbau-Innenstadtwohnung. Mit Zustimmung von V lässt M den Lichthof des Hauses im Bereich dieser Wohnung verbauen und in den Wohnungsverband einbeziehen. Das neu geschaffene Zimmer ist nur über eine Lichtkuppel beleuchtet. Nach einigen Jahren funktioniert die elektronische Öffnung der Lichtkuppel jedoch nicht mehr. M beantragt daher in einem Außerstreitverfahren, dass V zur Einhaltung seiner Erhaltungspflichten verpflichtet werden solle. V wendet ein, dass (1.) die mangelhafte Herstellung der Lichtkuppel nicht von ihm, sondern von M veranlasst wurde und (2.) im Mietvertrag ohnehin festgehalten ist, dass M überhaupt auf alle Erhaltungsmaßnahmen durch V verzichtet.

V wird mit seinen Einwendungen nicht durchdringen: Die Frage, wer die betroffenen Teile des Mietgegenstandes hergestellt hat, ist für das Bestehen von Erhaltungspflichten grundsätzlich irrelevant. M kann sich außerdem darauf berufen, dass die Klausel im Mietvertrag unwirksam ist.

In weiterer Folge kommt jedoch in Betracht, dass V die von M verursachten Kosten in einem streitigen Verfahren zurückverlangt (siehe zu diesem Zusammenspiel von außerstreitigen und streitigen Verfahren bereits Teil I, Punkt 12.3.1.).

Voraussetzung für das Eingreifen einer Erhaltungspflicht ist

- die Reparaturbedürftigkeit im Sinne einer Mangelhaftigkeit;[98]
- die Notwendigkeit einer Neuanschaffung (siehe Punkt 6.2.4.)[99] oder die
- Gesundheitsgefahr für die Bewohner.

§ 3 MRG verweist allgemein auf den „ortsüblichen Standard" und macht keine konkreten Vorgaben dazu, auf welche Weise der Vermieter seine Erhaltungspflichten zu erfüllen hat. Die Judikatur spricht davon, dass eine „*interpretative Ausfüllung eines unbestimmten Gesetzesbegriffes*" notwendig ist.[100] Mit anderen Worten bleibt ein gewisser Spielraum bei der Umsetzung.

96 ZB RIS-Justiz RS0021223 (T5, T7).
97 ZB 20.11.2017, 5 Ob 122/17b.
98 Dazu weiter auch *Pletzer* in GeKo Wohnrecht I § 3 MRG Rz 26 mwN.
99 Wann eine (Teil-)Erneuerung anstelle einer bloßen Ausbesserung vorzunehmen ist, entscheidet die Wirtschaftlichkeit (RIS-Justiz RS0070000; *Würth* in *Rummel* ABGB³ § 3 MRG Rz 2).
100 Vgl zB OGH 9.10.2001, 5 Ob 190/01d; 27.11.2001, 5 Ob 189/01g zum Fenstertausch.

Die Frage, ob die Verpflichtung des Vermieters, einen ortsüblichen Standard zu erhalten, eine laufende Modernisierungspflicht bedeutet, wird insbesondere mit Verweis darauf verneint, dass Erhaltungsarbeiten das Vorliegen eines Mangels voraussetzen, dessen Behebung sowohl wirtschaftlich als auch dringlich ist.[101] Bei Bestehen eines solchen „Anlassfalls“ kann der Vermieter aber durchaus zu einer Angleichung an die ortsüblichen Standards verpflichtet sein. In diesem Zusammenhang wird vom sog **„dynamischen Verbesserungs- und Erhaltungsbegriff“** des MRG gesprochen, der Rücksicht auf Entwicklungen der Bautechnik und auf zeitgemäße Wohnkultur gebietet.[102] Näher verwandt mit einer echten Modernisierungspflicht sind die Verbesserungsarbeiten gemäß § 4 MRG (siehe Punkt 6.3.).

Beispiel

M mietet von V eine Altbau-Innenstadtwohnung. Eines Tages bemerkt M, dass die Fenster schadhaft sind und nicht ordentlich schließen. V räumt ein, dass die Fenster ausgetauscht werden müssen. Er argumentiert aber, dass hinsichtlich des Wärme- und Schallschutzes nicht der aktuelle Stand der Technik eingehalten werden müsse, denn damit hätte M bei Vertragsabschluss nicht rechnen dürfen.

V hat Unrecht: Wenn der Austausch der Fenster notwendig ist, ist V verpflichtet, dabei auch den aktuellen Stand der Technik einzuhalten.

Die Erhaltungspflicht des Vermieters erfasst auch sämtliche damit notwendig verbundenen **Vor-, Neben- bzw Folgearbeiten**, wie zB die Schuttabfuhr oder im Rahmen von Arbeiten an der Elektroinstallation durchzuführende Verputz-, Verfliesungs- bzw Tapezier- oder Anstricharbeiten.[103]

Weigert sich der Vermieter, seinen Erhaltungspflichten nachzukommen, kann der Mieter im außerstreitigen Verfahren beantragen, den Vermieter hierzu zu verpflichten. In einem solchen Außerstreitverfahren ist ein allfälliges Verschulden des Mieters an der Schadhaftigkeit des Mietobjekts auszublenden. Mit anderen Worten kann der Vermieter in einem solchen Verfahren **nicht** einwenden, dass der Mieter für die Schadhaftigkeit **selbst verantwortlich** ist. Selbstverständlich steht es dem Vermieter aber frei, in einem separaten streitigen Verfahren Schadenersatz vom Mieter zu begehren (siehe bereits Teil I, Punkt 12.3.1.). Der Grund für diese „Ausklammerung“ von Verschuldensfragen liegt nach der Judikatur darin, dass es bei den Erhaltungspflichten des Vermieters um Arbeiten geht, die allen Benützern des Hauses zugutekommen und *„letztlich sogar im Interesse der Allgemeinheit an der Erhaltung des Hausbestandes liegen“*.[104] Eine Ausnahme von diesem Grundsatz gilt, wenn der Mieter absichtlich Schäden verursacht[105] oder einen für sich gesundheitsgefährdeten Zustand selbst herbeiführt.[106]

101 Vgl *Pletzer* in GeKo Wohnrecht I § 3 MRG Rz 28 ff, 31 mwN.
102 RIS-Justiz RS0069944 (T3); RS0020937.
103 ErläutRV 1183 BlgNR XXII. GP 35; RIS-Justiz RS0083089; RS0114553; RS0069985.
104 OGH 23.5.2017, 5 Ob 69/17h.
105 *Pletzer* in GeKo Wohnrecht I § 3 MRG Rz 5.
106 Siehe unten Punkt 6.2.3.3.

Beispiel

Wie im Beispiel gleich oben sind die Fenster im Mietobjekt schadhaft und auszutauschen. Der Vermieter V wendet jedoch ein, dass der Mieter M hierfür verantwortlich ist, weil ein schonender Umgang mit den Fenstern deren Lebensdauer verlängert hätte. V weigert sich daher, die Fenster auszutauschen, weshalb M einen Antrag einbringt, mit welchem er begehrt, den Vermieter zum Austausch der Fenster zu verpflichten.

V wird mit seinem Standpunkt in diesem Verfahren ebenfalls nicht durchdringen: Ein allfälliges schuldhaftes Verhalten des Mieters ist im Außerstreitverfahren unbeachtlich. Der Vermieter kann in einem solchen Fall jedoch ein separates streitiges Verfahren einleiten, mit welchem er den Mieter zum Schadenersatz verpflichtet.

Erforderliche Erhaltungsarbeiten sind vom Mieter bei sonstiger Schadenersatzpflicht unverzüglich dem Vermieter **anzuzeigen** (§ 8 Abs 1 S 3 MRG; vgl auch Punkt 6.4.1.). Dies gilt aber nur, wenn der Vermieter nicht ohnehin bereits Kenntnis von der Erforderlichkeit der Erhaltungsarbeit hat.

Führt der Vermieter Erhaltungsarbeiten durch, entstehen naturgemäß Kosten (Erhaltungskosten). Diese sind streng von **Betriebskosten abzugrenzen**, weil deren Finanzierung unterschiedlich geregelt ist (zur Finanzierung der Erhaltungsarbeiten siehe unten Punkt 6.2.5.; zu den Betriebskosten siehe Punkt 5.13.4.). Wie oben dargestellt, sind unter Erhaltungsarbeiten Reparaturarbeiten zu verstehen, auch wenn diese regelmäßig notwendig sein sollten. Betriebskosten umfassen hingegen etwa Stromkosten, Kosten für die Reinigung, Serviceleistungen oder Wartungen.

6.2.2. Erhaltung der allgemeinen Teile und Gemeinschaftsanlagen

Der Umfang der Erhaltungspflichten wird in § 3 Abs 2 MRG näher präzisiert: Zunächst ist der Vermieter im Rahmen der Erhaltungspflichten zur Vornahme sämtlicher Arbeiten verpflichtet, die *„zur Erhaltung der allgemeinen Teile des Hauses erforderlich*“ sind (§ 3 Abs 2 Z 1 MRG).

Zu den **allgemeinen Teilen** des Hauses gehört dabei alles, was sich außerhalb eines Mietgegenstandes befindet[107] und nicht funktional nur einem einzigen Mietgegenstand zugeordnet ist.[108] Hierunter fallen beispielsweise Zwischendecken,[109] Trennmauern[110] oder auch die Hausbrieffachanlage (die zugleich als Gemeinschaftsanlage qualifiziert wird).[111, 112]

107 RIS-Justiz RS0069976; OGH 18.4.2013, 5 Ob 19/13z (Außenfassade).

108 RIS-Justiz RS0117707; vgl zum Wortlaut dieses RS auch die Ausführungen von *Pletzer* in GeKo Wohnrecht I § 3 Rz 40.

109 RIS-Justiz RS0082890.

110 RIS-Justiz RS0082890 (T1).

111 RIS-Justiz RS0131116.

112 RIS-Justiz RS0131116.

Beispiel

V überlässt M seine Altbau-Innenstadtwohnung im Wege eines Mietvertrags. Das Mietobjekt verfügt über zwei Eingangstüren. Eines Tages wird bei M eingebrochen und dabei die äußere Eingangstür beschädigt. M fordert V dazu auf, diese Türe zu reparieren, weil es sich dabei um einen allgemeinen Teil des Hauses handle. V weigert sich. Er vertritt die Ansicht, die Türe gehöre nicht zu den allgemeinen Hausteilen. M lässt daraufhin die Reparatur zunächst auf eigene Kosten vornehmen, dann übermittelt er eine entsprechende Rechnung an V.

M ist im Recht. Bei der äußeren Türe des Mietobjekts (wie bei der „Außenhaut" des Hauses ganz generell) handelt es sich um einen allgemeinen Teil des Hauses, sodass sie in den Erhaltungsbereich des Vermieters V fällt. M hat einen seinem Vermieter obliegenden Aufwand gemacht, weshalb ihm ein Aufwandersatzanspruch zusteht.[113] Der Mieter muss sich jedoch sämtliche von Versicherungen, dem Täter oder Dritten für die Reparatur der Türe erhaltene Leistungen anrechnen lassen.

Auch sogenannte **Gemeinschaftsanlagen** sind als „spezielle allgemeine Teile" von der Erhaltungspflicht des Vermieters umfasst:[114] Der Vermieter ist auch zu Arbeiten verpflichtet, die zur Aufrechterhaltung des Betriebs von bestehenden, der gemeinsamen Benützung der Bewohner dienenden Anlagen erforderlich sind. Umfasst sind zB Wärmeversorgungsanlagen, Personenaufzüge oder eine zentrale Waschküche; ebenso Gegensprechanlagen, Fitnessräume und eine Sauna bzw ein Schwimmbad.[115] Voraussetzung für das Vorliegen einer solchen Gemeinschaftsanlage ist, dass es sämtlichen Mietern rechtlich freisteht, sie – gegen Beteiligung an den Betriebskosten – zu benützen.[116]

Andernfalls, wenn die Nutzung einer Anlage nur bestimmten Mietern freisteht, handelt es sich um eine sogenannte „**Sondernutzung**". Im Falle einer solchen „Sondernutzung" trifft den Vermieter keine Erhaltungspflicht; vielmehr ist die Tragung der Wartungs- und Instandhaltungskosten in einer Sondernutzungsvereinbarung zu regeln.[117]

Beispiel

M mietet von V eine Altbau-Innenstadtwohnung. Im Gebäude befindet sich ein Aufzug, der vor Jahrzehnten nachträglich eingebaut wurde, wobei sich einige Mieter an den Einbaukosten beteiligten und auch die laufenden Kosten unter sich aufteilen. Im Gegenzug sind diese Mieter exklusiv berechtigt, den Aufzug zu benützen. M hat kein Benützungsrecht.

Hierbei handelt es sich um eine „Sondernutzung", sodass sich die Erhaltungspflichten des V nicht auf den Aufzug beziehen.

113 Vgl LGZ Wien 25.1.2012, 38 R 315/11x.
114 *Pletzer* in GeKo Wohnrecht I § 3 MRG Rz 80.
115 *Pletzer* in GeKo Wohnrecht I § 3 MRG Rz 79 mwN.
116 RIS-Justiz RS0069987.
117 *Pletzer* in GeKo Wohnrecht I § 3 MRG Rz 75 mwN.

6.2.3. Erhaltung des Mietgegenstands („Innenraum")

6.2.3.1. Grundsatz: Eingeschränkte Erhaltungspflicht

Im Gegensatz zur Erhaltung der Allgemeinflächen und der Gemeinschaftsanlagen (siehe Punkt 6.2.2.), für die breite Erhaltungstatbestände formuliert sind, ist der Vermieter hinsichtlich des Inneren der Wohnung bzw des Geschäftsraums bloß eingeschränkt erhaltungspflichtig. Die Pflicht des Vermieters besteht (nur) für vier im Gesetz genannte Fallgruppen:

6.2.3.2. Substanzgefährdung

In Bezug auf das einzelne Mietobjekt trifft den Vermieter dann eine Erhaltungspflicht, wenn der Mangel am Mietgegenstand zugleich einen ernsten Schaden des Hauses darstellt (§ 3 Abs 2 Z 2 Fall 1 MRG).

Beispiel

M mietet von V eine Altbauwohnung, die unter anderem mit einer Eckbadewanne ausgestattet ist. Eines Tages muss M feststellen, dass in der Badewanne ein Riss entsteht, den M äußerst behelfsmäßig mit einem Klebeband verklebt, sodass es zu keinen Wassereintritten kommt. M möchte jedoch, dass V die Badewanne durch eine neue austauscht. Schließlich treffen diese Erhaltungspflichten.

M wird mit seinem Standpunkt nicht durchdringen: Nachdem die Badewanne zum Inneren der Wohnung gehört und die Bausubstanz des Hauses durch den Riss nicht gefährdet ist, treffen V hier keine Erhaltungspflichten.[118]

Das Vorliegen eines ernsten Schadens des Hauses wurde beispielsweise bei einer Durchnässung des Mauerwerks[119] bzw Schimmeleintritt in dasselbe,[120] bei einer Gefährdung der Boden- oder Dachkonstruktion (nicht: bloße Sanierung einer kleinen Beschädigung),[121] einer Beschädigung der im Haus befindlichen Rohrleitungen (Gas, Wasser),[122] des Estrichs[123] und des Kamins[124] bejaht.

6.2.3.3. Erhebliche Gesundheitsgefährdung

Den Vermieter trifft auch dann eine Erhaltungspflicht in Bezug auf den Innenraum der Wohnung bzw des Geschäftsraums, wenn von diesem eine erhebliche Gesundheitsgefährdung ausgeht (§ 3 Abs 2 Z 2 Fall 2 MRG).

„Erheblich" ist eine vom Mietgegenstand ausgehende Gesundheitsgefährdung dann, wenn sie objektiv zu einer signifikanten Gefährdung der körperlichen Integrität führt.[125] Relevant ist also nicht die Höhe des zur Beseitigung nötigen Auf-

118 Vgl OGH 24.5.2011, 1 Ob 55/11m.
119 RIS-Justiz RS0069886; RS0083089.
120 RIS-Justiz RS0102183.
121 OGH 11.7.2001, 7 Ob 218/00k mwN.
122 RIS-Justiz RS0067704.
123 RIS-Justiz RS0102395.
124 RIS-Justiz RS0117699.
125 *Pletzer* in GeKo Wohnrecht I § 3 MRG Rz 59 mwN.

wands, sondern das Ausmaß der Gesundheitsgefährdung.[126] Bagatellbeeinträchtigungen, die nur bei übergroßer Sensibilität spürbar sind, sind nicht von der Erhaltungspflicht des Vermieters erfasst.[127]

Ausgangspunkt der Gesundheitsgefährdung muss dabei der Zustand des Mietobjekts selbst sein, nicht aber zB ein vom Mietobjekt verschiedener Gegenstand (zB nicht geerdeter Toaster) oder Umstand (in den Mietgegenstand dringender Straßenlärm).[128] Erfasst sind beispielsweise gefährliche Elektroinstallationen und Schimmelbildung mit gesundheitsgefährlicher Sporenbelastung.[129]

Beispiel[130]

M mietet von V mehrere Räumlichkeiten im Mezzanin und Kellergeschoß eines 1896 erbauten Gebäudes, um darin eine Tanzschule zu betreiben. Entsprechend den bei Errichtung üblichen Standards verfügt das Haus über keine Feuchtigkeitsisolierung im Keller. Die Außenmauern und die Mittelmauer im Souterrain sind stark durchfeuchtet, allerdings gefährdet die Durchfeuchtung die Substanz des Hauses nicht unmittelbar. Zwischen den Ziegelmauern hat sich jedoch Schimmel gebildet, der im Souterrain zu einer gesundheitsgefährdenden Konzentration als Schimmelpilzsporen führt.

M fordert V dazu auf, die Mauern zu sanieren und die Feuchtigkeits- und Schimmelschäden im Souterrain durch Trockenlegung der Mauern zu beseitigen. V behauptet, zu einer Sanierung der Mauern nicht verpflichtet zu sein, er müsse lediglich die Gesundheitsgefährdung, also die Schimmelsporen, beseitigen. Hierzu sei er bereit.

Tatsächlich handelt es sich nicht um ernste Schäden des Hauses, wenn „nur" eine Gesundheitsgefährdung, jedoch keine Gefährdung der Substanz des Hauses vorliegt. V ist daher auch nur zur Beseitigung des gesundheitsgefährdenden Elements verpflichtet. Die Ursache für den Schimmelbefall, die in der Bauweise des Hauses liegt, muss von V hingegen nicht beseitigt werden (solange darin keine Substanzgefährdung zu erblicken ist).

Ausnahmsweise (s Punkt 6.2.1.) spielt in Fällen einer vom Mietgegenstand ausgehenden erheblichen Gesundheitsgefährdung auch die **Verursachung** derselben eine Rolle: Geht nämlich der gesundheitsgefährdende Zustand ausschließlich auf das Verhalten des Mieters zurück, so kann dieser vom Vermieter nicht die Beseitigung der Gesundheitsgefahr fordern. Dabei darf aber nicht außer Acht gelassen werden, dass ein auf eine Sabotage des Mieters zurückzuführender Mangel uU zugleich als ernster Schaden des Hauses zu qualifizieren sein kann und insofern im Rahmen der Erhaltungspflicht vom Vermieter zu beseitigen wäre.[131] Wie oben ausgeführt, ist der Vermieter dann zwar verpflichtet, diese Schäden zu beheben, könnte jedoch Schadenersatzansprüche gegen den Mieter geltend machen. Die Herbeiführung von Schäden am Mietgegenstand kann auch einen Kündigungsgrund darstellen.

126 RIS-Justiz RS0126323.
127 ErläutRV 1183 BlgNR XXII. GP 35.
128 ErläutRV 1183 BlgNR XXII. GP 35.
129 *Pletzer* in GeKo Wohnrecht I § 3 MRG Rz 56 f mwN zur Rsp; ErläutRV 1183 BlgNR XXII. GP 35.
130 Vgl OGH 16.7.2013, 5 Ob 92/13k.
131 ErläutRV 1183 BlgNR XXII. GP 35.

Erhaltungsarbeiten zur Beseitigung einer erheblichen Gesundheitsgefährdung können dem Vermieter weiters nur aufgetragen werden, wenn sich diese nicht durch andere, **den Bewohnern des Hauses zumutbare Maßnahmen** abwenden lässt (§ 6 Abs 1a MRG); relevant ist das Vorhandensein effektiver Alternativmaßnahmen, unabhängig von deren Aufwand.[132] Hier ist ua an Gesundheitsgefährdungen zu denken, die aus einer Bleibelastung des Trinkwassers aufgrund von Bleileitungen resultieren. Als „zumutbare Maßnahme" ist dabei zB das Abrinnen-Lassen von Wasser anzusehen.[133]

Beispiel

A überlässt B seine Altbau-Innenstadtwohnung samt Loggia im Wege eines Mietvertrags. Nach einiger Zeit bemerkt B, dass regelmäßig Tauben das Geländer der Loggia anfliegen, wodurch es zu einer Verunreinigung der gesamten Loggia kommt. B sieht darin eine erhebliche Gesundheitsgefährdung und fordert A auf, das Anfliegen und Ansitzen von Tauben durch geeignete Erhaltungsmaßnahmen zu verhindern. A verweigert dies und meint, B solle sich selbst darum kümmern.

Selbst wenn im Anfliegen und Ansitzen von Tauben auf der Loggia eine Gesundheitsgefährdung zu sehen wäre, wären dennoch zwei wesentliche Punkte vorausgesetzt, um eine Erhaltungspflicht des A zu begründen: (1) Zunächst müsste die Gesundheitsgefährdung vom Mietobjekt selbst ausgehen, dh zB indem der Taubenzuflug von den baulichen Gegebenheiten der konkreten Loggia begünstigt wird. (2) Weiters dürften keine Abwehrmaßnahmen möglich sein, die B selbst zumutbar sind (zB Aufhängen eines Taubennetzes).[134]

6.2.3.4. Brauchbarmachung

Auch Arbeiten zur Brauchbarmachung eines Mietobjekts fallen in die Erhaltungspflicht des Vermieters (§ 3 Abs 2 Z 2 Fall 3 MRG).

Wichtig zu beachten ist, dass aus § 3 Abs 2 Z 2 Fall 3 MRG **keine zwingende (unverzichtbare) Pflicht** des Vermieters zur Übergabe in brauchbarem Zustand folgt.[135] Es ist den vertragsschließenden Parteien überlassen, in welchem Brauchbarkeitszustand das Mietobjekt zu übergeben ist. Nur im Falle einer vertraglichen Zusage auf Übergabe in einem bestimmten Brauchbarkeitszustand trifft den Vermieter auch eine Pflicht zur Brauchbarmachung.[136]

Beispiel

M mietet von V ein Geschäftslokal, um darin einen Imbiss zu betreiben. V weist M darauf hin, dass der Dunstabzug im Lokal nicht funktioniert. M nimmt dies zur Kenntnis und meint, ohnehin keine warmen Speisen zubereiten zu wollen. V und M einigen sich darauf, dass das Lokal mit dem nicht funktionsfähigen Dunstabzug übergeben wird.

132 RIS-Justiz RS0126324.
133 ErläutRV 1183 BlgNR XXII. GP 36 mit Verweis auf OGH 7.12.2004, 5 Ob 233/04g.
134 Vgl OGH 13.7.2020, 5 Ob 29/20f.
135 RIS-Justiz RS0112725; RIS-Justiz RS0112726.
136 Vgl RIS-Justiz RS0112726; diskutiert wird dabei, ob sich eine Pflicht zur Übergabe in brauchbarem Zustand aber uU auch aus § 1096 ABGB ergeben kann, siehe *Pletzer* in GeKo Wohnrecht I § 3 MRG Rz 65.

Es leuchtet ein, dass M in diesem Fall keinen Anspruch gegen V auf Brauchbarmachung iS der Reparatur des Dunstabzuges gegen V hat. Dabei handelt es sich um eine von den Erhaltungspflichten des V unabhängige, sich direkt aus dem Vertrag der Parteien ergebende Tatsache. Anders wäre der Fall gelagert, wenn V und M vereinbart hätten, dass das Geschäftslokal mit funktionierendem Dunstabzug zu übergeben ist. Diesfalls wäre V zur Vornahme der entsprechenden Arbeit verpflichtet und könnte die Kosten hierfür – wie für sonstige Erhaltungspflichten – aus der Mietzinsreserve bestreiten.

6.2.3.5. Wärmebereitungsgeräte

Das Gesetz zählt seit 2015 auch Arbeiten zur Erhaltung der mitvermieteten Heizthermen, Warmwasserboilern und sonstigen Wärmebereitungsgeräten zu den Erhaltungspflichten des Vermieters (§ 3 Abs 2 Z 2a MRG). Wärmebereitungsgeräte sind solche, deren primärer Zweck in der Erwärmung von Raumluft, Brauch-, Bade- oder Duschwasser liegt.[137] Neben den im Gesetz ausdrücklich erwähnten Geräten ist zB an Durchlauferhitzer, Warmwasserspeicher, Heizstrahler und -lüfter, Heizthermen, Fußboden- und Wandheizungen und Solaranlagen zu denken, **nicht** jedoch zB an einen Herd (es sei denn, es handelt sich um die einzige Möglichkeit der Wassererhitzung), Wasserkocher, Geschirrspüler oder Waschmaschinen.[138] Die Abgrenzung zur gemeinsamen Wärmeversorgungsanlage ist insofern von keiner großen Bedeutung, als ohnehin in beiden Fällen eine Erhaltungspflicht des Vermieters (ggf eben nach § 3 Abs 2 Z 3; siehe Punkt 6.2.2.) besteht.

Von der Pflicht des Vermieters erfasst sind nur **mitvermietete** Wärmegeräte, also solche, die sich im Eigentum des Vermieters befinden und vom Mieter gegen Entgelt benützt werden.[139]

6.2.4. „Fiktive Erhaltungsarbeiten"

Neben den bisher behandelten Erhaltungsarbeiten nennt das Gesetz noch weitere Arbeiten, die zwar streng genommen nicht als Erhaltungsarbeiten ieS zu qualifizieren sind, diesen aber im Hinblick auf die Finanzierung gleichgestellt sind (§ 3 Abs 2 Z 4–6 MRG).

6.2.4.1. Neueinführungen/Umgestaltungen aufgrund öffentlich-rechtlicher Verpflichtungen

Sofern ein Hoheitsakt (Gesetz, Verordnung oder Bescheid) es gebietet, ist die Vornahme von Neueinführungen oder Umgestaltungen (auf Basis der Mietzinsreserve etc; siehe Punkt 6.2.5.) vorzunehmen.[140] Das Gesetz nennt beispielhaft den Anschluss an eine Wasserleitung oder Kanalisierung, die Installation von geeigneten Schutzvorrichtungen für die Energieversorgung oder von Geräten zur Feststellung des individuellen Energieverbrauchs (§ 3 Abs 2 Z 4 MRG). Bei Bestehen

137 *Pletzer* in GeKo Wohnrecht I § 3 MRG Rz 69.
138 *Pletzer* in GeKo Wohnrecht I § 3 MRG Rz 69 f mwN.
139 Vgl dazu weiter *Pletzer* in GeKo Wohnrecht I § 3 MRG Rz 73.
140 *Würth/Zingher/Kovanyi*, Miet- und Wohnrecht[23] MRG § 3 Rz 17.

einer öffentlich-rechtlichen Sperrverpflichtung kann auch das Anbringen einer elektrischen Türöffnung und Gegensprechanlage erfasst sein.[141]

Bei den hier gemeinten Arbeiten handelt es sich zugleich um privilegierte Erhaltungsarbeiten, sodass die Wirtschaftlichkeit derselben nicht relevant ist (§ 3 Abs 3 Z 2 lit a MRG; siehe Punkt 6.2.5.).

6.2.4.2. Maßnahmen zur Senkung des Energieverbrauchs

Gemäß § 3 Abs 2 Z 5 MRG zählen auch Maßnahmen zur Senkung des Energieverbrauchs (Installationen von entsprechenden Gemeinschaftseinrichtungen, entsprechende Ausgestaltung des Hauses oder einzelner Mietobjekte) als Erhaltungsmaßnahmen. Voraussetzung ist, dass die Kosten der Maßnahme in einem *„wirtschaftlich vernünftigen Verhältnis"* zum allgemeinen Erhaltungszustand des Hauses und den zu erwartenden Einsparungen stehen.

Hier ist zB an die Aufbringung eines äußeren Fassadenvollwärmeschutzes und den Einbau neuer Fenster,[142] die Installation von Zeitschaltuhren oder Wärmepumpenheizungen[143] zu denken.

6.2.4.3. Installation von Messvorrichtungen zur Verbrauchsermittlung

Um den letzten Tatbestand der „fiktiven Erhaltungsarbeiten" zu erfassen, ist zunächst die Regelung des § 17 Abs 1a MRG zu beleuchten: Für **verbrauchsabhängige Aufwendungen** besteht die Möglichkeit, eine Aufteilung derselben nach dem jeweiligen Anteil des Mietobjekts am Gesamtverbrauch zu vereinbaren, sofern dieser *„mit wirtschaftlich vernünftigem Kostenaufwand"* durch Messvorrichtungen ermittelt werden kann. Eine solche Vereinbarung ist schriftlich zwischen dem Vermieter und einer 2/3-Mehrheit der Mieter zu schließen.

Wurde eine solche Vereinbarung geschlossen, so zählen die Installation und Miete von derartigen Messvorrichtungen zu den Erhaltungsarbeiten (§ 3 Abs 2 Z 6 MRG). Das betrifft seit Inkrafttreten des HeizKG – welches die verbrauchsabhängige Abrechnung der Heiz-, Warmwasser- und Kältekosten regelt – jedoch nur noch **Kaltwasser** und **Abwasser**.[144]

6.2.5. Finanzierung

Die Aufwendungen für die Erhaltungsarbeiten nach § 3 MRG sind zunächst aus den **laufenden Mietzinseinnahmen** und der **Mietzinsreserve** der letzten 10 Kalenderjahre inkl der für die Erhaltungsarbeit gewährten **Zuschüsse** zu decken. Nach Erschöpfung der Mietzinsreserven ist vom Vermieter **eigenes bzw fremdes**

141 RIS-Justiz RS0111511.
142 RIS-Justiz RS0114108.
143 *Pletzer* in GeKo Wohnrecht I § 3 MRG Rz 88 mwN.
144 *Pletzer* in GeKo Wohnrecht I § 3 MRG Rz 91.

Kapital aufzuwenden, wobei die damit verbundenen Beschaffungskosten und (entgangenen) Zinsen ebenfalls als Kosten der Erhaltungsarbeit gelten (§ 3 Abs 3 MRG). Genügen auch diese Mittel nicht, so sind auch **künftige Mietzinseinnahmen** (für den Zeitraum der technischen Lebensdauer der Investition)[145] bzw ein allenfalls (zur Aufwandsdeckung) **erhöhter Hauptmietzins** (§§ 18, 19 MRG) heranzuziehen. Ist eine Deckung des Erhaltungsaufwands auch auf diese Weise nicht möglich, so sind die Arbeiten nach Maßgabe ihrer bautechnischen Dringlichkeit zu reihen und durchzuführen.

Bestimmte, im Gesetz ausdrücklich genannte, privilegierte Arbeiten sind aber jedenfalls vorab durchzuführen (§ 3 Abs 3 Z 2 lit a–c MRG):

- Arbeiten, die kraft öffentlich-rechtlichen Auftrages vorzunehmen sind;
- Arbeiten zur Behebung von die Sicherheit von Personen/Sachen gefährdenden Baugebrechen; und
- Arbeiten zur Aufrechterhaltung des Betriebs von bestehenden Wasserleitungs-, Lichtleitungs-, Gasleitungs-, Beheizungs-, Kanalisations- und sanitären Anlagen.

6.2.6. Verhältnis zu § 1096 ABGB

Der OGH hat klargestellt, dass der im MRG-Vollanwendungsbereich geltende § 3 MRG die (im ABGB-Bereich und MRG-Teilanwendungsbereich geltende) Regelung des § 1096 ABGB **verdrängt.**[146] Weiterhin relevant ist § 1096 ABGB jedoch vor allem, weil dort auch das Recht auf Mietzinsminderung geregelt ist.

Es fällt auf, dass im sonst so mieterfreundlichen MRG-Vollanwendungsbereich die Erhaltungspflichten des Vermieters im Verhältnis zum Teilanwendungsbereich und ABGB-Bereich beschränkt sind. Dies wird damit erklärt, dass die eingeschränkten Pflichten des Vermieters eine Art Gegengewicht zu den Mietzinsbildungsvorschriften des MRG bilden.[147]

6.2.7. „Graubereich"

Weil die Erhaltungspflichten des Vermieters im MRG-Vollanwendungsbereich eingeschränkt sind, gibt es Arbeiten, die weder in die Pflicht des Vermieters noch in jene des Mieters fallen. Dies führt dazu, dass der Mieter bei Auftreten von Mängeln im Graubereich lediglich eine Zinsminderung geltend machen, jedoch nicht Erhaltung fordern kann.[148] Als typische Beispiele werden etwa Mängel an mitvermieteten Einrichtungsgegenständen genannt, wie Waschmaschinen, Backrohre oder Geschirrspüler.[149]

145 Vgl *Pletzer* in GeKo Wohnrecht I § 3 MRG Rz 92.

146 OGH 24.3.2009, 5 Ob 17/09z.

147 *Riss* in *Hausmann/Vonkilch*, MRG[4] § 3 MRG Rz 6d.

148 *Pletzer* in GeKo Wohnrecht I § 3 MRG Rz 19 mwN.

149 *Pletzer* in GeKo Wohnrecht I § 3 MRG Rz 17.

Zur Möglichkeit, in den Graubereich fallende Arbeiten auf den Mieter zu überwälzen, siehe sogleich Punkt 6.2.8.

6.2.8. Überwälzung von Erhaltungspflichten

Aufgrund der relativ zwingenden Rechtsnatur der Erhaltungspflichten gemäß § 3 MRG (s bereits Punkt 6.) kann der Mieter im Voraus (dh vor Entstehen des Anspruchs) nicht wirksam auf die Einhaltung der Erhaltungspflicht des Vermieters verzichten oder die Verpflichtung gar selbst übernehmen.[150] Eine entsprechende Vereinbarung wäre unwirksam.[151] Ein **nachträglicher Verzicht** ist aber zulässig, wenn und sobald der *„ökonomische und soziale Druck"* weggefallen ist.[152] Wann dies der Fall ist, ist eine Einzelfallfrage (idR aber nach Abschluss des Mietvertrags und Übergabe des Mietobjekts).[153]

Im sogenannten **„Graubereich"**, dh im Bereich jener Arbeiten, die weder den vermieterseitigen Erhaltungspflichten (§ 3 MRG) noch den mieterseitigen Instandhaltungspflichten (§ 8 MRG) zuzuordnen sind (siehe oben Punkt 6.2.7.), ist eine Überwälzung von Erhaltungsarbeiten auf den Mieter **grundsätzlich möglich** – dies freilich nur bis zum Erreichen allgemeingültiger Grenzen (zB § 879 Abs 1 bzw Abs 3 ABGB, § 6 KSchG).

Dabei ist zu beachten, dass derartige Überwälzungsklauseln formell als Mietzinsvereinbarungen zu qualifizieren sind: Die Überlegung dahinter ist vereinfacht gesagt, dass der Mieter weniger für sein Geld bekommt, wenn den Vermieter bloß eingeschränkte Erhaltungspflichten treffen.[154] Aus diesem Grund ist streng darauf zu achten, dass durch eine Erhaltungsklausel nicht die gesetzliche **Mietzinsobergrenze** überschritten wird (sofern der Mietzins nicht ohnehin ausnahmsweise frei gebildet werden darf).[155]

Beispiel

V vermietet M seine Altbau-Innenstadtwohnung. Die vereinbarte Miete liegt unterhalb des höchstzulässigen Betrags inkl sämtlicher zulässiger Zuschläge. Der Mietvertrag zwischen V und M sieht vor, dass M zur Gänze für den Herd inkl Backofen sowie für den Geschirrspüler erhaltungspflichtig ist. Diese Einrichtungen fallen klassischerweise in den Graubereich.[156] Weil es sich hierbei formell um eine Mietzinsvereinbarung handelt und der vereinbarte Mietzins die zulässige Höhe unterschreitet, ist diese Vereinbarung wirksam.

150 RIS-Justiz RS0021223 ; *Pletzer* in GeKo Wohnrecht I § 3 MRG Rz 7.
151 RIS-Justiz RS0069928.
152 RIS-Justiz RS0069928 (T9); RIS-Justiz RS0021223 (T4).
153 *Pesek* in *Schwimann/Kodek* (Hrsg), ABGB Praxiskommentar Band 75 (2021) § 1096 ABGB Rz 110.
154 Vgl RIS-Justiz RS0069563.
155 Vgl hierzu auch *Pletzer* in GeKo Wohnrecht I § 3 MRG Rz 10: *Riss* in *Hausmann/Vonkilch* (Hrsg), Kommentar Österreichisches Wohnrecht – MRG^4 (2021) zu § 3 MRG Rz 3b.
156 *Pletzer* in GeKo Wohnrecht I § 3 MRG Rz 17.

6.3. Verbesserungspflichten des Vermieters

6.3.1. Allgemein

Neben der Erhaltungspflicht des Vermieters ist dieser unter bestimmten Voraussetzungen auch zur Vornahme von Verbesserungsarbeiten iSv **bautechnischen Maßnahmen** am Haus bzw den Mietobjekten verpflichtet. Das Gesetz enthält in § 4 Abs 2 MRG einen taxativen Katalog derartiger Maßnahmen.

Im Unterschied zu den Erhaltungspflichten ist Anknüpfungspunkt der Verbesserungsarbeiten nicht die Mangelhaftigkeit bzw Schadensgeneigtheit. Ziel ist die **Verbesserung des Zustands** der betroffenen Einrichtung bzw Stelle im Haus. Auch hier ist auf den allgemeinen dynamischen Erhaltungs- und Verbesserungsbegriff abzustellen (vgl dazu bereits Punkt 6.2.1.).

Verbesserungsmaßnahmen sind – ähnlich wie die Erhaltungsarbeiten – ebenfalls *„nach Maßgabe der **rechtlichen**, **wirtschaftlichen** und **technischen** Gegebenheiten und Möglichkeiten“* durchzuführen, wobei als weiteres Kriterium hinzukommt, dass *„dies im Hinblick auf den allgemeinen Erhaltungszustand des Hauses zweckmäßig ist“*.

Weiteres Erfordernis für das Eingreifen der Verbesserungspflicht ist die finanzielle Deckung der Maßnahme aus der **Mietzinsreserve** sowie Zuschüssen, wobei sichergestellt sein muss, dass Erhaltungsarbeiten entweder nicht erforderlich sind oder diese in einem Zug durchgeführt werden können (§ 4 Abs 3 Z 1 MRG). Bei Nichtdeckung aus der Mietzinsreserve ist eine **schriftliche Einigung** einer Mehrheit der Mieter mit dem Vermieter erforderlich (§ 4 Abs 3 Z 2 MRG; s zur Finanzierung weiter Punkt 6.3.9.).

Sollen Verbesserungen **innerhalb eines Mietobjekts** durchgeführt werden, so ist hierfür die Zustimmung des betreffenden Mieters erforderlich (§ 4 Abs 4 S 1 MRG). Dieses Recht des Mieters wird dadurch geschützt, dass er seine Zustimmung nicht wirksam vorab erteilen kann und allfällige Sanktionen für den Fall der Verweigerung der Zustimmung unwirksam sind; eine gerichtliche Erzwingung der Zustimmung ist ebenfalls nicht möglich.[157] Sehr wohl zu dulden sind aber **gemischte Verbesserungsarbeiten**, dh untrennbar sowohl allgemeine Teile als auch das einzelne Mietobjekt betreffende Arbeiten, wie der Austausch der Fenster.[158]

Neben dieser gesetzlich verankerten und an die genannten Voraussetzungen geknüpften Verbesserungspflicht hat der Vermieter ein grundsätzliches **Recht zur**

157 *Riss* in *Hausmann/Vonkilch* (Hrsg), Kommentar Österreichisches Wohnrecht – MRG[4] (2021) zu § 4 MRG Rz 24.

158 RIS-Justiz RS0108278; OGH 8.7.1997, 5 Ob 107/97i (Fenstertausch, der Außenfenster und Innenflügel umfasst).

Durchführung von (anderen) baulichen Änderungen, sofern er die Kosten dafür selbst trägt und die Mieter sich den Arbeiten nicht widersetzen.[159]

Eine **Überwälzung** von Verbesserungsarbeiten auf den Mieter ist unwirksam.[160]

6.3.2. Errichtung/Umgestaltung von Leitungs-, Kanalisations- und Sanitäranlagen

Sofern es den Erfordernissen der Haushaltsführung der Bewohner dient, sind Wasserleitungs-, Lichtleitungs-, Gasleitungs-, Beheizungs- (einschließlich von zentralen Wärmeversorgungsanlagen), Kanalisations- und sanitäre Anlagen in normaler Ausstattung neu zu errichten oder umzugestalten (§ 4 Abs 2 Z 1 MRG).

Zu beachten ist, dass eine Umstellung der Heizungsart nicht in jedem Fall eine Verbesserungsarbeit darstellt und diese uU vom Mieter nicht geduldet werden muss.[161]

6.3.3. Errichtung/Ausgestaltung von Anlagen im Haus

Der zweite Verbesserungstatbestand schreibt die Errichtung bzw Ausgestaltung von einer zeitgemäßen Wohnkultur entsprechenden **Gemeinschafts- oder sonstigen Anlagen** in normaler Ausstattung vor (§ 4 Abs 2 Z 2 MRG). Beispielhaft werden hier zB Personenaufzüge und zentrale Waschküchen genannt.

Einigkeit besteht darin, dass Luxuseinrichtungen nicht Verbesserungen sein können.[162] Freilich ist dabei zu beachten, dass der Begriff der „**zeitgemäßen Wohnkultur**“ naturgemäß ständiger Änderung unterworfen ist (dynamischer Erhaltungs- und Verbesserungsbegriff, siehe Punkt 6.2.).

6.3.4. Erhöhung der Schalldämmung

Maßnahmen, die zu einer dem Stand der Technik entsprechenden Erhöhung der Schalldämmung führen, gelten ebenfalls als Verbesserungsarbeiten. Das Gesetz nennt beispielhaft die Verbesserung der Schalldämmung von Fenstern, Außentüren und -wänden, Dächern, Kellerdecken und obersten Geschoßdecken (§ 4 Abs 2 Z 3 MRG).

Der **Austausch von Fenstern** wird bei Vorliegen einer Schadensgeneigtheit idR in den Begriff der Erhaltungspflicht fallen. Nur wenn ein Austausch auch ohne unmittelbare Notwendigkeit (iSe Mangelhaftigkeit) vorgenommen werden soll, gilt er uU als Verbesserungsarbeit.[163]

159 *Prader* in GeKo Wohnrecht I § 4 MRG Rz 3.

160 *Prader* in GeKo Wohnrecht I § 4 MRG Rz 34.

161 OGH 29.8.1995, 5 Ob 93/95 (nützliche Verbesserung bejahend); 5.11.2002, 5 Ob 223/02h (nützliche Verbesserung verneinend); *Prader* in GeKo Wohnrecht I § 4 MRG Rz 13.

162 ZB *Prader* in GeKo Wohnrecht I § 4 MRG Rz 15; *Riss* in *Hausmann/Vonkilch* (Hrsg), Kommentar Österreichisches Wohnrecht – MRG[4] (2021) zu § 4 MRG Rz 15.

163 *Prader* in GeKo Wohnrecht I § 4 MRG Rz 17.

6.3.5. Anschluss an Fernwärmeversorgung

Nachträglich wurde der Anschluss an die Fernwärmeversorgung als weiterer Verbesserungstatbestand in das Gesetz aufgenommen (§ 4 Abs 2 Z 3a). Tatsächlich wären diese Maßnahmen aber bereits Z 1 (Punkt 6.3.2.) zu subsumieren gewesen.[164] Der OGH sah die Umstellung von einer ölbefeuerten Heizanlage auf Fernwärmeversorgung als Anwendungsfall dieses Verbesserungstatbestands an.[165]

6.3.6. Installation einer Wasserentnahmestelle bzw eines WC im Mietobjekt

Die Installation einer Wasserentnahmestelle bzw eines Klosetts im Mietobjekt als separater Verbesserungstatbestand (§ 4 Abs 2 Z 4 MRG) ist vom Tatbestand der Z 1 abzugrenzen, wonach die Neuerrichtung von Wasserleitungen und Sanitäranlagen ebenfalls als nützliche Verbesserung gelten (siehe Punkt 6.3.2.). Dabei ist jedoch zu beachten, dass Z 1 darauf abstellt, dass die Maßnahme *„der Haushaltsführung der Bewohner“* dient. Diese Formulierung lässt darauf schließen, dass Z 1 primär Maßnahmen innerhalb bewohnter Objekte, dh in Wohnungen, vor Augen hat, während als Anwendungsbereich für Z 4 sonstige Mietgegenstände bleiben.[166]

6.3.7. Bautechnische „Aufwertung" von Mietgegenständen

Der vom Gesetz zuletzt genannte Tatbestand einer nützlichen Verbesserung betrifft insbesondere die Aufwertung von Wohnungen der Kategorie C oder D, aber auch sonstiger Mietgegenstände (§ 4 Abs 2 Z 5 MRG).

6.3.8. Errichtung eines Behindertenaufzuges

Systematisch nicht in der Aufzählung der Verbesserungsmaßnahmen enthalten, sondern am Ende des § 4 MRG platziert, ist das Recht eines jeden Mieters, vom Vermieter die Errichtung eines Behindertenaufzuges zu verlangen, sofern dies dem Vermieter (nach Durchführung einer Interessenabwägung) zumutbar ist (§ 4 Abs 5 MRG). Die Kosten für die Herstellung und Erhaltung der Anlage sind dem Vermieter vom antragstellenden Mieter zu ersetzen.

Praktisch ist dieser Tatbestand kaum bedeutsam (mangelnde Bereitschaft zur Finanzierung durch Mieter bzw allfällige Unzumutbarkeit für den Vermieter, zB wenn die Kostentragung durch den Mieter nicht gesichert scheint).[167]

---

164 *Prader* in GeKo Wohnrecht I § 4 MRG Rz 20.

165 RIS-Justiz RS0070007; OGH 29.8.1995, 5 Ob 93/95.

166 *Prader* in GeKo Wohnrecht I § 4 MRG Rz 21.

167 *Riss* in *Hausmann/Vonkilch* (Hrsg), Kommentar Österreichisches Wohnrecht – MRG^4 (2021) zu § 4 MRG Rz 25.

6.3.9. Finanzierung

Die gesetzlich vorgesehenen Verbesserungsarbeiten sind primär aus der **Mietzinsreserve** der letzten 10 Kalenderjahre inkl der zur Finanzierung der Verbesserungsarbeit gewährten **Zuschüsse** zu finanzieren. Insoweit die Arbeiten hieraus nicht gedeckt werden, ist die Zustimmung der Mehrheit der Mieter (berechnet nach Anzahl der vermieteten Mietobjekte) erforderlich: Es ist eine **schriftliche Vereinbarung** zwischen der Mehrheit der Mieter und dem Vermieter zu schließen, die auch die Finanzierung der Arbeiten regelt. Dabei dürfen die übrigen Mieter durch die Arbeiten finanziell[168] nicht belastet oder sonst übermäßig beeinträchtigt werden (§ 4 Abs 3 Z 2 MRG).

6.3.10. Überwälzung von Verbesserungspflichten

Auf die Einhaltung der Verbesserungspflichten kann der Mieter nicht wirksam verzichten oder diese selbst übernehmen, zumal § 4 MRG **zwingendes Recht** ist.[169]

6.4. Wartungs- und Instandhaltungspflichten des Mieters

6.4.1. Überblick

Aus § 8 Abs 1 MRG lassen sich unterschiedliche Rechte bzw Pflichten des Mieters ableiten. Neben dem Gebrauchsrecht des Mieters sind § 8 Abs 1 MRG insbesondere auch eine **Pflicht zur Wartung** sowie eine **Pflicht zur Instandhaltung** zu entnehmen. Die beiden Begriffe unterscheiden sich durch den Zeitpunkt ihres Einsatzes: Während die **Wartung** darauf abzielt, Schäden erst gar nicht entstehen zu lassen, bedeutet die **Instandhaltung** im Wesentlichen Schadensbeseitigung.[170]

Im Zusammenhang mit den Erhaltungspflichten des Vermieters sieht das Gesetz eine **Anzeigepflicht** des Mieters vor: Dieser ist bei sonstigem Schadenersatz verpflichtet, dem Vermieter die Erforderlichkeit von Erhaltungsmaßnahmen unverzüglich anzuzeigen (§ 8 Abs 1 S 3 MRG). Wenn dem Bestandgeber die Mängel der Bestandsache allerdings bereits selbst bekannt sind, entfällt die Anzeigepflicht des Bestandnehmers.[171]

6.4.2. Wartungspflicht des Mieters

Die Wartungspflicht des Mieters zielt darauf ab, das Entstehen von **Beschädigungen hintanzuhalten** und die Lebensdauer der erfassten Einrichtungen möglichst zu verlängern.[172]

168 Dies betrifft die Kosten für die Durchführung der Maßnahme selbst; bezüglich der Folgekosten (Betrieb) besteht Uneinigkeit (vgl *Prader* in GeKo Wohnrecht I § 4 MRG Rz 27.
169 Vgl *Prader* in GeKo Wohnrecht I § 4 MRG Rz 34.
170 Vgl *Prader* in GeKo Wohnrecht I § 8 MRG Rz 25.
171 RIS-Justiz RS0020529.
172 Vgl *H. Böhm/Pletzer* in GeKo Wohnrecht I § 8 MRG Rz 25.

Hierzu hat der Mieter *„den Mietgegenstand und die für den Mietgegenstand bestimmten Einrichtungen"* zu warten. Dies wird so ausgelegt, dass der Mieter **sämtliche im Mietobjekt gelegenen Sachen** zu warten hat. Auch solchen Schäden an seinem Mietobjekt, die eine Erhaltungspflicht des Vermieters nach § 3 Abs 2 Z 2 MRG auslösen würden (die also zugleich ernste Schäden des Hauses oder erhebliche Gesundheitsgefährdungen darstellen oder mitvermietete Wärmebereitungsgeräte betreffen) hat der Mieter vorzubeugen.[173]

Die vom Mieter zu setzenden Wartungshandlungen umfassen insb die Durchführung von **Servicearbeiten** an Einrichtungen mit entsprechendem Bedarf und die **Pflege** von Materialien, die dies erfordern (zB Holzböden und -möbel). Auch regelmäßiges **Lüften** bzw umgekehrt allfälliges **Abdichten** der Fenster fallen in die Wartungspflicht. Damit einhergehend sind die erfassten Einrichtungen regelmäßig auf entsprechenden Wartungsbedarf zu **prüfen.**[174]

Verletzt der Mieter seine Wartungspflichten und entstehen folglich ernste Schäden am Haus, löst dies Erhaltungspflichten des Vermieters aus. Diesfalls bestehen Schadenersatzansprüche gegen den Mieter (vgl dazu bereits Punkt 6.2.1.).

6.4.3. Instandhaltungspflicht des Mieters

Wie auch die Erhaltungspflicht des Vermieters meint die Instandhaltungspflicht primär Reparaturmaßnahmen.[175] Inhaltlich sind diese beiden Verpflichtungen aber freilich streng abzugrenzen.

Die Instandhaltungspflicht des Mieters ist mehrfach **beschränkt**:

- Als Grundsatz gilt, dass die Erhaltungspflichten des Vermieters den Instandhaltungspflichten des Mieters generell vorgehen und der Mieter daher nur instandhaltungspflichtig ist, wo der Vermieter nicht erhaltungspflichtig ist.
- Daraus ergibt sich, dass die Instandhaltungspflicht des Mieters (anders als die Erhaltungspflichten des Vermieters) nur das **Mietobjekt im engeren Sinn** betrifft; allgemeine Hausteile werden von der Instandhaltungspflicht nicht erfasst.[176] Und selbst innerhalb des Mietobjekts geht eine allfällige Erhaltungspflicht des Vermieters der Instandhaltungspflicht des Mieters vor.
- Die Einschränkung der Instandhaltungspflicht auf eine (bloße) **„*Nachteilsabwehr*"** bewirkt eine bedeutende Beschränkung: Nach dem Wortlaut des Gesetzes hat der Mieter den Mietgegenstand und die dafür bestimmten Einrichtungen (nur) *„so instand zu halten, dass dem Vermieter und den anderen Mietern des Hauses kein Nachteil erwächst."* Die Instandhaltung muss also zur

173 Vgl *H. Böhm/Pletzer* in GeKo Wohnrecht I § 8 MRG Rz 33.
174 Vgl *H. Böhm/Pletzer* in GeKo Wohnrecht I § 8 MRG Rz 34.
175 *H. Böhm/Pletzer* in GeKo Wohnrecht I § 8 MRG Rz 37.
176 *H. Böhm/Pletzer* in GeKo Wohnrecht I § 8 MRG Rz 38, 42.

Hintanhaltung von Nachteilen bzw Schäden für den Vermieter und die anderen Mieter des Hauses erforderlich sein.[177]

7. Mieterseitige Änderungen des Mietobjekts

Im Vollanwendungsbereich des MRG hat der Mieter bei Vorliegen gewisser Voraussetzungen das Recht, Verbesserungen (Veränderungen) des Mietgegenstandes vorzunehmen, ohne dass es dabei auf die Zustimmung des Vermieters ankommt. Es handelt sich um zwingendes Recht, das im Vorhinein nicht abbedungen werden kann. Dabei sind zwei Fallgruppen zu unterscheiden:

- Unwesentliche Änderungen und
- wesentliche Änderungen.

Die Wesentlichkeit ist nach hA nach der Verkehrsauffassung zu bestimmen: Eine Veränderung des Mietgegenstandes ist nur dann unwesentlich, wenn sie geringfügig, nicht erheblich und leicht wieder zu beseitigen ist, schutzwürdigen Interessen des Vermieters nicht widerspricht und den Bestand und Wert des Mietgegenstandes nicht beeinträchtigt.[178]

Relevant ist die Unterscheidung zwischen wesentlichen und unwesentlichen Änderungen, weil der Mieter nur **unwesentliche Änderungen** ohne weitere Voraussetzungen vornehmen darf.

Geht es um **wesentliche Veränderungen**, sind diese hingegen nur bei Vorliegen einiger Voraussetzungen zulässig: Zunächst hat der Mieter eine von ihm beabsichtigte wesentliche Veränderung des Mietgegenstandes dem Vermieter anzuzeigen. Die Anzeige hat sämtliche Angaben zur Überprüfung der geplanten Maßnahmen zu enthalten. Lehnt der Vermieter nicht innerhalb von zwei Monaten nach Erhalt der Anzeige die beabsichtigte Veränderung ab, gilt gemäß § 9 Abs 1 MRG die Zustimmung des Vermieters als erteilt **(Zustimmungsfiktion)**.

Die Zustimmung darf vom Vermieter **nicht verweigert** werden, wenn

- die Veränderung dem jeweiligen Stand der Technik entspricht,
- die Veränderung der Übung des Verkehrs entspricht und einem wichtigen Interesse des Hauptmieters dient,
- die einwandfreie Ausführung der Veränderung gewährleistet ist,
- der Hauptmieter die Kosten trägt,
- durch die Veränderung keine Beeinträchtigung schutzwürdiger Interessen des Vermieters oder eines anderen Mieters zu besorgen ist,

177 LGZ Wien 2.8.2005, 40 R 175/05i.
178 OGH 14.6.2016, 5 Ob 33/16p.

- durch die Veränderung keine Schädigung des Hauses, im Besonderen keine Beeinträchtigung der äußeren Erscheinung des Hauses, erfolgt, oder
- die Veränderung keine Gefahr für die Sicherheit von Personen und Sachen bewirkt.

Solange keine privilegierte Maßnahme vorliegt (siehe gleich unten) kann der Vermieter seine Zustimmung von der Verpflichtung des Mieters zur Wiederherstellung des früheren Zustandes bei der **Zurückstellung** des Mietgegenstandes abhängig machen.

Wird die Zustimmung trotz Vorliegens einer Zustimmungspflicht vom Vermieter verweigert, hat der Mieter die Möglichkeit, die Zustimmung bzw Duldung des Vermieters im **außerstreitigen Verfahren** durchzusetzen. Wird mit Sachbeschluss das Bestehen der Zustimmungspflicht des Vermieters festgestellt, ersetzt dieser Sachbeschluss auch eine allfällige Pflicht zur Unterfertigung von Anträgen durch den Vermieter gegenüber Dritten.[179]

Beispiel

Der Student S hat von Hitzetagen im Sommer genug. Vor der Anmietung hat seine Vermieterin V (sie ist die Alleineigentümerin des Hauses) Außenjalousien an den Fenstern sowie ein Sonnensegel am Balkon anbringen lassen. Während heißer Sommertage sinkt die Raumtemperatur trotzdem nicht unter 30 Grad. Aus diesem Grund möchte S ein Klimagerät an der Außenhaut des Hauses installieren lassen und ersucht seine Vermieterin um Zustimmung. Die Vermieterin stimmt dieser Veränderung des Mietgegenstandes nicht zu – dies unter anderem mit der Begründung, dass kein weiterer Mieter des Hauses oder andere Bewohner der umliegenden Wohnhäuser ein Außenklimagerät haben. S wendet sich daher an das zuständige Bezirksgericht. Er begehrt die Feststellung, dass die Installation eines Klimageräts eine wesentliche Verbesserung des Mietgegenstandes gemäß § 9 MRG sei und das Gericht die Zustimmung seiner Vermieterin ersetzen solle.

Die Verkehrsüblichkeit der Außenklimaanlage ist zunächst nach der allgemeinen Lebenserfahrung und weiters im konkreten Fall danach zu ermitteln, ob die beabsichtigte Veränderung unter Berücksichtigung der Beschaffenheit des Hauses und seines Umfelds als üblich anzusehen ist, subjektive Interessen sind dabei nicht zu berücksichtigen.[180] Hierfür ist S als Mieter behauptungs- und beweispflichtig. V hat die Wohnung bereits mit Außenjalousien und einem Sonnensegel ausgestattet, um eine Überwärmung der Wohnung zu vermeiden. S müsste daher darlegen, weshalb die Installation einer Außenklimaanlage ungeachtet dessen verkehrsüblich wäre. Zuletzt hat der OGH die Verkehrsüblichkeit von Klimageräten verneint, weil bei Maßnahmen, die eine Inanspruchnahme von nicht zum Mietgegenstand gehörenden Teilen erfordern, ein strenger Maßstab anzulegen sei.[181]

V würde hier daher wahrscheinlich obsiegen. S darf ein Außenklimagerät daher nicht ohne Zustimmung von V anbringen.

179 MietSlg 37.265.
180 OGH 5.7.2021, 5 Ob 59/21v.
181 *Scharmer*, wobl 2022, 22 ff = 5 Ob 59/21v.

§ 9 Abs 2 MRG sieht eine Reihe von privilegierten Veränderungen vor, bei denen das Vorliegen der Übung des Verkehrs und eines wichtigen Interesses des Mieters unwiderlegbar vermutet wird **(privilegierte Maßnahmen)**:

- die Errichtung oder die den Erfordernissen der Haushaltsführung dienende Umgestaltung von Wasserleitungs-, Lichtleitungs-, Gasleitungs-, Beheizungs- (einschließlich der Einrichtung von zentralen Wärmeversorgungsanlagen) oder sanitären Anlagen,
- die der Senkung des Energieverbrauchs dienende Ausgestaltung eines Mietgegenstandes,
- die Verbesserungen, die von einer Gebietskörperschaft aus öffentlichen Mitteln gefördert werden,
- die Einleitung eines Fernsprechanschlusses oder
- die Anbringung der nach dem Stand der Technik notwendigen Antennen und sonstigen Einrichtungen für den Hörfunk- und Fernsehempfang sowie für Multimediadienste, sofern der Anschluss an eine bestehende Einrichtung nicht möglich oder nicht zumutbar ist.

Beispiel – Fortsetzung

Nach einem sehr heißen Sommer folgt ein sehr kalter Winter. Der kalte Wind dringt durch die alten Holzfenster in die Wohnung von S ein. Seine Energiekosten steigen an, weil die Wärme durch die undichten und alten Fenster nach außen entflieht. S erkundigt sich und findet heraus, dass es neue energiesparende Holzkastenfenster gibt, die die Wärme in der Wohnung besser dämmen und von außen wie die alten Holzfenster aussehen, sodass die Einheitlichkeit des Hauses erhalten bleibt.

S plant, seine Fenster austauschen zu lassen und ersucht V um ihre Zustimmung. Diese wird ihm von V grundlos versagt, sodass S erneut bei Gericht die Duldung der geplanten Maßnahme gerichtlich durchsetzen möchte.

Bei den in § 9 Abs 1 bis 5 MRG angeführten Arbeiten wird das Vorliegen der Verkehrsüblichkeit und des wichtigen Interesses des Mieters gesetzlich unwiderlegbar vermutet. Zu diesen privilegierten Maßnahmen zählen gemäß § 9 Abs 2 Z 2 MRG jene Arbeiten, mit denen die zur Senkung des Energieverbrauches dienende Ausgestaltung eines Mietgegenstandes vorgenommen wird. Das Vorliegen einer Veränderung, die der Übung des Verkehrs entspricht und einem wichtigen Interesse des Hauptmieters dient, wird somit unwiderleglich vermutet. Sofern die übrigen Voraussetzungen des § 9 Abs 1 MRG (etwa Stand der Technik, einwandfreie Ausführung, keine Beeinträchtigung des äußeren Erscheinungsbildes des Hauses) vorliegen, stehen die Chancen für S gut, dass die Duldung der geplanten Maßnahme gerichtlich ersetzt wird.[182]

8. Investitionskostenersatz

Der Hauptmieter einer Wohnung hat im Vollanwendungsbereich bei Beendigung des Mietverhältnisses gemäß § 10 MRG einen Anspruch gegen den Vermieter auf Ersatz bestimmter Aufwendungen.

---

182 MietSlg 42.213; *Vonkilch* in *Hausmann/Vonkilch*, Wohnrecht – MRG[4] § 9 Rz 47 mwN.

Voraussetzung hierfür ist, dass

- der **Hauptmieter** einer **Wohnung**
- in den **letzten zwanzig Jahren** vor der Beendigung des Mietverhältnisses
- in der gemieteten Wohnung Aufwendungen zur wesentlichen Verbesserung (§ 9 MRG) gemacht hat, die **über seine Mietdauer hinaus wirksam** und von Nutzen sind, **oder** solche Aufwendungen dem **Vormieter oder dem Vermieter abgegolten** hat.

Grundlegende Voraussetzung für das Entstehen des Ersatzanspruches ist demnach zunächst, dass es überhaupt zu einer **Beendigung des Mietverhältnisses** gekommen ist. Der Anspruch steht daher bei einer bloßen Abtretung der Mietrechte, bei einem Wohnungstausch, bei einem Eintritt in das Mietrecht sowie bei einer Mietrechtsübertragung aufgrund eines vertraglichen Weitergaberechts nicht zu, zumal in all diesen Fällen das Mietverhältnis formal aufrecht bleibt und es lediglich zu einer Einzelrechtsnachfolge in der Mieterstellung kommt.[183]

Der Anspruch auf Ersatz dieser Aufwendungen vermindert sich um eine **jährliche Abschreibung**, wobei das Ausmaß der Abschreibung von der Art der Aufwendung abhängig ist. Das Ausmaß der Abschreibung beträgt für jedes vollendete Jahr

- bei den in § 10 Abs 3 Z 1 und 3 genannten Aufwendungen[184] ein Zehntel,
- bei den von einer Gebietskörperschaft aus öffentlichen Mitteln geförderten Aufwendungen jenen Bruchteil, der sich aus der Laufzeit der Förderung errechnet,
- sonst ein Zwanzigstel.

Zu den demnach einen Ersatzanspruch nach § 10 MRG begründenden Aufwendungen zählen gemäß § 10 Abs 3 Z 1 MRG die Errichtung und die den Erfordernissen der Haushaltsführung dienende Umgestaltung von Wasserleitungsanlagen, Lichtleitungsanlagen (hierzu zählt auch der Ersatz desolater Elektroleitungen), Gasleitungsanlagen, Beheizungsanlagen und von sanitären Anlagen.

Berechnungsgrundlage für die Ermittlung der konkreten Höhe des Ersatzanspruches ist der tatsächlich aufgewendete Betrag (Anschaffungskosten abzüglich einer gewährten Förderung, soweit er diese nicht zurückzahlen muss). Dieser Betrag wird dann jedes Jahr, gerechnet ab Vollendung der Investition, um fixe Abschreibungssätze reduziert.

---

183 Vgl MietSlg 36.268, 38.288/48.

184 Das sind die Errichtung oder die den Erfordernissen der Haushaltsführung dienende Umgestaltung von Wasserleitungs-, Lichtleitungs-, Gasleitungs-, Beheizungs- (einschließlich der Errichtung von zentralen Wärmeversorgungsanlagen) oder sanitären Anlagen in normaler und dem jeweiligen Stand der Technik entsprechender Ausstattung sowie die Erneuerung einer bei Beginn des Mietverhältnisses vorhandenen, aber schadhaft gewordenen Heiztherme oder eines solchen Warmwasserboilers sowie die gänzliche Erneuerung eines schadhaft gewordenen Fußbodens in einer dem sonstigen Ausstattungszustand der Wohnung entsprechenden Ausführung.

Der Mieter hat dem Vermieter bei sonstigem Verlust des Anspruchs seinen Ersatzanspruch unter Vorlage von **Rechnungen** schriftlich anzuzeigen

- bei einer einvernehmlichen Auflösung des Mietverhältnisses spätestens 14 Tage nach Abschluss der Auflösungsvereinbarung,
- bei Aufkündigung des Mietverhältnisses durch den Hauptmieter spätestens 14 Tage nach Zustellung der Aufkündigung an den Vermieter, sowie
- in allen übrigen Fällen binnen einer Frist von zwei Monaten ab Eintritt der Rechtskraft des Räumungstitels, bei früherer Zurückstellung des Mietgegenstandes jedoch spätestens mit der Zurückstellung.

Entspricht eine rechtzeitig erstattete Anzeige in Form und Inhalt nicht den oa Regelungen, so hat der Vermieter den Mieter zur Verbesserung binnen einer Frist von mindestens 14 Tagen aufzufordern. Eine mangelhafte Anzeige bewirkt folglich noch nicht den Verlust des Ersatzanspruches, sondern dieser tritt nur ein, wenn der Mieter dieser Aufforderung nicht fristgerecht nachkommt (oder die Anzeige von vornherein nicht fristgerecht erstattet).

Der Ersatzanspruch setzt ferner eine **einwandfreie Ausführung** der Investition des Mieters voraus.

Beispiel

H ist seit geraumer Zeit Hauptmieterin einer schönen Zwei-Zimmer-Wohnung in Salzburg Stadt. Da das Badezimmer schon etwas älter war, beschloss sie, dieses vor fünf Jahren vollständig zu renovieren. Die Arbeiten ließ sie von I, ihrem Nachbarn, der ein Installationsunternehmen betreibt und dem sie vertraut, durchführen. Im Zuge der Umbauarbeiten wurden unter einwandfreier Ausführung und nach dem neuesten Stand der Technik neue Fliesen verlegt und neue Sanitäranlagen installiert. Für das Projekt bezahlte H einen Freundschaftspreis von € 5.000. Eine Rechnung für dieses „Körberlgeld" wurde nicht ausgestellt.

Aufgrund einer neuen beruflichen Stelle muss H im Anfang Oktober 2023 nach München ziehen. Sie beendet ihren Mietvertrag einvernehmlich mit ihrem Vermieter V zum 15.10.2023 mit einer Auflösungsvereinbarung vom 30.9.2023. V kommt die Beendigung des Mietverhältnisses sehr gelegen, weil er selbst aus seiner Mietwohnung ausziehen muss und daher selbst Bedarf hat, die Wohnung unmittelbar nach dem Auszug von M zu nutzen. Das renovierte Badezimmer gefällt V auch.

In der ersten Oktoberwoche 2023 fällt H ein, dass sie von V den Ersatz ihrer Investition in das Badezimmer ihrer ehemaligen Wohnung verlangen kann und sie fordert ihn schriftlich auf, ihr einen Betrag in Höhe von € 2.500 für die Investition abzüglich der jährlichen Abschreibung zu überweisen. V ersucht sie daraufhin unverzüglich um die Vorlage der Rechnung für die getätigten Investitionen. Eine solche kann H jedoch nicht vorweisen.

H war Hauptmieterin der Wohnung und hat in den letzten 20 Jahren vor der Beendigung des Mietverhältnisses eine Aufwendung zur wesentlichen Verbesserung – nämlich die Erneuerung von Wasserleitungs- und Sanitäranlagen – vorgenommen, die über ihre Mietdauer hinaus wirksam und von Vorteil ist. Die Abschreibungsdauer für die von H getätigte Investition beträgt zehn Jahre (siehe dazu gleich unten), sodass die Möglichkeit noch nicht verfristet ist. Sie erstattet die nach § 10 MRG geforderte Anzeige auch rechtzeitig und schriftlich. Gemäß § 10 Abs 4 MRG ist jedoch auch maßgeblich, dass zugleich mit der Anzeige der Mieter dem Vermieter Rechnungen über die getätigten Aufwendungen vorlegt.[185]

Da H eine solche Rechnung aufgrund des „Freundschaftsdienstes" von I nicht vorlegen kann, steht ihr kein Investitionskostenersatz zu.

9. Kaution

Die im Vollanwendungsbereich des MRG geltenden Regelungen zur Kaution gemäß § 16b MRG kommen auch im MRG-Teilanwendungsbereich zur Anwendung. Inhaltlich wird daher auf die Ausführungen in Teil III, Punkt 6. verwiesen.

10. Vertragsbeendigung

Die Bestimmungen zur Vertragsbeendigung im Teilanwendungsbereich des MRG gelten auch im Vollanwendungsbereich des MRG, weshalb auf die Ausführungen in Teil III, Punkt 7. verwiesen wird.

11. Rechtsnachfolge unter Lebenden

11.1. Rechtsnachfolge auf Mieterseite

11.1.1. Abtretung gemäß § 12 MRG

Wie unter Teil I, Punkt 7. dargestellt, gilt im Zivilrecht der allgemeine Grundsatz, dass einer Vertragspartei nicht ohne weiteres ein anderer Vertragspartner „aufgedrängt" werden soll. Im MRG-Vollanwendungsbereich ist eine Ausnahme für diesen Grundsatz vorgesehen: § 12 MRG erlaubt dem Hauptmieter einer Wohnung die Abtretung seiner Mietrechte im Vollanwendungsbereich des MRG an nahe Angehörige. Unter der Voraussetzung, dass ein Hauptmieter einer Wohnung diese endgültig verlässt, kann er die Hauptmietrechte an einen **nahen Familienangehörigen** abtreten, wenn der Hauptmieter (als ausscheidender Mieter) und der nahe Familienangehörige (als neuer Mieter) dies vereinbart haben.

Nahe Familienangehörige sind der Ehegatte sowie eingetragene Partner oder Verwandte in gerader Linie einschließlich der Wahlkinder oder Geschwister. Lebensgefährten zählen nicht zum begünstigten Personenkreis. Der Ehegatte sowie eingetragene Partner oder die Verwandten in gerader Linie einschließlich der Wahlkinder müssen weiters zumindest die letzten zwei Jahre, Geschwister zumindest die letzten fünf Jahre mit dem Hauptmieter im **gemeinsamen Haushalt** (im Sinne einer gemeinsamen Haushalts- und Wohngemeinschaft) in der Wohnung gelebt haben.

185 *Vonkilch* in *Hausmann/Vonkilch*, Wohnrecht – MRG^4 § 10 Rz 64 mwN.

Beispiel

Der Pensionist P ist Hauptmieter einer Altbauwohnung in der Linzer Innenstadt, welche er mit seiner Ehefrau E seit 35 Jahren bewohnt. Bei einem Sturz bricht sich P einem Oberschenkelhals und wird in ein Krankenhaus eingeliefert. In weiterer Folge verschlechtert sich sein Gesundheitszustand stetig. P beschließt daher in ein Altersheim zu ziehen und dort seinen letzten Lebensabschnitt zu verbringen. Das Ehepaar beschließt, dass E in der Wohnung verbleiben soll. P informiert seine Vermieterin V daher schriftlich, dass er in ein Altersheim ziehen wird und E in der Wohnung verbleiben wird und von jetzt an für die Wohnung zuständig sei sowie den Mietzins ab dem nächsten Monat bezahlen werde. P ist Hauptmieter einer Wohnung, die er aufgrund seines Einzuges in ein Altersheim dauerhaft verlässt. E ist als Ehefrau eine nahe Angehörige von P und hat mehr als zwei Jahre vor dem Verlassen der Wohnung durch P mit diesem im gemeinsamen Haushalt gelebt. E ist daher berechtigt, in den Mietertrag einzutreten.

Variante

P wird nach seinem Sturz im Krankenhaus operiert. Da seine Genesung schleppend verläuft, wird P in ein Rehabilitationszentrum verlegt, um seine Beweglichkeit wiederzuerlangen, bevor er nach Hause entlassen wird. P verbringt zwei Monate in dem Rehabilitationszentrum und sein Zustand verbessert sich. In dieser Zeit kümmert sich E um alle die Wohnung betreffenden Belange und bezahlt unter anderem die Miete.

P hält sich zwar für einen längeren Zeitraum nicht in der Wohnung auf, hat aber die Absicht in seine Wohnung zurückzukehren. Unter Verlassen iSd § 12 MRG wird jedoch die endgültige Aufgabe der Benützung des Mietobjekts durch den Mieter verstanden.[186] E ist somit aktuell nicht berechtigt, in den Mietvertrag einzutreten.

Die Abtretung der Hauptmietrechte nach § 12 MRG bewirkt eine **Vertragsübernahme**, welche ohne Einwilligung des Vermieters verwirklicht wird.[187]

Sowohl der übertragende als auch der übernehmende Mieter sind jedoch gemäß § 12 Abs 3 MRG verpflichtet, dem Vermieter unverzüglich die Abtretung der Mietrechte **anzuzeigen** und über den Mieterwechsel zu informieren. Die Verletzung der Anzeigepflicht hat zwar keinen Einfluss auf die Wirksamkeit der Vertragsübernahme, kann jedoch Schadenersatzpflichten gegenüber dem Vermieter führen.[188]

Wie auch bei der Übernahme eines Mietverhältnisse nach dem Tod des Mieters (siehe hierzu Teil III, Punkt 9.1.2.), hat der Vermieter bei Eintritt in einen am 1.3.1994 bestehenden Hauptmietvertrag die Möglichkeit, den Mietzins gemäß § 46 MRG im Gegenzug für diesen Mieterwechsel anzuheben.[189]

11.1.2. Unternehmensveräußerung/-verpachtung gemäß § 12a MRG

Veräußert ein Hauptmieter einer Geschäftsräumlichkeit das von ihm im Mietgegenstand betriebene Unternehmen zur Fortführung in diesen Räumen, tritt der Er-

186 *Hawel* in *Illedits/Reich-Rohrwig*, Wohnrecht: Taschenkommentar[4] § 12 Rz 14 mwN.
187 *Schinnagl* in GeKo Wohnrecht I § 12 MRG Rz 22.
188 *Schinnagl* in GeKo Wohnrecht I § 12 MRG Rz 26.
189 Siehe im Detail hierzu *Vonkilch* in *Hausmann/Vonkilch*, Wohnrecht – MRG: Kommentar[4] § 46.

werber gemäß § 12a Abs 1 MRG in das bisherige Hauptmietverhältnis ein. Der Mietvertrag geht damit auf den Erwerber über, ohne dass es der Zustimmung des Vermieters bedarf.

Voraussetzung ist hierfür, dass der Mietgegenstand zu geschäftlichen Zwecken gemietet wurde, das Unternehmen die gesamten Mieträume erfasst und das Unternehmen im Mietgegenstand betrieben wurde. Veräußerung ist jedes Rechtsgeschäft, das im Wege der Einzelrechtsnachfolge eine sachenrechtliche Änderung an der Gesamtsache Unternehmen herbeiführt. Dazu zählen etwa der Kauf, die Schenkung oder die Übertragung durch Vermächtnis des Unternehmens.[190]

Wie auch § 12 MRG (siehe gleich oben), setzt § 12a MRG die **Anzeige** des Übergangs an den Vermieter voraus, wobei die Verletzung dieser Pflicht keine Auswirkungen auf den Vertragsübergang hat, aber mitunter Schadenersatzpflichten auslöst.

Beispiel

Der Vermieter V vermietet ein Geschäftslokal an die Floristin F, in welcher sie ihr Blumengeschäft „Flora's Flowers" betreibt. Das Geschäft läuft gut. Nach 25 Jahren möchte F in Pension gehen und verkauft ihren Betrieb an ihren langjährigen Mitarbeiter M, der das Blumengeschäft weiterführen möchte. F und M schließen einen Kaufvertrag ab und vereinbaren, dass M gegen die Zahlung einer Ablöse von € 100.000 die gesamte Einrichtung und den Kundenstock übernimmt sowie das Blumengeschäft unter seinem bisherigen Namen fortführen wird. M und F informieren V nicht.

Im Rahmen seiner Buchhaltung bemerkt V eines Tages, dass der Mietzins für das Geschäftslokal seit neun Monaten von M gezahlt wird und kontaktiert daraufhin F, um zu erfahren, weshalb ihr Mitarbeiter den Mietzins bezahlt. F erklärt V, dass sie seit drei Monaten in Pension sei und ihr ehemaliger Mitarbeiter das Geschäft übernommen habe. Da M das Unternehmen weiterbetreibt, habe sie nicht daran gedacht, V zu informieren.

F war Hauptmieterin eines Geschäftslokals, in dem sie ein Unternehmen betreibt. Sie veräußert dieses Unternehmen an M, der das Blumengeschäft auf Grundlage der bisherigen Infrastruktur weiterführt. Das Mietverhältnis ist daher gemäß § 12 Abs 1 MRG auf M übergegangen. Eine Zustimmung von V war nicht vonnöten. F und M wären aber verpflichtet gewesen, die Unternehmensveräußerung binnen sechs Monaten dem Vermieter anzuzeigen.

Dem Vermieter V steht das Recht zu, den Mietzins für das Geschäftslokal auf den angemessenen Mietzins anzuheben. Da F und M dem V die Veräußerung des Unternehmens nicht angezeigt haben, kann V den erhöhten Mietzins rückwirkend ab der Übergabe des Unternehmens verrechnen.

Die Unternehmensveräußerung ist dem Vermieter unverzüglich anzuzeigen. Hierzu sind sowohl der Veräußerer als auch der Erwerber verpflichtet. Die Anzeige bedarf keiner bestimmen Form. Der Inhalt muss nur derart klar sein, dass sie dem Vermieter die Möglichkeit gibt, die Möglichkeit der Anhebung des Mietzinses zu überprüfen. Die Verletzung der Anzeigepflicht kann Schadenersatzansprüche des Vermieters begründen.

190 *Auer/H. Böhm* in GeKo Wohnrecht I § 12a MRG Rz 40 f mwN; RIS-Justiz RS0070118.

Der Vermieter hat binnen sechs Monaten nach Anzeige das Recht, den Mietzins auf den gemäß § 16 Abs 1 MRG zulässigen Betrag anzuheben. Ist oder wäre der neue Hauptmieter im Zeitpunkt des Eintritts in das Mietverhältnis gesetzlicher Erbe des bisherigen Hauptmieters, hat die Anhebung innerhalb von 15 Jahren schrittweise stattzufinden.

Ist der Mieter eine juristische Person oder unternehmerisch tätige eingetragene Personengesellschaft und ändern sich die rechtlichen und wirtschaftlichen Einflussmöglichkeiten auf die juristische Person (Machtwechsel) entscheidend, steht dem Vermieter gemäß § 12a Abs 3 MRG das Recht auf Anhebung des Mietzinses ebenfalls zu, sofern dem Mieter kein vertragliches Weitergaberecht eingeräumt wurde.[191]

Die Verpachtung des im Mietgegenstand betriebenen Unternehmens durch den Hauptmieter kann den Vermieter ebenfalls zur Anhebung des Mietzinses berechtigen.[192]

11.2. Rechtsnachfolge auf Vermieterseite

Wie Teil III, Punkt 9.2. dargestellt, gelten im Teil- und Vollanwendungsbereich des MRG gemäß § 2 Abs 1 MRG besondere Regeln für den Fall, dass der Vermieter die Bestandsache an einen neuen Eigentümer veräußert. Es kann in diesem Zusammenhang auf die Ausführungen im MRG-Teilanwendungsbereich verwiesen werden.

12. Rechtsnachfolge im Todesfall[193]

Für die Rechtsnachfolge im Todesfall gelten dieselben Regeln wie im MRG-Teilanwendungsbereich, sodass auf die dortigen Ausführungen verwiesen wird (Teil III, Punkt 10.).

13. Verfahrensrechtliche Aspekte[194]

13.1. Außerstreitverfahren

Der ausschließlich im MRG-Vollanwendungsbereich anwendbare § 37 Abs 1 MRG sieht einige Antragsmöglichkeiten vor, die es insbesondere dem Mieter ermöglichen sollen, seine Rechte im sogenannten mietrechtlichen Außerstreitverfahren

191 OGH 22.9.2015, 4 Ob 62/15v, Beispiele zum Machtwechsel siehe im Detail in *Hawel* in *Illedits*, Wohnrecht: Taschenkommentar[4] § 12a MRG Rz 19 ff mwN.

192 Siehe dazu im Detail *Vonkilch* in *Hausmann/Vonkilch*, Wohnrecht – MRG Kommentar[4] § 12a Rz 56 ff mwN.

193 Für einen einführenden Überblick zur Rechtsnachfolge siehe Teil I, Punkt 8.

194 Für einen einführenden Überblick zu verfahrensrechtlichen Aspekten siehe Teil I, Punkt 12.

geltend zu machen. Dieses Verfahren ist gegenüber dem „klassischen" Zivilprozess (streitiges Verfahren) weniger formalistisch. § 37 Abs 1 MRG nennt unter anderem folgende Angelegenheiten, die im Außerstreitverfahren zu behandeln sind:

- **Anerkennung als Hauptmieter** (§ 2 Abs 3 MRG): Wie ausgeführt, hat ein Untermieter tendenziell einen geringeren gesetzlichen Schutz als ein Hauptmieter. So liegen etwa die Mietzinsobergrenzen im MRG-Vollanwendungsbereich für Untermieter höher als für Hauptmieter (§ 26 MRG; siehe hierzu Punkt 5.10.). Folglich könnten Vermieter versuchen, den eigentlichen Hauptmieter durch Zwischenschaltung eines Strohmannes in die Rolle eines Untermieters zu drängen. Um derartige Konstruktionen, mit denen dem tatsächlichen Nutzer des Bestandobjekts die Rechte als Hauptmieter verwehrt werden sollen, zu vermeiden, kann ein Antrag auf Anerkennung als Hauptmieter gestellt werden.
- Durchführung von **Erhaltungs- oder Verbesserungsarbeiten** (§§ 3, 4 und 6 MRG): Kommt der Vermieter seinen Pflichten zur Erhaltung bzw Verbesserung des Mietgegenstandes nicht nach, hat der Mieter die Möglichkeit, ihn durch einen entsprechenden Antrag hierzu zu verpflichten.
- **Veränderung des Mietgegenstandes** (§ 9 MRG): Möchte der Mieter den Mietgegenstand im Rahmen der ihm gesetzlich zustehenden Rechte verändern, kann er einen Antrag stellen, der auf Ersatz der Zustimmung durch den Vermieter gerichtet ist. Die Bestimmung gilt weiters auch für Ansprüche des Vermieters auf Unterlassung oder Wiederherstellung des bisherigen Zustands (Beseitigung), wenn der Mieter nach § 9 MRG genehmigungspflichtige Änderungen in Angriff nimmt, durchführt oder bereits vorgenommen hat.[195]
- Die Feststellung der Höhe und Ersatz von **Aufwendungen** auf eine Wohnung: Hat der Mieter Aufwendungen für das Mietobjekt geleistet (§ 10 MRG; vgl zum Investitionsersatz im Detail Punkt 25), so kann er mit einem entsprechenden Antrag sowohl Zahlung als auch die Feststellung der Höhe des gebührenden Aufwandersatzes begehren.[196]
- Überprüfung des **Mietzinses** (§§ 12a, 16, 26 43, 44, 45, 46, 46a, 46c MRG): Mit diesem höchst praxisrelevanten Antrag soll die Möglichkeit geschaffen werden, die Zulässigkeit der Höhe des Mietzinsens zu überprüfen. Sowohl Mieter als auch Vermieter haben die Möglichkeit, ein solches Verfahren betreffend die (Nicht-)Einhaltung der Mietzinsbildungsvorschriften und damit die (Un-)Zulässigkeit der Höhe des vereinbarten Mietzinses einzuleiten.[197] Faktisch wird mit dieser Kontrollmöglichkeit der Preisschutz durchgesetzt (vgl dazu Punkt 5.12.) oder der Mietzins bei einer Übergabe der Mietrechte angehoben.

195 OGH 12.1.1995, 6 Ob 666/94 MietSlg 47.438.
196 *Kulhanek* in GeKo Wohnrecht I § 37 MRG Rz 50.
197 *Klicka* in *Hausmann/Vonkilch* (Hrsg), MRG[3] § 37 mwN.

- Aufgliederung eines **Pauschalmietzinses** (§ 15 Abs 4 MRG): Ist zwischen den Parteien ein Pauschalmietzins vereinbart, der nicht erkennen lässt, welchen Bestandteil Bewirtschaftungskosten und welchen Anteil der Hauptmietzins einnimmt, kann dies sowohl für Mieter als auch Vermieter Nachteile haben: Der Mieter kann nicht überprüfen, ob der Hauptmietzins innerhalb der gesetzlich zulässigen Höchstgrenzen liegt. Der Vermieter kann hingegen stets nur den vereinbarten Pauschalmietzins einheben, auch wenn die Bewirtschaftungskosten tatsächlich steigen. Sowohl Mieter als auch Vermieter können daher die Aufgliederung eines vereinbarten Pauschalmietzinses verlangen.
- Feststellung der Höhe des rückforderbaren Kautionsbetrags (§ 16b Abs 2 MRG): Dem Mieter steht die Möglichkeit offen, die Feststellung der Höhe der zurückzuzahlenden Kaution zu beantragen. Erfasst ist auch die Bewertung vom Vermieter geltend gemachter Gegenforderungen, die die Kautionshöhe schmälern.[198]
- Legung der **Abrechnungen** (§ 20 Abs 3 und 4, § 21 Abs 5, § 24 Abs 3, § 45 Abs 2) und Vorlage des **Energieausweises** (§ 20 Abs 5): In diesem Rahmen kann ein Mieter die Legung von bestimmten Abrechnungen (Hauptmietzins, Betriebskosten, Kosten von Gemeinschaftsanlagen) samt Einblick in die betreffenden Unterlagen und die Vorlage des Energieausweises verlangen. Auch die Verhängung von Beugestrafen kann beantragt werden.
- Überprüfung der **Bewirtschaftungskosten** (§§ 21 bis 24 MRG): Wie auch im **Zusammenhang** mit dem Haupt- oder Untermietzins steht sowohl dem Mieter als auch dem Vermieter die Möglichkeit offen, die Gesetzmäßigkeit der verrechneten Bewirtschaftungskosten überprüfen zu lassen.

Wie oben ausgeführt, sind die meisten der genannten Antragsmöglichkeiten im Sinne von Feststellungsbegehren konstruiert. Primär geht es also darum, durch Einbringung eines solchen Antrags Klarheit und Rechtssicherheit zwischen den Parteien zu schaffen. Die Verurteilung zu einer Zahlung ist in diesen „außerstreitigen" Verfahren daher nicht zentral.

Sollte sich im Rahmen eines dieser §-37-Verfahren jedoch ergeben, dass zu Unrecht Leistungen getätigt wurden (zB Bezahlung einer zu hohen Miete), so kann in diesen Verfahren auch unmittelbar ein Exekutionstitel zur Rückforderung zu viel bezahlter Miete geschaffen werden.[199] Der Mieter kann dies jedoch bloß anregen und hat kein Recht hierauf. Jedenfalls steht dem Mieter jedoch die Möglichkeit offen, den streitigen Rechtsweg zu beschreiten und seine Ansprüche mit einer Klage geltend zu machen.[200]

198 *Kulhanek* in GeKo Wohnrecht I § 37 MRG Rz 74.
199 *Klicka* in *Hausmann/Vonkilch* (Hrsg), MRG³ (2013) § 143.
200 *Klicka* in *Hausmann/Vonkilch* (Hrsg), MRG³ (2013) § 37 MRG Rz 143.

13.2. Streitiges Verfahren

Das streitige Verfahren ist als typische Form des Zivilprozesses für alle sonstigen Angelegenheiten einschlägig. Beispielhaft zu nennen sind etwa:

- Klage auf Feststellung des Bestehens eines Mietverhältnisses;
- Klage auf Bezahlung des Mietzinses;
- Räumungsklage;
- Klage auf Leistung von Schadenersatz wegen Beschädigungen des Mietobjekts;
- Klage auf Zahlung einer Vertragsstrafe wegen vertragswidrigem Verhalten des Mieters;
- Unterlassungsklage wegen vertragswidrigem Verhalten des Mieters (zB Verstoß gegen Konkurrenzverbot, vertragswidrige Nutzung des Mietobjekts);
- gerichtliche Kündigung.

Mustermietvertrag MRG-Vollanwendungsbereich

HAUPTMIETVERTRAG

Abgeschlossen zwischen: [Name] [Firmenbuchnummer]
[Adresse]
als Vermieterin einerseits

und [Name] [Firmenbuchnummer]
[Adresse]
als Mieterin andererseits

Deckblatt (Überblick über die zentralen Vereinbarungen):

Mietobjekt:	[Adresse], Top [•], mit einer Nutzfläche von ca. [•] m² (Beilage ./1)
bestehend aus:	[•]
Ausstattung:	Gemäß **Ausstattungsbeschreibung (Beilage ./2)**
Mietzweck:	[•]
Mietbeginn:	[•] unter der aufschiebenden Bedingung der Kautionsleistung
Vertragsende:	Befristet mit [•] [oder:] Kündigungsfrist: [•] Kündigungstermin: [•] Kündigungsverzicht bis [•]
Monatlicher Gesamtbruttomietzins:	aktuell € [•] inkl. USt
Wertsicherung:	nach VPI 2020, Basismonat: [•]
Kaution:	EUR [•]

§ 1 Mietgegenstand

1.1. Die Vermieterin ist grundbücherliche Eigentümerin der Liegenschaft EZ *[•]*, Gst-Nr. *[•]*, in der KG *[•]* mit der Grundstücksadresse *[•]*. Gegenstand des Mietvertrages ist das Mietobjekt Top *[•]* (nachfolgend „Mietobjekt").

1.2. Festgehalten wird, dass das Mietobjekt dem Vollanwendungsbereich des MRG unterliegt.

1.3. Das Mietobjekt ist im beiliegenden Plan (Beilage ./1), der einen Bestandteil dieses Vertrages bildet, näher beschrieben. Die mitvermietete Ausstattung des Mietobjekts ist aus der Ausstattungsbeschreibung (Beilage ./2) ersichtlich, die ebenfalls Bestandteil dieses Vertrags ist.

1.4. *[Kellerabteil:]* Sämtliche Einlagerungen im Kellerabteil erfolgen auf Risiko der Mieterin, die Vermieterin weist darauf hin, dass in einem Keller typischerweise eine gewisse Feuchtigkeit vorhanden ist.

1.5. *[Denkmalschutz:]* Der Mieterin ist bekannt, dass das Haus, in dem sich das Mietobjekt befindet, unter Denkmalschutz steht und nimmt die sich daraus allenfalls ergebenden Einschränkungen zustimmend zu Kenntnis.

1.6. Informativ festgehalten wird, dass das Mietobjekt eine planliche Nutzfläche von insgesamt ca. *[•]* m^2 aufweist. Hinsichtlich der Nutzfläche ist die Zurverfügungstellung des Mietobjekts dergestalt geschuldet, wie es vor Vertragsabschluss besichtigt wurde.

Hintergrund dieser Formulierung ist es, Diskussionen für den Fall hintanzuhalten, dass die angegebene Nutzfläche geringfügig von der tatsächlichen Nutzfläche abweicht. In Fällen, in denen diese Klausel zu einer starken Benachteiligung des Mieters führt, kann deren Wirksamkeit in Frage gestellt werden – etwa, weil sich die Nutzfläche nicht abschätzen lässt, eigene Nachmessungen durch den Mieter untunlich sind oder es zu starken Abweichungen kommt.

1.7. Das Mietobjekt wird wie besichtigt *[und in gebrauchtem Zustand]* vermietet.

Häufig finden sich in Mietverträgen Klauseln wie etwa: *„Der Mieter hat den Mietgegenstand in ordnungsgemäßem Zustand übernommen."*
Bei Verbrauchergeschäften sind solche Klauseln gemäß § 6 Abs 1 Z 11 KSchG unwirksam. Denn nach dieser Bestimmung sind Vertragsbestimmungen nicht verbindlich, wenn durch diese *„dem Verbraucher eine Beweislast auferlegt wird, die ihn von Gesetzes wegen nicht trifft"*. Ebendies wäre aber der Fall, wenn der Verbraucher beweisen müssten, dass sich der Mietgegenstand entgegen dem Vertragstext bei Übergabe nicht im ordnungsgemäßen Zustand befunden hat.[201]

§ 2 MIETDAUER

2.1. Die Übergabe und Übernahme des Mietobjektes erfolgt am *[•]*. Leistet die Mieterin die Kaution, welche als aufschiebende Bedingung für das

201 Siehe etwa OGH 11.10.2006, 7 Ob 78/06f (1. Klausel-E); OLG Wien 30.9.2021, 4 R 32/21p.

Zustandekommen dieses Mietvertrags vereinbart wird (§ 10.1.), nicht rechtzeitig, verschiebt sich der Übergabetermin im selben Ausmaß.

2.2. Bei Übergabe des Mietobjektes wird ein allseits zu unterfertigendes Übergabeprotokoll samt Fotodokumentation erstellt, in welchem etwaige Mängel festzuhalten sind, die von der Vermieterin binnen angemessener Frist zu beheben sind. Liegen bloß geringfügige, unbehebbare Mängel vor, die dem bedungenen Gebrauch des Mietobjektes nicht entgegenstehen, ist die Mieterin nicht zur Verweigerung der Übernahme berechtigt. Ein Verzicht auf das Recht zur Mietzinsminderung ist damit nicht verbunden.

2.3. Der Mieter kann das Mietverhältnis gemäß § 29 Abs 2 MRG nach Ablauf eines Jahres der ursprünglich vereinbarten oder verlängerten Dauer des Mietverhältnisses zum Letzten eines jeden Kalendermonats unter Einhaltung einer dreimonatigen Kündigungsfrist gerichtlich oder schriftlich vorzeitig aufkündigen.

Dass der Mieter die Übergabe nicht verweigern darf, wenn bloß unbehebbare, geringfügige Mängel vorliegen, wird auch ganz allgemein (also ohne entsprechende Klausel) vertreten.[202] Insofern dient die Klausel der Klarstellung. Unwirksam sind hingegen Klauseln,

- mit denen der Mieter verpflichtet wird, das Mietobjekt zu übernehmen, obwohl Mängel vorliegen, die der vertragsgemäßen oder ordnungsgemäßen Nutzung entgegenstehen oder
- die das Recht auf Mietzinsminderung abbedingen sollen.[203]
- Problematisch sind ferner Klauseln, mit denen geringfügige Flächenabweichungen (etwa: „bis +/– 3 % der Fläche") gar keine Rechtsfolgen, also auch keine Mietzinsminderung, nach sich ziehen.[204]

2.4. *[Bei Befristung:]* Das Mietverhältnis ist befristet und wird für eine Dauer von *[•]* abgeschlossen. Das Mietverhältnis endet folglich am *[•]*, ohne dass hierfür eine Kündigung der Mieterin oder Vermieterin erforderlich ist.

Zu den Wirksamkeitsvoraussetzungen einer Befristung siehe oben Teil III, Punkt 7.1.2.
Im Vollanwendungsbereich ist der Befristungsabschlag zu beachten, siehe hierzu Kapitel 5.9. Die Höhe des Mietzinses ohne Befristungsabschlag muss ausdrücklich angegeben werden, damit im Falle einer Änderung des Mietverhältnisses in ein unbefristetes Mietverhältnis der erhöhte Mietzins zur Anwendung kommt.

202 *Pletzer* in GeKo Wohnrecht I § 1096 ABGB Rz 9 mwN.
203 OGH 11.10.2006, 7 Ob 78/06f (1. Klausel-E); OGH 21.11.2017, 6 Ob 181/17m (8. Klausel-E).
204 OGH 21.11.2017, 6 Ob 181/17m (8. Klausel-E).

2.5. *[Bei Befristung:]* Die Vermieterin ist berechtigt, den Vertrag vor Ablauf der bedungenen Mietdauer unter Einhaltung einer Kündigungsfrist von *[•]* Monaten zum *[•]* (Kündigungstermin) zu kündigen.

Im Falle einer Befristung sind beide Vertragsteile grundsätzlich an die vereinbarte Vertragslaufzeit gebunden. Die überwiegende Ansicht geht jedoch davon aus, dass die Parteien wirksam vereinbaren können, dass der Vermieter den Vertrag trotz Befristung vorzeitig kündigen kann.[205] Es gibt allerdings auch gegenteilige Stellungnahmen.[206]
Eindeutig ist jedenfalls, dass eine Kündigung durch den Vermieter nur bei Vorliegen eines Kündigungsgrundes im Sinne des § 30 MRG in Frage kommt. Schließlich gilt der ***Kündigungsschutz*** des MRG, der den Mieter vor „grundlosen" Kündigungen schützen soll. Dieser Schutz gilt zugunsten dies Mieters zwingend, sodass den Mieter benachteiligende Regelungen unwirksam sind. Wirksam ist hingegen eine Besserstellung des Mieters, z.B. wenn der Vermieter erklärt, auf eine Kündigungsmöglichkeit (für eine gewisse Dauer) gänzlich zu verzichten.

2.6. Als wichtiger und bedeutsamer Umstand, der die Vermieterin zur Kündigung berechtigt, wird einvernehmlich vereinbart: *[Konkretisierung]*

Wie oben ausgeführt, steht es den Parteien frei, ergänzend zum Katalog der Kündigungsgründe gemäß § 30 Abs 2 MRG weitere Kündigungsgründe zu vereinbaren, wobei im Detail umstritten ist, welche Gründe tatsächlich wirksam vereinbart werden können. Siehe hierzu oben Punkt *[•]*.

2.7.*[Bei Befristung:]* Die Mieterin kann den Vertrag nur bei Vorliegen eines Grundes gemäß § 1117 ABGB vorzeitig kündigen.

Bei befristeten Mietverträgen über Geschäftsräumlichkeiten ist vergleichsweise gut möglich, den Mieter effektiv an die vereinbarte Vertragslaufzeit zu binden. Denn anders als für Wohnraummietverträge sieht das Gesetz hier kein zwingendes Recht des Mieters vor, den Vertrag nach einem Jahr grundlos zu kündigen zu können.[207]
Jedenfalls möglich bleibt es auch einem Mieter von Geschäftsräumen, den Vertrag gemäß § 1117 ABGB zu kündigen. Insofern hat die Klausel oben

205 *Lovrek* in GeKo Wohnrecht I § 30 MRG Rz 10; *Vonkilch* in *Hausmann/Vonkilch* § 29 MRG[4] Rz 38; *Würth/Zingher/Kovanyi,* Miet- und Wohnrecht[23] MRG § 29 Rz 13; vgl auch OGH 26.8.2004, 6 Ob 35/04x; OGH 17.7.2018, 4 Ob 133/18i.

206 *Stabentheiner* in GeKo Wohnrecht I § 29 MRG Rz 27.

207 RIS-Justiz RS0121742 (T1).

primär klarstellenden Charakter. Denn es bestünde ohnehin keine Möglichkeit, dem Mieter das Recht zu nehmen, den Vertrag bei Vorliegen eines Grundes gemäß § 1117 ABGB vorzeitig zu beenden. Gemäß § 1117 ABGB kann der Mieter den Vertrag vorzeitig beenden, wenn das Mietobjekt

- in einem Zustand übergeben oder ohne seine Schuld in einen Zustand geraten ist, der es zu dem bedungenen Gebrauch untauglich macht oder
- wenn ein beträchtlicher Teil durch Zufall auf eine längere Zeit entzogen oder unbrauchbar wird.

2.8. *[Bei unbefristeten Verträgen:]* Das Mietverhältnis kann unter Einhaltung einer Kündigungsfrist von *[•]* Monaten zum *[•]* (Kündigungstermin) gekündigt werden.

Gibt es keine besondere vertragliche Regelung, können Mietverträge über Geschäftsräumlichkeiten zum 31. 3., 30. 6., 30. 9. oder 31. 12. unter Einhaltung einer dreimonatigen Kündigungsfrist gekündigt werden (§ 560 Abs 1 Z 2 lit e ZPO).

Soll (wie in der Klausel oben) eine abweichende Regelung getroffen werden, muss diese ***hinreichend bestimmt*** sein. Nach der Rechtsprechung zu unklar wäre etwa die Formulierung *„vierteljährlich im Feber-Mai-August und November-Termin kündbar"*.[208] Schließlich geht daraus nicht hervor, wann genau die Kündigungstermine liegen. Hinreichend klar definiert ist der Kündigungstermin, wenn beispielsweise *„zum Monatsende – vierteljährig zum Mietquartal"* gekündigt werden kann.[209]

Ebenso sollten Kündigungstermine und -fristen vermieden werden, die eine überlange „Knebelung" des Mieters vorsehen. Zum vertraglichen Gestaltungsspielraum und dessen Grenzen siehe oben Teil I, Punkt 3.

2.9. *[Sofern gewünscht:]* Die Mieterin verzichtet für eine Dauer von *[•]* Jahren ab Beginn des Mietverhältnisses auf die Möglichkeit einer ordentlichen Kündigung.

Ein Kündigungsverzicht kann auch einseitig nur vom Mieter wirksam abgeben werden. Die Judikatur formuliert in diesem Zusammenhang ganz allgemein, dass ein *„allgemeiner Kündigungsverzicht (auch nur von einer Seite) auf bestimmte oder bestimmbare Zeit [...] nicht als unzulässiger*

208 OGH 20.2.1996, 10 Ob 516/95.

209 Siehe OGH 28.4.1994, 8 Ob 519/94; diese Regelung wurde vom OGH so verstanden, dass das Mietverhältnis *„jeweils nur zum Ende der sich aus dem Beginn des Mietverhältnisses bestimmenden Quartale enden solle."*

Knebelungsvertrag sittenwidrig, sondern wirksam" ist. Die in diesem Zusammenhang genannten Entscheidungen betreffen jedoch vor allem Kündigungsverzichte des Vermieters.[210]
Vor allem bei Verträgen, die mit einem Verbraucher als Mieter geschlossen werden, ist daher trotz des oben zitierten „Stehsatzes" Vorsicht geboten: Eine Übervorteilung des Mieters ist zu vermeiden, da diese zur Unwirksamkeit der Vertragsklausel führen kann.[211]

§ 3 MIETZINS

3.1. Der monatlich fällige Gesamtmietzins setzt sich aus folgenden Bestandteilen zusammen:

[sofern anwendbar] Hauptmietzins (netto):	aktuell	EUR [•]
[sofern anwendbar] Befristungsabschlag iHv 25 %:[212]	aktuell	EUR [•]
Hauptmietzins (inklusive Befristungsabschlag netto):	aktuell	EUR [•]
Bewirtschaftungskosten:	aktuell	EUR [•]
[sofern anwendbar] Umsatzsteuer iHv 10[213]/20 %	aktuell	EUR [•]
Gesamtbruttomietzins:	aktuell	EUR [•] inkl. USt

Der Mietzins im Vollanwendungsbereich ist gesetzlich determiniert. Siehe hierzu Punkt 5. Bei Wohnungen, die dem Richtwertmietzins unterliegen (Punkt 5.7.) sind im Falle der Vereinbarung eines Lagezuschlags, die hierfür entscheidenden Gründe im Mietvertrag anzuführen und der Lagezuschlag ist schriftlich zu vereinbaren.
Die Betriebskosten sind in §§ 21 bis 24 MRG abschließend definiert. Siehe hierzu Punkt 5.13.

3.2. *[angemessener Mietzins]* Für die Beurteilung der Höhe des Hauptmietzinses ist ausschlaggebend: *[Beurteilungskriterien für angemessenen Mietzins: Neubau (nach 1945), Neuschaffung, Denkmalschutz, über 130 m², nach 1 Jahr].*

3.3. *[Richtwertmietzins]* Für die Beurteilung der Höhe des Hauptmietzinses ist ausschlaggebend: *[Kategoriemerkmale, Lagezuschlag etc]* Weiters

210 OGH 21.12.2017, 6 Ob 134/17z mwN.

211 *Pesek* in *Schwimann/Neumayr* (Hrsg), ABGB Taschenkommentar[5] zu § 1116 ABGB Rz 3 mwN.

212 Siehe Punkt 5.9.

213 Bei Wohnungsmietverträgen beträgt die Mehrwertsteuer (bei umsatzsteuerpflichtiger Vermietung) 10 %.

ist das Objekt ausgestattet mit *[zB Parkettboden, guter Raumaufteilung]*, Die Liegenschaft, auf der sich das Mietobjekt befindet, weist eine Lage (Wohnumgebung) auf, die nach der allgemeinen Verkehrsauffassung und der Erfahrung des täglichen Lebens besser ist als die durchschnittliche Lage, zumal insbesondere keine Wohnumgebung mit einem überwiegenden Gebäudebestand vorliegt, der in der Zeit von 1870 bis 1917 mit Kategorie-D-Wohnungen errichtet wurde. Bei der Bemessung des Hauptmietzinses wurde eine überdurchschnittliche Lage (Wohnumgebung, § 16 Abs 2 Z 4 MRG) berücksichtigt. Unter Berücksichtigung der konkreten (inner-)städtischen Wohnumgebung (als ein nach der Verkehrsauffassung in ihren Bebauungsmerkmalen gleiches und daher einigermaßen einheitliches Wohngebiet) ergibt sich insbesondere aus nachfolgenden Umständen eine Lage, die gegenüber einer durchschnittlichen Lage als besser zu beurteilen ist (§ 2 Abs 3 RichtWG):
[•]

Die Lagekriterien für die Begründung des Lagezuschlags sind im Einzelnen genau anzuführen. Die oben angeführte ***Formulierung berücksichtigt die konkreten Lagekriterien noch nicht*** und ist daher an das entsprechende Mietobjekt anzupassen und genauer auszuführen.

3.4. Der Mietzins ist monatlich im Voraus bis spätestens zum Fünften des jeweiligen Kalendermonats (einlangend) fällig und ist auf das bekanntgegebene Bankkonto zu überweisen.

Die Fälligkeit am Fünften des Kalendermonats gilt gemäß § 15 Abs 3 MRG und darf zu keinem früheren Zeitpunkt vereinbart werden. Siehe hierzu Punkt 5.4.

3.5. *[bei Geschäftsraummiete]* Gemäß § 6 Abs 2 UStG 1994 verzichtet die Vermieterin auf die Umsatzsteuerbefreiung und übt die Option zur Regelbesteuerung aus. Die Mieterin erklärt, dass sie den Mietgegenstand nahezu ausschließlich (mindestens 95 %) für Umsätze verwenden wird, die den Vorsteuerabzug nicht ausschließen, widrigenfalls sie die Vermieterin für den entstandenen Vorsteuerausfall schadlos halten wird.

3.6. *[bei Geschäftsraummiete]* Die Mieterin ist verpflichtet, auf Verlangen der Vermieterin alle erforderlichen Unterlagen zur Verfügung zu stellen, um der Vermieterin zu ermöglichen, ihrer umsatzsteuerlichen Nachweispflicht nachzukommen. Die Mieterin ist ferner verpflichtet, der Vermieterin unverzüglich darüber zu berichten, wenn die Voraussetzungen für eine steuerpflichtige Vermietung von der Mieterin nicht mehr erfüllt werden.

3.7. *[bei Geschäftsraummiete]* Der Entfall der Option zur Regelbesteuerung – insbesondere aufgrund der Benützung des Mietgegenstandes für nicht umsatzsteuerpflichtige Umsätze durch die Mieterin – wird zudem als wichtiger und bedeutsamer Umstand iSd § 30 Abs 2 Z 13 MRG vereinbart, der die Vermieterin zur Kündigung berechtigt.

Gemäß § 6 Abs 1 Z 16 UStG 1994 ist die Vermietung von Geschäftsräumlichkeiten unecht umsatzsteuerbefreit. Der Vermieter kann auf die Befreiung jedoch freiwillig verzichten. Bei Ausübung dieser „Option zur Steuerpflicht" durch den Vermieter fällt Umsatzsteuer in Höhe von 20 % an. Der Vorteil besteht aus Sicht des Vermieters darin, dass dieser damit auch die Berechtigung zum Vorsteuerabzug (etwa hinsichtlich aufgewendeten Kosten für die Errichtung des Mietobjekts) erhält.
Die Option zur Steuerpflicht ist nach aktueller Rechtslage jedoch nur zulässig, wenn der Mieter den Mietgegenstand zu mindestens 95 % für umsatzsteuerpflichtige Umsätze verwendet.[214] Ist der Mieter selbst umsatzsteuerbefreit (wie etwa eine Bank), so steht dem Vermieter die „Option zur Steuerpflicht" daher nicht offen.

3.8. Die Bewirtschaftungskosten sind von der Mieterin anteilig (entsprechend der Nutzfläche des Mietgegenstands im Verhältnis zur gesamten Nutzfläche) zu tragen. Dieser Anteil beträgt derzeit *[•]* %. Die Bewirtschaftungskosten bestehen aus den gemäß §§ 21–24 MRG definierten Betriebskosten.

3.9. Die Mieterin wird für den Bezug von *[Strom]*, *[Heizung]*, *[Kälte]*, *[Warmwasser] [Kaltwasser]* direkt mit den betreffenden Versorgungsunternehmen kontrahieren und die daraus erwachsenen Kosten begleichen, sofern nicht die Vermieterin bereits einen entsprechenden Vertrag abgeschlossen hat und die Abrechnung an die Mieterin erfolgt.
[und/oder]

3.10. Die Kosten für den Bezug von *[Strom]*, *[Heizung]*, *[Kälte]*, *[Warmwasser] [Kaltwasser]* werden als Bewirtschaftungskosten abgerechnet. Die Verrechnung der Kosten für den Bezug von *[Strom]*, *[Heizung]*, *[Kälte]*, *[Warmwasser] [Kaltwasser]* auf die einzelne Mieterin erfolgt nach *[dem Aufteilungsschlüssel gemäß Punkt 3.6. (tatsächlichem Verbrauch)]*.

3.11. *[Zutreffendes vom Mieter anzukreuzen:]*

☐ Der Mieter stimmt dem Abschluss bzw der Erneuerung oder zweckmäßigen Veränderung einer angemessenen Glasbruch- und Sturmschadenversicherung des Hauses zu bzw tritt derartigen bestehenden Versicherungen bei.

214 ErläutRV 1680 BlgNR 24. GP zum 1. StabG 2012.

- ☐ Der Mieter stimmt dem Abschluss bzw der Erneuerung oder zweckmäßigen Veränderung einer angemessenen Glasbruch- und Sturmschadenversicherung des Hauses nicht zu bzw tritt derartigen bestehenden Versicherungen nicht bei.

3.12. Die Prämien einer angemessenen Glasbruch- und Sturmschadenversicherung gelten als Betriebskosten und sind vom Mieter anteilig zu tragen, sofern die Mehrheit der Hauptmieter des Hauses (berechnet nach der Anzahl der vermieteten Mietgegenstände) diesen Versicherungen zustimmt – dies entsprechend § 21 Abs 1 Z 6 MRG auch unabhängig von der Zustimmung des einzelnen betroffenen Mieters. Im Falle der Zustimmung seitens der Mehrheit der Hauptmieter des Hauses (berechnet nach der Anzahl der vermieteten Mietgegenstände) erhöht sich somit der Anteil des Mieters an den Betriebskosten um die Prämien für diese Versicherungen, die im Verhältnis seines Anteils an den Betriebskosten an ihn weiterverrechnet werden. Ohne Zustimmung der Mehrheit der Hauptmieter zu diesen Versicherungen wären etwaige dann nicht versicherte Schäden von der Vermieterin aus der Mietzinsreserve gemäß § 20 MRG oder – falls diese nicht ausreicht – durch eine Mietzinserhöhung nach §§ 18 ff MRG zu begleichen.

Im Vollanwendungsbereich des MRG sind die Bewirtschaftungskosten in §§ 21–24 MRG abschließend geregelt und dürfen nicht zu Lasten des Mieters abgeändert werden.
Im Vollanwendungsbereich des MRG müssen wie oben beschrieben die Mehrheit der Mieter der Gebäudeversicherung zustimmen und muss der Mieter dies auswählen können.
Der Katalog an abrechenbaren Betriebskosten ist im Einzelfall auf das jeweilige Mietobjekt anzupassen. Die Kostenposition ist möglichst eindeutig zu bezeichnen. Bloß beispielhafte Listen sind zu vermeiden.[215]
Gestaltungsrechte des Vermieters zur Anpassung des Verteilungsschlüssels sind zu vermeiden – insbesondere, wenn diese an keine klaren Kriterien geknüpft sind.[216]

3.13. Diese Kosten werden dem Mieter gemäß der Nutzfläche des Mietobjektes anteilig zur Nutzfläche des gesamten Hauses verrechnet. Die Betriebskosten werden dem Mieter als monatliche Pauschale vorgeschrieben; einmal jährlich, bis zum 30. Juni des Folgejahres, erfolgt eine Abrechnung der Pauschalbeträge durch die Vermieterin.

215 Vgl die im Zusammenhang mit einem Verbrauchergeschäft ergangene OGH 11.10.2006, 7 Ob 78/06f (1. Klausel-E).

216 OGH 11.10.2006, 7 Ob 78/06f (1. Klausel-E).

Die Abrechnung der Betriebskosten ist im Vollanwendungsbereich gesetzlich determiniert. Die Klausel stellt klar, dass die Betriebskosten mittels einer Pauschalverrechnung entsprechend der Nutzfläche abgerechnet werden. Zu beachten sind vor allem folgende Grundsätze:

- Bei der Abrechnung ist so vorzugehen, dass sich ein Hauptmieter mit durchschnittlicher Auffassungsgabe ein Bild darüber machen kann, welche Rückzahlungsforderungen oder Nachzahlungspflichten ihm aus der Gegenüberstellung von bezahlten Pauschalraten und effektiv aufgelaufenen Bewirtschaftungskosten entstehen.[217]
- Maßgebend dafür, ob eine den Bewirtschaftungskosten des Hauses zuzurechnende Kostenbelastung des Vermieters in die Jahrespauschalverrechnung für ein bestimmtes Jahr gehört, ist immer die Fälligkeit (nicht die Bezahlung) der vom Vermieter zu erfüllenden Forderung.[218]
- Der Mieter kann bei rechtzeitiger Abrechnung (also einer Auflage der Abrechnung bis zum 30. Juni) bis zum Ende des laufenden Jahres, bei verspäteter Abrechnung (also einer Auflage der Abrechnung nach dem 30. Juni) innerhalb von sechs vollen Monaten Einsicht in die Belege verlangen.[219]

3.14. *[Bei mehreren Mietern:]* Für die Entrichtung des Gesamtmietzinses haften die Mitmieter solidarisch.

Die Klausel entspricht der Judikatur[220] und dient daher primär der Klarstellung.

§ 4 WERTSICHERUNG

4.1. *[Angemessener Mietzins:]* Eine Anpassung des Hauptmietzinses erfolgt einmal jährlich. Die 1. Anpassung des Hauptmietzinses erfolgt im Ausmaß der Veränderung zwischen der für den Basismonat gemäß Deckblatt (Seite 1) verlautbarten Indexzahl des Verbraucherpreisindex 2020 (VPI 2020) und der Indexzahl des VPI 2020 für den folgenden August. Jede weitere Anpassung des Hauptmietzinses erfolgt im Dezember mit Wirkung ab 1. Jänner des Folgejahres anhand des von Statistik Austria verlautbarten VPI 2020. Der Hauptmietzins verändert sich im selben Ausmaß wie sich der VPI 2020 von August des Vorjahres zu August des laufenden Jahres verändert hat. Die Nichtdurchführung der Wertsteigerung stellt keinen Verzicht auf zukünftige Indexierungen dar.

217 OGH 19.1.2010, 5 Ob 189/09v mwN.
218 RIS-Justiz RS0112095.
219 RIS-Justiz RS0070665 (T15).
220 *Höllwerth* in GeKo Wohnrecht I § 1094 ABGB Rz 13 mwN.

Jedenfalls ausgeschlossen ist eine Anpassung (Indexanhebung) in den ersten beiden Monaten nach Vertragsabschluss.
[oder:]
[Richtwert:] Es wird ausdrücklich Wertbeständigkeit des Hauptmietzinses nach Maßgabe der in den § 5 RichtWG vorgesehenen Wertsicherung (Neufestsetzung) der Richtwerte vereinbart. Jedenfalls ausgeschlossen ist eine Neufestsetzung in den ersten beiden Monaten nach Vertragsabschluss.

4.2. Am 1. April 2025 vermindert oder erhöht sich der Mietzins in dem Maß, das der Veränderung des Verbraucherpreisindex 2020 oder des an seine Stelle tretenden Index für das Monat des Mietbeginns zum Jahresdurchschnittswert des Jahres 2024 entspricht, wobei der Hauptmietzins aber jeweils den höchstzulässigen Mietzins nicht übersteigen darf.

4.3. Am 1. April 2026 vermindern oder erhöhen sich der Hauptmietzins gegenüber dem letzten Änderungszeitpunkt in dem Maß, das der durchschnittlichen Veränderung des Verbraucherpreisindex 2020 oder des an seine Stelle tretenden Index in dem dem Valorisierungszeitpunkt vorangegangenen Jahr entspricht, wobei der Hauptmietzins aber jeweils den höchstzulässigen Mietzins nicht übersteigen darf. Die durchschnittliche Veränderung des Verbraucherpreisindex ergibt sich aus dem Vergleich der aufeinanderfolgenden Jahresdurchschnittswerte.

4.4. Am 1. April 2027 und sodann jährlich vermindern oder erhöhen sich der Hauptmietzins gegenüber dem jeweils letzten Änderungszeitpunkt in dem Maß, das der durchschnittlichen jährlichen Veränderung des Verbraucherpreisindex 2020 oder des an seine Stelle tretenden Index in den drei dem Valorisierungszeitpunkt vorangegangenen Jahren entspricht, wobei der Hauptmietzins aber jeweils den höchstzulässigen Mietzins nicht übersteigen darf. Bei der Berechnung des neuen Mietzinses sind Beträge, die einen halben Cent nicht übersteigen, auf den nächstniedrigeren ganzen Cent abzurunden und Beträge, die einen halben Cent übersteigen, auf den nächsthöheren ganzen Cent aufzurunden. Die neuen Beträge gelten jeweils ab dem 1. April des betreffenden Jahres.

4.5. Die Nichtdurchführung der Wertsteigerung stellt keinen Verzicht auf zukünftige Indexierungen dar. Jedenfalls ausgeschlossen ist eine Anpassung (Indexanhebung) in den ersten beiden Monaten nach Vertragsabschluss.

Entsprechend der aktuellen Judikatur des OGH beim Abschluss von Mietverträgen im Vollanwendungsbereich des MRG besondere Vorsicht geboten, Teile der Literatur raten bereits vom Abschluss langfristiger Verträge aufgrund der ungewissen Rechtslage zu Wertsicherungsklauseln ab. Derartige Klauseln sind tendenziell problematisch, insbesondere gegen Konsumenten. Die oben skizzierte Formulierung versucht, den Bedenken der Rechtsprechung entgegenzuwirken, ist jedoch höchstgerichtlich noch nicht bestätigt.

4.6. Wenn die Mietzinsberechnung nicht mehr gemäß § 16 Abs 2 bis 4 MRG erfolgt oder obige Wertsicherungsvereinbarung nicht (mehr) zur Anwendung gelangen kann, so erfolgt die Wertsicherung im Ausmaß der Veränderung zwischen der für den Basismonat gemäß Deckblatt (Seite 1) verlautbarten Indexzahl des Verbraucherpreisindex 2020 (VPI 2020) und der Indexzahl des VPI 2020 für den folgenden August. Jede weitere Anpassung des Hauptmietzinses erfolgt im Dezember mit Wirkung ab 1. Jänner des Folgejahres anhand des von der Statistik Austria verlautbarten VPI 2020. Der Hauptmietzins verändert sich im selben Ausmaß wie sich der VPI 2020 von August des Vorjahres zu August des laufenden Jahres verändert hat. Die Nichtdurchführung der Wertsteigerung stellt keinen Verzicht auf zukünftige Indexierungen dar.

4.7. Sollte der oben genannte Index nicht mehr veröffentlicht werden, erfolgt die Wertsicherung gemäß dem an seine Stelle tretenden Index der Statistik Austria oder deren Rechtsnachfolger. Mangels eines solchen haben die Vertragsparteien einvernehmlich einen entsprechenden Ersatzindex zu vereinbaren, der den Prinzipien, wie sie für die Indexberechnung zuletzt maßgebend waren, entspricht.

Derartige Klauseln sind tendenziell problematisch, insbesondere gegen Konsumenten, die oben skizzierte Formulierung versucht, den Bedenken der Rechtsprechung entgegenzuwirken, ist jedoch höchstgerichtlich noch nicht bestätigt.

4.8. Die Indexzahl, auf deren Grundlage die letzte Veränderung des Hauptmietzinses vorgenommen wurde, bildet in Folge die Ausgangsbasis für die Wertsicherungsberechnung.

4.9. Ansprüche, die aus der gegenständlichen Wertsicherung resultieren, verjähren innerhalb von drei Jahren. Die Nicht-Geltendmachung einer Erhöhung des Hauptmietzinses aufgrund der Wertsicherung durch die Vermieterin ist nicht als konkludenter Verzicht anzusehen. Die Vermieterin ist weiterhin berechtigt, auch für in der Vergangenheit liegende Zeiträume eine Erhöhung des Mietzinses zu begehren.

Die ausdrückliche Vereinbarung einer Wertsicherung ist essentiell, da ansonsten der ursprünglich vereinbarte Hauptmietzins trotz allfälliger Schwankungen der Kaufkraft unverändert in die Zukunft gilt.
Das Verbot der ***rückwirkenden Geltendmachung*** von Erhöhungsbeträgen gemäß § 16 Abs 9 MRG ist jedenfalls zu beachten.
Gerade bei Verbrauchergeschäften ist Vorsicht geboten, wenn eine für den Mieter nachteiligere Regelung in den Vertrag aufgenommen werden soll. Denn § 6 Abs 1 Z 5 KSchG stellt für die Zulässigkeit einer Preisänderungsklausel vier Voraussetzungen auf, nämlich die sachliche Rechtfertigung, die Unabhängigkeit des Eintrittes der Änderungsfaktoren vom Willen des Unternehmers, die Zweiseitigkeit und die Umschreibung der maßgebenden Umstände im Vertrag.[221]

§ 5 RISIKOTRAGUNG UND HAFTUNG

5.1. *[Bei Nicht-Verbrauchergeschäften:]* Vor Übergabe hat die Mieterin das Mietobjekt besichtigt. Abgesehen von allfälligen, in das Übergabeprotokoll gemäß § 2.2. aufgenommenen Mängeln und allfälligen nicht erkennbaren Mängeln entspricht das Mietobjekt dem Vertrag und wird von der Mieterin vorbehaltslos übernommen.

Nach der Rechtsprechung sind sogenannte Tatsachen- und Zustandsbestätigungen – also etwa die Bestätigung der Mängelfreiheit eines Mietobjekts – im Rahmen von Verbrauchergeschäften unwirksam.[222]
Unabhängig davon sollte die Wirkung derartiger Klauseln nicht überbewertet werden. In einem Prozess ist es für den Vermieter am vorteilhaftesten, wenn dieser eine Fotodokumentation über den Zustand des Mietobjekts bei Übergabe vorweisen kann.[223]

5.2. Die Vermieterin übernimmt – über die im gegenständlichen Vertrag ausdrücklich vereinbarten Eigenschaften hinausgehend – keine Haftung für eine bestimmte Beschaffenheit des Mietgegenstandes. Insbesondere wird kein Mindestertrag zugesichert, der mit dem Mietobjekt erwirtschaftet werden kann.

5.3. *[Bei Geschäftsraummiete:]* Mit einschränkenden behördlichen Maßnahmen, die eine Bewirtschaftung des Mietgegenstands nicht verunmöglichen, wie etwa die Pflicht zum Tragen von COVID-19-Schutzmasken, Abstandsregeln, Reisebeschränkungen etc, ist zu rechnen. Diese stellen daher keine Einschränkung des bedungenen Gebrauchs dar –

221 Vgl etwa OGH, 25.4.2019, 6 Ob 226/18f (9. Klausel-E).
222 OGH 11.10.2006, 7 Ob 78/06f (1. Klausel-E); *Pletzer* in GeKo Wohnrecht I § 1096 ABGB Rz 28 mwN.
223 *Böhm*, immolex 2007, 134 (135).

auch wenn damit Umsatzeinbußen, zusätzliche Kosten für die Mieterin, eine Reduktion der Kundenfrequenz etc. verbunden sind.

Zuletzt wurde im Zusammenhang mit COVID-19-bedingten Umsatzeinbußen diskutiert, ob das Recht auf Mietzinsminderung davon abhängen soll, ob dem Mieter (ausdrücklich oder stillschweigend) ein gewisser Mindestumsatz zugesichert wurde.[224] Der OGH differenziert dabei wie folgt:[225]

- Umsatzeinbußen, die als unmittelbare Folge der Pandemie auftreten und „sämtliche Unternehmer wie (auch) den Mieter des Geschäftslokals, insbesondere dessen gesamte Branche, allgemein und insgesamt treffen" berechtigen nicht zur Mietzinsminderung.
- Umsatzeinbußen, die auf behördliche Maßnahmen (wie insbesondere „Lockdowns") zurückzuführen sind, berechtigen hingegen zur Mietzinsminderung.

Nicht restlos geklärt ist aktuell, wie der OGH dabei behördliche Maßnahmen wie die Masken- oder Abstandspflicht einordnet. Die Klausel soll diesbezüglich Klarheit schaffen.

5.4. *[Bei Geschäftsraummiete:]* Der Vermieter übernimmt auch keine Haftung dafür, dass gegenwärtig oder zukünftig keine gleichartigen oder ähnlichen Betriebe in der Umgebung betrieben werden.

Nach der Judikatur führt die geminderte Ertragsfähigkeit eines verpachteten Unternehmens – namentlich infolge Verletzung des Konkurrenzschutzes durch den Bestandgeber – zu einer Minderung des Bestandzinses gemäß § 1096 Abs 1 ABGB.[226] Die obenstehende Klausel soll eine solche Haftung hintanhalten.

5.5. Dem im Deckblatt angeführten Zweck kommt lediglich die Funktion zu, den Umfang des zulässigen Gebrauches der Bestandsache durch die Mieterin zu determinieren, begründet jedoch keine korrespondierende Gewährleistungspflicht der Vermieterin.

Mit der Klausel soll klargestellt werden, dass der Verwendungszweck im Deckblatt lediglich dazu dient, den Umfang der Benützungsbefugnis des Mieters zu beschreiben und nicht dazu, Gewährleistungspflichten des Vermieters zu begründen.[227]

224 Ablehnend *Vonkilch*, wobl 2021, 321 (323) mwN.
225 OGH 24.3.2022, 3 Ob 209/21p; OGH 30.6.2022, 9 Ob 84/21z.
226 OGH 14.10.2002, 1 Ob 113/02b.
227 Siehe hierzu *Vonkilch*, wobl 2004/86.

5.6. *[Bei Geschäftsraummiete:]* Allfällige Adaptierungen, die für die Benützung des Mietobjekts zum vereinbarten Zweck erforderlich sind, nimmt die Mieterin auf eigene Kosten vor. Die Mieterin ist verpflichtet, sämtliche behördlichen Bewilligungen, die zum bedungenen Gebrauch des Mietobjekts erforderlich sind, auf eigene Kosten einzuholen. Die Mieterin übernimmt das Risiko allfälliger Gebrauchsbeeinträchtigungen aufgrund fehlender behördlichen Bewilligungen und verpflichtet sich auch gegenüber der Vermieterin zur Einhaltung allfälliger behördlicher Auflagen.

Nach der Judikatur ist es zulässig, die Erwirkung der zum bedungenen Gebrauch erforderlichen behördlichen Bewilligungen auf den Mieter zu überbinden.[228]

5.7. Eine Haftung der Vermieterin *[sowie der Mieterin]* für leicht fahrlässig verursachte Vermögensschäden wird ausgeschlossen.

Ein vertraglicher Haftungsausschluss für grob fahrlässig verursachte Schäden wäre mitunter unwirksam. Bei Verbrauchergeschäften fordert die Rechtsprechung zudem eine besondere sachliche Rechtfertigung oder zumindest eine Ausgleichsbestimmung, mit welcher auch die Haftung des Mieters eingeschränkt wird.[229]

5.8. Von der Mieterin auszuwählen:

- ☐ Abweichend von § 1104 ABGB ist der Mieter im Falle folgender außerordentlicher Zufälle, die den Gebrauch der Bestandsache einschränken oder ausschließen, nicht zur Mietzinsminderung berechtigt: Feuer- und Wasserschäden, Wetterschläge, Seuchen *[und •]*. Im Gegenzug wird der Mietzins um € *[•]* pro m^2 Nutzfläche reduziert.
- ☐ Es findet keine Einschränkung von § 1104 ABGB und keine Mietzinsreduktion statt.

Grundsätzlich hat der Mieter bei Gebrauchsbeeinträchtigungen aufgrund außerordentlicher Zufälle gemäß § 1104 ABGB das Recht, Mietzinsminderung zu begehren. Nachdem § 1104 ABGB nicht zwingend ist, kann eine hiervon abweichende Gefahrtragungsregel vereinbart werden.[230] Wann eine solche Überwälzung aufgrund einer Übervorteilung des Mieters unwirksam ist, ist höchstgerichtlich nicht exakt geklärt. Derartige Klauseln „halten" vor Gericht eher, wenn

228 RIS-Justiz RS0020947.

229 Siehe hierzu *Böhm*, immolex 2007, 134 (136).

230 *Binder/Pesek* in *Schwimann/Kodek*[4] § 1104 ABGB Rz 7; *Höllwerth* in GeKo Wohnrecht I § 1104 ABGB Rz 8 mwN.

- sie gemeinsam mit dem Mieter im Einzelnen ausgehandelt wurden (und nicht in AGB oder vorgefertigten Vertragsformblättern enthalten sind);
- nicht pauschal auf sämtliche außerordentlichen Zufälle verwiesen wird, sondern einzelne Fallgruppen genannt werden;
- im Gegenzug zu dieser Risikoüberwälzung eine mietergünstige Vereinbarung (etwa ein niedrigerer Mietzins) vereinbart wird.[231]

Wie ausgeführt, „hält" eine Klausel auch eher, wenn sie im Einzelnen ausgehandelt und daher nicht als AGB einzuordnen ist. Die Judikatur ist dabei streng: So reicht es dafür nicht aus, dass die Klausel besprochen wird.[232] Auch eine Auswahlmöglichkeit zwischen vorformulierten Klauseln ändert noch nichts an deren Eigenschaft als AGB.[233] Vielmehr muss der Verwender der *Vertragsbestimmungen „zu einer Änderung der von ihm verwendeten Textierung erkennbar bereit gewesen sein."*[234] In der Praxis wird dies regelmäßig schwer zu beweisen sein. Denkbar ist etwa die Anfertigung eines Verhandlungsprotokolls zu diesem Zweck.

5.9. Die Mieterin ist verpflichtet, sämtliche Schäden, die sie selbst oder eine ihr zuzurechnende Person (wie gebetene Gäste, Mitbewohner, Gehilfen, Kunden oder Angestellte) schuldhaft verursacht haben, ohne Verzögerungen und auf eigene Kosten von einem befugten Unternehmen beheben zu lassen. Dies gilt insbesondere auch für Schäden, die aus einer schuldhaften Verletzung der Wartungs-, Instandhaltungs- bzw. Anzeigepflicht des Mieters entstanden sind.

Die Klausel oben entspricht ohnehin der Rechtslage und hat daher primär klarstellenden Charakter. Der OGH hat die Wirksamkeit einer solchen Klausel daher bejaht.[235]
Unwirksam ist hingegen eine (auf den ersten Blick sehr ähnliche) Klausel, nach welcher der Mieter gegenüber dem Vermieter *„für jede Beschädigung des Mietgegenstandes und der Gemeinschaftseinrichtungen verantwortlich und zur Schadensbehebung verpflichtet ist, soweit die Beschädigung durch ihn, seine Angehörigen oder Besucher verursacht wurde."*[236]
Der Grund für die Unwirksamkeit dieser Klausel steckt im Detail: Nach dem OGH ist die Formulierung so weit gefasst, dass auch Schäden darunter fallen, die nicht schuldhaft (also nicht in vorwerfbarer Art und Weise) verursacht wurden.

231 *Höllwerth* in GeKo Wohnrecht I § 1106 ABGB Rz 1.
232 OGH 23.4.2009, 8 Ob 164/08p.
233 OGH 29.5.2012, 9 Ob 69/11d.
234 Vgl *Apathy/Frössel* in *Schwimann/Kodek*[5] § 6 KSchG Rz 3 mwN.
235 OGH 21.11.2017, 6 Ob 181/17m (8. Klausel-E).
236 OGH 11.10.2006, 7 Ob 78/06f (1. Klausel-E).

5.10. Die Mieterin hat allfällige Wiederherstellungsmaßnahmen so zeitgerecht durchzuführen, dass diese mit Beendigung des Vertragsverhältnisses abgeschlossen sind. Für die Dauer der Überschreitung dieser Frist ist der vereinbarte Bruttomietzins von der Mieterin zu zahlen.

Die Regelung soll Druck auf den Mieter aufbauen, seinen Wiederherstellungspflichten nachzukommen, bevor das Mietobjekt übergeben wird: Solange allfällige Schäden nicht behoben sind, ist der Mietzins weiter zu bezahlen. Sollte der Mieter die Schadensbehebung jedoch endgültig verweigern, kann der Vermieter nicht „bis in alle Ewigkeit" untätig bleiben und weiterhin die Bezahlung des Mietzinses einfordern. Vielmehr gebietet es Treu und Glauben, dass der Vermieter die Schäden in angemessener Frist selbst beheben lässt – wobei die Kosten selbstverständlich vom Mieter zu tragen sind.[237]
Der OGH hatte sich mit einer vergleichbaren Klausel im Zusammenhang mit einer Geschäftsraummiete zu beschäftigen, wobei deren (Un-)wirksamkeit vom OGH nicht zu prüfen war.[238] Denkbar ist es daher, dass Gerichte deren Verwendung etwa bei Wohnungsmieten von Konsumenten kritisch gegenüberstehen.[239]

5.11. Die Präklusivfrist des § 1111 ABGB wird einvernehmlich abbedungen.

§ 6 UMFANG DES BENÜTZUNGSRECHTS

6.1. Das Benützungsrecht der Mieterin erstreckt sich auf einen pfleglichen, möglichst schonenden Gebrauch des Mietgegenstands.
6.2. Das Mietobjekt darf ausschließlich zu dem im Deckblatt angeführten Zweck genutzt werden, widrigenfalls die Vermieterin zur Geltendmachung von Unterlassungsansprüchen berechtigt ist.

In der Praxis wird oft versucht, eine vom Vertragszweck abweichende Verwendung des Mietgegenstandes als Kündigungsgrund zu vereinbaren. Eine solche Vereinbarung ist nach der Judikatur jedoch unwirksam, solange der Mieter den Mietgegenstand zu einem „gleichwertigen" Zweck nützt.[240] Häufig wird es eine solche explizite Vereinbarung eines Kündigungsgrundes jedoch ohnehin nicht brauchen:
- Sollte der Mieter das Mietobjekt für geschäftliche Zwecke verwenden, die gesellschaftlich verwerflich sind und wichtige Interessen des Ver-

237 OGH 16.7.2002, 4 Ob 147/02z.
238 OGH 16.7.2002, 4 Ob 147/02z.
239 Vgl auch *Lovrek* in *Rummel/Lukas*[4] § 1111 Rz 1, welche die Klausel als Vertragsstrafe qualifiziert. Dies hat zur Folge, dass ein Richter die Höhe der Vertragsstrafe je nach Einzelfall mindern kann (§ 1336 Abs 2 ABGB).
240 OGH 1.10.1996, 4 Ob 2261/96w.

- mieters beeinträchtigen (zB bordellähnlicher Betrieb),[241] kommt eine Kündigung wegen erheblich nachteiligem Gebrauch in Betracht (§ 30 Abs 2 Z 3 MRG).
- Sollte der Mieter das Objekt für Zwecke nutzen, die mit dem vereinbarten geschäftlichen Zweck gar nichts zu tun haben (zB Verwendung des Büroraumes als Wohnung), ist eine Kündigung wegen Nichtbenützung der Geschäftsräume möglich (§ 30 Abs 2 Z 7 MRG).

Darüber hinaus kann eine abweichende widmungswidrige Nutzung bei entsprechender Vertragsgestaltung ohnehin zu Unterlassungsansprüchen des Vermieters führen.[242]

6.3. Die Untervermietung oder sonstige Weitergabe des Mietgegenstands ist untersagt.

6.4. Die Mieterin ist zur Mitbenützung folgender allgemeiner Teile der Liegenschaft berechtigt:*[•]* Darüber hinaus bestehen keine allgemeine Flächen, zu deren Mitbenützung die Mieterin berechtigt ist.

6.5. *[bei Geschäftsraummiete]* Die Mieterin ist berechtigt, eine Tafel bis zu einer Größe von *[•]* cm x cm *[•]* an der Außenfassade im Bereich *[•]* anzubringen. An anderen Stellen ist das Anbringen von Tafeln und Reklameschilder oder ähnlichem untersagt.

Nach dem OGH ist eine in AGB oder Vertragsformblättern enthaltene Klausel unwirksam, nach welcher es *„dem Vermieter vorbehalten ist, über diese nicht in Bestand gegebenen Flächen und Einrichtungen, in welcher Form auch immer, zu verfügen und zu entscheiden."* Schließlich stünde es dem Vermieter nach dieser Formulierung frei, ohne Bedachtnahme auf die Mieterinteressen, Grünanlagen abzuzäunen, Gehwege zu sperren oder das ortsübliche Anbringen von Schildern zu verbieten.[243]

6.6. Das Halten von Haustieren im Mietobjekt ist – abgesehen von artgerecht in Behältnissen gehaltenen Kleintieren, die auch in Wohnungen üblicherweise gehalten werden – untersagt.

Laut dem OGH ist ein formularmäßiges Haustierverbot unwirksam, wenn es keine Ausnahme für artgerecht in Behältnissen gehaltene wohnungsübliche Kleintiere enthält. Bei anderen Tieren könne dem Vermieter ein schützenswertes Interesse an einem Verbot aber nicht abgesprochen werden.[244]

---

241 OGH 18.2.1992, 5 Ob 501/92.

242 *Böhm*, Miete und Konsumentenschutz (Teil III), immolex 2007, 166 (168 f).

243 OGH 21.11.2017, 6 Ob 181/17m (8. Klausel-E).

244 OGH 22.12.2010, 2 Ob 73/10i (4. Klausel-E); zum Teil wird jedoch auch argumentiert, dass ein Hunde- oder Katzenhaltungsverbot grundsätzlich unwirksam sei und einer besonderen Rechtfertigung bedürfe, siehe *Rosifka*, immolex 2022, 140.

6.7. Die Mieterin hat der Vermieterin bzw. ihr zurechenbaren Personen den Zutritt zum Mietobjekt bei Vorliegen wichtiger Gründe zu gestatten. Als wichtiger Grund in diesem Sinne wird ausdrücklich definiert: *[•]*

Sind bereits bei Vertragsabschluss besondere Umstände bekannt, welche die Vermieterin zum Betreten des Mietobjekts berechtigen sollen, sind diese zur Vermeidung von Streitigkeiten schon in den Vertrag aufzunehmen. Unabhängig von einer solchen Vertragsbestimmung dürfen Dritte das Mietobjekt nach der Judikatur betreten,

- wenn dies zur ***Erhaltung des Bestandobjekts*** erforderlich ist;
- wenn zur ***Ausübung der notwendigen Aufsicht über das Haus*** erforderlich ist;[245]
- wenn ***Kauf- oder Mietinteressenten*** das Mietobjekt in zumutbarem Ausmaß besichtigen wollen.[246]

Ein uneingeschränktes und grundloses Besichtigungsrecht in AGB oder Vertragsformblättern nach folgender Formulierung ist gröblich benachteiligend und daher unwirksam: *„Der Vermieter und die von ihm beauftragten Personen sind berechtigt, den Mietgegenstand gegen Vorankündigung zu besichtigen."*[247]

§ 7 ÄNDERUNGEN DES BESTANDOBJEKTS

7.1. Die Mieterin hat nach Maßgabe von § 7.4. Anspruch auf die Durchführung von für die vereinbarungsgemäße Verwendung des Mietobjekts erforderlichen unwesentlichen Änderungen, die leicht zu beseitigen sind und keine wichtigen Interessen der Vermieterin, insbesondere durch Verletzung der Substanz oder der äußeren Erscheinung des Hauses oder anderer Mieter, beeinträchtigen.

7.2. Ausdrücklich gestattet sind die folgenden baulichen Maßnahmen, sofern diese von befugten Gewerksleuten unter Einhaltung sämtlicher Vorschriften und nach vorheriger Bekanntgabe unter möglichster Schonung der Substanz durchgeführt werden *[•]*. Die Mieterin haftet für sämtlich hieraus resultierenden Schäden und Nachteile.

7.3. Eine Verletzung der wichtigen Interessen der Vermieterin würde insbesondere aus folgenden Maßnahmen resultieren, die folglich untersagt sind: *[•]*

7.4. Die Vermieterin ist zur Duldung der von der Mieterin beabsichtigten Änderungen in jedem Fall nur verpflichtet, wenn ihr vorher der Um-

245 RIS-Justiz RS0021509.
246 RIS-Justiz RS0024657.
247 OGH 11.10.2006, 7 Ob 78/06f (1. Klausel-E).

fang, die Art und nähere Beschaffenheit, der zu beauftragende Professionist und der Zeitraum der vorzunehmenden Arbeiten bekanntgegeben wurden und eine angemessene Frist zur Beurteilung der Maßnahmen eingeräumt wurde.

Sowohl die vorangehende allgemeine Bestimmung zum Recht auf Änderungen des Mietgegenstands[248] als auch die Pflicht zur vorherigen Bekanntgabe der konkreten Arbeiten[249] und der zu beauftragenden Professionisten[250] entsprechen im Wesentlichen der Judikatur. Zur Vermeidung von Streitigkeiten empfiehlt es sich, bestimmte Arbeiten zu definieren, welche die Interessen des Vermieters verletzen und daher jedenfalls zu unterlassen sind, und umgekehrt bestimmte Arbeiten ausdrücklich als erlaubt zu deklarieren.

7.5. Hat die Vermieterin im Zusammenhang mit baulichen Änderungen Unterlagen zu unterfertigen, erfolgt keine Prüfung dieser Unterlagen durch die Vermieterin. Die Vermieterin gibt keine Haftung für die Richtigkeit, Umsetzbarkeit oder Rechtmäßigkeit der Unterlagen ab.

Möchte der Mieter vertragskonforme Änderungen durchführen, ist der Vermieter nach der Judikatur auch verpflichtet, Baubewilligungsanträge sowie Anträge auf Gewährung einer dafür zur Verfügung stehenden Förderungsmaßnahme zu unterfertigen.[251] Die Klausel soll eine ungewünschte Haftung des Vermieters in diesem Zusammenhang vermeiden.

7.6. Hinsichtlich der Mieterin zurechenbaren, schuldhaft verursachten Schäden, die im Zuge von Veränderungen auftreten, hat die Mieterin die Vermieterin schad- und klaglos zu halten.

§ 8 (ERHALTUNGS-)PFLICHTEN DES MIETERS

8.1. Die Mieterin treffen sämtliche in § 8 MRG festgelegten Wartungs- und Instandhaltungspflichten. Die Mieterin hat daher den Mietgegenstand und die für den Mietgegenstand bestimmten Einrichtungen, wie im Besonderen die Lichtleitungs-, Gasleitungs-, Wasserleitungs-, Beheizungs- (einschließlich von zentralen Wärmeversorgungsanlagen) und sanitären Anlagen so zu warten und, soweit es sich nicht um die Behebung von ernsten Schäden des Hauses oder um die Beseitigung einer

248 RIS-Justiz RS0020707 (T4).
249 RIS-Justiz RS0067936 (T3).
250 *Höllwerth* in GeKo Wohnrecht I § 1098 ABGB Rz 29.
251 *Höllwerth* in GeKo Wohnrecht I § 1098 ABGB Rz 25; LGZ Wien 6.5.1982, 41 R 218/82.

erheblichen Gesundheitsgefährdung handelt, so instand zu halten, dass der Vermieterin und den anderen Mietern des Hauses kein Nachteil erwächst.

Im MRG-Vollanwendungsbereich trägt der Mieter schon nach dem Gesetz einen Teil der Erhaltungspflichten (§ 8 MRG). Zum Umfang der Erhaltungspflichten des Mieters nach § 8 MRG siehe Punkt 6.4.

8.2. Die Mieterin ist ferner zur umfänglichen Wartung und Instandhaltung sämtlicher von ihr selbst – etwa im Rahmen ihres Änderungsrechts gemäß § /*[•]* – hergestellter oder eingebrachter Teile verpflichtet, insoweit die Mieterin nicht zur Wiederherstellung des ursprünglichen Zustands nach Beendigung des Mietvertrags verpflichtet ist.

8.3. Darüber hinaus ist die Mieterin zur Wartung und Instandhaltung folgender Teile verpflichtet: *[•]* Die Intervalle und der Umfang der jeweiligen Wartungs- und Instandhaltungsarbeiten ergibt sich aus dem Wartungskatalog (Beilage ./*[•]*).

8.4. Die vertraglich überbundenen Erhaltungspflichten der Mieterin gemäß *[•]* werden durch eine Reduktion des Mietentgelts in Höhe von monatlich € *[•]* abgegolten. Diese Mietzinsreduktion ist in den Hauptmietzins gemäß § 3 dieses Vertrags bereits eingeflossen.

Wie oben (Punkt 3.) ausgeführt, ist bei der Überwälzung von Erhaltungspflichten Vorsicht geboten, da bei einer Übervorteilung des Mieters die Unwirksamkeit der Klausel droht. Vor diesem Hintergrund empfiehlt es sich, die Erhaltungspflichten mit dem Mieter im Einzelnen auszuhandeln und dabei zu besprechen, ob und für welche Mietzinsreduktion der Mieter bereit ist, die Erhaltungspflichten zu übernehmen. Ein kurzes Gesprächsprotokoll kann Beweisfragen darüber erleichtern, ob es tatsächlich zu einer Aushandlung der Klausel kam.
Welche konkreten Teile des Mietobjekts vom Mieter selbst zu erhalten sind, sollte auf das jeweilige Objekt abgestimmt werden. Eine pauschale Überwälzung sämtlicher Erhaltungsarbeiten ist mit hoher Wahrscheinlichkeit unwirksam.

8.5. Verletzt die Mieterin ihre Instandhaltungspflichten, kann die Vermieterin die erforderlichen Erhaltungs- oder Wartungsarbeiten nach fruchtlosem Verstreichen einer angemessenen Nachfrist selbst vornehmen lassen. Die erforderlichen Kosten für eine solche Ersatzvornahme hat die Mieterin zu tragen.

Die Klausel dient vornehmlich der Klarstellung. Es entspricht der Rechtslage, dass der Vermieter auch den streitigen Rechtsweg bestreiten könnte, wenn der Mieter seine Erhaltungspflichten nicht wahrnimmt. In Frage kommt eine Klage auf

- Durchführung der Arbeiten durch den Mieter,
- Duldung der Ersatzvornahme durch den Vermieter und Ersatz der Kosten sowie
- Ersatz für bereits entstandene Schäden.[252]

8.6. Die Mieterin ist verpflichtet, eine angemessene (Betriebs-)Haftpflichtversicherung mit ausreichender Deckung (*[Deckungsumfang]*) abzuschließen.

Angesichts der jüngeren Judikatur ist bei Abschluss solcher – in der Praxis weit verbreiteter – Klauseln auf den konkreten Kontext zu achten: So hielt das OLG Wien fest, dass der Vermieter ohnehin durch die Kaution abgesichert sei, weshalb die Pflicht des Mieters zum Abschluss einer Versicherung durch besondere Umstände gerechtfertigt sein müsse, wie etwa *„einen besonders hohen Wert des mitvermieteten Inventars"*.[253] Eine Versicherungspflicht stellt eine Gegenleistung dar und ist bei der Vergebührung von Mietverträgen mitzuberücksichtigen. Dies ist bei der Höhe der Mietzinsbemessung gemäß Literatur zu beachten.

8.7. Werden Ausbesserungen nötig, welche der Bestandgeberin obliegen, so ist die Bestandnehmerin verpflichtet, der Bestandgeberin ohne Verzug Anzeige zu machen, widrigenfalls die Bestandnehmerin den hierdurch eintretenden Schaden zu ersetzen hat und ihr Recht auf Mietzinsminderung sowie Vertragsauflösung gemäß § 1117 ABGB verliert. Ferner entfällt die Behebungspflicht der Vermieterin und die Mieterin trifft die Pflicht zur Behebung der Mängel.

Der erste Satz dieser Klausel hat primär klarstellende Wirkung, da die Anzeigepflicht des Mieters ohnehin in § 1097 ABGB festgelegt ist. Auch die daraus folgende Schadenersatzpflicht und der Verlust des Rechts auf Mietzinsminderung bzw sofortige Vertragsauflösung ergeben sich bereits aus dem Gesetz.[254] Die Überwälzung der Erhaltungspflicht im zweiten Satz kann nach der Literatur zumindest außerhalb des MRG-Vollanwendungsbereichs wirksam vereinbart werden.[255]

---

252 Vgl zum Vollanwendungsbereich *Würth* in *Rummel* ABGB³ § 8 MRG Rz 2.

253 OLG Wien 30.9.2021, 4 R 32/21p; die E betraf jedoch einen dem KSchG und dem MRG-Vollanwendungsbereich unterliegenden Wohnungsmietvertrag mit einer Pflicht zum Abschluss einer Haushaltsversicherung *„mit einer inkludierten Haftpflichtversicherung"*; siehe hierzu *Prader*, immolex 2022, 138 (138 f).

254 *Höllwerth* in GeKo Wohnrecht I § 1097 ABGB Rz 9.

255 *Prader*, wobl 2005/32.

§ 9 RÜCKSTELLUNG DES MIETOBJEKTES

9.1. Nach Beendigung des Mietverhältnisses hat die Mieterin das Mietobjekt im ordnungsgemäßen Zustand, von sämtlichen Fahrnissen geräumt, besenrein an die Vermieterin zurückzustellen. Die übliche Abnützung des Mietobjekts ist nicht zu beheben.

Der Bestandnehmer muss für die durch den vertragsmäßigen Gebrauch bewirkte Abnutzung des Bestandgegenstandes nicht aufkommen, da diese nach der Judikatur bereits bei der Mietzinsbildung berücksichtigt ist.[256]
Die Judikatur ist in dieser Hinsicht äußerst streng: Eine in AGB oder Vertragsformblättern enthaltene Bestimmung, mit welcher der Mieter angehalten werden soll, auch gewöhnliche Abnützungserscheinungen zu beheben, ist demnach gröblich benachteiligend und daher sittenwidrig. Es gilt auch für eine Klausel, nach welcher der Mieter das Mietobjekt *„in ordnungsgemäßem Zustand, das heißt wie bei Mietbeginn übernommen"* zurückzustellen hat.[257]

9.2. Die Mieterin hat die von ihr vorgenommenen Änderungen (ausgenommen notwendigen Aufwendungen) nach Wahl der Vermieterin bei Rückstellung des Mietobjekts auf eigene Kosten zu entfernen oder im Mietobjekt zu belassen. Entscheidet sich die Vermieterin dafür, dass die Änderungen nicht zu entfernen sind, so erwirbt sie hierdurch Eigentum an den Änderungen, sofern diese nicht bereits in ihrem Eigentum stehen.

Grundsätzlich hat der Mieter das Recht zu entscheiden, ob er nützliche Änderungen nach Vertragsende im Mietobjekt belässt oder diese entfernt. Dieses Wahlrecht des Mieters kann jedoch einvernehmlich abbedungen werden.[258]

9.3. Die Mieterin hat keinen Ersatzanspruch für die von ihr vorgenommenen Investitionen, sofern es sich nicht um notwendige Aufwendungen handelt.

256 RIS-Justiz RS0020760.
257 OGH 22.12.2010, 2 Ob 73/10i (4. Klausel-E).
258 Vgl *Höllwerth* in GeKo Wohnrecht I § 1097 ABGB Rz 41.

Nach der Judikatur kann der Mieter im ABGB-Anwendungsbereich wirksam auf einen Ersatz für seine getätigten Investitionen verzichten. Dabei sind folgende Grundsätze zu beachten:

- Relativ unproblematisch ist ein solcher Verzicht, wenn es bloß um sogenannte ***„nützliche Aufwendungen"*** geht[259] – also solche Investitionen, die nicht in den Aufgabenbereich der Vermieters fallen.[260]
- Problematisch ist ein Verzicht jedoch in Hinblick auf sogenannte ***„notwendige Aufwendungen"***. Darunter fallen vor allem Maßnahmen, die in den Aufgabenbereich des Vermieters fallen und vom Mieter im Sinne der „Selbsthilfe" vorgenommen wurden.[261] Auch für solche Aufwendungen kann zwar grundsätzlich auf einen Investitionsersatz verzichtet werden, jedoch nur insoweit, als überhaupt auch eine Überwälzung der Erhaltungspflichten auf den Mieter hätte vereinbart werden können.[262] Es liegt daher nahe, gleich die betreffenden Erhaltungspflichten auf den Mieter zu überwälzen.
- Für die Wirksamkeit eines Verzichts ist stets erforderlich, dass der Mieter die Möglichkeit haben muss, die selbst getätigten Investitionen auch zeitlich und umfänglich zu ***nützen***.[263] Die Rechtsprechung hat die Wirksamkeit eines Verzichts auf Investitionsersatz etwa bei Vorliegen eines fünfzehnjährigen Kündigungsverzichts der Vermieterin bejaht.[264]

9.4. Die Mieterin hat jedoch auch Anspruch auf Ersatz für jene nützlichen Aufwendungen, die sie wegen der Überwälzung der Erhaltungspflichten in § 8.3. getätigt hat.

Wie in Punkt 6.2.8. festgehalten, würde es der Wirksamkeit einer Überwälzung von Erhaltungspflichten entgegenstehen, wenn der Mieter keinen Ersatz für die von ihm getätigten Investitionen erhält. Die obenstehende Klausel soll also dazu dienen, dass die Überwälzung von Erhaltungspflichten eher „hält".

9.5. Die Zurücklassung einzelner Fahrnisse durch die Mieterin hindert nicht die Zurückstellung des Mietgegenstands. Die Vermieterin ist bei Weigerung der Entfernung durch die Mieterin berechtigt, die zurückgelassenen Fahrnisse zu verwahren oder nach Setzung einer angemessenen Nachfrist zu entsorgen.

---

259 RIS-Justiz RS0020595; RIS-Justiz RS0021155.
260 *Lovrek* in *Rummel/Lukas*, ABGB[4] § 1097 Rz 30.
261 OGH 11.10.2006, 7 Ob 78/06f (1. Klausel-E).
262 RIS-Justiz RS0021155.
263 RIS-Justiz RS0024045.
264 OGH 17.7.2018, 4 Ob 123/18v.

9.6. Sämtliche der Mieterin zuzurechnenden, schuldhaft verursachten Schäden, die aus Verzögerungen der Übergabe oder Entfernung von Fahrnissen resultieren, hat die Mieterin zu ersetzen.

Diese Klauseln dienen primär der Klarstellung. Auch ohne eine solche Klausel wird vertreten, dass dem Vermieter hinsichtlich der objektbelassenen Sachen Schadenersatzansprüche in Richtung notwendige Entsorgungskosten bzw eingeschränkte oder verzögerte Verwertbarkeit des Mietgegenstandes zustehen.[265]

§ 10 KAUTION

10.1. Die Mieterin ist verpflichtet, binnen *[•]* Tagen nach Vertragsunterfertigung eine Kaution nach Maßgabe der folgenden Bestimmungen zu leisten.

10.2. Das Zustandekommen des gegenständlichen Mietvertrags steht unter der aufschiebenden Bedingung der Leistung der Kaution.

Der Vermieter den Mieter im streitigen Rechtsweg auf Übergabe der Kaution klagen.[266] Der Nichterlag der Kaution ist jedoch kein Kündigungsgrund gemäß § 30 Abs 2 MRG und kann auch nicht wirksam als Kündigungsgrund vereinbart werden.[267] Möchte der Vermieter ein erhöhtes Maß an Sicherheit für den Erlag der Kaution sicherstellen, kann der Erlag der Kaution als aufschiebende Bedingung für das Zustandekommen des Mietvertrags festgelegt werden.[268]

10.3. Die Kaution beträgt € *[•]* (in Worten: *[•]* Euro) und ist
[als abstrakte, unbefristete Bankgarantie eines Österreichischen Geldinstitutes in Höhe des Kautionsbetrages]
[als Sparbuch]
[als Überweisung auf das Konto lautend auf [•] mit dem IBAN *[•]*]
zu leisten.

10.4. Die Höhe der Kaution von *[> 6]* Bruttomonatsmieten begründet sich aus folgenden Umständen: *[•]*

10.5. *[Bei vereinbarter Bankgarantie]*: Sollte eine Beendigung der Bankgarantie – aus welchem Grunde auch immer – im Raum stehen, ist die Mieterin verpflichtet, vor zumindest zwei Wochen vor deren Beendi-

265 *Kuprian*, Der Mietvertrag³ Besonderer Teil V. Rz 161a.
266 *Schinnagl* in GeKo Wohnrecht I § 16b MRG Rz 15.
267 LG für ZRS Wien 18.12.2012, 40 R 487/11f.
268 OGH 28.5.2008, 7 Ob 112/08h.

gung eine Verlängerung beizubringen, widrigenfalls die Bankgarantie in Anspruch genommen werden kann.

Wie oben (Teil III, Punkt 6.) festgehalten, bestehen keine ausdrücklichen gesetzlichen Regelungen zum maximalen Höchstbetrag von Kautionen, wobei sich in der Judikatur Anhaltspunkte finden, die im Einzelfall helfen, die zulässige Höhe der Kaution zu bestimmen.

10.6. Einvernehmlich wird vereinbart, dass im Falle einer Barkaution die Veranlagung der Kaution auf einem täglich fälligen Konto einer in Österreich zugelassenen Bank vom Mieter akzeptiert wird.

Das Gesetz spricht von fruchtbringender Veranlagung, dieses Problem stellt sich naturgemäß bei einer Bankgarantie nicht. Kurz ausführen. Aufgrund der Zinssituation empfehlen sich momentan keine Sparbücher.

10.6. Die Kaution dient zur Sicherung aller (auch zukünftiger) Ansprüche der Vermieterin aus dem Mietverhältnis. Die Vermieterin ist berechtigt, aber nicht verpflichtet, allfällige Bestandzinsrückstände (oder andere gesicherte Forderungen) während des Bestehens des Bestandverhältnisses aus der Kaution abzudecken.

Die Bestimmung entspricht im Wesentlichen der Judikatur und dient daher primär der Klarstellung.[269]
Vorsicht ist hingegen bei Formulierungen geboten, welche die besicherten Ansprüche des Vermieters konkret umschreiben, weil damit eine unzulässige Ausdehnung derselben einhergehen kann. So wurde etwa folgende Klausel als unwirksam erachtet: *„Sollten Reinigungs- oder Reparaturkosten anfallen, werden diese von der Kaution einbehalten […].“* Die gewöhnliche Abnützung des Bestandobjekts hat der Vermieter jedoch hinzunehmen. Der Mieter kann jedoch nicht wirksam verpflichtet werden, auch Spuren eines gewöhnlichen Gebrauchs zu beseitigen. Folglich ist auch die zitierte Klausel unwirksam.[270]

10.7. Die Mieterin trifft eine Pflicht zur dauerhaften Erhaltung des Sicherungshöchstbetrages. Die Mieterin ist daher verpflichtet, die Kaution nach jeder berechtigten Inanspruchnahme durch den Vermieter innerhalb von 14 Tagen wieder aufzufüllen.

269 OGH 6.11.2008, 6 Ob 279/07h.
270 OLG Wien 30.9.2021, 4 R 32/21p.

Nach der Judikatur ist der Mieter nach dem gesetzlichen Konzept nicht verpflichtet, die Kaution wiederaufzufüllen, wenn sie der Vermieter in Anspruch genommen hat. Allerdings kann eine solche Wiederauffüllungspflicht für Fälle der berechtigten Inanspruchnahme wirksam vereinbart werden.[271]

10.8. Die Kaution ist binnen einer angemessenen Frist nach Rückstellung des Mietgegenstandes zurückzugeben.

10.9. Bestehen Ansprüche der Vermieterin aus dem Mietverhältnis, ist die Vermieterin in der Höhe dieser Ansprüche zur Aufrechnung gegen den Anspruch auf Rückzahlung der Kaution berechtigt. Die Bestreitung dieser Ansprüche durch die Mieterin hindert dieses Recht nicht.

Der Vorteil einer flexibel definierten „angemessenen" Frist zur Rückstellung der Kaution liegt darin, Fälle zu vermeiden, in denen eine starre Frist schwieriger einzuhalten ist (etwa während der Weihnachtsfeiertage).[272]
Die Kaution darf naturgemäß nur für zurecht bestehende Ansprüche des Vermieters in Anspruch genommen werden. Umstritten ist, ob der Mieter in der Lage sein soll, dem Vermieter durch das bloße Bestreiten dieser Forderung den Zugriff auf die Kaution zu „untersagen".[273]
Zu beachten ist jedenfalls, dass der Vermieter die Aufrechnung gegen den Kautionsrückstellungsanspruch zeitnahe nach Rückstellung des Bestandobjekts erklären muss.[274] Wie diese Aufrechnung zu erfolgen hat, ist im Einzelfall kompliziert und hängt unter anderem davon ab, welches Kautionsmittel vereinbart wurde.[275]

§ 11 PÖNALE

11.1. Zur Absicherung des Verbots der Verwendung des Mietobjekts zu vertraglich nicht vereinbarten Zwecken (§ 6.2.) wird eine Vertragsstrafe in Höhe von € *[•]* pro Tag, in welchem gegen dieses Verbot verstoßen wird, vereinbart. Die Pönale ist mit € *[•]* begrenzt.

11.2. Zur Absicherung des Verbots der Weitergabe des Mietobjekts (§ 6.3.) wird eine Vertragsstrafe in Höhe von € *[•]* pro Tag, in welchem gegen dieses Verbot verstoßen wird, vereinbart. Die Pönale ist mit € *[•]* begrenzt.

---

271 OGH 26.4.2011, 8 Ob 126/10b.

272 *Prader*, immolex 2009, 134 (135).

273 *Schinnagl* in GeKo Wohnrecht I § 16b MRG Rz 51.

274 *Schinnagl* in GeKo Wohnrecht I § 16b MRG Rz 51 Fn 110.

275 Siehe zum Teilanwendungsbereich die Übersicht bei *Kuprian*, Der Mietvertrag[3] Besonderer Teil VIII. Rz 305a.

11.3. Zur Absicherung der Pflicht zur Rückstellung des Mietobjekts (§ 9.1.) wird eine Vertragsstrafe in Höhe von € *[•]* pro Tag, in welchem der Mieter in Verzug gerät, vereinbart. Die Pönale ist mit € *[•]* begrenzt.

11.4. Sonstige Möglichkeiten, gegen die genannten vertraglichen Verbote vorzugehen oder Ersatz für die verursachten Schäden zu begehren, bleiben von den vorgenannten Vertragsstrafen unberührt.

Um für den Mieter einen zusätzlichen Anreiz zu schaffen, die oben genannten vertraglichen Pflichten einzuhalten, wird die Vereinbarung von Pönalbestimmungen empfohlen.[276] Die (vereinzelte) bestandsrechtliche Judikatur äußert anlassbezogen zumindest keine ausdrücklichen Vorbehalte gegen solche Vereinbarungen.[277] Um sicherzustellen, dass solche Bestimmungen „halten", sollten diese im Übrigen im Einzelnen ausgehandelt werden und hierüber sollte zu Beweiszwecken ein Protokoll angefertigt werden.[278]

§ 12 SCHLUSSBESTIMMUNGEN

12.1. *[bei Geschäftsraummiete]* Die mit der schriftlichen Errichtung des Mietvertrages verbundene gesetzliche Rechtsgeschäftsgebühr (Bestandvertragsgebühr) beträgt € *[•]* und wird von der Mieterin getragen. Die Rechtsgeschäftsgebühr ist binnen einer Woche, spätestens jedoch bei Übergabe des Bestandobjekts auf das Konto der Vermieterin, lautend auf *[•]*, IBAN *[•]* zu überweisen.

Nach dem OGH ist die Überwälzung der Rechtsgeschäftsgebühr auf den Mieter zulässig. In der zu beurteilenden Klausel war – wie auch im Beispiel oben – der genaue Betrag der Rechtsgeschäftsgebühr angegeben.[279]
Problematisch sind hingegen Klauseln, mit welchen der Mieter ganz allgemein und ohne Angabe eines Betrags die *„mit der Errichtung und Vergebührung dieses Mietvertrags verbundenen Kosten und Gebühren, insbesondere der Rechtsgeschäftsgebühr"* zu tragen hat. Nach dem OGH ist diese Formulierung intransparent und daher bei Verbrauchergeschäften unwirksam.[280]

---

276 *Kuprian*, Der Mietvertrag³ Besonderer Teil VII. Rz 267.

277 Vgl iZm Rückgabeverpflichtung RIS-Justiz RS0025177; iZm Untermietverboten 31.5.1951, 2 Ob 64/51.

278 *Böhm*, immolex 2007, 166 (170).

279 OGH 21.11.2017, 6 Ob 181/17m (8. Klausel-E).

280 OGH 11.10.2006, 7 Ob 78/06f (1. Klausel-E).

12.2. Gegen Forderungen des Vermieters aus diesem Vertrag kann die Mieterin nicht aufrechnen, außer für den Fall der Zahlungsunfähigkeit der Vermieterin oder hinsichtlich jener Gegenforderungen, die im rechtlichen Zusammenhang mit der Verbindlichkeit der Mieterin stehen, die gerichtlich festgestellt oder die von der Vermieterin anerkannt worden sind.

Grundsätzlich kann auch in Mietverträgen (und auch solchen, die dem KSchG unterliegen) ein Aufrechnungsverbot vereinbart werden. Die umfassenden Einschränkungen in der obenstehenden Klausel ergeben sich aus den Vorgaben des § 6 Abs 1 Z 8 KSchG.[281] Gegen § 6 Abs 1 Z 8 KSchG sowie das Verbot eines Vorausverzichts auf eine Mietzinsminderung verstößt nach der Judikatur folgende Klausel: *„Der Mieter verzichtet ausdrücklich darauf, gegen Forderungen des Mietentgeltes gemäß Punk V des Mietvertrags eigene Geldforderungen aufrechnungsweise einzuwenden oder das Mietentgelt aus welchem Grund immer zurückzubehalten."*[282]

12.3. Die Mieterin sichert zu, dass die Voraussetzungen für eine allfällig erforderliche grundverkehrsbehördliche Genehmigung für die Verwendung des Bestandobjekts vorliegen und ist verpflichtet, eine solche so rechtzeitig einzuholen, dass keine Verzögerungen mit der Abwicklung des gegenständlichen Vertrags entstehen. Die Mieterin hat der Vermieterin sämtliche schuldhaft verursachten Schäden zu ersetzen, die durch die Unrichtigkeit dieser Zusage oder eine nicht rechtzeitige Einholung der grundverkehrsbehördlichen Genehmigung entstehen.

Ob eine grundverkehrsrechtliche Genehmigung erforderlich ist, bestimmt sich nach dem jeweils anwendbaren Landesrecht. Die Klausel ist vor allem für Wohnungsmietverträge von ausländischen Personen relevant, kann jedoch auch bei „gemischten" Wohnungs- und Geschäftsraummieten einschlägig werden.[283]

12.4. Der Energieausweis des Bestandobjekts gemäß Energieausweis-Vorlage-Gesetz 2012 liegt diesem Vertrag als Beilage *./[•]* bei.

Das EAVG 2012 sieht einige Pflichten vor, die gerade auch beim Abschluss von Mietverträgen relevant sind:
So hat der Vermieter eines Gebäudes dem Mieter gemäß § 4 Abs 1 EAVG 2012 rechtzeitig ***vor Abgabe*** (!) der Vertragserklärung des Mieters einen

281 *Böhm*, immolex 2007, 166 (170).
282 OGH 11.10.2006, 7 Ob 78/06f (1. Klausel-E).
283 RIS-Justiz RS0113254.

zu diesem Zeitpunkt höchstens zehn Jahre alten ***Energieausweis vorzulegen*** und ihm diesen oder eine vollständige Kopie desselben binnen 14 Tagen nach Vertragsabschluss auszuhändigen. Gewisse Erleichterungen sieht § 4 Abs 2 EAVG 2012 vor, wenn es nicht um ein ganzes Gebäude, sondern bloß um ein Nutzungsobjekt geht.
Die rechtzeitige Vorlage eines Energieausweises ist auch für den Vertragsinhalt essentiell: Wird dem Mieter entgegen § 4 EAVG 2012 nicht bis spätestens zur Abgabe seiner Vertragserklärung ein Energieausweis vorgelegt, so gilt zumindest eine dem Alter und der Art des Gebäudes entsprechende Gesamtenergieeffizienz als vereinbart (§ 7 Abs 1 EAVG 2012).
Zu beachten ist vor allem auch § 3 EAVG 2012, wonach bei einer ***Anzeige*** in einem Druckwerk oder einem elektronischen Medium zum Kauf der Heizwärmebedarf und der Gesamtenergieeffizienz-Faktor des Bestandobjekts anzugeben sind.

12.5. Die Hausordnung (Beilage *./[•]*) ist von der Mieterin als Teil dieses Vertrags einzuhalten. Die Mieterin haftet ferner für schuldhafte Übertretungen der Hausordnung durch ihr zuzurechnende Personen (wie insbesondere Mitbewohner, gebetene Gäste, Gehilfen, Angestellte, Kunden). Ein Recht der Vermieterin zur einseitigen Änderung der Hausordnung und des Hausbrauches besteht insoweit, als die ändernden Maßnahmen die Ausübung des Mietrechtes nicht wesentlich erschweren oder gefährden.

Nach der Judikatur bestimmt sich der Umfang des Gebrauchsrechtes zunächst nach dem Inhalt des Vertrages und der Hausordnung, *„soweit auf diese im Mietvertrag ausdrücklich verwiesen wird“*.[284] Die Betonung der Haftung des Mieters für ihm zuzurechnende Personen dient der Klarstellung. Eine zu weit gefasste Formulierung wäre indes unwirksam.[285]
Das (eingeschränkte) Änderungsrecht des Vermieters entspricht im Wesentlichen der vom OGH gebrauchten Formulierung[286] und dient daher primär der Klarstellung.

12.6. *[Bei Verbrauchergeschäften inklusive Gründungsgeschäften wegzulassen:]* Mündliche Nebenabreden und Absprachen werden durch die getroffene Vereinbarung unwirksam.

---

284 LGZ Wien 23.3.1993, 41 R 8/93; siehe auch LGZ Wien 13.3.2001, 41 R 75/01k.
285 OLG Wien 30.9.2021, 4 R 32/21p; *Prader*, immolex 2022, 138 (140).
286 RIS-Justiz RS0020982.

Zu beachten ist, dass derartige Klauseln bei Verbrauchergeschäften gemäß § 10 Abs 3 KSchG unwirksam sind. Diese Bestimmung bestimmt, dass die Rechtswirksamkeit formloser Erklärungen des Unternehmers oder seiner Vertreter zum Nachteil des Verbrauchers nicht ausgeschlossen werden kann.[287]
Allerdings sollte die Wirkung der obigen Klauseln auch außerhalb des KSchG-Anwendungsbereichs nicht überbewertet werden: So widerspricht es nach der Judikatur des OGH im Einzelfall *„den Grundsätzen des redlichen Verkehrs, wenn ein Vertragsteil dem anderen mündlich bestimmte Zusagen macht und sich hinterher auf eine damit im Widerspruch stehende Klausel der schriftlichen Urkunde beruft."*[288]

12.7. Die Beilagen sind Bestandteile des Vertrages. Allfällige Widersprüche zwischen dem gegenständlichen Dokument und den Beilagen sind zugunsten des gegenständlichen Dokuments aufzulösen.

12.8. Sollten Bestimmungen dieses Vertrages ganz oder teilweise rechtsunwirksam oder undurchführbar sein oder ihre Rechtswirksamkeit oder Durchführbarkeit später verlieren, so wird dadurch die Gültigkeit der übrigen Bestimmungen dieses Vertrages nicht berührt.

Derartige „salvatorische Klauseln" sind in allen Arten von Verträgen weit verbreitet. Die obenstehende Formulierung soll bloß die Restwirksamkeit des Vertrags sicherstellen (sogenannte „Erhaltungsklausel") und entspricht im Wesentlichen der Rechtslage.[289]
Darüber hinausgehende salvatorische Klauseln sind tendenziell problematisch. So musste der OGH etwa folgende Klausel beurteilen: *„Eine unwirksame Bestimmung ist von den Vertragspartnern durch eine andere gültige und zulässige Bestimmung zu ersetzen, die dem Sinn und Zweck der weggefallenen Bestimmung entspricht."* Der OGH hielt hierzu fest, *„dass der Zweck einer unwirksamen Bestimmung kaum denkbar durch eine zulässige Bestimmung erreicht werden kann."*[290]

12.9. Die Vertragserrichtungskosten werden von der *[Vermieterin]* getragen.

12.10. Die Vertragsparteien vereinbaren für sämtliche Streitigkeiten aus diesem Vertragsverhältnis die ausschließliche und alleinige Zuständigkeit des Bezirksgerichtes *[•]*.

287 OGH 13.1.1987, 2 Ob 523/85.
288 RIS-Justiz RS0014378 (T9).
289 *Riss*, Zwei Fragen des Transparenzgebots, ÖBA 2013, 650 (652).
290 OGH 11.10.2006, 7 Ob 78/06f (1. Klausel-E).

§ 13 DATENSCHUTZERKLÄRUNG

Die Parteien nehmen zur Kenntnis, dass die Daten des Mietvertrages sowie die mit diesem Vertragsverhältnis zusammenhängenden Daten von der jeweils anderen Partei verarbeitet werden, soweit dies zur Erfüllung vertraglicher oder gesetzlicher Pflichten erforderlich ist. Als Verantwortliche nach der DSGVO sind die Parteien jeweils per Post an der auf der ersten Seite angegebenen Adresse erreichbar. Zur Abwicklung des Vertrags verarbeiten die Parteien wechselseitig folgende Daten auf der Rechtsgrundlage Vertragserfüllung bzw zur Erfüllung rechtlicher Verpflichtungen gemäß Art. 6 Abs. 1 lit. b und c DSGVO: Firmendaten, Kontaktdaten (Telefonnummer, E-Mail-Adresse), Vertragsdaten, Verrechnungsdaten, bautechnische Dokumente. Die Daten werden zur Vertragserfüllung an folgende Empfänger übermittelt: Hausverwaltung für die ordentliche und außerordentliche Hausverwaltung, Banken zur Abwicklung des Zahlungsverkehrs, Rechtsvertreter, Treuhänder, Wirtschaftstreuhänder für Zwecke des Auditing, Gerichte, Verwaltungsbehörden, Inkassounternehmen zur Schuldeneintreibung, Vertrags- oder Geschäftspartner, die an der Lieferung oder Leistung mitwirken bzw. mitwirken sollen, IT-Dienstleister und andere Auftragsverarbeiter, die Daten im Auftrag einer Partei verarbeiten. Die Parteien speichern und verarbeiten die Daten wechselseitig nur so lange, wie dies zur Vertragsabwicklung oder zur Verfolgung und Abwehr von Rechtsansprüchen erforderlich ist, jedenfalls aber so lange, wie dies aufgrund gesetzlicher Aufbewahrungsfristen (bspw. BAO, UGB) vorgeschrieben ist. Die Parteien weisen einander auf folgende Rechte hin: Das Recht auf Auskunft nach Art. 15 DSGVO betreffend die verarbeiteten personenbezogenen Daten, das Recht auf Berichtigung nach Art. 16 DSGVO, das Recht auf Löschung nach Art. 17 DSGVO, das Recht auf Einschränkung der Verarbeitung nach Art. 18 DSGVO, das Recht auf Widerspruch nach Art. 21 DSGVO, das Recht auf Datenübertragbarkeit nach Art. 20 DSGVO und das Beschwerderecht bei der zuständigen Datenschutzbehörde nach Art. 77 DSGVO. Den Parteien ist bekannt, dass der Widerruf erst für die Zukunft wirkt. Verarbeitungen, die vor dem Widerruf erfolgt sind, sind davon nicht betroffen.

Beilagenverzeichnis:

Bestandsplan	Beilage ./1
Bau- und Ausstattungsbeschreibung	Beilage ./2
Wartungskatalog	Beilage ./4
Energieausweis	Beilage ./3
Hausordnung	Beilage ./5

Stichwortverzeichnis

§ 1096 ABGB 49, 193
§ 1098 ABGB 22
§ 1099 ABGB 48
§ 1109 ABGB 51
§ 1113 ABGB 55
§ 1118 Fall 1 ABGB 30
§ 1118 Fall 2 ABGB 27
§ 16 Abs 2 MRG 166
§ 16 MRG 17
§ 17 MRG 17
§ 3 MRG 21, 184
§ 30 MRG 17, 102
§ 37 MRG 35
§ 560 ZPO 39
30. Juni 1953 9

ABGB-Bereich 6
Ablöseverbot 151
Abrechnung 181
Abschläge 166
Abtretung 205
Änderungen des Mietobjekts 94
Angemessener Hauptmietzins 161
Angemessener Mietzins 20
Anhebung des Mietzinses 117
Aufteilung 181
Ausstattung 167
Ausstattungskategorie 171
Außerordentliche Kündigung 27, 30, 55, 99
Außerstreitverfahren 40, 118, 208

Bedarf einer Gebietskörperschaft 111
Bedarf für Betriebsangehörige 111
Befristung 17, 54, 95
Befristungsabschlag 167, 174
Beschaffenheit 167
Besondere Aufwendungen 180
Betriebskosten 179
Bewirtschaftungskosten 20, 47, 179
Bittleihe 2
Brauchbarmachung 190

Dachbodenausbau 10
Denkmalschutz 162

Dynamischer Verbesserungs- und Erhaltungsbegriff 185

Eigenbedarf an der Wohnung ohne Ersatzbeschaffung 109
Eigenbedarf mit Ersatzbeschaffung 110
Eigentum 1
Eintrittsberechtigte 116
Energieausweis 19
Erhaltung 186
Erhaltungspflicht 21, 49, 183
Erheblich nachteiliger Gebrauch 104
Ermäßigter Steuersatz von 10 % 159

Fälligkeit 160
Fiktive Erhaltungsarbeiten 191
Finanzierung 192
Frei vereinbarter Mietzins 47
Freier Mietzins 20
Fruchtgenussrecht 3
Fünfzehntel-Anhebung 163

Gebrauchsrecht 22
Gebühren 38, 45
Gemeinschaftsanlagen 187
Gerichtszuständigkeit 37, 42
Geschäftsraummiete 161
Gesundheitsgefährdung 188
Gesundheitsgefahr 183
Graz 43
Gröblich benachteiligend 50

Halbes Jahr 7
Hauptmietzins 161

Immobilienmakler 17
Innenraum 188
Innsbruck 43
Instandhaltungspflichten 183
Interessenbescheid 114
Interessenvertreter 42
Investitionsersatz 35, 52, 94
Investitionskostenersatz 202

Kategorieabschlag 167
Kategoriemietzins 170
Kaution 25, 53, 94, 205
Klagenfurt 43
Klauselentscheidung 153
Konsumentenschutzgesetz 11
Kostenersatz 38, 45
KSchG 11
Kündigung eines Untermietvertrags 111
Kündigungsfristen 56, 100
Kündigungsgründe 17, 31
Kündigungsverfahren 39

Lage 167
Lagezuschlag 17, 168
Leihe 1
Leoben 43
Linz 43

Makler 17
Maklervertrag 18
Messvorrichtungen zur Verbrauchsermittlung 192
Miete 1
Mieterseitige Änderungen 51
Mietzins 20, 47, 157
Mietzinsklage 27
Mietzinsminderung 32
MRG-Teilanwendungsbereich 93

Neuanschaffung 184
Neunkirchen 43
Nichtbenützung der Wohnung 108
Nichtbenützung von Geschäftsräumen 109
Normalsteuersatz von 20 % 159
Notwendige Aufwendungen 52
Nutzfläche über 130 m^2 162

Öffentliche Abgaben 180
Öffentlich-rechtliche Verpflichtungen 191
Ordentliche Kündigung 56, 99
Ortsüblicher Standard 183

Pacht 4
Pauschalmietzins 157
Personenmehrheit 22
Philharmoniker-Paragraf 17, 48
Preisschutz 17
Prekarium 2
Provision 18

Rechtsbehelf 27
Rechtsnachfolge 24, 57, 114, 205, 208
Rechtsnachfolge im Todesfall 25
Reparaturbedürftigkeit 184
RichtwertG 165
Richtwertmietzins 20, 165

Salzburg 43
Schadenersatz 32
Schalldämmung 196
Schiedsverfahren 45
Schlichtungsverfahren 43
Senkung des Energieverbrauchs 192
Sittenwidrigkeit 13
St. Pölten 43
Stillschweigende Verlängerung 97
Stockerau 43
Strafe 152
Streitiges Verfahren 36, 119
Substanzgefährdung 188

Teilanwendung des MRG 9
Tod des Mieters 108

Übergang auf Erben 117
Überlange Bindung 98
Überprüfung des Hauptmietzinses 177
Umsatzsteuer 159
Umsatzsteuerpflichtige Umsätze 159
Unentgeltliche Gebrauchsüberlassung 2
Unterlassungsklage 31
Untermiete 175
Untermietverbot 152
Unzulässige Klauseln 153

Verbesserungspflichten 183, 195
Verbotene Vereinbarungen 151
Vereinbarter Kündigungsgrund 112
Vergleichsmethode 163
Vertragsbeendigung 95, 205
Vertretungspflicht 37, 42, 45
Verweigerung des (teilweise) in Dienstleistungen bestehenden Mietzinses 104

Verweigerung einer erforderlichen Standardanhebung 114
Verzug mit der Zinszahlung 103
Vollausnahme vom MRG 6

Wärmebereitungsgerät 191
Wartungspflichten 183
Weitergabe des Mietobjektes 107
Wertsicherung 176
Wien 43
Wirtschaftliche Abbruchreife 113
Wirtschaftspark 10
Wohngebrauchsrecht 3
Wohnhauswiederaufbau 181
WWG 181

Zinsrückstand 103
Zu kurze Befristung 96
Zubau 10
Zulässige Klauseln 155
Zuschläge 166
Zweckfremde Verwendungen 113
Zweitwohnung 8